CW01640441

Les Bonnes Recettes
DE NOS GRANDS-MÈRES

x Lapin Marengo
60°/o Economie de Gaz
avec la
Cocotte "Express" 41
cuit tout en 1/4 d'heure
Economie de temps et d'argent
Sécurité
Commodité
Prix sans con
R. C. Seine 74.970
Lundi
20
Janvier
20-345
St Sébastien
1 litre d'eau
3 verres à liqueur de graines de lin
3 verres à liqueur de vinaigre
Faire bouillir 20 minutes. Laisser reposer et passer dans un linge
SONÉRYL
Hypnotique doux destiné au traitement des
(Comprimés à 0 g. 10)
2 place St Michel
Temple des Gourmets
Edouard Rouzier
Rotisserie Périgourdine
Menu

LES BONNES RECETTES DE NOS GRANDS-MÈRES

Sélection du Reader's Digest

PARIS ● BRUXELLES ● MONTRÉAL ● ZURICH

Cet ouvrage est l'adaptation française de
The Cook's Scrapbook, publié par
The Reader's Digest Association Limited, Londres.

L'ouvrage a été réalisé sous la direction de l'équipe éditoriale
de Sélection du Reader's Digest
Direction éditoriale : Gérard Chenuet
Responsable de l'ouvrage : Philippe Leclerc
Lecture-correction : Béatrice Le Squer
Fabrication : Rébecca Herskovics

Adaptation française
Agence Media
Traductrice : Dominique Burgaud
Consultante : Élisa Vergne
Lecture-correction : Chloé Chauveau, Claudine Vergé
Montage PAO : Marie-Hélène Mateos, Kathleen Boisset

Édition originale
© The Reader's Digest Association Limited, 1995

Édition française
© 2000 Sélection du Reader's Digest, SA,
212, boulevard Saint-Germain, 75007 Paris
© 2000 Sélection du Reader's Digest, SA,
20, boulevard Paepsem, 1070 Bruxelles
© 2000 Sélection du Reader's Digest (Canada), Limitée,
1100, boulevard René-Lévesque Ouest, Montréal (Québec) H3B 5H5
© 2000 Sélection du Reader's Digest, SA,
Räffelstrasse 11, « Gallushof », 8021 Zurich

ISBN : 2-7098-1155-3
Tous droits de traduction, d'adaptation et de reproduction,
sous quelque forme que ce soit, réservés pour tous pays.

Première édition
Achevé d'imprimer : août 2002
Dépôt légal en France : octobre 2000
Dépôt légal en Belgique : D.2000.0621.101

Imprimé en Belgique
Printed in Belgium

Sommaire

À L'AUBE DU XXIe SIÈCLE, *les Bonnes Recettes de nos grands-mères* vous invite à redécouvrir les valeurs sûres de la cuisine à l'ancienne. À travers plus de 300 recettes illustrées réparties en 11 chapitres thématiques, retrouvez la saveur incomparable de ces plats uniques qui doivent tout autant aux tours de main de nos aïeules qu'au choix d'ingrédients de première qualité.

Ménagés en marge des recettes, des conseils vous aideront à réaliser les étapes les plus délicates, à choisir les meilleurs ingrédients ou à élaborer des variantes savoureuses. Vestiges du passé, des illustrations drôles ou pittoresques (couvertures d'illustrés, réclames, planches botaniques…) vous parleront des ustensiles, des coutumes culinaires ou des grands chefs d'antan.

Brioche encore fumante, succulente tarte Tatin, dinde de Noël rôtie, confiture de roses ou caramels maison… En feuilletant cet ouvrage, tous les parfums de la cuisine de vos grands-mères ressurgiront, comme sous l'effet d'une madeleine de Proust.

Soupes et Potages

Entrées froides

Entrées chaudes

Poissons et Fruits de mer

Viandes et Abats

Volaille et Gibier

Légumes et Garnitures

Desserts et Entremets

Pâtisserie et Confiserie

Conserves et Liqueurs

Menus spéciaux

Index et Remerciements

Soupes & Potages

Si l'expression populaire « tremper la soupe » n'est plus aussi usitée qu'au siècle dernier, en revanche, l'apparition sur la table d'une soupière fumante est encore le signe avant-coureur d'un repas convivial, chaleureux et réconfortant. Qu'elle soit épaisse et nourrissante, qu'elle prenne le nom de potage, traditionnellement plus léger qu'une soupe, qu'elle se dise crème ou velouté pour les dîners plus élégants, la soupe est une entrée en matière toujours appréciée.

Bouillon instantané
Au XIXe siècle, le baron Liebig, un chimiste allemand, concevait la première formule de bouillon de poule artificiel, doté du goût et du pouvoir nutritif de son équivalent naturel.

Cidre, oignons, pommes de terre, noix et tomme : des produits que l'on a dans son cellier automne comme hiver.

Soupe de campagne à la tomme fraîche

Les oignons et le cidre forment un accord parfait avec le fromage.

Ingrédients

- 3 pommes de terre
- 2 oignons
- 60 g de beurre
- 1 litre de bouillon de poule ou de bouillon de légumes
- 200 g de tomme fraîche
- 20 cl de cidre
- Noix muscade
- 4 brins de ciboulette
- 30 g de cerneaux de noix
- Sel, poivre

Préparation : 20 minutes
Cuisson : 40 minutes
Pour 4 personnes

Épluchez les pommes de terre et les oignons. Lavez les pommes de terre et coupez-les en morceaux. Coupez les oignons en lamelles.

Faites fondre les oignons doucement dans une casserole avec le beurre, puis ajoutez les pommes de terre et le bouillon. Portez à ébullition, baissez le feu, couvrez et laissez frémir 30 min.

Râpez le fromage de façon grossière. Incorporez les deux tiers du fromage râpé à la soupe. Retirez du feu, laissez reposer pendant 5 min, puis réduisez le tout en purée à l'aide d'un mixeur.

Remettez la soupe dans la casserole. Versez le cidre. Goûtez, salez et poivrez. Ajoutez un soupçon de noix muscade râpée, couvrez et laissez frémir 10 min, en remuant de temps en temps.

Ciselez finement la ciboulette. Hachez les noix. Versez la soupe dans une soupière chaude et parsemez-la de ciboulette. Ajoutez le reste du fromage et les noix, ou présentez-les à part, dans des raviers.

Soupe au lait

Cette soupe revigorante est aussi économique que simple à préparer.

Ingrédients

1 litre de lait cru
4 tranches de pain de campagne rassis
2 gousses d'ail
2 jaunes d'œufs
1 pincée de sucre en poudre
Sel

Préparation : 10 minutes
Cuisson : 10 minutes
Pour 4 personnes

Rincez une grande casserole à l'eau froide. Ne la séchez pas. Versez-y le lait et portez à ébullition à feu doux, en surveillant.

Pendant ce temps, faites griller les tranches de pain rassis. Coupez les gousses d'ail en deux et frottez-en le pain grillé. Placez le pain dans une soupière et tenez au chaud.

Battez les jaunes d'œufs dans un bol avec 2 ou 3 cuillerées à soupe d'eau froide.

Laissez le lait frémir une à 2 min, puis retirez-le du feu. Ajoutez du sel et le sucre. Versez une louche de lait bouillant dans les jaunes d'œufs, en fouettant. Ajoutez le mélange au reste du lait, en remuant vivement. Rectifiez l'assaisonnement.

Versez le tiers environ de la soupe sur le pain à l'ail. Laissez le pain s'imbiber quelques minutes, puis ajoutez le reste de la soupe et servez.

Les petits appétits s'accommoderont facilement de cette soupe nourrissante et onctueuse.

Rincer la casserole à l'eau froide avant d'y faire chauffer le lait, pour éviter que le liquide n'attache au fond du récipient.

Velouté d'asperges

Ingrédients

1 kg de tiges d'asperge
8 pointes d'asperge
2 jaunes d'œufs
10 cl de crème fraîche épaisse
30 g de beurre
40 g de farine
Sel et poivre

Préparation : 25 minutes
Cuisson : 30 minutes
Pour 4 personnes

Malgré son raffinement, ce potage est peu coûteux puisqu'il est essentiellement constitué de tiges d'asperge.

Portez à ébullition un litre d'eau salée. Coupez l'extrémité des tiges d'asperge et lavez-les, sans les peler, puis faites-les cuire 20 min dans l'eau bouillante.

Pendant ce temps, portez une petite casserole d'eau salée à ébullition. Lavez et égouttez les pointes d'asperges. Faites-les cuire 10 min, puis égouttez-les et tenez-les au chaud.

Délayez les jaunes d'œufs dans un bol avec la crème fraîche. Quand les tiges d'asperge sont cuites, passez-les au robot avec une louche de bouillon de cuisson, puis au tamis pour recueillir les sucs tout en éliminant les fibres. Ajoutez le reste du bouillon de cuisson.

Faites fondre le beurre dans une casserole, à feu doux. Poudrez avec la farine et remuez une à 2 min, puis délayez avec la purée d'asperges liquide. Portez à ébullition et laissez cuire 5 min environ, en remuant sans cesse. Vérifiez l'assaisonnement.

Versez une louche de soupe bouillante sur le mélange de jaunes d'œufs et de crème, en fouettant. Ajoutez le tout au reste de la soupe, en remuant sans cesse. Versez le velouté dans une soupière chaude, décorez avec les pointes d'asperge et servez aussitôt.

Quelques pointes d'asperge suffisent pour garnir ce velouté, lié au jaune d'œuf et à la crème.

Pour affirmer le caractère de cette soupe, servez-la dans un petit potiron évidé.

Citrouille ou potiron ? **Souvent désigné par le terme générique de citrouille, le potiron, récolté en automne, se conserve tout l'hiver. Jadis baptisé pain du pauvre, il fut surtout réservé aux animaux dès les années 1910, l'amélioration du niveau de vie entraînant des changements radicaux des habitudes alimentaires.**

Soupe au potiron

L'apparition de cette soupe fumante sur la table souligne l'arrivée de l'automne.

Supprimez soigneusement les graines et les filaments du potiron, ôtez l'écorce et coupez la chair en gros cubes. Pelez les oignons, coupez-les en quatre. Pelez l'ail et veillez à retirer le germe vert qui se trouve au centre.

Mettez le potiron, les oignons et l'ail dans une casserole avec un litre d'eau. Salez et poivrez, ajoutez le sucre et portez à ébullition. Versez alors le riz en pluie, baissez le feu, couvrez et laissez cuire 30 min.

Mixez la soupe. Ajoutez le lait et un soupçon de noix muscade râpée, puis goûtez et rectifiez éventuellement l'assaisonnement. Faites réchauffer 5 min, incorporez le beurre et mélangez. Versez dans une soupière chaude ou directement dans des tasses ou des bols. Servez bien chaud.

Ingrédients

1 kg de potiron
2 gros oignons
2 gousses d'ail
2 morceaux de sucre
2 cuil. à soupe de riz rond
50 cl de lait
Noix muscade
20 g de beurre
Sel, poivre

Préparation : 15 minutes
Cuisson : 40 minutes
Pour 6 **personnes**

Soupe de cosses de petits pois

Ingrédients

4 oignons nouveaux
3 côtes de céleri
500 g de cosses de petits pois très tendres ou de cosses de haricots mangetout
4 pommes de terre
60 g de beurre
1 litre de bouillon de poule ou d'eau
4 fines tranches de lard fumé
Noix muscade
15 cl de crème fraîche
Sel, poivre

Préparation : 25 minutes
Cuisson : 40 minutes
Pour 4 personnes

Voici réunis les couleurs, les parfums et les saveurs franches des premiers légumes potagers du printemps.

Pelez les oignons. Coupez les côtes de céleri en lamelles. Rincez les cosses de petits pois et effilez-les. Épluchez les pommes de terre, lavez-les et coupez-les en morceaux.

Faites fondre le beurre dans une grande casserole, ajoutez les oignons, le céleri et les pommes de terre, puis laissez cuire 3 min. Arrosez avec le bouillon et portez à ébullition. Incorporez les cosses de pois, baissez le feu, couvrez et laissez frémir 30 min. Pendant la cuisson, faites griller les tranches de lard et coupez-les en dés.

Passez la soupe au moulin à légumes. Salez et poivrez, relevez de noix muscade et ajoutez la crème fraîche. Faites réchauffer doucement.

Versez la soupe dans une soupière. Éparpillez le lard grillé à la surface et servez bien chaud.

Il ne faut pas couvrir la casserole pendant la cuisson des cosses de pois, des haricots verts, du cresson ou des fanes de radis pour que ces légumes conservent leur belle couleur verte.

Il n'est pas de petites économies… et les cosses de pois font une soupe délicieuse.

Un soupçon de crème fraîche adoucit la saveur poivrée du cresson.

Soupe au cresson

Classique entre toutes, cette soupe a une saveur irremplaçable.

Coupez les tiges dures du cresson, lavez-le soigneusement à l'eau courante, égouttez-le et hachez-le grossièrement. Pelez et hachez les oignons. Lavez les blancs de poireau et coupez-les en lamelles fines. Portez un litre d'eau à ébullition.

Faites fondre le beurre dans un faitout. Jetez-y le cresson haché, les oignons et les blancs de poireau. Mélangez avec une cuillère en bois, baissez le feu et faites revenir 5 min environ. Arrosez avec l'eau bouillante, salez, remuez et portez à ébullition, puis laissez frémir 15 min sans couvrir.

Pendant cette cuisson, pelez les pommes de terre, lavez-les et coupez-les en gros dés. Après 15 min de cuisson de la soupe, ajoutez les dés de pommes de terre et faites cuire encore 30 min.

Passez la soupe au robot ou au moulin à légumes muni d'une grille moyenne. Reversez-la dans le faitout, ajoutez la crème fraîche et rectifiez l'assaisonnement, puis faites réchauffer à feu doux.

Versez la soupe dans une soupière chaude et servez aussitôt.

Vous pouvez confectionner de la même façon une soupe avec les fanes, bien fraîches, d'une botte de radis. Liez éventuellement ce potage avec du tapioca ou de la crème de riz.

Ingrédients

- 1 botte de cresson
- 2 gros oignons
- 2 blancs de poireau
- 25 g de beurre
- 3 pommes de terre à chair farineuse
- 10 cl de crème fraîche
- sel

Préparation : 20 minutes
Cuisson : 50 minutes
Pour 4 personnes

Potage aux herbes

Tout de verdure, ce potage est juste épaissi d'un peu de riz.

Ingrédients

1 bouquet d'oseille
1 bonne poignée d'épinards
Quelques feuilles vertes de laitue
2 poireaux
1 bouquet de cerfeuil
Les feuilles de 2 branches de céleri
30 g de beurre
1/2 cuil. à soupe de sucre en poudre
2 petites poignées de riz rond ou de brisures de riz
1 jaune d'œuf
1 grosse cuil. à soupe de crème fraîche
Sel, poivre

Pour garnir
1/4 de baguette rassise
2 cuil. à soupe de feuilles de céleri hachées

Préparation : 25 minutes
Cuisson : 35 minutes
Pour 4 personnes

Équeutez l'oseille et les épinards. Lavez-les avec les feuilles de laitue, égouttez-les, épongez-les et hachez-les grossièrement. Épluchez les poireaux en gardant le maximum de vert, fendez-les en quatre, lavez-les soigneusement à l'eau courante, puis coupez-les en tronçons de 2 cm. Retirez les tiges dures du cerfeuil. Lavez celui-ci ainsi que les feuilles de céleri et hachez le tout. Portez un litre d'eau à ébullition.

Faites fondre le beurre dans un faitout. Versez-y tous les légumes et les herbes. Faites revenir 5 min à feu doux, en remuant, puis arrosez avec l'eau bouillante, ajoutez le sucre et du sel, et laissez reprendre l'ébullition. Jetez alors le riz dans le faitout, couvrez et laissez cuire 20 min à petite ébullition.

Pendant ce temps, taillez la baguette en rondelles, que vous ferez griller.

Passez la soupe au robot, puis reversez-la dans le faitout et faites réchauffer quelques minutes. Vérifiez l'assaisonnement.

Faites chauffer une soupière. Délayez-y le jaune d'œuf avec la crème. Arrosez avec une louche de soupe, en versant petit à petit et en mélangeant vivement avec un fouet à main, puis ajoutez le reste de la soupe. Garnissez avec les croûtons et le hachis de feuilles de céleri. Servez aussitôt.

Le riz et la crème fraîche apportent une note blanche à ce potage aux herbes et aux légumes verts.

Hachoir en berceau
Ce type de hachoir, dont l'emploi nécessite une certaine dextérité, fait partie de ces ustensiles de cuisine polis par le temps dont nos robots ménagers, pratiques mais impersonnels, ne peuvent faire oublier ni le charme ni la réelle efficacité. Il est toujours utilisé par les bonnes cuisinières pour ciseler les fines herbes.

Parmi les innombrables recettes de soupe de champignons, celle-ci est particulièrement simple et rapide.

Soupe de champignons

Le hachis de champignons crus ajouté à la fin de la cuisson donne encore plus de texture et de saveur à cette soupe.

Coupez la base sableuse du pied des champignons, lavez ces derniers et épongez-les. Mettez une tête de côté pour garnir la soupe, puis hachez le reste et arrosez avec le jus du citron. Pelez et hachez les échalotes.

Faites fondre le beurre dans une casserole et versez-y les champignons hachés et les échalotes. Mélangez, couvrez et laissez cuire 10 min à feu doux. Portez le bouillon à ébullition.

Après 10 min de cuisson, poudrez de farine le mélange champignons-échalotes. Mélangez et arrosez avec le bouillon très chaud, puis portez de nouveau à ébullition en remuant, poivrez et laissez frémir pendant 15 min.

Ensuite, passez la soupe au mixeur et reversez-la dans la casserole. Ajoutez la crème fraîche, mélangez au fouet et faites épaissir 10 min à petite ébullition.

Coupez en lamelles très fines la tête de champignon mise de côté, jetez celles-ci dans une soupière chaude, parsemez avec la ciboulette et le cerfeuil, et servez.

Ingrédients

500 g de champignons de Paris
1 citron
2 grosses échalotes
50 g de beurre
50 g de farine
1 litre de bouillon de volaille
20 cl de crème fraîche
2 cuil. à soupe de ciboulette et de cerfeuil hachés
Poivre

Préparation : 15 minutes
Cuisson : 35 minutes
Pour 4 personnes

Soupe provençale au pistou

Chaque famille provençale se transmet de génération en génération sa recette de pistou. En voici une, qui compte parmi les meilleures.

Ingrédients

- 4 carottes moyennes
- 2 pommes de terre
- 2 blancs de poireau
- 1 oignon
- 2 petites courgettes
- 2 tomates
- 200 g de haricots verts ou de haricots beurre
- 300 g de haricots rouges frais
- 300 g de haricots blancs frais
- 200 g de couenne de porc
- 100 g de macaronis courts
- Sel et poivre

Pour le pistou

- 1 gros bouquet de basilic
- 6 gousses d'ail
- 1 verre d'huile d'olive vierge extra
- Sel et poivre

Pour servir

- 150 g de parmesan

Préparation : 1 heure
Cuisson : 2 h 30
Pour 6 personnes

Portez 3 litres d'eau à ébullition dans un faitout. Épluchez les carottes, les pommes de terre, les poireaux et l'oignon. Ôtez les extrémités des courgettes. Lavez tous ces légumes et coupez-les en petits dés. Coupez les tomates en dés. Équeutez et effilez les haricots verts ou les haricots beurre, puis coupez-les en tronçons. Écossez les haricots rouges et les haricots blancs. Brossez la couenne de porc sous l'eau courante.

Plongez la couenne dans l'eau bouillante. Écumez l'eau, jetez-y tous les légumes, salez et poivrez. Portez de nouveau à ébullition, puis baissez le feu, couvrez et laissez cuire 2 heures.

Après ces 2 heures de cuisson, ajoutez les macaronis à la soupe et laissez cuire encore 15 min.

Préparez le pistou : effeuillez le basilic, lavez, épongez et hachez les feuilles. Retirez 3 ou 4 morceaux de pomme de terre du faitout à l'aide d'une écumoire. Pelez les gousses d'ail, coupez-les en deux, retirez-en le germe qui se trouve au centre et mettez-les dans un mortier, puis pilez-les et ajoutez le basilic haché et la pomme de terre. Écrasez bien au pilon et incorporez peu à peu l'huile d'olive en tournant à la cuillère en bois, comme pour monter une mayonnaise. Salez et poivrez.

Quand la soupe est cuite, versez-la dans une soupière chaude. Ajoutez le pistou, mélangez, couvrez et laissez reposer 15 min avant de servir. Disposez le fromage râpé dans des raviers et servez avec la soupe très chaude.

Le pistou est une préparation parfumée très à l'honneur dans le Midi, et ce depuis fort longtemps. Celui que l'on ajoute aux pâtes se prépare de la façon suivante : réduisez en pommade dans un mortier une gousse d'ail (dont vous aurez retiré le germe) avec les feuilles d'un petit bouquet de basilic. Salez et poivrez, ajoutez 3 cuillerées à soupe de parmesan fraîchement râpé, en travaillant toujours avec le pilon, puis versez doucement en mince filet, comme pour monter un aïoli ou une mayonnaise, de l'huile d'olive d'excellente qualité, en tournant toujours dans le même sens avec une cuillère en bois. Goûtez pour juger de la quantité d'huile à incorporer, car cette quantité dépend autant de votre goût que de la saveur de l'huile utilisée.

Minestrone : cousin italien de la soupe au pistou, le minestrone connaît une version d'hiver et une version d'été. Les légumes employés varient selon les ressources et les régions.

Minestrone d'hiver : faites tremper 12 heures 200 g de haricots en grains. Égouttez-les, mettez-les dans une casserole avec 3 litres d'eau froide, du thym, du laurier et des tiges de persil. Portez doucement à ébullition et laissez frémir 30 min.

Coupez 150 g de lard en petits lardons. Pelez un oignon, 2 carottes, 2 navets et 3 pommes de terre, puis coupez-les en dés, ainsi que 2 courgettes et 3 tomates. Taillez en lanières un quartier de chou vert. Équeutez et effilez une poignée de haricots verts. Coupez en lamelles une côte de céleri.

Faites fondre le lard dans une cocotte, ajoutez les légumes, mélangez et versez dessus le contenu du faitout. Laissez cuire à petite ébullition environ 1 h 15. Retirez alors le thym, le laurier et le persil. Salez et poivrez, ajoutez 100 g de macaronis, de spaghettis coupés ou de riz, et 2 gousses d'ail pilées. Laissez cuire encore 15 min, puis ajoutez une cuillerée à soupe d'huile d'olive et servez avec du parmesan.

Minestrone d'été : faites revenir l'oignon dans de l'huile d'olive, puis ajoutez les carottes, les navets, les courgettes, les tomates, les haricots verts et le céleri. Ajoutez ensuite 500 g de haricots blancs frais, 500 g de petits pois frais (que vous aurez écossés) et les pommes de terre. Versez 2,5 litres d'eau, portez à ébullition et laissez cuire 45 min. Salez et poivrez à mi-cuisson. Servez avec le pistou, préparé comme pour la soupe au pistou.

La crème obtenue en travaillant le basilic et l'ail avec l'huile prend le nom de pistou, dérivé du provençal pista *(écraser, triturer).*

Soupe de châtaignes

Bien que la châtaigne, en cuisine, soit aussi appelée marron, mieux vaut ne pas confondre ces deux fruits. Seules les châtaignes sont comestibles !

Ingrédients

500 g de châtaignes fraîches
1 branche de céleri
1 gousse d'ail
1 litre de bouillon de bœuf, de bouillon de poule, de bouillon de légumes ou d'eau
20 cl de lait
2 bonnes cuil. à soupe de crème fraîche
Sel et poivre

Préparation : 15 minutes
Cuisson : 35 minutes
Pour 4 personnes

Fendez l'écorce des châtaignes avec un petit couteau pointu, plongez-les dans de l'eau bouillante et attendez quelques minutes. Retirez-les au fur et à mesure avec une écumoire et épluchez-les pendant qu'elles sont encore chaudes. Coupez la branche de céleri en deux. Pelez l'ail.

Versez le bouillon ou l'eau dans une casserole et ajoutez les châtaignes, le céleri et l'ail. Portez à ébullition, puis baissez le feu et couvrez. Laissez frémir pendant 30 min, jusqu'à ce que les châtaignes soient bien tendres.

Retirez la branche de céleri et passez le contenu de la casserole au moulin à légumes. Reversez dans la casserole, incorporez le lait et la crème fraîche, salez et poivrez. Faites réchauffer à feu doux en remuant constamment, puis versez la soupe dans une soupière chaude et servez.

Chauds, les marrons ! Les vendeurs de marrons au coin des rues font revivre l'époque où la châtaigne était un aliment de base, l'hiver, dans les campagnes. Le ramassage des châtaignes, qui a lieu de la mi-septembre à la fin octobre, se fait encore presque partout à la main.

Le moulin à légumes permet de réduire rapidement les châtaignes en purée tout en supprimant les petites peaux.

Pour que la soupe soit d'une belle couleur, ajouter quelques gouttes d'arôme Patrelle à la fin de la cuisson.

Il convient de servir brûlante cette gratinée, qui peut être un véritable plat complet.

Soupe à l'oignon gratinée

Célèbre remontant des nuits blanches, cette soupe vous demandera moins d'une demi-heure de préparation.

Portez le bouillon ou l'eau à ébullition. Pelez les oignons et coupez-les en rondelles très fines.

Faites fondre le beurre dans une cocotte épaisse, ajoutez-y les oignons et faites-les à peine dorer, en les remuant sans cesse pendant 5 min environ. Ajoutez alors le sucre et mélangez, puis poudrez avec la farine et faites blondir, en continuant à remuer.

Arrosez avec le bouillon ou l'eau (si vous utilisez de l'eau, assaisonnez). Portez à ébullition en remuant, ajoutez le vin blanc, couvrez et laissez cuire pendant 30 min à petits frémissements.

Faites chauffer le gril du four. Taillez la baguette en douze rondelles fines que vous parsèmerez de fromage râpé.

Versez la soupe dans quatre soupières individuelles résistantes au feu. Posez trois canapés au fromage dans chacune d'elles, puis placez-les sous le gril et laissez-les gratiner jusqu'à ce que le fromage soit fondu et bien doré. Servez sans attendre, dès la sortie du four.

Ingrédients

1 litre de bouillon ou d'eau
2 gros oignons
60 g de beurre
1/2 cuil. à café de sucre
25 g de farine
1 verre de vin blanc
Sel et poivre

Pour gratiner
1/2 baguette rassise
4 cuil. à soupe de gruyère râpé

Préparation : 20 minutes
Cuisson : 40 minutes
Pour 4 personnes

Une garniture d'herbes fraîches et de croûtons rehausse la couleur et la saveur de cette soupe paysanne.

Soupe de pois cassés

La menthe apporte une note originale à cette soupe d'hiver traditionnelle.

Ingrédients

250 g de pois cassés
1 gros oignon
1 grosse carotte
1 poireau
1 côte de céleri
40 g de beurre
100 g de lard fumé
1 branche de thym
1 feuille de laurier
30 cl de lait
2 cuil. à soupe de crème fraîche
2 ou 3 tranches de pain rassis
Quelques branches de cerfeuil ou de persil
Sel, poivre

Trempage : 2 heures
Préparation : 20 minutes
Cuisson : 2 h 15
Pour 6 personnes

Faites tremper les pois cassés dans une terrine d'eau fraîche pendant 2 heures.

Pelez l'oignon et hachez-le. Grattez la carotte et coupez-la en rondelles. Épluchez le poireau, lavez-le et coupez-le en lamelles. Coupez le céleri en lamelles.

Rincez les pois cassés et mettez-les dans un faitout avec 2 litres d'eau froide. Portez à ébullition et écumez, puis laissez cuire 30 min, en veillant à ce que le liquide ne déborde pas.

Mettez 20 g de beurre à fondre dans une casserole. Faites-y revenir le lard, l'oignon, la carotte, le poireau et le céleri pendant 5 min, en remuant avec une cuillère en bois. Versez le tout sur les pois cassés, ajoutez le thym et le laurier. Relancez l'ébullition, puis baissez le feu, salez et poivrez. Couvrez et laissez frémir 1 h 30 environ.

Quand les pois sont tendres, retirez le laurier et le thym, mettez le lard de côté et mixez la soupe.

Coupez le lard en bâtonnets. Remettez ces derniers dans la soupe, ajoutez le lait et la crème, puis goûtez pour vérifier l'assaisonnement et faites chauffer 5 min.

Coupez le pain en dés, que vous ferez dorer dans une poêle avec le reste de beurre.

Versez la soupe dans une soupière. Hachez le cerfeuil ou le persil avec des ciseaux au-dessus de la soupe et parsemez-la de croûtons, ou présentez ceux-ci à part.

Crème de légumes

Délicieusement veloutée, cette crème de légumes devient un rafraîchissant potage d'été lorsqu'elle est servie froide.

ÉPLUCHEZ les blancs de poireau, fendez-les en quatre dans la longueur, lavez-les soigneusement sous l'eau courante et taillez-les en morceaux de 0,5 cm. Pelez les carottes et coupez-les en tronçons. Effilez le céleri et hachez-le grossièrement. Pelez et lavez les pommes de terre, puis coupez-les en dés. Faites chauffer le bouillon.

Faites fondre le beurre dans une casserole à fond épais, ajoutez-y les poireaux et les carottes et faites-les revenir 5 min à feu doux, sans les laisser colorer.

Ajoutez le céleri et les pommes de terre, mélangez et arrosez avec le bouillon. Portez à ébullition, puis réduisez le feu et laissez mijoter 40 min à petit feu. Quand la soupe est cuite, passez-la au robot ou au moulin à légumes muni d'une grille fine, puis au tamis. Reversez la soupe dans la casserole, ajoutez le lait, le coulis de tomates et la crème. Assaisonnez d'une pointe de noix muscade et faites réchauffer quelques minutes. Vérifiez et rectifiez, si besoin est, l'assaisonnement.

Versez la crème de légumes dans une soupière chaude et servez aussitôt.

Si vous proposez cette soupe froide, mettez-la au réfrigérateur sans la crème fraîche pendant 3 heures au moins. N'ajoutez la crème qu'au moment de servir.

INGRÉDIENTS

- 4 BLANCS DE POIREAU
- 2 CAROTTES
- 1 CÔTE DE CÉLERI
- 500 G DE POMMES DE TERRE À CHAIR FARINEUSE
- 75 CL DE BOUILLON DE VOLAILLE
- 25 G DE BEURRE
- 25 CL DE LAIT
- 10 CL DE COULIS DE TOMATES
- 20 CL DE CRÈME FRAÎCHE
- NOIX MUSCADE
- SEL ET POIVRE

PRÉPARATION : 45 MINUTES
CUISSON : 55 MINUTES
RÉFRIGÉRATION ÉVENTUELLE : 3 HEURES AU MOINS
POUR 4 PERSONNES

Servez été comme hiver cette crème de légumes, aussi délicieuse bien fraîche que très chaude.

ARTS MÉNAGERS
Le premier Salon des arts ménagers s'est tenu en octobre 1923 au Champ-de-Mars, à l'emplacement de l'Exposition universelle de 1900. Dix ans plus tard, le Salon présentait le premier moulin à légumes, fabriqué par la manufacture d'emboutissage de Bagnolet (future Moulinex).

Ingrédients

250 g de lentilles, vertes de préférence
1 carotte
1 poireau
50 g de beurre
1 oignon
2 clous de girofle
1 branche de thym
1 feuille de laurier
2 ou 3 tiges de persil
4 gousses d'ail
10 cl de crème fraîche
Sel et poivre

Préparation : 15 minutes
Cuisson : 1 h 40
Pour 4 personnes

Velouté de lentilles

Riche et crémeuse, cette soupe passée met en valeur le parfum délicat des lentilles.

Rincez et égouttez les lentilles. Grattez la carotte et coupez-la en petits dés. Épluchez le poireau, lavez-le, séparez le blanc du vert et coupez le blanc en lamelles. Faites fondre 20 g de beurre dans une casserole, jetez-y la carotte et le poireau, puis couvrez et laissez fondre 5 min à feu doux.

Pendant ce temps, pelez l'oignon et piquez-le avec les clous de girofle. Liez ensemble le vert du poireau, le thym, le laurier et les tiges de persil pour former un bouquet garni. Pelez et écrasez l'ail.

Ajoutez aux légumes fondus les lentilles vertes, 2 litres d'eau froide, l'oignon piqué des clous de girofle, l'ail et le bouquet garni. Salez, poivrez et portez à ébullition, puis couvrez et laissez frémir 1 h 30.

Retirez le bouquet garni, passez la soupe au moulin à légumes muni d'une grille fine, reversez-la dans la casserole et faites-la réchauffer à feu doux.

Ajoutez, en fouettant, le reste du beurre et la crème fraîche, versez dans une soupière chaude et servez aussitôt.

Pour enrichir cette soupe, garnissez-la de croûtons ou de petits lardons grillés.

Pensez à faire éventuellement tremper le petit salé dans l'eau fraîche avant la cuisson selon les conseils du charcutier.

Nourrissante et délicieuse, la soupe au chou agrémentée de petit salé a le goût des hivers d'autrefois.

Soupe au chou

Garnie de viande de porc et accompagnée de pain de campagne, cette soupe constitue un plat complet.

Pelez l'oignon et piquez-le des clous de girofle. Versez 3 litres d'eau froide dans une marmite. Plongez-y le petit salé et l'oignon, portez à ébullition et laissez cuire 1 h 30 à petite ébullition.

Pendant ce temps, faites bouillir une grande casserole d'eau. Coupez le trognon du chou et retirez les feuilles flétries. Détachez le reste des feuilles, lavez-les et égouttez-les. Faites-les cuire 5 min à l'eau bouillante, puis versez-les dans une passoire, rafraîchissez-les sous l'eau froide courante et égouttez-les.

Épluchez le poireau, lavez-le et coupez-le en tronçons. Pelez les carottes et coupez-les en rondelles. Pelez les gousses d'ail et coupez-les en lamelles fines. Pelez les pommes de terre, lavez-les et coupez-les en gros dés.

Après 1 h 30 de cuisson du petit salé, ajoutez dans la marmite le chou, le poireau, les carottes, l'ail, les pommes de terre et les grains de poivre. Salez et portez de nouveau à ébullition, puis laissez cuire encore 45 min.

Faites griller le pain. Quand la soupe est cuite, égouttez le petit salé et coupez-le en dés. Mettez ceux-ci dans une soupière chaude, arrosez-les du reste de la soupe et servez avec les tranches de pain.

Conseil : pour parfumer l'eau de cuisson du petit salé, ajoutez-y un os de jambon.

Ingrédients

- 1 oignon
- 2 clous de girofle
- 600 g de petit salé
- 1 chou vert
- 1 poireau
- 3 carottes
- 2 gousses d'ail
- 3 pommes de terre moyennes
- quelques grains de poivre
- quelques tranches de pain de campagne rassis
- sel

Préparation : 20 minutes
Cuisson : 2 h 15
Pour 6 personnes

Agneau et mouton
Les croisements effectués pour améliorer la production de viande depuis le milieu du XIXᵉ siècle jusqu'à il y a une dizaine d'années sont répertoriés dans le livre généalogique des ovins. L'agneau, qui doit être âgé de moins de 300 jours pour être vendu sous cette appellation, a supplanté le mouton, que les consommateurs n'apprécient plus autant que jadis.

Cette soupe de viande, de légumes et de céréale est un modèle d'équilibre.

Soupe de mouton, aux légumes et à l'orge

Cette soupe rustique et revigorante fait partie des traditions culinaires de l'Écosse.

Ingrédients

- 4 carottes
- 2 navets
- 2 poireaux
- Bouquet garni
- 1 kg de collier d'agneau, coupé en morceaux
- 40 g d'orge perlé
- 4 ou 5 branches de persil
- Sel, poivre

Préparation : 40 minutes
Cuisson : 1 h 50
Réfrigération : 8 à 12 heures
Pour 4 personnes

Pelez les carottes et les navets et coupez-les en dés. Nettoyez les poireaux, coupez les blancs en lamelles et liez le vert avec le bouquet garni.

Mettez la viande dans un faitout avec 2,5 litres d'eau et portez doucement à ébullition. Baissez alors le feu et écumez à plusieurs reprises. Ajoutez l'orge et le bouquet garni, salez et poivrez, puis couvrez et laissez frémir une heure, en écumant de temps en temps. Ajoutez alors les carottes, les navets et les blancs de poireau, et laissez cuire 30 min. Dès que la soupe est refroidie, réservez-la au réfrigérateur pendant toute la nuit.

Le lendemain, retirez la couche de graisse remontée à la surface de la soupe et enlevez le bouquet garni. Égouttez l'agneau, détachez la chair des os, coupez-la en petits dés et remettez-la dans la soupe. Faites réchauffer.

Hachez le persil. Goûtez et rectifiez l'assaisonnement si nécesssaire. Versez la soupe dans une soupière chaude, parsemez-la de persil et servez-la brûlante.

Soupe de lièvre aux champignons

Dans cette recette, seules les cuisses du lièvre sont utilisées ; le râble peut donc servir à une autre préparation.

Ingrédients

1 gros oignon
2 carottes
1 navet
1 côte de céleri
300 g de champignons
2 cuil. à soupe rases de farine
1 kg de cuisses de lièvre
50 g de beurre
Bouquet garni
1/4 de cuil. à café de grains de poivre noir
2 cuil. à soupe de porto
1 cuil. à soupe de persil frais haché
Sel

Préparation : 30 minutes
Cuisson : 2 h 15
Pour 6 personnes

Pelez l'oignon, les carottes et le navet, puis hachez-les. Coupez le céleri en lamelles. Nettoyez les champignons, séparez les pieds des chapeaux et hachez les premiers. Salez et poivrez la farine, mélangez et roulez les cuisses de lièvre dedans.

Faites chauffer les deux tiers du beurre dans une grande casserole. Ajoutez les morceaux de lièvre, faites-les revenir de tous les côtés pendant 5 min, puis égouttez-les et réservez-les. Versez dans la casserole l'oignon, les carottes, le navet et le céleri. Faites revenir 5 min, ajoutez les pieds des champignons, mélangez et laissez cuire pendant une min.

Remettez le lièvre dans la casserole. Arrosez avec 1,25 litre d'eau, ajoutez le bouquet garni et les grains de poivre, puis portez à ébullition. Baissez le feu, couvrez et laissez frémir pendant 1 h 30 à 2 heures : la viande doit alors se détacher très facilement des os.

Égouttez les morceaux de lièvre. Détachez la chair des os. Coupez-en la moitié en lanières et mettez-les de côté pour garnir. Retirez le bouquet garni, passez la soupe et le reste de la viande au mixeur et reversez-la dans la casserole. Ajoutez les lanières de viande et faites réchauffer, puis incorporez le porto et salez.

Coupez les chapeaux des champignons en lamelles. Faites-les dorer rapidement dans le reste de beurre et salez-les.

Versez la soupe dans une soupière chaude et garnissez avec les lamelles de champignon sautées et le persil haché.

Gibier et champignons : toutes les saveurs de l'automne sont réunies dans cette soupe.

Soupe au bœuf

Ingrédients

- 1 os à moelle coupé en tronçons
- 500 g de jarret de bœuf coupé en morceaux
- 2 oignons
- 3 carottes
- 3 navets
- 1/4 de chou frisé
- 1 petite boîte de pois chiches
- 60 g d'orge perlé
- 3 cuil. à soupe de persil haché
- 1 bonne cuil. à café de sel
- Poivre noir frais moulu

Préparation : 30 minutes
Cuisson : 3 h 45
Pour 6 personnes

A base d'un bouillon de bœuf enrichi d'os à moelle, cette soupe aux légumes frais et secs constitue un véritable plat complet.

Mettez l'os à moelle et le jarret de bœuf dans une marmite. Couvrez avec 3 litres d'eau, portez à ébullition, réduisez aussitôt le feu et écumez. Couvrez à demi la marmite et laissez frémir 3 heures à petit feu.

Filtrez le bouillon à travers une grande passoire garnie de mousseline ou de gaze et posée au-dessus d'un grand récipient. Jetez les os et la viande, dont toute la saveur est passée dans le bouillon, et retirez la graisse qui surnage avec une petite louche.

Pelez les oignons et hachez-les. Épluchez les carottes et les navets, coupez-les en petits dés. Coupez le chou en lanières. Égouttez les pois chiches.

Versez le bouillon dans une grande casserole. S'il y en a moins de 2 litres, complétez avec de l'eau, puis portez à ébullition. Ajoutez tous les ingrédients restants, salez et poivrez, baissez le feu, couvrez et laissez mijoter 30 min.

Dégraissez au maximum la surface de la soupe avec une écumoire, puis salez et poivrez généreusement. Servez-la brûlante, directement dans la marmite de cuisson ou dans une soupière chaude.

Pour que les pois chiches soient digestes, les pincer un par un entre le pouce et l'index pour en retirer la peau.

Le chou frisé donne à cette soupe une douceur inhabituelle.

Cette soupe crémeuse est délicatement parfumée de safran et de paprika.

DU CROCUS AU SAFRAN
Le crocus représenta une culture essentielle du Gâtinais et de l'Angoumois à partir du XVIe siècle. Le safran fut de tout temps l'épice la plus chère au monde, car, pour en obtenir un seul gramme, il faut au moins sept cent cinquante stigmates de crocus.

Soupe de poisson grand-mère

Délicieusement aromatisée, cette soupe est, de surcroît, économique et facile à préparer.

PELEZ les oignons et coupez-les en rondelles. Épluchez le poireau, coupez le blanc en tronçons et réservez le vert entier. Lavez le fenouil, liez-le en bouquet garni avec le laurier et le vert de poireau. Lavez le grondin et coupez-le en tronçons. Fendez la tête de cabillaud en deux.

Faites chauffer l'huile dans un faitout. Jetez-y les oignons et laissez-les blondir 3 à 4 min en remuant. Ajoutez-y le blanc de poireau, le bouquet garni, les clous de girofle, le grondin avec sa tête, la tête de cabillaud et le vin blanc. Salez et poivrez, puis couvrez et laissez cuire 15 min à feu doux.

Portez un litre d'eau à ébullition. Versez-la dans le faitout en grattant le fond du récipient à la cuillère en bois, ajoutez le safran et laissez cuire 20 min sans couvrir. Ôtez le bouquet garni. Passez le contenu du faitout au moulin à légumes muni d'une grosse grille, puis recommencez l'opération avec une grille fine. Vous pouvez aussi passer la soupe au robot, puis au tamis.

Reversez la soupe dans le faitout et portez-la à ébullition à feu doux. Coupez les filets de cabillaud en dés et faites-les pocher 5 min dans la soupe, sans laisser bouillir. Pendant ce temps, mélangez la crème fraîche et les jaunes d'œufs dans une soupière. Délayez avec une louche de soupe, remuez, puis ajoutez le reste de la soupe. Ajoutez le paprika ou le piment doux, rectifiez l'assaisonnement et parsemez de fenouil, de ciboulette ou de persil haché.

INGRÉDIENTS

- 2 OIGNONS
- 1 POIREAU
- 1 BRANCHE DE FENOUIL
- 1 FEUILLE DE LAURIER
- 1 GRONDIN AVEC SA TÊTE, ÉCAILLÉ ET VIDÉ
- 1 TÊTE DE CABILLAUD
- 2 CUIL. À SOUPE D'HUILE
- 2 CLOUS DE GIROFLE
- 2 VERRES DE VIN BLANC SEC
- 1 DOSE DE SAFRAN
- 300 G DE FILETS DE CABILLAUD
- 2 GROSSES CUIL. À SOUPE DE CRÈME FRAÎCHE
- 2 JAUNES D'ŒUFS
- 1 PINCÉE DE PAPRIKA OU DE PIMENT DOUX
- 1 CUIL. À SOUPE DE FEUILLES DE FENOUIL HACHÉES (OU DE CIBOULETTE OU DE PERSIL)
- SEL ET POIVRE

PRÉPARATION : 30 MINUTES
CUISSON : 45 MINUTES
POUR 6 **PERSONNES**

Soupe de poisson bretonne

Préparez cette soupe avec tous les poissons dont vous disposez ; seule la tête de congre est indispensable pour sa saveur unique.

Ingrédients

- 1 kg de poissons entiers mélangés, écaillés et vidés : grondin, rascasse, merlan
- 1 tête de congre
- 2 oignons
- 1 blanc de poireau
- 2 cuil. à soupe d'huile
- 2 cuil. à soupe de concentré de tomates
- 2 ou 3 tranches de pain de campagne rassis
- 4 cuil. à soupe de crème fraîche
- 100 g de fromage râpé
- Sel et poivre

Pour le court-bouillon

- 1 gros oignon
- 2 clous de girofle
- 2 gousses d'ail
- 2 échalotes
- 2 carottes
- 2 branches de thym
- 1 feuille de laurier
- 3 ou 4 branches de persil
- 1 branche de fenouil
- 1 cuil. à café de grains de poivre noir
- Sel

Préparation : 30 minutes
Cuisson : 1 h 30
Pour 6 personnes

Préparez le court-bouillon : pelez l'oignon et piquez-le avec les clous de girofle. Pelez l'ail et les échalotes, hachez-les grossièrement. Grattez les carottes et coupez-les en rondelles.

Versez 2 litres d'eau dans une grande casserole. Ajoutez-y tous les éléments précédents, le thym, le laurier, le persil, le fenouil et les grains de poivre. Salez, portez à ébullition et laissez bouillir 45 min.

Coupez les poissons en morceaux. Rincez la tête de congre, fendez-la en deux et retirez les branchies. Épluchez les oignons et le blanc de poireau, puis coupez-les en lamelles. Mettez l'huile à chauffer dans une casserole et faites-y revenir les oignons et le poireau 5 à 6 min à feu doux. Ajoutez le concentré de tomates, mélangez et délayez avec le court-bouillon. Ajoutez alors les poissons et la tête de congre, puis laissez frémir 30 min.

Passez la soupe au moulin à légumes muni d'une grosse grille, filtrez-la dans un tamis posé au-dessus d'une casserole et faites réchauffer à feu doux.

Pendant ce temps, faites griller les tranches de pain, puis coupez-les en morceaux réguliers.

Quand la soupe arrive à ébullition, ajoutez-y la crème fraîche, retirez du feu, rectifiez l'assaisonnement au besoin et versez la soupe dans une soupière chaude. Garnissez-la de croûtons grillés, parsemez-la de fromage râpé et servez-la brûlante.

Crème fraîche, croûtons et fromage râpé suffisent à « habiller » en un clin d'œil cette soupe de poisson.

La soupe de moules est un grand classique des cuisines bretonne et normande.

Ne pas laisser bouillir la soupe pendant que les moules réchauffent : elles deviendraient caoutchouteuses.

Soupe de moules à la crème

Épaississez cette soupe veloutée avec de la farine d'avoine plutôt qu'avec de la farine ordinaire pour lui donner une texture et un arôme plus traditionnels.

Ingrédients

2 litres de moules
3 blancs de poireau
4 côtes de céleri
1 oignon
Quelques branches de persil
60 cl de cidre sec
ou de vin blanc sec
60 g de beurre
30 g de farine
60 cl de lait
25 cl de crème fraîche épaisse
Noix muscade
3 cuil. à soupe de persil haché
Sel et poivre noir frais moulu

Préparation : 45 minutes
Cuisson : 40 minutes
Pour 4 personnes

Lavez les moules à grande eau, grattez-les et ébarbez-les. Jetez celles qui sont ouvertes. Nettoyez les blancs de poireau et coupez-les en lamelles. Coupez également les côtes de céleri en lamelles. Pelez l'oignon et hachez-le finement.

Mettez les poireaux, le céleri, l'oignon, le persil et le cidre ou le vin dans un faitout. Couvrez, portez à ébullition et laissez cuire 10 min. Ajoutez alors les moules, couvrez et faites cuire environ 5 min en secouant le récipient de temps à autre, jusqu'à ce que toutes les coquilles soient ouvertes. Éliminez celles qui sont restées fermées, puis filtrez le liquide de cuisson au-dessus d'une terrine à travers un tamis tapissé d'une gaze ou de papier absorbant. Mettez de côté 12 moules pour la décoration et sortez les autres de leur coquille.

Faites fondre le beurre dans une casserole, ajoutez la farine et faites cuire une min en remuant avec une cuillère en bois. Versez peu à peu le liquide filtré, puis le lait, toujours en remuant. Portez à ébullition, baissez le feu et laissez frémir 10 min en remuant souvent.

Ajoutez ensuite la crème fraîche et toutes les moules. Faites réchauffer doucement 2 à 3 min. Goûtez avant de saler, poivrez et ajoutez une pointe de noix muscade. Garnissez de persil haché et servez très chaud.

ENTRÉES FROIDES

LES HORS-D'ŒUVRE SIMPLES D'AUTREFOIS, COMME LES *Pissenlits au lard*, LE *Céleri rémoulade* OU LA *Marinade de sardines*, TROUVENT ENCORE AISÉMENT LEUR PLACE DANS NOS MENUS DE TOUS LES JOURS.

LES ENTRÉES FROIDES PLUS PRESTIGIEUSES, COMME LA *Terrine de foie gras* OU LE *Saumon froid en gelée*, RESTENT LE PRÉLUDE À DES MENUS PLUS RAFFINÉS. PRÉPARÉES LA VEILLE, ELLES PERMETTENT EN OUTRE DE CONSACRER PLUS DE TEMPS À L'ÉLABORATION DU PLAT PRINCIPAL.

Utilisez du cervelas déjà cuit pour préparer cette salade, fidèle à la tradition lyonnaise.

Salade de cervelas

La préparation en salade est classique pour cette charcuterie alsacienne et lyonnaise qui contenait autrefois de la cervelle.

Ingrédients

4 pommes de terre à chair ferme
4 œufs
1 grosse poignée de salades vertes mélangées
2 échalotes
2 oignons
10 cl de vin blanc sec
1 cuil. à soupe de vinaigre de vin blanc
3 cuil. à soupe d'huile
1 cervelas cuit
1 cuil. à soupe de persil plat haché
1 cuil. à soupe de ciboulette hachée
Sel

Pour la vinaigrette
1 cuil. à café de moutarde
1 cuil. à soupe de vinaigre de vin blanc
3 cuil. à soupe d'huile
Sel et poivre

Préparation : 30 minutes
Cuisson : de 20 à 30 minutes
Pour 4 personnes

Lavez les pommes de terre sans les peler. Plongez-les dans l'eau froide, salez, portez à ébullition et laissez cuire de 20 à 30 min, selon la taille et la variété des pommes de terre.

Pendant cette cuisson, faites durcir les œufs 10 min à l'eau bouillante, puis passez-les sous l'eau froide et laissez-les refroidir. Lavez et égouttez les feuilles de salade, disposez-les dans un plat de service creux.

Préparez la vinaigrette : délayez la moutarde avec le vinaigre, salez, poivrez, mélangez avec l'huile et mettez de côté.

Pelez et hachez les échalotes. Pelez les oignons et taillez-les en rondelles très fines.

Dès que les pommes de terre sont cuites, égouttez-les, pelez-les et coupez-les en rondelles, puis disposez-les sur la salade. Faites chauffer le vin blanc avec le vinaigre, les échalotes et les 3 cuillerées à soupe d'huile. Quand le mélange arrive à ébullition, versez-le sur les pommes de terre.

Pelez le cervelas et coupez-le en rondelles. Écalez les œufs durs et coupez-les en quartiers. Disposez sur les pommes de terre les rondelles de cervelas, les quartiers d'œuf dur et les rondelles d'oignon. Arrosez avec la vinaigrette et parsemez de persil et de ciboulette hachés. Servez tiède.

Jambon persillé

Charcuterie traditionnelle en Bourgogne, ce jambon mérite largement le temps de préparation qu'il impose.

FAITES TREMPER les jambonneaux dans un grand récipient d'eau froide de 24 à 48 heures, selon le conseil de votre charcutier.

Grattez les carottes et coupez-les en rondelles. Pelez les oignons et piquez-les des clous de girofle. Pelez les échalotes et coupez-les en quatre. Pelez 2 gousses d'ail. Lavez et égouttez le persil. Rincez les jambonneaux.

Mettez dans un faitout les oignons, les échalotes, les 2 gousses d'ail entières, 3 ou 4 branches de persil, le bouquet garni, le poivre en grains, le pied de veau et les jambonneaux. Arrosez avec le vin blanc, puis ajoutez suffisamment d'eau pour que les viandes soient complètement recouvertes de liquide. Portez à ébullition à feu doux, écumez, couvrez et laissez cuire 3 heures à feu très doux. Environ une heure avant la fin de la cuisson, ajoutez les carottes.

Égouttez le pied de veau et les jambonneaux. Filtrez le bouillon de cuisson et récupérez les carottes. Ajoutez le vinaigre au bouillon, rectifiez l'assaisonnement (le liquide doit être fortement relevé) et laissez-le refroidir.

Mettez de côté quelques branches de persil et hachez finement le reste. Pelez et hachez le reste de l'ail. Mélangez persil et ail hachés. Versez une louche de bouillon froid dans une terrine et mettez au réfrigérateur 30 min, pour faire prendre en gelée.

Désossez le pied de veau et coupez-le en dés. Retirez la couenne et le gras des jambonneaux, puis coupez également leur chair en dés. Mélangez les dés de viande.

Disposez dans la terrine une couche de viande, puis quelques rondelles de carotte, et parsemez de persillade. Continuez à alterner couches de viande, rondelles de carotte et persillade jusqu'à épuisement des éléments. Faites couler délicatement le reste du bouillon dans la terrine, couvrez et laissez prendre 24 heures au réfrigérateur.

INGRÉDIENTS

- 2 JAMBONNEAUX DEMI-SEL
- 3 CAROTTES
- 2 OIGNONS
- 4 CLOUS DE GIROFLE
- 2 ÉCHALOTES
- 6 GOUSSES D'AIL
- 2 GROS BOUQUETS DE PERSIL PLAT
- 1 BOUQUET GARNI
- 1 CUIL. À CAFÉ DE POIVRE NOIR EN GRAINS
- 1 PIED DE VEAU BLANCHI
- 75 CL DE BOURGOGNE BLANC ALIGOTÉ
- 3 CUIL. À SOUPE DE VINAIGRE DE VIN BLANC
- SEL ET POIVRE

TREMPAGE : DE 24 À 48 HEURES
PRÉPARATION : 30 MINUTES
CUISSON : 3 HEURES
RÉFRIGÉRATION : 30 MINUTES, PUIS 24 HEURES
POUR 6 PERSONNES

Agrémentée de persil et d'aromates, cette spécialité bourguignonne se présente sous une fine couche de gelée.

PAUVRE PORC ! Animal dont la viande est proscrite par les religions juive et musulmane, le porc évoque généralement la goinfrerie et la saleté. Cet omnivore, pourtant très intelligent, a toujours dérangé : au Moyen Âge, on l'a parfois même condamné à mort... habillé en homme !

Pour vérifier l'assaisonnement, faire frire une petite boulette de farce dans une petite poêle et la goûter.

Mélange équilibré de chairs grasses et maigres, voici un pâté de campagne comme on n'en trouve presque plus.

Ingrédients

2 oignons
1 cuil. à soupe de saindoux
1 grande barde de lard gras
300 g de lard maigre frais
300 g de lard gras frais
500 g d'échine de porc
150 g d'épaule de veau
150 g de foie de porc
1 gousse d'ail
3 œufs
10 cl d'eau-de-vie
1 cuil. à café de quatre-épices
1/2 cuil. à café de thym émietté
2 feuilles de laurier
15 g de sel
(environ 3 cuil. à café)
6 g de poivre moulu
(environ 1 cuil. à café)

Préparation : 45 minutes
Cuisson : 2 h 35
Réfrigération : 24 heures
Pour 8 personnes

Pâté de campagne

Riche et parfumé, ce vrai pâté de campagne est cuisiné à la mode d'autrefois.

Pelez et hachez finement les oignons. Faites fondre le saindoux dans une petite poêle, jetez-y les oignons et laissez-les blondir 5 min à feu doux, puis retirez du feu. Tapissez une terrine avec la barde de lard, en la laissant déborder tout autour. Faites chauffer le four à 180 °C, th. 6.

Retirez la couenne et les cartilages du lard maigre, puis coupez-le en gros dés, ainsi que le lard gras et les viandes. Passez le tout au hachoir muni d'une grille moyenne et versez dans un grand saladier. Pelez et écrasez l'ail. Battez les œufs en omelette. Ajoutez ces ingrédients au hachis de viande, mélangez soigneusement, puis incorporez les oignons, l'eau-de-vie, le quatre-épices, le thym, le sel et le poivre. Malaxez à la main.

Préparez un bain-marie suffisamment grand pour contenir la terrine et portez-le à ébullition. Versez le contenu du saladier dans la terrine, tassez pour ne laisser aucun vide et posez dessus les feuilles de laurier, puis rabattez la barde de lard sur le tout. Couvrez la terrine, mettez-la dans le bain-marie et faites cuire 2 h 30 au four.

À l'issue de la cuisson, sortez la terrine, retirez le couvercle et laissez reposer 15 min. Posez alors sur la terrine une petite planche surmontée d'un poids, laissez refroidir complètement, puis mettez au réfrigérateur 24 heures au moins avant de servir.

Pâté de gibier en croûte

Vous réussirez facilement ce pâté si vous disposez d'un moule spécial à charnières.

Coupez le canard en bandelettes. Retirez la peau des faisans, détachez la chair et taillez-la en dés (réservez la carcasse). Faites mariner une nuit au frais canard et faisan avec le cognac, l'huile, le thym, du sel et du poivre.

Préparez la pâte en mélangeant farine, sel et beurre et laissez-la reposer 2 heures.

Mettez les carcasses des faisans dans une casserole avec la carotte, l'oignon et le bouquet d'herbes. Couvrez juste d'eau, portez à ébullition et laissez frémir 40 min. Filtrez, faites réduire à 25 cl et gardez au frais.

Hachez le lard, malaxez la mie de pain avec la crème, puis mélangez-les avec la chair à saucisse et la sauge. Salez et poivrez.

Faites chauffer le four à 200 °C, th. 7. Aplatissez les trois quarts de la pâte en un cercle de 36 cm de diamètre. Beurrez un moule à pâté à bord amovible de 21,5 x 14,5 cm et déposez-y la pâte en la pressant contre le fond et les parois. Laissez-la déborder du moule. Égouttez les viandes, retirez le thym et mélangez les dés de faisan et les pistaches à la farce. Disposez les bandelettes de canard et la farce dans le moule en couches alternées, tassez bien et aplatissez le reste de la pâte en un ovale. Badigeonnez la pâte débordant du moule avec de l'œuf battu. Couvrez avec l'ovale de pâte et pincez les bords. Badigeonnez le couvercle avec de l'œuf battu, posez dessus des feuilles préparées dans les chutes de pâte, faites un trou au centre et maintenez-le ouvert avec un carton roulé. Faites cuire 1 h 30 au four, en couvrant d'aluminium après 45 min.

Retirez le bord amovible du moule, badigeonnez le tour du pâté avec le reste d'œuf battu et remettez 30 min au four.

Laissez refroidir le pâté 3 heures, puis remettez le bord du moule en place. Faites chauffer le bouillon avec la gelée, incorporez le persil haché et laissez refroidir, puis versez par la cheminée du pâté. Laissez 24 heures au réfrigérateur.

Ingrédients

- 2 filets de canard sans peau ni gras
- 2 faisans rôtis
- 4 cuil. à soupe de cognac
- 1 cuil. à soupe d'huile d'olive
- Quelques brins de thym frais
- 1 carotte
- 1 oignon
- 1 branche de persil, 1 branche de thym et 1 feuille de laurier liées en bouquet
- 125 g de lard maigre
- 1 grande tranche de pain de mie frais
- 1 cuil. à soupe de crème liquide
- 125 g de chair à saucisse
- 1 cuil. à café rase de sauge séchée
- 60 g de pistaches décortiquées et pelées
- 1 œuf battu
- 2 cuil. à café rases de gelée instantanée en poudre
- 1 cuil. à café de persil très finement haché
- Sel et poivre

Pour la pâte

- 500 g de farine
- 1/2 cuil. à café de sel
- 250 g de beurre mou ou de saindoux

Préparation : 1 h 30
Marinage : 12 heures
Cuisson : 2 h 50
Refroidissement : 3 heures
Réfrigération : 24 heures
Pour 8 à 10 personnes

Ce superbe pâté en croûte est composé de canard et de faisan, agrémentés de porc et de pistaches.

Des terrines de toutes sortes
La terrine sert à la fois de moule, de récipient de cuisson et de plat de service pour les pâtés. Autrefois toujours en terre, lévrière, terrine dindon, poule ou canard et terrine porcelet évoquaient, par leur forme ou par leur décoration, l'aliment cuisiné.

Avant de servir votre pâté de foies de volaille, faites-le reposer un jour entier au réfrigérateur.

Pâté de foies de Volaille

Selon la nature des foies que vous utiliserez, vous ferez de ce pâté une entrée plus ou moins raffinée.

Ingrédients

- 1 grande barde de lard gras
- 350 g de foies de volaille
- 2 échalotes
- 150 g de lard gras frais
- 400 g de gorge de porc
- 2 œufs
- 2 verres à liqueur de cognac ou d'armagnac
- 15 cl de porto
- 2 cuil. à café de sel
- 1/2 cuil. à café de poivre

Préparation : 45 minutes
Cuisson : 2 heures
Réfrigération : 24 heures
Pour 6 à 8 personnes

Tapissez une terrine avec la barde de lard, en la laissant déborder. Faites chauffer le four à 180 °C, th. 6. Préparez un bain-marie assez grand pour contenir la terrine.

Débarrassez les foies de volaille de leurs parties vertes, mettez-les dans une jatte et laissez-les dégorger 15 min sous un mince filet d'eau courante, puis épongez-les sur du papier absorbant.

Pelez les échalotes. Hachez deux fois les foies de volaille, les échalotes, le lard gras et la gorge de porc. Versez dans un saladier. Incorporez au hachis les œufs, l'alcool, le porto, le sel et le poivre. Mélangez avec soin. Versez dans la terrine préparée, puis rabattez la barde sur le tout et couvrez.

Placez la terrine dans le bain-marie à ébullition et faites cuire pendant 2 heures au four. Sortez le pâté du four, laissez-le reposer 10 min, puis posez sur la terrine une petite planche surmontée d'un poids et laissez refroidir complètement.

Quand le pâté est froid, remettez le couvercle sur la terrine et laissez au moins 24 heures au réfrigérateur avant de servir pour que les arômes se mêlent bien.

Terrine de foie gras

Cette recette toute simple met particulièrement en valeur la finesse du foie gras.

Ingrédients

1 foie gras de canard de 500 g environ
1 pincée de sucre en poudre
1/4 de cuil. à café de quatre-épices
4 cuil. à soupe de porto
1 cuil. à café rase de sel
1/4 de cuil. à café de poivre moulu

Trempage : 1 heure
Préparation : 20 minutes
Cuisson : 45 minutes
Réfrigération : 48 heures au moins
Pour 8 **personnes**

Rincez le foie à l'eau courante, mettez-le dans un grand saladier, couvrez-le d'eau tiède et laissez-le tremper une heure à température ambiante.

Ensuite, faites chauffer le four à 80 °C, th. 1. Égouttez le foie délicatement et épongez-le soigneusement. Incisez les deux lobes de haut en bas sur 2 cm de profondeur et dénervez-les avec un couteau pointu. Mélangez le sucre, le quatre-épices, le sel et le poivre. Frottez-en toute la surface des lobes.

Reformez le foie en rapprochant les lobes, posez-le dans une terrine pouvant juste le contenir et arrosez-le avec le porto. Tassez doucement. Couvrez la terrine et faites cuire au four pendant 45 min.

Ensuite, sortez la terrine du four, laissez reposer 10 min et versez la graisse dans un bol. Posez sur la terrine une planchette surmontée d'un poids, laissez refroidir complètement et réservez la terrine et la graisse au réfrigérateur.

Le lendemain, faites juste fondre la graisse dans une casserole, sans la laisser cuire, puis versez-la dans la terrine. Couvrez et laissez au réfrigérateur pendant 48 heures avant de servir.

Servez ce foie gras avec des toasts chauds et un vin blanc liquoreux.

Le poids destiné à tasser le foie ne doit pas être trop lourd pour ne pas l'écraser : 250 g environ.

Si on ne possède pas de moule en forme de poulet, on peut mettre la chair de poulet en couches dans une terrine, ou reconstituer directement la volaille sur un plat et la napper de gelée à plusieurs reprises.

Ce hors-d'œuvre raffiné, relativement peu coûteux, est parfait pour un menu de fête.

Poulet en gelée

Poché, désossé et garni d'une farce au foie gras, le poulet, reconstitué sous la gelée, retrouve sa forme initiale.

Ingrédients

- 2 oignons
- 2 clous de girofle
- 2 carottes
- 1 poireau
- 1 branche de céleri
- 1 litre de bouillon de volaille
- 1 poulet prêt à cuire, avec la tête, le cou, les ailerons, le foie et le gésier à part
- 50 cl de vin blanc
- 1 branche de thym
- 1 feuille de laurier
- 1 sachet de gelée instantanée
- 3 cuil. à soupe de madère
- Quelques gouttes de Tabasco
- 10 g de beurre
- 200 g de foie gras en conserve
- 3 cuil. à soupe de cognac
- 1 petit bouquet d'estragon
- Sel et poivre

Préparation : 1 heure
Cuisson : 1 h 35
Réfrigération : 8 heures au moins
Pour 5 ou 6 personnes

Pelez un oignon et piquez-le avec les clous de girofle. Épluchez les carottes, le poireau et le céleri, puis coupez-les en dés.

Versez le bouillon dans une marmite et ajoutez la tête, le cou, les ailerons et le gésier du poulet. Portez à ébullition, écumez et ajoutez le vin, l'oignon, les carottes, le poireau, le céleri, le thym et le laurier.

Pelez le second oignon, coupez-le en deux, faites-le dorer 2 min à feu doux et glissez-le dans le poulet. Plongez ce dernier dans le bouillon, portez de nouveau à ébullition et écumez. Poivrez bien et salez, en tenant compte du bouillon, puis laissez frémir pendant 1 h 30. Retirez alors du feu, laissez refroidir et égouttez le poulet.

Délayez la gelée avec 40 cl d'eau froide. Portez à ébullition en remuant, ajoutez le madère et le Tabasco, puis mélangez et laissez refroidir. Retirez la peau du poulet.

Versez un peu de gelée dans un moule en forme de poulet, préalablement refroidi au réfrigérateur. Mettez au frais et laissez prendre 30 min environ.

Détachez les cuisses du poulet, séparez les pilons des hauts de cuisse, puis ouvrez et désossez ces morceaux. Ouvrez les blancs en deux horizontalement.

Faites revenir le foie dans le beurre à feu vif, hachez-le grossièrement et passez-le au mixeur avec le foie gras et le cognac.

Étalez une couche de mousse de foie sur la partie inférieure des blancs et refermez-les. Procédez de la même façon avec les hauts de cuisse et les pilons désossés.

Disposez les feuilles d'estragon sur la gelée durcie, puis reconstituez le poulet à l'envers, dans le moule, et recouvrez de gelée. Versez le reste dans un plat, mettez le tout au réfrigérateur et laissez durcir.

Pour servir, trempez le fond du moule 10 secondes dans de l'eau chaude et démoulez sur un plat de service. Hachez le reste de gelée et décorez-en le tour du poulet.

Chaud-froid de poulet

La préparation en chaud-froid permet l'élaboration de plats froids raffinés.

Mettez le pied de veau et les abattis dans une casserole d'eau froide, portez à ébullition. Pelez un oignon et piquez-le de clous de girofle. Épluchez les carottes, le navet et les 2 autres oignons. Coupez-les en quatre. Nettoyez le poireau, coupez le vert et ajoutez-le au bouquet garni, avec le céleri.

Laissez le pied de veau et les abattis bouillir 3 min, puis rafraîchissez-les. Mettez-les dans une marmite avec tous les légumes et le bouquet garni, couvrez très largement d'eau froide, portez à ébullition et écumez, puis laissez cuire 1 h 30 sans couvrir, en écumant au fur et à mesure.

Plongez le poulet dans la marmite, salez et poivrez. Portez de nouveau à ébullition, puis couvrez et laissez frémir 1 h 30.

Quand le poulet est cuit, égouttez-le et laissez-le tiédir. Faites réduire le bouillon jusqu'à ce qu'il n'en reste plus que 75 cl et filtrez-le dans un tamis tapissé de gaze.

Préparez la sauce : faites fondre le beurre dans une casserole, poudrez de farine, mélangez 2 min sans laisser colorer et délayez avec le bouillon, puis portez à ébullition et laissez épaissir 15 min en remuant.

Préparez la gelée en suivant les indications du fabricant, ajoutez le porto et incorporez à la sauce une quantité de gelée égale à la moitié de la sauce. Mettez le reste de la gelée de côté. Ajoutez à la sauce les trois quarts de la crème fraîche et retirez du feu. Délayez les jaunes d'œufs avec le reste de la crème fraîche et le jus de citron, versez dans la sauce en fouettant et laissez tiédir.

Retirez la peau du poulet. Découpez-le en 8 morceaux et posez ces derniers sur une grille placée au-dessus d'un plat. Recouvrez-les d'une fine couche de sauce et laissez 2 heures au réfrigérateur. Quand la première couche de sauce est prise, ajoutez une deuxième couche fine, laissez durcir 2 heures et recommencez l'opération.

Décorez avec des rondelles d'olive et du cerfeuil, badigeonnez avec le reste de la gelée et remettez au réfrigérateur.

La gelée donne à la volaille en sauce refroidie un lustre extrêmement décoratif.

Ingrédients

- 1/2 pied de veau
- Les abattis d'un poulet
- 3 gros oignons
- 3 clous de girofle
- 2 carottes
- 1 petit navet
- 1 poireau
- 1 bouquet garni
- 1 côte de céleri
- 1 poulet de 2,5 kg environ, vidé et bridé, avec ses abattis
- 100 g de beurre
- 75 g de farine
- 1 sachet de gelée instantanée
- 5 cuil. à soupe de porto
- 30 cl de crème fraîche
- 2 jaunes d'œufs
- 2 cuil. à soupe de jus de citron
- Sel et poivre

Pour garnir

- Rondelles d'olives farcies au poivron
- Feuilles de cerfeuil

Préparation : 1 heure
Cuisson : 3 h 30
Réfrigération (en trois fois) : 6 heures au moins
Pour 8 personnes

Une race d'exception
Il existe en Touraine une race ancienne de poule, la géline, surnommée « dame noire ». Après un déclin dans les années 1950, cette race de qualité, nourrie à l'orge et au maïs blanc, est de nouveau au goût du jour et attend aujourd'hui l'attribution du Label rouge.

Il est important de rectifier l'assaisonnement lorsque les rillettes sont froides, car toute préparation perd de la saveur en refroidissant.

Introuvables dans le grand commerce, les rillettes de lapin sont très faciles à réussir.

Rillettes de lapin

Faites vous-même ces rillettes, nettement plus maigres que celles à base de porc, d'oie ou de canard.

Ingrédients

2 avants de lapin avec la tête
500 g d'échine ou de gorge de porc
300 g de lard gras
1 oignon
2 gousses d'ail
1 feuille de laurier
1 branche de thym
1 cuil. à café de baies de genièvre
1 clou de girofle
50 cl de vin blanc
2 cuil. à soupe de cognac
1/2 cuil. à café de quatre-épices
2 cuil. à café de sel
1/2 cuil. à café de poivre moulu
50 g de saindoux

Préparation : 45 minutes
Cuisson : de 5 à 6 heures
Repos au frais : quelques heures
Réfrigération : 24 heures au moins
Pour 8 à 10 personnes

Désarticulez les avants et les têtes de lapin pour les réduire en morceaux, sans couper les os avec un couteau pour éviter les éclats. Taillez l'échine ou la gorge de porc en dés. Coupez le lard gras en petits morceaux. Pelez l'oignon et coupez-le en quatre. Épluchez l'ail. Posez les quartiers d'oignon, l'ail, le laurier, le thym, le genièvre et le clou de girofle au centre d'un morceau de mousseline. Nouez-en les coins pour former un petit sac, le nouet.

Faites chauffer le lard gras dans une cocotte. Dès qu'il commence à fondre, ajoutez les viandes et le nouet. Arrosez avec le vin blanc et le cognac, complétez avec suffisamment d'eau pour couvrir le tout de 2 cm, puis ajoutez le quatre-épices, le sel et le poivre. Portez à ébullition, écumez et laissez cuire de 5 à 6 heures à feu très doux, sans couvrir et en remuant souvent.

Ensuite, retirez et jetez le nouet. Égouttez les viandes à l'écumoire, versez-les dans une jatte et écrasez-les à la fourchette, en retirant les os au fur et à mesure. Reversez la viande dans la cocotte et mélangez-la au jus de cuisson en l'écrasant au pilon. Vérifiez l'assaisonnement et rectifiez-le au besoin.

Versez les rillettes dans une ou deux terrines, laissez-les dans un endroit frais pendant quelques heures et remuez de temps en temps pour mélanger la graisse qui remonte à la surface.

Faites juste fondre le saindoux. Versez-le sur les rillettes bien tassées, posez le couvercle et mettez au réfrigérateur pendant 24 heures au moins.

Lapin en gelée

Ne vous laissez pas impressionner par la liste des ingrédients : cette entrée est vraiment simple à réaliser.

Coupez le lapin en 2 ou 3 morceaux en le désarticulant. Pelez les carottes, lavez-les et coupez-les en rondelles. Pelez et hachez l'oignon. Rincez le céleri et les branches de persil. Pelez l'ail. Mettez tous ces ingrédients dans un faitout.

Arrosez avec le vin blanc et le bouillon, puis ajoutez les clous de girofle, le thym, le laurier, le piment et le quatre-épices.

Portez à ébullition à feu doux. Écumez, couvrez et laissez frémir pendant 1 h 30. Aux deux tiers de la cuisson, vérifiez et rectifiez éventuellement l'assaisonnement.

Quand le lapin est cuit, égouttez-le et laissez-le refroidir, puis désossez-le. Défaites sa chair en lanières ou en petits morceaux.

Filtrez le jus de cuisson. Mesurez-en 75 cl, délayez la gelée dedans et portez le tout à ébullition à feu doux, en remuant sans cesse. Retirez du feu, ajoutez le jus de citron et laissez refroidir.

Incorporez alors à la gelée toutes les herbes hachées et la chair du lapin. Versez dans une terrine, couvrez et faites prendre 12 heures au réfrigérateur.

Au moment de servir, démoulez éventuellement la terrine dans un plat de service. Préparez la sauce : faites une mayonnaise avec le jaune d'œuf, la moutarde, du sel et l'huile. Incorporez le vinaigre, puis ajoutez les fines herbes hachées et versez dans une saucière.

Servie dans sa terrine de cuisson ou démoulée, cette entrée est spectaculaire… mais ne requiert aucun talent particulier.

Ingrédients

- 1 lapin
- 6 carottes
- 1 oignon
- 2 branches de céleri
- 4 branches de persil
- 3 gousses d'ail
- 50 cl de vin blanc sec
- 50 cl de bouillon de volaille
- 3 clous de girofle
- 2 branches de thym
- 1 feuille de laurier
- 1 piment oiseau
- 2 pincées de quatre-épices
- 1 sachet de gelée instantanée
- 4 cuil. à soupe de jus de citron
- 1 cuil. à soupe de cerfeuil haché
- 1 cuil. à soupe de persil plat haché
- 1 cuil. à soupe d'estragon haché
- 1 cuil. à soupe de ciboulette hachée
- Sel

Pour la sauce

- 1 jaune d'œuf
- 1 cuil. à café de moutarde
- 25 cl d'huile
- 1 cuil. à soupe de vinaigre
- 2 cuil. à soupe de fines herbes hachées
- Sel

Préparation : 20 minutes
Cuisson : 1 h 45
Refroidissement : 2 heures
Réfrigération : 12 heures
Pour 6 à 8 personnes

Les pommes de terre à l'huile constituent l'accompagnement idéal des harengs marinés.

Filets de harengs pommes à l'huile

Dessalés au lait et longuement marinés, ces harengs sont doux et fondants.

Ingrédients

- 1 ou 2 paquets de harengs saurs doux
- 50 cl de lait
- 75 cl de vin blanc sec
- 2 carottes
- 3 oignons
- 1 branche de thym
- 1 feuille de laurier
- 10 grains de poivre
- 30 cl environ d'huile d'olive

Pour les pommes à l'huile

- 8 pommes de terre moyennes à chair ferme
- 1 feuille de laurier
- 2 gousses d'ail
- 2 oignons doux
- 1 verre de vin blanc
- 1 cuil. à soupe de vinaigre
- 3 cuil. à soupe d'huile
- 1 à 2 cuil. à soupe de persil haché
- Sel, poivre

Préparation : 20 minutes
Dessalage : 2 heures
Marinage : 1 heure, puis 48 heures
Cuisson : 30 minutes
Pour 4 personnes

Allongez les filets de hareng dans un plat creux, arrosez-les avec le lait et complétez au besoin avec de l'eau pour qu'ils soient entièrement recouverts de liquide. Laissez-les dessaler 2 heures, puis égouttez les harengs et épongez-les. Essuyez le plat, remettez-y les harengs, arrosez avec le vin blanc et laissez mariner une heure.

Égouttez les filets de hareng et mettez-les dans une terrine. Épluchez les carottes et les oignons, coupez-les en rondelles fines et parsemez-en les filets de hareng. Ajoutez le thym, le laurier et le poivre, puis arrosez d'huile jusqu'à ce que le poisson soit complètement immergé, couvrez et laissez mariner 48 heures au frais.

Le jour du repas, lavez les pommes de terre sans les peler, mettez-les dans une casserole, couvrez-les largement d'eau froide et ajoutez le laurier, l'ail écrasé et du sel. Portez à ébullition et faites cuire les pommes de terre pendant 25 min. Pelez les oignons, coupez-les en rondelles et défaites-les en anneaux.

Égouttez les pommes de terre, pelez-les pendant qu'elles sont encore chaudes et coupez-les en rondelles. Étalez ces dernières dans un grand plat de service creux, arrosez-les aussitôt avec le vin blanc et poivrez-les. Mélangez le vinaigre et l'huile, versez le tout sur les pommes de terre et laissez-les refroidir.

Pour servir, égouttez rapidement les filets de hareng et disposez-les sur les pommes de terre. Ajoutez les anneaux d'oignon et parsemez de persil haché.

Maquereaux au vin blanc

Cette préparation marinée a fait la renommée des maquereaux, baptisés « lisettes » dans la Manche quand ils sont de petite taille.

PELEZ et coupez en rondelles fines les carottes, 4 petits oignons et l'échalote. Mettez-les dans une casserole avec le jus de citron, le vin blanc, le vinaigre, le clou de girofle, le thym, le laurier et le genièvre. Salez, poivrez, portez à ébullition et laissez cuire 30 min à petits frémissements.

Pendant ce temps, coupez la tête et la queue des poissons, fendez-les en deux le long du dos, videz-les et retirez l'arête centrale. Lavez-les, épongez-les et disposez-les dans un plat creux, ouverts. Pelez le reste des petits oignons, coupez-les en rondelles et parsemez-en les poissons.

Après 30 min de cuisson, versez la marinade bouillante sur les maquereaux, couvrez aussitôt le plat et laissez refroidir complètement. Faites ensuite mariner 12 heures au moins au réfrigérateur.

Pour servir, lavez et essuyez la tomate, coupez-la en rondelles et garnissez-en le plat, puis parsemez de ciboulette hachée.

INGRÉDIENTS

- 2 CAROTTES
- 1 BOTTE DE PETITS OIGNONS FRAIS
- 1 ÉCHALOTE
- 4 CUIL. À SOUPE DE JUS DE CITRON
- 10 CL DE VIN BLANC SEC
- 5 CL DE VINAIGRE DE VIN BLANC
- 1 CLOU DE GIROFLE
- 1 BRANCHE DE THYM
- 1 FEUILLE DE LAURIER
- 1/2 CUIL. À CAFÉ DE BAIES DE GENIÈVRE
- 12 PETITS MAQUEREAUX OU LISETTES
- 1 TOMATE
- 1 CUIL. À SOUPE DE CIBOULETTE HACHÉE
- SEL ET POIVRE

PRÉPARATION : 40 MINUTES
CUISSON : 30 MINUTES
MARINAGE : 12 HEURES AU MOINS
POUR 6 PERSONNES

La chair un peu grasse du maquereau s'accommode à merveille de l'acidité du vin blanc et du vinaigre.

DES ESPÈCES PROLIFIQUES
Si le maquereau, le thon et la sardine sont des poissons abondamment pêchés depuis fort longtemps, ce sont aussi les espèces les plus vendues sous forme de conserve. C'est en 1856 que Maurice Amieux créa à Nantes sa première conserverie de poissons et de légumes.

Saumon froid en gelée

La cote d'amour de ce poisson, souvent recherché, parfois délaissé, fluctue au cours des années.

Ingrédients

1 saumon de 2,5 kg environ, écaillé et vidé
25 cl de vin blanc sec
1 citron
3 branches de persil
1/2 cuil. à café de poivre noir en grains

Pour la gelée et le décor
4 feuilles de gélatine
20 cl de vin blanc sec
4 cuil. à soupe de vermouth blanc
2 cuil. à soupe de jus de citron
Estragon et cerfeuil frais

Pour la sauce
1 jaune d'œuf
1 cuil. à café de moutarde de Dijon
40 cl d'huile
1 citron non traité
20 cl de crème fraîche liquide
1 petit bouquet d'estragon
1 bouquet de cerfeuil
Sel, poivre

Préparation : 2 h 30
Cuisson : 12 minutes
Refroidissement : de 5 à 6 heures
Réfrigération : 12 heures
Pour 10 personnes

La veille, rincez le saumon et posez-le dans une poissonnière ou, à défaut, dans un plat long allant au feu. Au besoin, coupez la nageoire de la queue et, si cela ne suffit pas, coupez l'extrémité de la queue et posez-la à côté du poisson pour la cuisson : après la cuisson, il suffira de la remettre à sa place sur le plat de service et de dissimuler la section avec des éléments de garniture.

Ajoutez 2 litres d'eau, le vin blanc, le citron coupé en rondelles, le persil et les grains de poivre. Couvrez avec le couvercle ou avec de l'aluminium ménager, portez à ébullition, baissez aussitôt le feu et faites cuire 12 min à petits frémissements. Retirez immédiatement du feu et laissez refroidir complètement.

Quand le poisson est froid, prélevez-le délicatement avec la grille de la poissonnière ou avec deux grandes palettes à poisson et laissez-le s'égoutter sur une grille. Retirez délicatement la peau puis, avec un petit couteau, raclez la pellicule brune qui entoure la chair, en essuyant sans cesse le couteau pour éviter de souiller la chair rose. Couvrez bien le saumon et placez-le au réfrigérateur ou dans un endroit frais (garde-manger, par exemple) pendant la préparation de la gelée.

Pour préparer cette dernière, versez 15 cl d'eau dans une casserole, ajoutez la gélatine et laissez-la gonfler 5 min. Faites ensuite chauffer à feu doux jusqu'à ce que la gélatine soit complètement dissoute. Mettez hors du feu, ajoutez le vin blanc, le vermouth et le jus de citron, laissez tiédir, puis réservez au réfrigérateur pendant 30 min environ, jusqu'à ce que le liquide soit sirupeux.

Pour glacer le saumon, commencez par le côté de la tête. Badigeonnez au pinceau toute la surface du poisson d'une fine couche de gelée, puis remettez le saumon au réfrigérateur jusqu'à ce que la gelée soit prise. Renouvelez cette opération trois autres fois. Si la gelée commence à durcir, ramollissez-la en plaçant le récipient dans de l'eau chaude.

Détachez de leur tige les feuilles d'estragon qui vont servir à décorer le saumon. Réservez les plus régulières, plongez les autres une par une dans la gelée et disposez-les sur le saumon en formant un motif d'arêtes. Trempez quelques feuilles de cerfeuil dans la gelée et disposez-les aux intersections et aux extrémités des feuilles d'estragon. Ajoutez des petits bouquets de feuilles au niveau de la tête et de la queue. Si vous avez dû trancher le bout de la queue, dissimulez l'endroit de la coupure avec des feuilles d'estragon.

Mettez le poisson et la gelée au réfrigérateur ou dans un endroit frais, sur un grand récipient empli de glace, jusqu'au moment de servir.

Préparez la sauce : sortez l'œuf, la moutarde et l'huile et laissez-les au moins 30 min à température ambiante avant de les travailler. Rincez l'estragon et le cerfeuil, puis hachez finement les feuilles. Brossez le citron sous l'eau tiède, essuyez-le, râpez la moitié du zeste et pressez la moitié du citron.

Mettez le jaune d'œuf dans une jatte, ajoutez 2 pincées de sel, une pincée de poivre et la moutarde. Mélangez et versez l'huile goutte à goutte, en fouettant à la fourchette ou au batteur électrique, toujours dans le même sens. Lorsque le mélange est pris, versez l'huile en mince filet, sans cesser de fouetter, jusqu'à incorporation complète.

Ajoutez alors le zeste de citron râpé et 2 cuillerées à soupe de jus, sans cesser de fouetter. Goûtez : la saveur citronnée doit être bien marquée. Ajoutez l'estragon et le cerfeuil en mélangeant doucement avec une cuillère et gardez au frais.

Fouettez la crème fraîche et mettez-la au réfrigérateur.

Au moment de servir, hachez le reste de gelée avec un couteau humide et disposez-la dans le plat autour du saumon. Incorporez délicatement la crème fouettée à la mayonnaise à l'aide d'une cuillère à soupe, puis versez cette sauce dans une coupe ou dans deux saucières.

Un dessin de feuilles d'estragon et de cerfeuil sur un glaçage brillant de gelée transforme le saumon en un plat somptueux, digne de figurer dans un buffet ou au menu d'un repas de fête.

Ainsi préparées, les sardines se conservent une bonne semaine au réfrigérateur.

Ingrédients

20 sardines
25 g de farine
9 cuil. à soupe d'huile d'olive
1 oignon
1 poivron
12 petits oignons nouveaux
25 cl de vinaigre
2 ou 3 branches de persil plat
2 branches de thym
1 feuille de laurier
1 dose de safran
1 grosse pincée de piment de Cayenne
1 pincée de noix muscade râpée
3 clous de girofle
Sel et poivre

Préparation : 45 minutes
Cuisson : 20 minutes
Marinage : 24 heures
Pour 4 personnes

Marinade de sardines

Dans cette préparation en escabèche, les sardines sont frites, puis mises à mariner avec force épices et aromates.

Écaillez et videz les sardines, puis lavez-les et essuyez-les. Versez la farine dans une grande assiette, passez-y les sardines et secouez-les pour faire tomber l'excédent.

Faites chauffer 5 cuillerées à soupe d'huile dans une grande poêle. Quand elle est très chaude, faites-y frire les sardines une min en les retournant une fois. Égouttez-les à l'écumoire en conservant l'huile de cuisson, épongez-les sur du papier absorbant et disposez-les dans un plat creux.

Pelez l'oignon et coupez-le en rondelles fines. Lavez, équeutez et épépinez le poivron. Pelez les oignons nouveaux. Versez le reste de l'huile dans la poêle de cuisson des sardines et faites chauffer à feu moyen, puis ajoutez tous les oignons et le poivron, et faites revenir 5 min en remuant. Versez le vinaigre, en prenant garde aux éclaboussures, puis 40 cl d'eau. Ajoutez alors le persil, le thym, le laurier, le safran, le piment de Cayenne, la noix muscade et les clous de girofle. Salez et poivrez, portez à ébullition et laissez juste frémir 15 min.

Versez le contenu de la poêle sur les sardines, laissez refroidir, couvrez et faites mariner 24 heures au réfrigérateur.

Fromage blanc aux appétits

Le terme « appétits » s'applique ici à la ciboulette, herbe connue, comme les petits oignons et la ciboule, pour ses vertus apéritives.

Ingrédients

- 2 pieds de ciboule
- 4 branches de persil
- 2 branches d'estragon
- 14 brins de ciboulette
- 400 g de fromage blanc
- 10 cl de crème fraîche épaisse
- 1 cuil. à soupe de vinaigre
- 1 cuil. à soupe d'huile
- Sel et poivre

Préparation : 10 minutes
Réfrigération : 12 heures
Pour 6 personnes

Nettoyez la ciboule et hachez finement le vert et le blanc. Rincez les fines herbes et hachez-les.

Versez le fromage blanc dans une jatte. Ajoutez-y la crème fraîche, la ciboule, les fines herbes hachées, le vinaigre et l'huile. Salez et poivrez.

Tapissez une faisselle ou une passoire fine d'une grande mousseline et posez-la sur une terrine sans qu'elle touche le fond du récipient, pour laisser l'eau s'écouler.

Versez la préparation au fromage blanc dans la mousseline, tassez et mettez l'ensemble au réfrigérateur pendant 12 heures.

Au moment de servir, renversez délicatement la faisselle ou la passoire sur un plat de service, puis retirez la mousseline. Servez le fromage blanc aux herbes avec du pain grillé et/ou des crudités.

Vous pouvez également présenter ce fromage blanc dans des tomates, évidées ou préparées en paniers.

Parfumé de fines herbes, le fromage blanc à la lyonnaise constitue une entrée très fraîche.

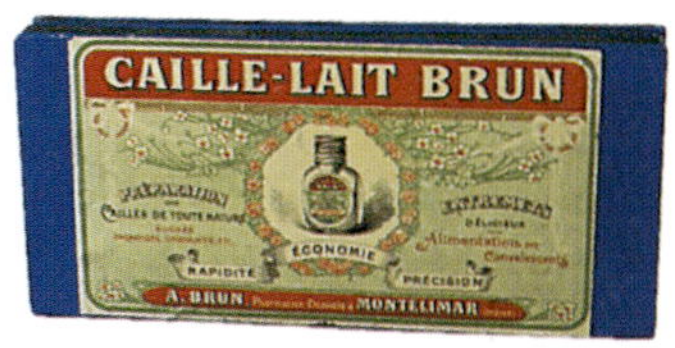

Caille-lait
La présure, également dénommée caille-lait, sert à provoquer la coagulation du lait, stade primaire de la fabrication du fromage. Elle peut être animale ou extraite de plantes, comme la chardonnette, le gaillet jaune et le figuier commun.

Pour avoir des coques de blanc d'une épaisseur régulière, plonger les œufs dans l'eau bouillante et ne pas démarrer la cuisson à l'eau froide.

Soignez la présentation de ces œufs farcis pour en faire un plat parfaitement agréable.

Œufs farcis

Cette recette élémentaire, qui est à la portée de n'importe quel cuisinier débutant, fait le régal des enfants.

Ingrédients

- 4 gros œufs
- 1 poignée de feuilles de laitue ou de trévise
- 1 petit bouquet de cerfeuil
- 3 brins de ciboulette
- 1 branche d'estragon
- 1/2 cuil. à soupe de moutarde
- 2 cuil. à soupe de crème fraîche
- 1 cuil. à soupe de jus de citron ou de vinaigre de vin blanc

Préparation : 20 minutes
Cuisson : 10 minutes
Réfrigération : 2 heures au moins
Pour 4 personnes

Faites bouillir de l'eau dans une casserole, plongez-y délicatement les œufs, puis portez de nouveau à ébullition et laissez cuire 10 min. Versez alors les œufs dans une passoire, rafraîchissez-les une à 2 min sous l'eau froide courante, en les tapant légèrement pour briser la coquille. Laissez-les refroidir dans une jatte d'eau froide.

Lavez et égouttez la salade. Coupez-la en lanières et disposez-la dans un plat de service. Lavez les herbes, épongez-les dans un linge et hachez-les.

Écalez les œufs durs froids, fendez-les en deux dans la longueur et prélevez les jaunes. Mettez ces derniers dans une jatte, puis écrasez-les à l'aide d'une fourchette avec la moutarde, la crème fraîche, le jus de citron et les herbes hachées.

Versez la préparation au jaune d'œuf dans une poche à douille, remplissez-en largement les demi-blancs d'œufs durs et disposez les œufs farcis sur le lit de salade. Si vous ne servez pas aussitôt, réservez au réfrigérateur.

Œufs en gelée

La seule difficulté de cette entrée décorative réside dans la cuisson des œufs pochés, à surveiller de près.

INGRÉDIENTS

- 2 CUIL. À SOUPE DE VINAIGRE DE VIN BLANC OU DE VINAIGRE DE CIDRE
- 4 ŒUFS
- 1/2 SACHET DE GELÉE INSTANTANÉE
- 2 CUIL. À SOUPE DE MADÈRE
- QUELQUES GOUTTES DE TABASCO
- 1 GROSSE TOMATE
- DE 12 À 16 FEUILLES D'ESTRAGON
- 1 TRANCHE DE JAMBON CUIT
- 4 GRANDES FEUILLES DE LAITUE

PRÉPARATION : 30 MINUTES
CUISSON : 20 MINUTES ENVIRON
RÉFRIGÉRATION : 4 HEURES AU MOINS
POUR 4 PERSONNES

PORTEZ une grande casserole d'eau à ébullition et ajoutez-y le vinaigre. Cassez un œuf dans une tasse. Baissez le feu pour que l'eau vinaigrée frémisse juste et faites glisser l'œuf à sa surface, puis ramenez aussitôt le blanc autour du jaune à l'aide d'une écumoire. Ajoutez les autres œufs de la même façon. Laissez cuire 3 min, retirez les œufs dans l'ordre dans lequel vous les avez plongés dans l'eau et posez-les sur un torchon. Laissez-les refroidir.

Placez au congélateur quatre ramequins ronds ou quatre darioles ovales et laissez-les refroidir 15 min.

Préparez la gelée avec 25 cl d'eau, en suivant les indications du fabricant. Ajoutez le madère et quelques gouttes de Tabasco, mélangez et laissez refroidir.

Versez 0,5 cm environ de gelée froide dans chaque ramequin ou dariole et faites prendre 30 min au réfrigérateur.

Pendant ce temps, coupez les filaments de blanc qui dépassent des œufs pochés pour leur donner une forme régulière. Plongez la tomate quelques secondes dans l'eau bouillante, pelez-la, coupez-la en deux, épépinez-la et coupez la pulpe en tout petits dés. Rincez et épongez l'estragon, en faisant attention de ne pas abîmer les feuilles. Retirez la couenne et le gras du jambon, puis coupez-le en quatre lanières larges de 4 cm environ.

Sortez les moules du réfrigérateur et répartissez dedans les feuilles d'estragon et les dés de tomate, en formant un motif esthétique. Posez les œufs dessus, entourez chacun d'eux avec une lanière de jambon et recouvrez avec le reste de la gelée. Mettez au réfrigérateur et laissez prendre au moins 4 heures.

Pour servir, lavez et épongez les feuilles de laitue et disposez-les côte à côte dans un plat de service. Plongez les ramequins ou les darioles quelques secondes dans l'eau très chaude, puis démoulez-les sur les feuilles de salade et servez très frais.

Très frais sous leur gelée, les œufs pochés renferment un jaune bien onctueux.

HERBES SAUVAGES À DÉGUSTER
Le pissenlit a toujours été la plus populaire des plantes sauvages à feuilles comestibles. Mais l'oxalide (petite oseille), la cardamine (chicorée), la bourrache, le lamier blanc (ortie) ou la chevrille (laitue) servaient également à préparer des salades ou des soupes délicieuses.

Lardons croustillants et croûtons dorés transforment le modeste pissenlit en salade raffinée.

Pissenlits au lard

Cueillez vous-même de jeunes pieds de pissenlit et n'en gardez pour cette salade que les feuilles tendres.

INGRÉDIENTS

4 POIGNÉES DE PISSENLITS TENDRES
150 G DE POITRINE FUMÉE
3 CUIL. À SOUPE D'HUILE D'OLIVE
1 CUIL. À SOUPE D'HUILE DE NOIX
2 CUIL. À SOUPE DE VINAIGRE DE VIN
POIVRE

PRÉPARATION : 25 MINUTES
CUISSON : DE 7 À 8 MINUTES
POUR 4 PERSONNES

LAVEZ soigneusement les pissenlits dans une passoire. Égouttez-les et épongez-les, puis mettez-les dans un saladier.

Retirez la couenne de la poitrine fumée et coupez cette dernière en petits dés fins. Faites chauffer une poêle à feu moyen. Quand elle est bien chaude, versez-y les lardons sans ajouter de matière grasse et faites-les revenir 5 à 6 min, en les retournant plusieurs fois.

Ajoutez aux pissenlits les deux huiles mélangées, poivrez mais ne salez pas (les lardons suffisent). Mélangez et versez les lardons avec leur graisse de cuisson sur la salade.

Versez le vinaigre dans la poêle de cuisson des lardons et faites bouillir une min en grattant le fond du récipient, puis versez sur les pissenlits. Mélangez et servez aussitôt, avec des croûtons frits et, éventuellement, des œufs pochés ou mollets.

Salade de haricots

Ail, graisse de canard, oignon doux et estragon aromatisent puissamment le délicat haricot blanc frais.

Pelez et hachez les oignons. Grattez la carotte et taillez-la en petits dés. Pelez et écrasez l'ail. Portez à ébullition une grande casserole d'eau. Écossez les haricots.

Faites fondre la graisse de canard dans une cocotte. Versez-y les oignons et la carotte, mélangez, puis couvrez et laissez cuire 10 min à feu très doux.

Ensuite, ajoutez l'ail écrasé, le bouquet garni et les haricots, couvrez largement d'eau bouillante, salez et poivrez légèrement. Portez de nouveau à ébullition, puis couvrez et laissez frémir de 30 à 40 min : les haricots ne doivent pas s'écraser. Dès qu'ils sont tendres, versez-les dans un saladier et ajoutez-leur le vinaigre et l'huile d'olive. Mélangez, rectifiez l'assaisonnement et laissez-les refroidir complètement.

Pendant ce temps, retirez les cloisons blanches du morceau de poivron et coupez-le en dés. Pelez l'oignon doux et coupez-le en rondelles, puis défaites celles-ci en anneaux. Faites griller les pignons de pin une à 2 min à sec dans une poêle. Lavez et épongez les feuilles de salade.

Garnissez un plat de service avec les feuilles de salade. Versez les haricots au centre et garnissez avec les dés de poivron, les anneaux d'oignon doux et les pignons grillés. Parsemez d'estragon haché et servez.

Cette salade est encore plus ensoleillée lorsqu'on remplace l'estragon par du basilic.

Ingrédients

- 2 oignons
- 1 carotte
- 2 grosses gousses d'ail
- 1 kg de haricots blancs à écosser
- 1 cuil. à soupe de graisse de canard
- 1 bouquet garni
- 2 cuil. à soupe de vinaigre de cidre
- 4 cuil. à soupe d'huile d'olive
- 1/4 de poivron rouge
- 1 oignon rouge doux
- 2 cuil. à soupe de pignons de pin
- Quelques grandes feuilles de salade verte
- 1 cuil. à soupe d'estragon haché
- Sel et poivre

Préparation : 20 minutes
Cuisson : de 40 à 50 minutes
Pour 4 personnes

Préparez des salades croquantes et parfumées avec des betteraves crues râpées.

Salade de betteraves

Ingrédients

- 2 ou 3 petites betteraves crues
- 1 grosse cuil. à café de moutarde forte
- 1 cuil. à soupe de vinaigre de vin
- 2 cuil. à soupe d'huile d'arachide
- 1 cuil. à soupe d'huile de noix
- 2 échalotes
- 1 grosse poignée de mâche
- 12 cerneaux de noix
- Sel et poivre

Préparation : 15 minutes
Cuisson : de 3 à 4 heures
Pour 4 personnes

L'alliance de la betterave et de la mâche est renforcée par la saveur de la noix.

Faites chauffer le four à 150 °C, th. 4-5. Lavez et brossez les betteraves sous l'eau froide, puis épongez-les et enveloppez-les d'aluminium ménager. Posez-les dans la lèchefrite et faites-les cuire au four de 3 à 4 heures, suivant leur grosseur.

Sortez-les ensuite du four, ouvrez les papillotes et laissez tiédir. Pelez les betteraves et coupez-les en dés ou en bâtonnets, puis versez-les dans un saladier.

Préparez une vinaigrette avec la moutarde, le vinaigre, les huiles, du sel et du poivre. Pelez et hachez finement les échalotes, puis ajoutez-les à la vinaigrette. Versez ensuite sur les betteraves, mélangez, couvrez d'un film alimentaire et laissez reposer pendant au moins une heure.

Au moment du repas, lavez la mâche à l'eau courante jusqu'à ce qu'elle ne renferme plus de sable. Essorez-la soigneusement, ajoutez-la aux betteraves, mélangez et parsemez avec les cerneaux de noix, préalablement brisés entre vos doigts.

Note : étant donné le temps de cuisson des betteraves, préparez-en plus qu'il ne vous en faut pour un repas et conservez-les quelques jours au réfrigérateur, sans les peler. Vous pouvez abréger le temps de cuisson en utilisant un autocuiseur, mais la betterave sera moins savoureuse.

Panaché de salades du jardin aux œufs durs

Utilisez les fleurs de votre jardin pour réaliser cette salade d'été.

Nettoyez les salades, coupez en morceaux les grosses feuilles, mettez-les toutes dans un saladier. Hachez le persil, le cerfeuil et la ciboulette et ajoutez-les aux salades.

Préparez la vinaigrette : versez tous les ingrédients dans un bol, mélangez à l'aide d'un fouet à main, versez sur la salade et mélangez délicatement.

Écalez les œufs durs et coupez-les en quartiers. Lavez les fleurs de capucine. Déposez les œufs sur la salade et garnissez avec les fleurs. Servez sans attendre.

Laitue, pissenlit et cresson composent une salade rafraîchissante, à laquelle les fleurs de capucine ajoutent une éclatante note poivrée.

Ingrédients

- 1 laitue
- 30 g de jeunes feuilles de pissenlit
- 30 g de feuilles de cresson
- 3 branches de persil
- 12 brins de cerfeuil
- 12 brins de ciboulette
- 6 œufs durs
- 12 fleurs de capucine

Pour la vinaigrette

- 6 cuil. à soupe d'huile d'olive
- 2 cuil. à soupe de vinaigre aux fruits (voir page 343)
- Sel et poivre

Préparation : 20 minutes
Pour 6 personnes

Serres individuelles
Les cloches en verre, d'un diamètre et d'une hauteur de 40 cm environ, jouaient autrefois le rôle de serre individuelle pour les salades et d'autres légumes fragiles, aussi bien chez les maraîchers que dans les potagers domestiques.

Cet assaisonnement typique du céleri-rave, ton sur ton avec ce dernier, peut être égayé de cerfeuil haché ou d'olives noires.

Céleri rémoulade

L'alliance du légume croquant et de la sauce onctueuse rencontre toujours un succès justifié.

INGRÉDIENTS

1 ŒUF
1/2 CÉLERI-RAVE
3 CUIL. À SOUPE DE JUS DE CITRON
2 CUIL. À CAFÉ DE MOUTARDE
20 CL D'HUILE
2 CUIL. À SOUPE DE VINAIGRE
SEL ET POIVRE

PRÉPARATION : 30 MINUTES
CUISSON : 10 MINUTES
POUR 4 PERSONNES

FAITES DURCIR l'œuf 10 min à l'eau bouillante. Pendant ce temps, pelez le céleri, coupez-le en morceaux, râpez-le et versez-le dans un saladier. Arrosez aussitôt avec le jus de citron et mélangez.

Passez l'œuf dur sous un filet d'eau froide, laissez-le refroidir complètement, puis écalez-le, fendez-le en deux et prélevez le jaune. Mettez celui-ci dans une jatte, écrasez-le, ajoutez la moutarde et mélangez bien. Délayez peu à peu avec l'huile versée en petit filet, comme pour monter une mayonnaise.

Quand le mélange est ferme, incorporez le vinaigre, puis 2 ou 3 cuillerées à soupe d'eau pour le liquéfier un peu. Salez et poivrez généreusement.

Ajoutez la sauce rémoulade au céleri, remuez bien et laissez macérer au frais jusqu'au moment de servir.

Charlotte de légumes

Cette entrée raffinée, héritage du siècle dernier, est digne d'ouvrir un repas de réception.

Épluchez les pommes de terre et les carottes. Faites cuire séparément à la vapeur le chou-fleur, les pommes de terre et les carottes. Dès qu'ils sont juste cuits, laissez-les refroidir.

Coupez les tomates en rondelles, fendez le concombre en deux et coupez-le en lamelles fines. Pelez la betterave et coupez-la en dés. Lavez la laitue et taillez-la en lanières fines. Mélangez tous les ingrédients de la sauce dans un saladier et mettez de côté. Huilez généreusement un moule à charlotte de 1,5 litre de contenance.

Taillez les pommes de terre et les carottes en rondelles de 6 mm. À l'aide d'emporte-pièces, découpez les pommes de terre en cœurs et les carottes en pétales. Mettez ces formes de côté. Hachez grossièrement, mais séparément, les chutes des légumes. Ajoutez 2 cuillerées à soupe de sauce au hachis de pommes de terre. Disposez quelques rondelles de tomate au fond du moule. Ajoutez ensuite une rangée de lamelles de concombre autour des tomates, se chevauchant les unes les autres et remontant sur la paroi du moule. Placez délicatement la moitié du chou-fleur dans le moule et entourez-la du hachis de carottes. Couvrez ensuite avec une couche de betterave et nappez avec 2 cuillerées à soupe de sauce.

Ajoutez le reste du chou-fleur, puis une couche de hachis de pommes de terre, et recouvrez avec le reste du concombre. Tassez le tout sans l'écraser, mais avec assez de fermeté pour que les légumes collent les uns aux autres. Laissez reposer 10 min.

Retournez le moule sur un plat pour démouler la charlotte et replacez les morceaux restés dans le moule, puis entourez la charlotte avec la laitue et décorez avec les cœurs de pomme de terre, les pétales de carotte et le persil. Versez le reste de la sauce dans une saucière.

Ingrédients

- 500 g de pommes de terre à chair ferme
- 2 grosses carottes
- 300 g de petits bouquets de chou-fleur
- 2 petites tomates
- Un tronçon de 8 cm de concombre
- 150 g de betterave rouge cuite
- 1 cœur de laitue
- Huile pour le moule

Pour garnir

- 2 cuil. à soupe de persil haché

Pour la sauce

- 15 cl de crème légère
- 15 cl de mayonnaise
- 1 cuil. à soupe de vinaigre à l'estragon ou de vinaigre de vin blanc
- 1 cuil. à soupe de persil haché
- 1 cuil. à soupe de ciboulette hachée
- Sel et poivre

Préparation : 1 heure
Cuisson : de 20 à 25 minutes
Pour 6 personnes

Cœurs de pomme de terre, pétales de carotte et rangées de légumes colorés font une composition particulièrement agréable à l'œil.

On peut aussi simplement monter les légumes par couches successives dans une coupe en verre ou en cristal à bord un peu haut.

Asperges sauce maltaise

Ingrédients

2 cuil. à soupe de jus de citron
1 morceau de sucre
1 kg d'asperges
Gros sel

Pour la sauce maltaise
150 g de beurre
1 orange sanguine non traitée
3 jaunes d'œufs
Le jus d'un demi-citron
Sel, poivre

Préparation : 40 minutes
Cuisson : 25 minutes
Pour 4 personnes

La sauce à l'orange métamorphose de simples asperges cuites à l'eau en une entrée recherchée.

Versez 2 litres d'eau froide dans une grande casserole. Ajoutez-y une petite poignée de gros sel, le jus de citron et le sucre. Portez à ébullition.

Pelez les asperges avec un couteau à légumes, en les posant à plat pour ne pas les briser et cassez l'extrémité fibreuse. Liez-les en 4 bottes, puis plongez-les dans le liquide bouillant et faites-les cuire de 15 à 20 min, selon leur grosseur.

Égouttez les asperges avec précaution pour ne pas les briser. Posez-les sur un linge plié en quatre ou dans un plat long perforé (plat à asperges), retirez les fils et couvrez d'une feuille de papier d'aluminium ménager pour les tenir au chaud.

Préparez la sauce pendant la cuisson des asperges : faites juste fondre le beurre dans une casserole, puis versez-le lentement dans un bol de façon que le petit-lait reste dans la casserole. Lavez et essuyez l'orange. Râpez finement l'équivalent d'une demi-cuillerée à café de son zeste, pressez la pulpe et filtrez le jus.

Versez les jaunes d'œufs dans une casserole. Préparez un bain-marie assez grand pour la contenir et portez-le à ébullition. Ajoutez aux jaunes d'œufs le jus de citron et 2 cuillerées à soupe d'eau froide. Salez, poivrez et mélangez bien, puis baissez le feu sous le bain-marie pour qu'il frémisse sans bouillir. Posez la casserole dedans et fouettez la préparation sans cesse jusqu'à ce qu'elle forme une crème onctueuse.

Retirez alors la casserole du bain-marie et versez-y d'un coup le beurre fondu en fouettant sans cesse, jusqu'à ce que la sauce soit lisse et épaisse. Ajoutez enfin le zeste et le jus de l'orange et mélangez délicatement.

Ébouillantez une saucière, essuyez-la et versez la sauce dedans. Servez aussitôt les asperges avec la sauce maltaise.

Zeste et jus d'orange rehaussent la sauce émulsionnée servie avec les asperges.

Riches barbotines
Les plats conçus pour égoutter et présenter des aliments fragiles, comme les fraises ou les asperges, ont permis aux faïenciers du début du XXe siècle, avec la mode de la barbotine, cette poterie chargée d'ornements en relief, de donner libre cours à leur créativité.

Additionnée de gélatine et de crème fouettée, la fondue de tomates se transforme en un léger bavarois.

Attendez que la préparation soit bien froide pour fouetter la crème et l'incorporer.

Bavarois à la tomate

Ce bavarois à base de fondue de tomates parfumée d'estragon constitue une entrée fine et légère.

PORTEZ une casserole d'eau à ébullition. Plongez-y les tomates 4 à 5 secondes, égouttez-les, pelez-les et coupez-les en dés. Pelez et hachez l'oignon. Effilez le céleri, rincez-le et coupez-le en petits dés. Pelez et écrasez l'ail.

Faites chauffer l'huile dans une casserole. Ajoutez l'oignon et le céleri, puis faites-les revenir 3 à 4 min à feu doux, sans les laisser colorer. Ajoutez alors les tomates, l'ail, le concentré de tomates, le thym, le laurier et le sucre. Salez, poivrez, mélangez et faites cuire 40 min à feu doux, sans couvrir, en remuant de temps en temps.

Ensuite, passez la fondue de tomates au robot, puis au tamis, en pilant fortement. Reversez dans la casserole et laissez évaporer à feu doux jusqu'à ce qu'il ne reste plus que 40 cl de purée.

Environ 10 minutes avant la fin de cette cuisson, rincez, effeuillez et hachez l'estragon. Faites tremper les feuilles de gélatine dans une jatte d'eau fraîche.

Quand la fondue est suffisamment compacte, égouttez les feuilles de gélatine et incorporez-les à la préparation. Mélangez bien, puis laissez refroidir.

Ajoutez l'estragon haché et rectifiez l'assaisonnement. Fouettez la crème fraîche en mousse ferme, incorporez-la délicatement à la préparation et répartissez celle-ci dans quatre ramequins individuels. Mettez au réfrigérateur et laissez prendre au moins 6 heures.

Au moment de servir, plongez rapidement le fond des ramequins dans de l'eau très chaude, puis démoulez-les dans les assiettes de service.

INGRÉDIENTS

600 G DE TOMATES
1 OIGNON
1 BRANCHE DE CÉLERI
1 GOUSSE D'AIL
1 CUIL. À SOUPE D'HUILE D'OLIVE
1 PETITE BOÎTE DE CONCENTRÉ DE TOMATES
1 BRANCHE DE THYM
1 FEUILLE DE LAURIER
1 CUIL. À CAFÉ DE SUCRE
2 FEUILLES DE GÉLATINE
1 BRANCHE D'ESTRAGON
15 CL DE CRÈME FRAÎCHE
SEL ET POIVRE

PRÉPARATION : 20 MINUTES
CUISSON : 1 HEURE
RÉFRIGÉRATION : 6 HEURES
POUR 4 PERSONNES

Entrées chaudes

Autrefois, les repas étaient plus copieux et les entrées chaudes généralement précédées d'un hors-d'œuvre. Aujourd'hui, sauf dans les menus de cérémonie bien sûr, les entrées chaudes ouvrent souvent le bal.

D'ailleurs, qui peut résister aux délicats effluves d'une *Fricassée d'écrevisses* ou d'une *Gougère* ? Quant au *Soufflé au fromage*, nul n'ignore qu'il ne peut attendre et que les convives doivent se tenir au garde-à-vous.

Cris de Paris
À Paris, jusqu'au début du XXe siècle, tout se vend à la criée, du fromage aux fruits, en passant par les vitres. En 1904, un livre, *Petits Métiers et Cris de Paris,* déplore qu'il ne subsiste plus qu'une vingtaine de ces marchands : les bruits de la circulation commençaient à couvrir leurs voix.

Un verre de vin de Bourgogne est le meilleur faire-valoir de la gougère, couronne de pâte à choux additionnée de gruyère.

Gougère

En Bourgogne, cette couronne de pâte à choux se sert tiède, en entrée ou pour accompagner une dégustation de vins.

Ingrédients

- 20 g de beurre
- 75 g de gruyère en un seul morceau
- 4 œufs + 1 jaune d'œuf

Pour la pâte à choux

- 60 g de beurre
- 125 g de farine
- Sel et poivre

Préparation : 30 minutes
Cuisson : 45 minutes
Pour 6 personnes

Faites chauffer le four à 180 °C, th. 6. Enduisez un fond de moule à tarte avec les 20 g de beurre. Coupez les 75 g de gruyère en lamelles fines. Battez le jaune d'œuf à la fourchette.

Préparez la pâte à choux : versez 25 cl d'eau dans une casserole et ajoutez-y le beurre, une pincée de sel et une pincée de poivre. Portez à ébullition, puis retirez du feu et ajoutez la farine d'un seul coup. Mélangez, remettez sur le feu et faites chauffer en remuant jusqu'à ce que la pâte se détache de la casserole.

Retirez du feu et incorporez les œufs, un par un, puis ajoutez les deux tiers des lamelles de gruyère et remuez pour obtenir un mélange parfaitement homogène.

Avec une cuillère à soupe ou une poche munie d'une grosse douille, disposez la pâte en couronne sur le fond de moule beurré. Badigeonnez-la de jaune d'œuf et recouvrez-la avec le reste des lamelles de gruyère.

Faites cuire au four 25 min, puis élevez la température à 250 °C, th. 10, et laissez cuire encore de 10 à 15 min. Servez alors sans attendre.

Tarte au fromage meringuée

La garniture meringuée allège cette tarte et la rend particulièrement appétissante.

Préparez la pâte : tamisez la farine et 2 pincées de sel au-dessus d'une terrine. Cassez l'œuf en séparant le blanc du jaune et réservez le blanc pour la meringue. Incorporez le beurre à la farine, du bout des doigts, puis amalgamez avec le jaune d'œuf et une ou 2 cuillerées à soupe d'eau froide. Roulez en boule, enveloppez de film plastique et réservez au frais pendant une heure.

Faites chauffer le four à 200 °C, th. 7. Graissez légèrement un moule à tarte de 24 cm de diamètre. Aplatissez la pâte au rouleau, garnissez-en le moule et piquez toute la surface à la fourchette. Recouvrez de papier sulfurisé, puis de haricots secs ou de riz, et faites cuire à blanc pendant 20 min.

Pendant ce temps, préparez une béchamel : faites fondre le beurre dans une casserole, ajoutez la farine et mélangez une min à feu doux. Arrosez alors avec le lait, portez à ébullition en remuant sans cesse et faites épaissir 3 à 4 min en continuant de remuer. Retirez du feu, salez et poivrez, relevez de noix muscade, incorporez le gruyère râpé peu à peu, puis la crème.

Cassez les œufs en séparant les jaunes des blancs. Ajoutez à ces derniers le blanc réservé au moment de la préparation de la pâte. Salez légèrement et battez en neige bien ferme.

Sortez la pâte du four, sans éteindre ce dernier. Retirez du fond de pâte les haricots et le papier. Remplissez avec la préparation au fromage, lissez avec le dos d'une cuillère humide, recouvrez avec les blancs d'œufs montés en neige et parsemez de parmesan râpé. Faites cuire au four 15 min, puis servez chaud, avec une salade.

Ingrédients

Pour la pâte brisée

175 g de farine
1 œuf
75 g de beurre mou coupé en dés
Sel

Pour la garniture

30 g de beurre
30 g de farine
20 cl de lait
Noix muscade
200 g de gruyère râpé
3 cuil. à soupe de crème fraîche épaisse
2 œufs
30 g de parmesan râpé
Sel et poivre

Préparation : 30 minutes
Réfrigération : 1 heure
Cuisson : 40 minutes
Pour 4 à 6 personnes

Légère et dorée, cette tarte au fromage rappelle les soufflés.

Soufflé au fromage

Ingrédients

- 60 g de beurre
- 50 g de farine
- 40 cl de lait
- 1 grosse pincée de noix muscade râpée
- 80 g de gruyère râpé
- 4 gros œufs
- Sel et poivre

Préparation : 15 minutes
Cuisson : 40 minutes environ
Pour 4 personnes

Grâce aux fours modernes, vous réussirez sans mal ce soufflé, terreur ou fierté des cuisinières de jadis.

Faites chauffer le four à 200 °C, th. 7. Enduisez de 20 g de beurre un moule à soufflé de 20 cm de diamètre.

Préparez une béchamel : faites fondre 40 g de beurre dans une casserole, poudrez-le avec la farine et remuez 2 min à feu doux, puis délayez avec le lait en fouettant. Ajoutez la noix muscade, du sel et du poivre et laissez épaissir 7 à 8 min à feu très doux, en remuant au fouet. Ajoutez peu à peu le gruyère râpé à la béchamel, toujours en remuant sans cesse, puis retirez du feu.

Cassez les œufs en séparant les blancs des jaunes. Incorporez les jaunes à la béchamel, en remuant énergiquement.

Ajoutez une pincée de sel aux blancs d'œufs, battez-les en neige très ferme et mélangez-les délicatement à la préparation précédente. Versez dans le moule beurré et faites cuire au four 25 min, sans ouvrir la porte.

Portez ensuite la température du four à 220 °C, th. 8, et laissez cuire encore 5 min. Servez aussitôt.

Soyez sûr de votre minutage car, une fois cuit, le soufflé ne peut attendre.

Garnissez vos œufs en cocotte de fines herbes, de paprika, d'oignon frit ou de poivre concassé.

EXTRA-FRAIS

Gober un œuf tout frais pondu, quel bonheur ! Nos aïeux dégustaient ainsi les œufs pour lutter contre la fatigue et les excès de table. Pourtant, c'est au bout de deux à trois jours que l'œuf révèle toutes ses vertus nutritives et gustatives.

Œufs cocotte

Délicieux en entrée, ces œufs font aussi d'excellents repas rapides.

FAITES CHAUFFER le four à 180 °C, th. 6. Enduisez de beurre l'intérieur de quatre cocottes ou de quatre ramequins individuels, puis poudrez toute la surface beurrée de sel et de poivre.

Cassez un œuf dans chaque récipient et nappez-le de 2 cuillerées à soupe de crème. Posez dans la lèchefrite contenant de l'eau frémissante et faites cuire de 8 à 10 min : les blancs doivent être pris, mais les jaunes doivent être encore coulants. Servez aussitôt, éventuellement avec des tranches de pain grillé.

On peut garnir le fond des cocottes d'une duxelles de champignons (hachés et passés à la poêle), d'épinards à la crème, de dés de jambon ou encore d'une lamelle de foie gras.

Si vous utilisez des petites cocottes à couvercle, fermez-les et faites cuire sur le feu, au bain-marie.

INGRÉDIENTS

15 G DE BEURRE MOU
4 ŒUFS
8 CUIL. À SOUPE DE CRÈME FRAÎCHE ÉPAISSE
SEL ET POIVRE

PRÉPARATION : 5 MINUTES
CUISSON : 10 MINUTES
POUR 4 PERSONNES

Ingrédients

100 g de lard de poitrine fumé
1 oignon
100 g de beurre
2 échalotes
200 g de champignons de Paris
1 cuil. à soupe bombée de farine
75 cl de bourgogne rouge
1 bouquet garni
1 clou de girofle
1 cuil. à café de sucre en poudre
1 gousse d'ail
20 petits oignons nouveaux
4 tranches de pain
4 gros œufs
1 cuil. à soupe de persil haché
Sel et poivre

Préparation : 1 heure
Cuisson : 1 h 30
Pour 4 personnes

Si les oeufs doivent attendre, les mettre au chaud dans de l'eau à 60°C environ.

Œufs en meurette

Spécialité bourguignonne, cette entrée haute en couleur s'adresse plutôt à des cuisiniers avertis.

Retirez la couenne du lard et coupez-le en petits dés. Pelez et hachez l'oignon. Faites fondre 30 g de beurre dans une sauteuse. Faites-y revenir les lardons 3 à 4 min, en les remuant, puis ajoutez l'oignon, mélangez et laissez blondir à feu doux.

Pendant cette cuisson, pelez et hachez les échalotes. Nettoyez les champignons et coupez-les en lamelles. Faites fondre 20 g de beurre dans une poêle et faites-y revenir champignons et échalotes 5 min à feu vif.

Poudrez les lardons et l'oignon avec la farine, faites dorer en remuant et délayez avec le vin. Ajoutez le bouquet garni, le clou de girofle et une pincée de sucre, salez légèrement et poivrez bien. Portez à ébullition, puis laissez frémir 10 min.

Pelez et écrasez l'ail. Ajoutez-le dans la sauteuse, ainsi que les champignons. Laissez cuire encore 45 min à feu très doux.

Pendant ce temps, pelez les petits oignons. Mettez-les dans une petite casserole avec 20 g de beurre, le reste du sucre et un peu de sel. Couvrez juste d'eau froide, portez à ébullition, couvrez et laissez frémir jusqu'à ce que toute l'eau soit évaporée.

Faites dorer les croûtons dans le reste de beurre. Disposez-les dans un plat de service creux et entourez-les avec les oignons.

Égouttez les lardons et les champignons, répartissez-les sur les canapés frits et tenez au chaud. Tamisez la sauce, versez-la dans une casserole, portez-la à ébullition, puis laissez-la frémir sur feu doux.

Préparez les œufs pochés : cassez un œuf dans une tasse, faites-le glisser à la surface de la sauce puis, avec l'écumoire, ramenez le blanc autour du jaune. Procédez de la même façon pour les autres œufs. Laissez cuire 3 min, sortez les œuf à l'aide de l'écumoire et posez-les sur du papier absorbant. Coupez aux ciseaux les filaments de blanc qui dépassent, puis posez les œufs sur les canapés, nappez de sauce et parsemez de persil.

La préparation en meurette, appliquée à différents aliments, convient particulièrement aux œufs pochés.

Vous pouvez préparer les oeufs farcis à l'avance et les faire gratiner au dernier moment. Dans ce cas, au lieu de les placer sous le gril, mettez-les dans le four chauffé à sa température maximale.

Variez à votre gré la farce des œufs en ajoutant à la béchamel des crevettes, du thon émietté ou des fines herbes.

Oeufs farcis gratinés

Voici une façon économique et simple de mettre les petits plats dans les grands !

Faites durcir les œufs 10 min dans une casserole d'eau bouillante.

Pendant ce temps, nettoyez les champignons et hachez-les au couteau. Mettez à fondre 20 g de beurre dans une petite poêle et faites-y revenir les champignons, à feu vif, jusqu'à ce que toute leur eau se soit évaporée. Ajoutez alors le porto, du sel et du poivre, puis retirez du feu.

Dès que les œufs sont durs, égouttez-les et rafraîchissez-les à l'eau froide courante. Écalez-les, fendez-les en deux et retirez les jaunes. Taillez le jambon en très petits dés. Enduisez un plat à gratin avec 15 g de beurre. Faites chauffer le gril du four.

Préparez une béchamel : faites fondre 30 g de beurre dans une casserole, poudrez avec la farine et remuez 2 à 3 min à feu doux, puis délayez avec le lait, portez à ébullition sans cesser de mélanger et faites épaissir 5 min, en remuant toujours. Ajoutez la noix muscade, du sel et du poivre, et incorporez peu à peu la moitié du fromage râpé. Retirez du feu et mélangez jusqu'à ce que le fromage soit complètement fondu.

Écrasez les jaunes d'œufs, mélangez-les à la béchamel et ajoutez les champignons au porto et les dés de jambon. Remplissez les demi-blancs d'œufs durs avec cette préparation, puis disposez les œufs farcis dans le plat beurré et parsemez avec le reste du gruyère râpé et le reste du beurre coupé en petits dés.

Faites gratiner quelques minutes sous le gril et servez dès la sortie du four.

Ingrédients

- 6 gros œufs
- 100 g de champignons de Paris
- 80 g de beurre
- 1 cuil. à soupe de porto
- 1 tranche de jambon
- 30 g de farine
- 40 cl de lait
- 1 grosse pincée de noix muscade râpée
- 75 g de gruyère râpé
- Sel et poivre

Préparation : 20 minutes
Cuisson : 25 minutes
Pour 4 personnes

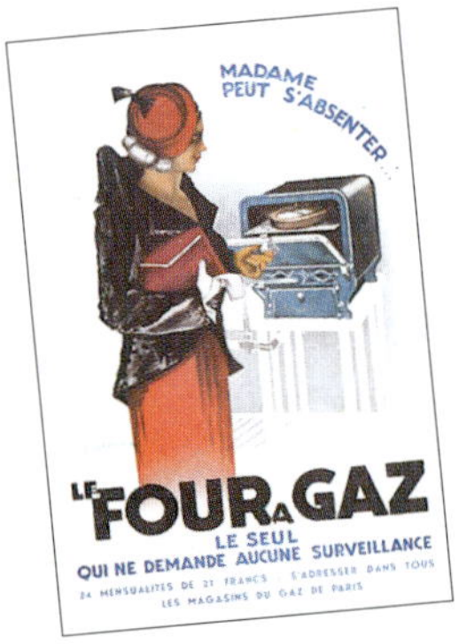

Cuisiner au gaz
Les cuisinières à gaz, qui ont permis aux néophytes de triompher facilement des embûches des feuilletés, ne commencèrent à supplanter les appareils à bois et à charbon qu'au début du XXe siècle, lorsque fut créée la Société du gaz de Paris.

Cette entrée classique des déjeuners dominicaux doit son nom à la reine Marie Leszczynska.

Bouchées à la reine

La garniture blanche de ces feuilletés peut être soulignée d'un hachis de truffes.

Ingrédients

400 g de pâte feuilletée
1 œuf

Pour la garniture
300 g de ris de veau
2 cervelles d'agneau
3 cuil. à soupe de vinaigre
25 cl de bouillon de volaille
100 g de petits champignons de Paris
1 cuil. à soupe de jus de citron
30 g de beurre
30 g de farine
2 quenelles de volaille
10 olives vertes dénoyautées
2 jaunes d'œufs
2 grosses cuil. à soupe de crème fraîche
Sel et poivre

Trempage : 1 h 30
Préparation : 45 minutes
Cuisson : 30 minutes
Pour 4 personnes

Faites tremper les ris de veau et les cervelles 1 h 30 dans une terrine d'eau froide additionnée du vinaigre.

Égouttez ris de veau et cervelles, plongez-les dans de l'eau bouillante 5 à 6 secondes, puis égouttez-les et débarrassez-les de la fine peau et des filaments qui les entourent. Faites chauffer le bouillon de volaille. Plongez-y les ris et les cervelles, laissez juste frémir 10 min, égouttez-les et pressez-les entre deux assiettes.

Préparez les croûtes : faites chauffer le four à 220 °C, th. 8, aplatissez la pâte au rouleau sur 1 cm d'épaisseur et découpez-y 8 cercles de 10 cm de diamètre. Tracez à l'intérieur de la moitié d'entre eux un cercle de 6 cm, pour les couvercles, sans traverser entièrement la pâte. Humectez une tôle à pâtisserie et battez l'œuf. Posez les quatre premiers disques sur la tôle, badigeonnez-les d'œuf battu, puis collez sur chacun un disque avec le couvercle tracé et dorez avec l'œuf battu. Enfournez, baissez la température à 180 °C, th. 6, et faites cuire 15 min.

Nettoyez les champignons et arrosez-les avec le jus de citron. Mettez à fondre le beurre dans une sauteuse et faites-y revenir les champignons à feu vif. Dès qu'ils ont rendu leur eau, poudrez avec la farine, remuez 2 min sans laisser colorer et délayez avec le bouillon. Portez à ébullition, en mélangeant, puis laissez cuire 10 min à feu très doux.

Dès que les croûtes sont cuites, retirez la partie centrale du « couvercle » avec la pointe d'un couteau, puis ôtez la pâte molle emplissant les croûtes, sans les percer.

Coupez les quenelles, les ris de veau et les cervelles en dés. Ajoutez-les à la sauce, ainsi que les olives dénoyautées, rectifiez l'assaisonnement et faites réchauffer à feu très doux. Battez les jaunes d'œufs avec la crème fraîche, délayez avec 2 ou 3 cuillerées à soupe de sauce bouillante et mélangez bien, puis versez dans la garniture en remuant et retirez du feu.

Au moment de servir, réchauffez les croûtes à four doux, garnissez-les et servez.

Salpicon de volaille en croûte

Même les restes peuvent prétendre se transformer en plats savoureux.

Ingrédients

Pour la pâte
- 250 g de farine
- 125 g de beurre
- 1 œuf
- lait pour badigeonner
- 1 pincée de sel

Pour la garniture
- 250 g de champignons de Paris
- 1 cuil. à soupe de jus de citron
- 6 échalotes
- 20 g de beurre
- 1 cuil. à soupe de farine
- 20 cl de bouillon de volaille
- 2 cuil. à soupe de madère
- noix muscade
- 2 cuil. à soupe de persil et de ciboulette hachés
- 500 g de blanc de poulet cuit
- 2 tranches de jambon fumé un peu épaisses
- 2 cuil. à soupe de crème fraîche épaisse
- Sel, poivre

Préparation : 40 minutes
Cuisson : 40 minutes
Pour 4 à 6 personnes

Préparez la pâte : tamisez la farine et le sel au-dessus d'une terrine. Incorporez-y le beurre du bout des doigts. Ajoutez l'œuf et une cuillerée à soupe d'eau, pétrissez et laissez reposer 30 min au réfrigérateur.

Ôtez la partie terreuse des champignons, lavez-les rapidement, coupez-les en lamelles et arrosez-les de jus de citron. Pelez les échalotes et hachez-les. Faites fondre le beurre dans une casserole et faites-y revenir les échalotes une min. Ajoutez les champignons et laissez-les blondir 2 min. Poudrez de farine, mélangez, arrosez avec le bouillon et le madère, puis mélangez encore et laissez cuire 3 min.

Mettez hors du feu, salez, poivrez, ajoutez une pincée de noix muscade et les herbes hachées. Coupez le poulet et le jambon en dés. Mélangez-les à la préparation.

Faites chauffer le four à 220 °C, th. 8. Aplatissez un peu plus de la moitié de la pâte en un cercle assez grand pour tapisser le fond et les parois d'un moule de 20 cm de diamètre. Mettez la pâte dans le moule beurré, puis versez la préparation en formant un dôme au centre et humectez le bord de la pâte.

Aplatissez le reste de la pâte en cercle légèrement plus grand que le dessus du moule. Placez ce couvercle sur la garniture, pincez les bords pour les souder, puis coupez l'excédent de pâte et décorez le tout d'entailles régulières. Découpez les chutes de pâte en forme de feuilles et décorez-en le dessus de la tourte. Faites une cheminée au centre et maintenez-la ouverte avec un petit morceau de carton roulé.

Badigeonnez toute la surface de lait et faites cuire 30 min à mi-hauteur du four.

Démoulez la tourte. Faites chauffer la crème, versez-la dans la tourte par la cheminée, retirez le carton et portez à table.

Ajoutée au moment de servir, la crème apporte de l'onctuosité à la garniture de poulet et de jambon.

Gâteau de foies de volaille

En Bresse, le gâteau de foies de volaille est présenté avec une sauce Nantua.

INGRÉDIENTS

500 G DE FOIES DE VOLAILLE
50 G DE BEURRE
30 G DE FARINE
40 CL DE LAIT
1 GROSSE PINCÉE DE NOIX MUSCADE RÂPÉE
2 PETITES GOUSSES D'AIL
1 BOUQUET DE PERSIL PLAT
20 CL DE CRÈME FRAÎCHE ÉPAISSE
3 CUIL. À SOUPE DE MARC
5 ŒUFS ENTIERS + 5 JAUNES
1 PINCÉE DE PIMENT DE CAYENNE
SEL ET POIVRE

POUR LA SAUCE NANTUA

1 PETIT OIGNON, PELÉ ET HACHÉ
100 G DE BEURRE ENVIRON
50 G DE FARINE
75 CL DE LAIT
2 GROS OIGNONS
2 TIGES DE PERSIL
2 BRINS DE THYM
1/2 FEUILLE DE LAURIER
10 CL DE VIN BLANC
12 ÉCREVISSES
1 CUIL. À CAFÉ DE FINE CHAMPAGNE
20 CL DE CRÈME ÉPAISSE
QUELQUES GOUTTES DE COLORANT ALIMENTAIRE ROUGE (FACULTATIF)
SEL ET POIVRE

PRÉPARATION : 1 H 30 AU MOINS
CUISSON : 45 MINUTES
POUR 6 PERSONNES

FAITES CHAUFFER le four à 220 °C, th. 8.

Laissez dégorger les foies de volaille 15 min sous un filet d'eau courante.

Préparez une béchamel : faites fondre 30 g de beurre, poudrez avec la farine, remuez 2 min et délayez avec le lait. Assaisonnez de noix muscade, salez et poivrez largement, puis faites épaissir 5 min et laissez refroidir.

Épongez les foies de volaille, réduisez-les en purée et passez-les au tamis. Hachez l'ail et le persil. Ajoutez le tout à la béchamel, puis ajoutez la crème et le marc, mélangez bien et incorporez les 5 œufs entiers et les 5 jaunes. Salez, poivrez et pimentez. Enduisez un moule à soufflé avec le reste du beurre, versez-y la préparation et faites cuire 45 min au four dans un bain-marie.

Préparez la sauce Nantua : faites fondre l'oignon haché 2 min avec 30 g de beurre dans une casserole à fond épais. Poudrez avec la farine, mélangez, arrosez avec le lait et laissez cuire 5 min, puis filtrez.

Pelez et hachez les gros oignons. Mettez-les dans une sauteuse avec 30 g de beurre, le persil, le thym, le laurier et le vin. Salez, poivrez et faites chauffer sans laisser bouillir, puis ajoutez les écrevisses, couvrez et laissez frémir 10 min.

Retirez les écrevisses avec une écumoire et décortiquez-les, en gardant carapaces et débris. Mettez les queues dans une casserole, filtrez au-dessus leur liquide de cuisson et ajoutez la fine champagne et une cuillerée à soupe d'eau. Pesez les restes d'écrevisse, passez-les au robot et versez-les dans une casserole. Ajoutez le même poids de beurre et faites chauffer à feu doux jusqu'à ce que le beurre devienne rouge, puis filtrez à travers une gaze et réservez au réfrigérateur.

Mettez de côté 4 cuillerées à soupe de crème. Ajoutez le reste à la béchamel et faites épaissir de façon que la sauce s'évapore de moitié, en remuant. Retirez du feu, ajoutez la crème réservée et mélangez.

Incorporez à la sauce le beurre d'écrevisse, peu à peu, en battant au fouet, et ajoutez-y éventuellement le colorant rouge.

Faites réchauffer rapidement les écrevisses, ajoutez-les à la sauce, puis démoulez le gâteau et servez avec la sauce Nantua.

Vous pouvez aussi faire cuire le gâteau de foies de volaille dans des ramequins individuels.

Accompagné de sa sauce aux raisins, le foie gras fond délicieusement dans la bouche.

TOUJOURS LE CUIVRE
Le cuivre, excellent conducteur de la chaleur, a longtemps régné dans les cuisines pour la préparation des sautés, des plats mijotés et des confitures. Détrônées par l'aluminium dans les années 1930, sauteuses et cocottes font un retour remarqué avec le cuivre inoxydable bilaminé, très résistant et d'un entretien facile.

Foie gras chaud au raisin

Le raisin est un contrepoint idéal à ce foie gras, macéré au porto et braisé au four.

LA VEILLE du repas, fendez les deux lobes du foie, sur toute la longueur, sur 2 cm de profondeur et retirez les vaisseaux sanguins et les nerfs à l'aide d'un petit couteau pointu. Refermez le foie, poudrez-le de quatre-épices, de sel et de poivre et placez-le dans une terrine le contenant juste. Arrosez-le avec le porto et le cognac, couvrez la terrine et laissez macérer 12 heures dans un endroit frais.

Ensuite, faites chauffer le four à 180 °C, th. 6. Épépinez les grains de raisin avec la tête d'une épingle et pelez-les. Épluchez les carottes et les oignons, puis coupez-les en rondelles fines. Salez et poivrez le fond d'une petite cocotte, et recouvrez-le des rondelles d'oignon et de carotte.

Égouttez délicatement le foie de canard en conservant son liquide de macération. Déposez le foie sur les légumes, recouvrez de papier sulfurisé directement posé sur le foie et faites cuire 25 min au four.

Égouttez ensuite le foie avec une spatule large, mettez-le dans une assiette et tenez-le au chaud. Dégraissez le jus de cuisson du foie. Versez en le filtrant le jus de macération dans la cocotte et ajoutez-y le bouillon. Portez à ébullition en grattant le fond du récipient, faites évaporer des deux tiers environ sur feu vif, puis rectifiez l'assaisonnement et filtrez dans un tamis fin.

Reversez la sauce dans la cocotte. Ajoutez-y les grains de raisin et faites chauffer à feu doux, salez et poivrez.

Pour servir, taillez le foie gras en 4 tranches égales. Disposez chacune d'elles dans une assiette chaude, nappez avec la sauce aux raisins et servez, éventuellement accompagné de galettes de maïs, de cèpes sautés ou de croûtons frits.

INGRÉDIENTS

- 1 FOIE GRAS DE CANARD DE 400 G ENVIRON
- 1 PINCÉE DE QUATRE-ÉPICES
- 15 CL DE PORTO BLANC
- 1 PETIT VERRE DE COGNAC
- 400 G DE RAISIN BLANC À GROS GRAINS
- 2 CAROTTES
- 2 OIGNONS
- 20 CL DE BOUILLON DE VOLAILLE
- SEL ET POIVRE

PRÉPARATION : 45 MINUTES
MACÉRATION : 12 HEURES
CUISSON : 35 MINUTES
POUR 4 PERSONNES

Saucisson en brioche

Que vous le serviez chaud ou froid, coupez ce saucisson en tranches épaisses, bien régulières.

Ingrédients

1 saucisson de Lyon à la pistache
1 morceau de sucre
1 œuf
2 cuil. à soupe environ de farine

Pour la pâte à brioche
20 g de levure de boulanger fraîche
200 g de beurre mou
300 g + 4 ou 5 cuil. à soupe de farine
1 cuil. à soupe de sucre
3 œufs
1 cuil. à café de sel

Préparation : 40 minutes
Pour faire lever la pâte : 2 heures environ
Cuisson : 55 minutes
Pour 6 personnes

Préparez la pâte à brioche : émiettez la levure dans une tasse et délayez-la avec 2 cuillerées à soupe d'eau tiède. Coupez le beurre en dés. Poudrez une terrine avec 2 cuillerées à soupe de farine.

Tamisez les 300 g de farine au-dessus du plan de travail avec le sucre et le sel, creusez un puits au centre. Cassez les œufs dans un bol, battez-les légèrement à la fourchette et versez-les dans le puits. Mélangez bien, puis incorporez les dés de beurre et, enfin, la levure délayée. Amalgamez en une pâte homogène et roulez en boule.

Déposez la pâte dans la terrine farinée, couvrez d'un torchon propre et laissez lever dans un endroit chaud et à l'abri des courants d'air jusqu'à ce que la pâte ait doublé de volume.

Pendant ce temps, portez une casserole d'eau à ébullition. Piquez le saucisson avec une fourchette de tous côtés, à intervalles réguliers. Lorsque l'eau est bouillante, ajoutez le morceau de sucre, réduisez le feu, jetez le saucisson dans la casserole et faites-le cuire 25 min dans l'eau seulement frémissante. Égouttez-le ensuite et laissez-le refroidir un peu. Retirez sa peau tandis qu'il est encore chaud mais que vous ne risquez plus de vous brûler, et laissez-le refroidir.

Quand la pâte a doublé de volume, farinez légèrement le plan de travail. Versez-y la pâte et écrasez-la avec le poing pour la faire retomber, puis aplatissez-la en rectangle avec un rouleau à pâtisserie sur environ 1,5 cm d'épaisseur.

Cassez l'œuf dans une tasse et battez-le en omelette. Farinez légèrement le saucisson, badigeonnez-le d'œuf battu à l'aide d'un pinceau à pâtisserie et posez-le au centre du rectangle de pâte. Mettez le reste de l'œuf battu de côté. Rabattez la pâte autour du saucisson, humectez ses bords, pincez-les pour les souder et coupez l'excédent de pâte. Farinez légèrement une tôle à pâtisserie et posez le saucisson en brioche dessus, en prenant soin de mettre les soudures de pâte en dessous. Taillez des motifs décoratifs dans les chutes de pâte, badigeonnez-les d'œuf battu et collez-les sur le saucisson grâce au côté badigeonné. Couvrez d'un torchon et laissez lever une heure environ dans un endroit chaud, toujours à l'abri des courants d'air.

Faites chauffer le four à 170 °C, th. 5-6.

Badigeonnez la brioche avec l'œuf battu mis de côté, mettez au four et laissez cuire 30 min. Servez dès la sortie du four ou laissez refroidir complètement.

Ce saucisson peut être servi chaud, en entrée d'un repas de fête. Pour qu'il soit encore plus prestigieux, accompagnez-le de la sauce au madère proposée ci-dessous.

Coupez 100 g de lard en petits dés. Pelez un oignon et hachez-le finement. Faites revenir le lard et l'oignon dans une petite casserole avec 50 g de beurre. Lorsqu'ils sont bien blonds, retirez-les avec une écumoire et posez-les sur une assiette. Versez en pluie 60 g de farine dans la casserole, mélangez avec une cuillère en bois pour que la farine roussisse et arrosez doucement de 30 cl de bouillon, en continuant à remuer. Remettez les lardons et les oignons dans la casserole, ajoutez un bouquet garni, 3 échalotes hachées, du sel et du poivre. Portez doucement à ébullition, toujours en remuant, puis ajoutez 3 cuillerées à soupe de madère et laissez frémir à petit feu 20 min.

Pendant ce temps, nettoyez 200 g de champignons de Paris et coupez-les en quatre. Faites fondre 20 g de beurre dans une petite casserole, ajoutez les champignons, salez et poivrez, couvrez et faites cuire pendant 15 min.

Filtrez la sauce dans une passoire fine, versez-la sur les champignons et ajoutez une bonne cuillerée à soupe de madère, puis vérifiez l'assaisonnement et versez dans une saucière chaude.

Un saucisson sans pistache se prête également à la réalisation de cette recette. Dans ce cas, vous pouvez le servir froid avec une salade verte, bien assaisonnée et légèrement relevée d'ail.

Le saucisson poché, enfermé dans de la pâte à brioche dorée au four, est une succulente spécialité de la région lyonnaise.

Rouleau à pâtisserie
Attribut redoutable de la « mégère » des vaudevilles, le rouleau à pâtisserie français traditionnel a en effet tout d'une arme efficace : c'est un long rouleau de bois très dur, parfois aminci aux extrémités. Le rouleau américain, quant à lui, est muni de poignées rapportées.

La crème fraîche, versée au dernier moment au cœur de la tourte, lui apporte une fraîcheur onctueuse.

Tourte de pommes de terre

Pour cette tourte rustique, choisissez de bonnes pommes de terre à chair ferme, rattes, rosevals ou belles de Fontenay.

Ingrédients

60 g de beurre
1 kg de pommes de terre à chair ferme
1 oignon
2 gousses d'ail
4 branches de persil
2 cuil. à soupe de lait
20 cl de crème fraîche
Sel et poivre

Pour la pâte brisée
300 g de farine
150 g de beurre
1 œuf
2 cuil. à café de sel

Préparation : 1 heure
Repos : 1 heure
Cuisson : 1 heure
Pour 6 personnes

Préparez la pâte : tamisez la farine et le sel au-dessus d'une terrine, creusez un puits au centre et coupez le beurre en petits dés. Ajoutez-le dans le puits, ainsi que l'œuf. Travaillez rapidement du bout des doigts pour mélanger. Ajoutez 2 ou 3 cuillerées à soupe d'eau, amalgamez, roulez en boule et faites reposer une heure au réfrigérateur.

Ensuite, faites chauffer le four à 200 °C, th. 7. Enduisez une tourtière de 24 à 26 cm de diamètre avec 20 g de beurre.

Prélevez les deux tiers de la pâte. Roulez en boule, puis aplatissez au rouleau en un cercle de 5 mm d'épaisseur, d'un diamètre nettement supérieur à celui de la tourtière. Garnissez la tourtière avec ce cercle de pâte, en le laissant déborder tout autour.

Pelez les pommes de terre et l'oignon, puis coupez-les en rondelles très fines. Pelez et écrasez l'ail. Rincez et hachez finement le persil. Mélangez tous ces ingrédients, salez, poivrez et versez cette préparation dans la tourtière. Coupez le reste du beurre en dés, parsemez-en la garniture.

Aplatissez le reste de la pâte en un cercle d'un diamètre égal à celui de la tourtière. Posez ce couvercle sur la garniture. Humectez le bord de la pâte qui dépasse du moule, rabattez-la sur le couvercle et appuyez pour souder les deux morceaux de pâte. Faites un petit trou au centre du couvercle, maintenez-le ouvert avec un morceau de carton roulé et badigeonnez la pâte de lait.

Mettez la tourte au four, laissez-la cuire 15 min, puis réduisez la température à 180 °C, th. 6, et faites cuire encore 30 min.

Quelques minutes avant la fin de la cuisson, faites chauffer la crème fraîche dans une petite casserole.

Sortez la tourte du four, versez la crème chaude dans la cheminée, puis remettez au four et laissez cuire encore 15 min.

Tourte à la viande

Accompagnée d'une salade verte, cette tourte constitue un délicieux plat complet.

LA VEILLE, retirez la croûte du pain de mie et arrosez-le avec le lait. Pelez et hachez l'oignon et les échalotes. Hachez le persil. Coupez les viandes en morceaux, puis hachez-les grossièrement.

Mettez le hachis de viandes dans une terrine avec la mie de pain essorée, l'oignon et les échalotes, le persil, le cognac et le madère. Ajoutez-y de la noix muscade, la poudre de girofle, le thym, le laurier, du sel et du poivre. Mélangez bien, couvrez et laissez mariner toute la nuit au réfrigérateur.

Préparez la pâte : tamisez la farine avec le sel, ajoutez le persil haché, la sarriette et le thym, puis incorporez le beurre coupé en dés. Amalgamez avec l'œuf entier et une ou 2 cuillerées à soupe d'eau froide, roulez en boule et laissez au réfrigérateur.

Le jour même, faites chauffer le four à 180 °C, th. 6, et graissez un moule à tourte de 20 cm de diamètre.

Aplatissez les deux tiers de la pâte au rouleau sur 4 mm d'épaisseur. Garnissez-en le moule en laissant déborder le surplus et posez la farce dedans, en forme de dôme. Aplatissez le reste de pâte à la dimension du dessus du moule. Battez un jaune d'œuf, badigeonnez-en cette pâte, puis posez la face badigeonnée sur la farce. Égalisez le bord qui dépasse du moule, rabattez-le sur le couvercle et pincez les bords pour les souder. Taillez un trou au centre et maintenez-le ouvert avec un carton roulé.

Découpez des motifs décoratifs dans les chutes de pâte, collez-les sur la tourte, badigeonnez de jaune d'œuf et faites cuire au four 50 min.

Retirez le carton faisant office de cheminée. Battez les 2 derniers jaunes d'œufs avec la crème et versez dans la tourte par le trou du couvercle, à l'aide d'un entonnoir. Remettez la tourte 10 min au four, puis servez-la chaude.

Des ingrédients simples composent cette tourte campagnarde.

INGRÉDIENTS

POUR LA GARNITURE
- 2 TRANCHES DE PAIN DE MIE
- DE 3 À 4 CUIL. À SOUPE DE LAIT
- 1 OIGNON
- 2 ÉCHALOTES
- 3 BRANCHES DE PERSIL
- 250 G DE VIANDE DE VEAU
- 250 G DE VIANDE DE PORC
- 1 VERRE À LIQUEUR DE COGNAC
- 10 CL DE MADÈRE
- NOIX MUSCADE
- 1 PINCÉE DE CLOUS DE GIROFLE EN POUDRE
- 1 BRANCHE DE THYM EFFEUILLÉE
- 1/2 FEUILLE DE LAURIER ÉMIETTÉE
- 3 JAUNES D'ŒUFS
- 1 GROSSE CUIL. À SOUPE DE CRÈME FRAÎCHE ÉPAISSE
- SEL ET POIVRE

POUR LA PÂTE
- 300 G DE FARINE
- 1 CUIL. À SOUPE DE PERSIL HACHÉ
- 1 CUIL. À CAFÉ DE SARRIETTE ET DE THYM SÉCHÉS ÉMIETTÉS
- 150 G DE BEURRE
- 1 ŒUF
- 1/2 CUIL. À CAFÉ DE SEL

PRÉPARATION : 1 HEURE
MARINAGE : 12 HEURES
CUISSON : 1 HEURE
POUR 6 PERSONNES

Crêpes roulées aux champignons

Servies avec une salade verte, ces crêpes constituent un vrai dîner familial.

Ingrédients

Pour les crêpes
125 g de farine ordinaire (type 55)
1 œuf
30 cl de lait
3 cuil. à soupe d'huile
1 pincée de sel

Pour la sauce
50 cl de lait
1 bouquet garni
2 clous de girofle
40 g de beurre
40 g de farine
3 cuil. à soupe de cerfeuil ou de persil haché
60 g de gruyère râpé
Sel et poivre

Pour la garniture
1 gros oignon
400 g de champignons de Paris
300 g de champignons des bois
60 g de beurre
1/2 cuil. à café de farine
2 cuil. à soupe de madère
20 g de parmesan râpé
2 cuil. à soupe de crème fraîche épaisse
Sel et poivre

Préparation : 1 heure
Repos : 1 heure
Cuisson : 50 minutes
Pour 4 personnes

On peut préparer les crêpes la veille et les garder au réfrigérateur dans un sac de plastique alimentaire. Il faudra dans ce cas les faire chauffer un peu plus longtemps au four.

Préparez la pâte à crêpes : tamisez la farine et le sel au-dessus d'une terrine. Creusez un puits au centre, cassez-y l'œuf et incorporez peu à peu le lait en fouettant. Laissez reposer une heure.

Préparez la sauce : ajoutez au lait le bouquet garni et les clous de girofle. Portez à ébullition, retirez du feu, couvrez et laissez infuser 30 min.

Pendant ce temps, préparez la garniture. Épluchez l'oignon, nettoyez les champignons et hachez le tout au couteau. Mettez le beurre dans une casserole et faites-y fondre l'oignon, puis ajoutez les champignons et faites-les sauter jusqu'à ce que leur eau de végétation soit presque évaporée. Poudrez de farine, ajoutez le madère, le parmesan et la crème, salez et poivrez. Mélangez et laissez cuire pendant 3 min, jusqu'à ce que le mélange épaississe. Gardez au chaud.

Faites cuire les crêpes : frottez une poêle avec un chiffon imbibé d'huile et posez-la sur le feu. Remuez la pâte, versez-en le huitième dans la poêle et faites cuire à feu modéré une à 2 min. Quand le dessous de la crêpe est doré, retournez-la et laissez-la cuire une min. Faites-la glisser sur une assiette et couvrez-la de papier sulfurisé. Préparez les 7 autres crêpes de la même façon.

Faites chauffer le four à 200 °C, th. 7. Terminez la sauce : filtrez le lait infusé, faites fondre le beurre dans une casserole, ajoutez la farine, mélangez et versez le lait en remuant jusqu'à ce que le mélange épaississe. Baissez le feu et laissez cuire 2 min. Retirez du feu, salez, poivrez et ajoutez le cerfeuil.

Huilez un plat à gratin. Étalez un peu de garniture au centre de chaque crêpe, roulez-les et rangez-les côte à côte dans le plat. Nappez de sauce, parsemez de gruyère et faites gratiner au four de 10 à 15 min.

Ces crêpes campagnardes peuvent être fourrées de divers champignons, au hasard des cueillettes et de la saison.

La pâte croustillante renferme une farce moelleuse aux légumes.

NOIX MUSCADE
La graine du muscadier, bien connue pour rehausser béchamels et préparations à base d'œufs, de fromage ou de crème, entre aussi dans la composition de liqueurs et de boissons apéritives. Elle faisait fureur au XIXe siècle, et Toulouse-Lautrec en avait toujours une sur lui, avec une râpe, pour relever son porto.

Corniottes aux légumes

Voici une entrée copieuse, pour les appétits robustes.

PRÉPAREZ la pâte : tamisez la farine et le sel au-dessus d'une terrine, incorporez le beurre et juste assez d'eau glacée pour former une pâte souple mais non collante. Laissez reposer.

Pelez l'oignon et hachez-le. Pelez la tomate, pressez-la pour en extraire l'eau et les pépins, puis coupez-la en dés. Pelez la courgette et râpez-la grossièrement. Faites fondre le beurre dans une poêle. Ajoutez-y l'oignon haché et la courgette, laissez-les fondre 5 min, puis ajoutez la tomate et laissez cuire encore 3 min à feu doux. Versez dans une jatte et laissez refroidir.

Travaillez la mie du pain avec la crème. Coupez le gruyère en petits dés. Ajoutez au contenu de la jatte le fromage blanc, les œufs, la mie de pain et la crème, le gruyère et les herbes. Assaisonnez de sel, de poivre et de noix muscade, puis mélangez bien.

Faites chauffer le four à 220 °C, th. 8. Battez l'œuf à la fourchette. Divisez la pâte en 4 portions égales et aplatissez-les au rouleau en cercles d'environ 20 cm de diamètre. Badigeonnez légèrement le bord d'œuf battu, déposez au centre de chacun le quart de la farce, puis repliez les bords pour enfermer la farce, pincez pour souder et coupez la pâte en trop. Disposez les corniottes, fermeture vers le bas, sur la tôle du four beurrée et badigeonnez-les d'œuf battu.

Roulez les chutes de pâte en boule, aplatissez-les et découpez 8 longues bandes. Entourez chaque corniotte de 2 bandelettes de pâte en croix, comme pour ficeler un paquet. Badigeonnez une fois encore d'œuf battu et faites cuire de 30 à 35 min à mi-hauteur du four : la pâte doit être bien dorée et croustillante. Servez avec une salade mélangée.

INGRÉDIENTS

1 GROS OIGNON
1 GROSSE TOMATE
1 COURGETTE
30 G DE BEURRE
2 TRANCHES DE PAIN DE MIE
2 CUIL. À SOUPE DE CRÈME FRAÎCHE ÉPAISSE
75 G DE GRUYÈRE
200 G DE FROMAGE BLANC
2 ŒUFS
1 CUIL. À SOUPE DE PERSIL ET DE CIBOULETTE HACHÉS
2 PINCÉES DE NOIX MUSCADE RÂPÉE
SEL ET POIVRE

POUR LA PÂTE
300 G DE FARINE
150 G DE BEURRE
1 ŒUF
1/2 CUIL. À CAFÉ DE SEL

PRÉPARATION : 45 MINUTES
CUISSON : 45 MINUTES
POUR 4 PERSONNES

Flamiche aux poireaux

Originaire du Nord et des Flandres, cette tarte aux légumes se garnit aussi avec des oignons ou de la citrouille.

Ingrédients

Pour la pâte brisée
- 200 g de farine
- 100 g de beurre mou, coupé en petits dés
- 1 jaune d'œuf
- 1 pincée de sel

Pour la garniture
- 10 poireaux moyens
- 100 g de beurre
- 20 cl de lait
- 30 g de farine
- 1 grosse pincée de noix muscade râpée
- 10 cl de crème fraîche
- 75 g de gruyère râpé
- 2 œufs
- Sel et poivre

Pour la tourtière
- 10 g de beurre

Préparation : 50 minutes
Repos de la pâte : 1 heure
Cuisson : 50 minutes
Pour 6 personnes

Préparez la pâte brisée : tamisez la farine avec le sel au-dessus d'une terrine, creusez un puits au centre et versez-y les dés de beurre. Incorporez-les à la farine du bout des doigts, puis ajoutez le jaune d'œuf, amalgamez rapidement et incorporez juste assez d'eau froide pour obtenir une pâte lisse. Couvrez la terrine et laissez reposer une heure.

Pendant ce temps, préparez la garniture : épluchez les poireaux en ne gardant que les blancs. Fendez-les en deux, lavez-les à l'eau courante, égouttez-les et coupez-les en tronçons. Faites fondre 50 g de beurre dans une sauteuse. Ajoutez les blancs de poireau, salez et poivrez, puis couvrez et faites cuire 20 min à feu doux, sans laisser colorer.

Égouttez les poireaux en conservant leur jus de cuisson et mélangez celui-ci avec le lait. Faites fondre 30 g de beurre dans une casserole. Poudrez avec la farine, remuez une à 2 min en laissant juste blondir, puis délayez avec le jus de cuisson au lait, en remuant. Portez à ébullition, ajoutez la noix muscade, salez et poivrez. Mélangez bien, ajoutez les poireaux et la crème fraîche, puis laissez mijoter 5 min en remuant souvent. Mettez hors du feu et laissez tiédir.

Faites chauffer le four à 220 °C, th. 8. Enduisez avec 10 g de beurre une tourtière de 24 cm de diamètre à fond amovible. Aplatissez la pâte au rouleau et garnissez-en le moule, puis piquez le fond à la fourchette et faites cuire au four, à blanc, pendant 10 min.

Sortez la pâte du four et augmentez au maximum la température de ce dernier. Ajoutez à la préparation la moitié du fromage râpé et les œufs battus en omelette, versez sur le fond de tarte et parsemez avec le reste de fromage râpé. Ajoutez le reliquat de beurre coupé en petits dés, et faites dorer 10 min au four. Démoulez la tarte sur un plat et servez-la aussitôt.

Riche et onctueuse, la flamiche est une recette de terroir dont bien des provinces proposent l'équivalent.

Une authentique pâte à pizza accueille ici une garniture bien provençale.

Cette tarte est très bonne chaude mais elle peut aussi se manger froide.

Tarte provençale

Anchois et aubergine composent une garniture raffinée pour cette pâte à pain enrichie d'huile d'olive.

PRÉPAREZ la pâte : tamisez la farine et le sel mélangés, disposez-les en fontaine, émiettez la levure au centre et versez 10 cl d'eau tiède dessus. Ajoutez l'œuf et l'huile, pétrissez le tout à la main, puis roulez la pâte en boule et laissez-la doubler de volume pendant environ une heure, dans un endroit tiède.

Pendant le repos de la pâte, mettez les anchois à dessaler dans un récipient d'eau fraîche. Lavez l'aubergine et coupez-la en rondelles. Mettez celles-ci dans une passoire, poudrez de sel fin et laissez dégorger une heure. Lavez et essuyez les tomates, coupez-les en rondelles, épépinez-les, mettez-les dans une autre passoire, puis poudrez-les de sel et laissez-les également dégorger.

Pelez les oignons et coupez-les en fines rondelles. Épluchez et écrasez l'ail. Faites chauffer une cuillerée à soupe d'huile d'olive dans une poêle, ajoutez-y les oignons et l'ail et faites cuire à feu doux 7 à 8 min sans laisser colorer. Salez et poivrez.

Faites chauffer le four à 200 °C, th. 7. Étalez la farine dans une assiette, salez et poivrez. Épongez les rondelles d'aubergine dans un linge et farinez-les des deux côtés. Faites chauffer 2 cuillerées à soupe d'huile d'olive dans une poêle, faites-y frire les rondelles d'aubergine une min de chaque côté, puis égouttez-les sur du papier absorbant. Épongez les rondelles de tomate. Rincez et épongez les anchois.

Travaillez la pâte à la main pour la faire retomber. Étalez-la en un disque régulier d'environ 4 mm d'épaisseur sur une tôle à pâtisserie. Recouvrez de fondue d'oignon jusqu'à 2 cm environ du bord, puis garnissez avec les rondelles d'aubergine et de tomate, en les alternant et en les faisant chevaucher. Disposez les filets d'anchois dessus, en étoile, décorez avec les olives noires et arrosez avec le reste de l'huile d'olive. Roulez le tour de la pâte pour former une bordure. Faites cuire au four de 25 à 30 min.

INGRÉDIENTS

POUR LA PÂTE
- 250 G DE FARINE
- 10 G DE LEVURE DE BOULANGER FRAÎCHE
- 1 ŒUF
- 1 CUIL. À SOUPE D'HUILE D'OLIVE
- 1/2 CUIL. À CAFÉ DE SEL

POUR LA GARNITURE
- 12 ANCHOIS EN SAUMURE
- 1 AUBERGINE
- 3 TOMATES
- 2 GROS OIGNONS
- 2 GOUSSES D'AIL
- 4 CUIL. À SOUPE D'HUILE D'OLIVE
- 2 CUIL. À SOUPE DE FARINE
- 10 OLIVES NOIRES
- SEL, POIVRE

PRÉPARATION : 1 HEURE
REPOS DE LA PÂTE : 1 HEURE ENVIRON
CUISSON : 45 MINUTES ENVIRON
POUR 4 PERSONNES

Artichauts en fricassée

Mijoté avec des lardons et d'autres légumes, l'artichaut, plutôt méconnu aujourd'hui, s'impose comme un excellent plat.

Ingrédients

1 citron
6 gros artichauts
6 tranches fines de lard fumé
2 carottes
1 oignon
4 échalotes
30 cl de bouillon de volaille
20 cl de vin blanc
1 cuil. à soupe de graisse d'oie ou d'huile d'olive
1 clou de girofle
1 bouquet garni
1 poignée de pois gourmands
Sel et poivre

Préparation : 40 minutes
Cuisson : 1 heure
Pour 4 personnes

Pressez le citron et versez son jus dans un saladier d'eau fraîche.

Préparez les fonds d'artichaut : cassez la queue des artichauts d'un coup sec au ras du fond, de façon à en extraire le maximum de fibres. Posez-les à plat sur un côté et tranchez verticalement les grosses feuilles qui le couvrent. Éliminez ensuite toute la partie verte des feuilles en faisant tourner les artichauts, puis coupez les petites feuilles et le foin du cœur. Avec un couteau tranchant, arrondissez nettement les fonds. Plongez les artichauts dans l'eau citronnée au fur et à mesure de leur préparation.

Faites bouillir une casserole d'eau salée. Plongez-y les fonds d'artichaut, laissez-les cuire 4 à 5 min, puis versez-les dans une passoire, passez-les rapidement sous l'eau courante froide et égouttez-les. Coupez-les ensuite en quatre.

Coupez les tranches de lard en trois. Épluchez les carottes, l'oignon et les échalotes. Coupez carottes et oignon en rondelles, hachez les échalotes.

Faites chauffer dans une casserole le bouillon et le vin.

Faites chauffer la graisse ou l'huile dans une cocotte. Faites-y revenir le lard, les carottes, l'oignon et les échalotes pendant 5 min en remuant.

Ajoutez les quartiers d'artichaut, arrosez avec le liquide très chaud et ajoutez le clou de girofle et le bouquet garni. Portez à ébullition, puis baissez le feu, couvrez et laissez mijoter 30 min.

Équeutez et lavez les pois gourmands. Ajoutez-les aux artichauts après 30 min de cuisson, couvrez de nouveau et laissez cuire encore 10 min. Versez la fricassée dans un légumier chaud et servez.

L'artichaut des Parisiens
Au début du XXe siècle, l'artichaut le plus prisé des environs de Paris était le gros vert de Laon, cultivé dans tout le Val-d'Oise. Aujourd'hui largement supplanté par le camus de Bretagne, gros et rond, celui-ci subsiste cependant chez quelques maraîchers et dans des jardins d'amateurs.

La préparation « à la barigoule » s'applique aussi bien aux artichauts entiers qu'aux artichauts en fricassée.

La cuisson de ces légères mousselines s'effectue doucement, au bain-marie.

Mousseline de poisson

Légère et délicate, cette entrée sera parfaite avant un plat principal un peu lourd.

Beurrez six petits ramequins ou, à défaut, six tasses à thé et placez-les dans un plat à rôtir. Battez les œufs à la fourchette. Passez les filets de sole au robot pour les réduire en purée et ajoutez les œufs tout en continuant à mixer. Arrêtez dès que les œufs sont incorporés. Mettez au réfrigérateur.

Préparez la sauce : décortiquez les crevettes, en conservant les têtes et les carapaces. Pelez les échalotes et hachez-les. Écrasez l'ail. Faites fondre le beurre dans une casserole et faites-y revenir les échalotes à feu modéré. Quand elles sont fondues, ajoutez-y la farine, le paprika et l'ail. Versez peu à peu le fumet de poisson ou l'eau, ajoutez les têtes et les carapaces des crevettes et portez à ébullition en remuant sans cesse. Ajoutez la crème, portez de nouveau à ébullition, puis baissez le feu, couvrez et laissez frémir 20 min en remuant de temps en temps.

Tamisez ensuite au-dessus d'une autre casserole en pressant avec un pilon, ajoutez le jus de citron, salez et poivrez.

Faites chauffer le four à 180 °C, th. 6. Reposez le bol du mixeur sur son support et mettez en marche en versant la crème très froide. Arrêtez dès que la crème est incorporée, pour éviter qu'elle ne tourne. Salez et poivrez bien, puis emplissez les ramequins aux deux tiers de préparation et lissez la surface. Versez de l'eau bouillante dans le plat à rôtir jusqu'à mi-hauteur des récipients et faites cuire à mi-hauteur du four pendant environ 20 min : la mousseline doit être prise, levée et dorée en surface.

Environ 5 min avant la fin de la cuisson, faites réchauffer la sauce en prenant bien soin de ne pas la laisser bouillir. Mélangez-y les crevettes et tenez au chaud. Démoulez les mousselines sur des assiettes, nappez de sauce et servez aussitôt.

Ingrédients

Pour la mousseline de sole
- 20 g de beurre
- 2 œufs
- 350 g de filets de sole sans peau
- 30 cl de crème fraîche épaisse très froide

Pour la sauce aux crevettes
- 200 g de crevettes entières
- 2 échalottes
- 1/2 gousse d'ail
- 50 g de beurre
- 2 cuil. à café rases de farine
- 1/2 cuil. à café de paprika
- 30 cl de fumet de poisson ou d'eau
- 15 cl de crème fraîche
- Jus de citron
- Sel et poivre

Préparation : 50 minutes
Cuisson : 50 minutes
Pour 6 personnes

Petites tourtes aux fruits de mer

La pâte feuilletée rend ces tourtes aussi légères qu'une brise de bord de mer.

Ingrédients

Pour la pâte feuilletée
- 200 g de beurre à température ambiante
- 250 g de farine
- 1 cuil. à café de jus de citron
- 1 œuf
- 1 grosse pincée de sel

Pour la garniture
- 15 g de beurre
- 15 g de farine
- 15 cl de fumet de poisson
- 2 ou 3 cuil. à soupe de cidre ou de vin blanc sec
- 60 g de crabe en boîte
- 100 g de petites crevettes décortiquées
- Sel et poivre

Préparation : 1 h 30
Réfrigération : 1 heure
Cuisson : 30 minutes
Pour 8 petites tourtes

Préparez la pâte feuilletée : coupez le beurre en quatre et tamisez la farine et le sel au-dessus d'une terrine. Incorporez-y le quart du beurre, amalgamez avec 8 cuillerées à soupe d'eau et le jus de citron, puis pétrissez 5 min sur le plan de travail fariné. Dès que la pâte est lisse, aplatissez-la en un rectangle de 38 x 13 cm environ. Coupez le deuxième quart de beurre en dés et répartissez-le régulièrement sur les deux tiers du rectangle. Repliez le tiers libre vers le centre pour enfermer le beurre, puis ramenez par-dessus le tiers situé à l'autre extrémité. Soudez les fermetures au rouleau.

Faites pivoter la pâte d'un quart de tour dans le sens des aiguilles d'une montre, puis aplatissez-la de nouveau et recommencez l'opération précédente deux fois, en utilisant les derniers morceaux de beurre et en faisant pivoter la pâte d'un quart de tour chaque fois. Laissez 30 min au réfrigérateur.

Préparez la garniture : faites fondre le beurre dans une petite casserole, incorporez la farine et laissez cuire une min en remuant. Versez peu à peu le fumet de poisson et le cidre, et portez à ébullition, toujours en remuant. Salez, poivrez et laissez refroidir, puis ajoutez le crabe et les crevettes.

Aplatissez la pâte au rouleau sur 4 à 5 mm d'épaisseur. Découpez-y à l'emporte-pièce 8 cercles de 10 cm de diamètre. Roulez les chutes de pâte en boule, aplatissez de nouveau et découpez 8 autres cercles de pâte. Disposez 8 cercles de pâte sur une tôle à pâtisserie, placez un huitième de la garniture au centre de chacun d'eux, badigeonnez le tour d'eau froide et recouvrez avec les 8 autres cercles de pâte. Pincez les bords et mettez 30 min au réfrigérateur. Faites chauffer le four à 220 °C, th. 8.

Badigeonnez les tourtes avec l'œuf battu, faites deux petites incisions à leur surface et laissez-les cuire 25 min au four.

Vous pouvez préparer la pâte feuilletée de ces petites tourtes la veille, ou utiliser de la pâte toute prête.

Pour les Anglo-Saxons, les cuisses de grenouille sont le symbole même de la gastronomie française.

DISPARITION DES GRENOUILLES
Choisie par La Fontaine pour illustrer la sottise et la vanité, la grenouille verte, la plus savoureuse, peuplait encore largement les zones humides de la Dombes, de la Sologne, de l'Auvergne, de la Bretagne et de l'Alsace au début du XXe siècle, avant l'application d'une politique d'assèchement systématique des sols.

Cuisses de grenouille sautées à la persillade

L'ail et le persil parfument délicieusement ce mets original.

PELEZ et hachez finement l'ail. Équeutez, lavez et épongez le persil, puis hachez-le également finement. Mélangez ces ingrédients dans un bol, avec la chapelure.

Versez la farine dans un plat creux, salez-la et poivrez-la. Épongez les cuisses de grenouille et passez-les dans la farine, puis secouez-les pour en faire tomber l'excédent. Mettez à chauffer l'huile dans une grande poêle et faites-y dorer les cuisses de grenouille 9 à 10 min à feu moyen, en les retournant à mi-cuisson. Ensuite, égouttez-les, disposez-les dans un plat de service et tenez-les au chaud.

Jetez alors l'huile de cuisson et faites fondre le beurre dans la même poêle. Quand il mousse, versez-y le mélange d'ail, de persil et de chapelure. Remuez 30 secondes, puis versez sur les cuisses de grenouille et servez.

INGRÉDIENTS

3 GOUSSES D'AIL
1 PETIT BOUQUET DE PERSIL PLAT
1 PETITE TASSE DE CHAPELURE
7 CUIL. À SOUPE DE FARINE ENVIRON
DE 16 À 24 PAIRES (SUIVANT LEUR TAILLE) DE CUISSES DE GRENOUILLE
6 CUIL. À SOUPE D'HUILE D'OLIVE
50 G DE BEURRE
SEL ET POIVRE

PRÉPARATION : 20 MINUTES
CUISSON : 10 MINUTES ENVIRON
POUR 4 PERSONNES

Escargots au beurre d'ail

Prenez des escargots en conserve ou surgelés pour les préparer à la bourguignonne.

Ingrédients

3 grosses gousses d'ail
4 échalotes
1 petite botte de persil plat
350 g de beurre mou
2 cuil. à café de jus de citron
4 douzaines d'escargots tout préparés
48 coquilles d'escargot
Sel et poivre

Préparation : 25 minutes
Cuisson : 5 minutes
Pour 4 personnes

Faites chauffer le four à 200 °C, th. 7.

Préparez le beurre d'ail : pelez et écrasez l'ail. Pelez et hachez finement les échalotes. Équeutez le persil, lavez-le, épongez-le et hachez-le finement. Réduisez le beurre en pommade dans une jatte à l'aide d'une cuillère en bois et ajoutez le jus de citron, du sel et du poivre. Mélangez bien, puis incorporez l'ail, les échalotes et le persil.

Mettez un escargot dans chaque coquille, en tassant fortement, puis versez le beurre d'escargot dans une poche à douille ou dans une seringue à pâtisserie et garnissez-en les coquilles.

Disposez les escargots dans quatre petits plats spéciaux, ou calez-les dans un seul plat sur une couche de gros sel. Mettez au four et laissez chauffer 5 min environ : le beurre ne doit pas bouillir.

Servez sans attendre, dès la sortie du four, avec des fourchettes et des pinces à escargots.

Le beurre d'ail, qui répand un parfum irrésistible, peut aussi farcir moules et praires.

Plutôt fade sous sa carapace flamboyante, l'écrevisse exige un assaisonnement bien relevé.

Avant la cuisson, les écrevisses doivent jeûner 2 jours, suspendues au frais dans un filet, ou être châtrées, c'est-à-dire débarrassées de leur boyau noir (l'intestin) : ce dernier donnerait de l'amertume au plat.

Fricassée d'écrevisses

Les écrevisses sautées avec des légumes et flambées au cognac forment un plat haut en couleur.

Pelez les échalotes, l'oignon et les carottes. Effilez les côtes de céleri. Taillez tous ces légumes en lamelles fines et faites-les fondre pendant 15 min à feu doux et à couvert avec 40 g de beurre, les 3 branches de persil, le laurier en morceaux et le thym effeuillé.

Pendant ce temps, lavez et égouttez les écrevisses. Faites fondre 25 g de beurre dans une sauteuse, ajoutez les écrevisses et faites-les revenir à feu moyen jusqu'à ce qu'elles soient uniformément rouges. Ajoutez alors une bonne pincée de piment de Cayenne, du sel et du poivre. Arrosez avec le cognac et flambez, en inclinant la sauteuse en tous sens. Versez alors le vin blanc, ajoutez les légumes fondus et laissez mijoter 10 min.

Égouttez les écrevisses cuites avec une écumoire et disposez-les dans un plat de service creux. Retirez de la sauce le persil et le laurier, puis coupez le reste du beurre en petits dés et incorporez-le peu à peu à la sauce, hors du feu, en fouettant vivement. Vérifiez l'assaisonnement, qui doit être relevé, ajoutez l'estragon haché, versez sur les écrevisses et servez très chaud.

Ingrédients

4 échalotes
1 gros oignon
2 carottes
2 côtes de céleri
125 g de beurre
3 branches de persil
1 feuille de laurier
1 branche de thym
32 écrevisses fraîches
1 pincée de piment de Cayenne
10 cl de cognac
20 cl de vin blanc sec
2 branches d'estragon
Sel et poivre

Préparation : 30 minutes
Cuisson : 30 minutes
Pour 4 personnes

SOCIETE NATIONALE DE SAUVETAGE EN MER
SNS 086

Poissons & Fruits de mer

Un vieil adage affirme « c'est la sauce qui fait manger le poisson ». Indispensables au temps où les moyens de transport frigorifiques n'étaient pas aussi performants qu'aujourd'hui, les sauces ne sont pas pour autant tombées en désuétude : un *beurre blanc*, une préparation *à l'américaine*, une *sauce aux câpres* ou *aux crevettes* sont toujours un ravissement. Quant aux préparations régionales traditionnelles que sont la *Brandade de morue*, l'*Aïoli* ou les *Moules marinière*, elles ont franchi les siècles avec succès.

Carpe à la bohémienne

Vous trouverez facilement de la carpe d'élevage, mais sa saveur n'est pas comparable à celle des poissons sauvages des lacs et des rivières.

INGRÉDIENTS

6 CUIL. À SOUPE DE VINAIGRE
1 CARPE DE 1,4 KG ÉCAILLÉE ET VIDÉE
100 G DE BEURRE MOU
SEL ET POIVRE

POUR LA SAUCE
1 GROS OIGNON
1 CUIL. À SOUPE D'HUILE
1 FEUILLE DE LAURIER
3 CLOUS DE GIROFLE
50 CL DE VIN BLANC SEC
2 POIGNÉES DE RAISINS SECS
1 CUIL. À SOUPE DE MIEL
60 G DE PAIN D'ÉPICE
SEL ET POIVRE

POUR GARNIR
FEUILLES DE CÉLERI
QUARTIERS DE CITRON ET D'ORANGE

PRÉPARATION : 30 MINUTES
CUISSON : 1 HEURE
POUR 6 PERSONNES

Ebouillanter le plat de service et la saucière pour les chauffer avant d'y mettre la carpe et la sauce.

FAITES CHAUFFER le four à 180 °C, th. 6. Emplissez une cuvette d'eau froide, ajoutez-y le vinaigre et lavez-y soigneusement la carpe. Égouttez-la et épongez-la sur du papier absorbant, puis faites de chaque côté du poisson trois entailles en diagonale, jusqu'à l'arête.

Réservez 15 g de beurre, étalez le reste dans les entailles, salez et poivrez bien. Enduisez avec le beurre réservé un plat à rôtir juste assez grand pour contenir la carpe ainsi qu'un morceau d'aluminium ménager destiné à couvrir le plat. Posez la carpe dans le plat.

Préparez la sauce : pelez l'oignon et coupez-le en rondelles fines. Faites chauffer l'huile dans une casserole et faites-y revenir l'oignon à feu modéré de 5 à 10 min, de façon qu'il fonde sans brunir. Ajoutez le laurier, les clous de girofle, le vin, les raisins secs et le miel. Portez à ébullition, puis émiettez le pain d'épice dans la sauce, salez, poivrez et mélangez. Versez dans le plat, complétez avec suffisamment d'eau pour arriver à hauteur du poisson, couvrez avec l'aluminium beurré et faites cuire 35 min à mi-hauteur du four.

Ôtez ensuite l'aluminium et faites cuire encore de 10 à 15 min. Quand la carpe est cuite, égouttez-la avec deux grandes spatules à poisson, posez-la dans un plat de service et entourez-la avec l'oignon et les raisins secs. Jetez le laurier et les clous de girofle, mixez le jus de cuisson, arrosez-en un peu la carpe et versez le reste dans une saucière chaude.

Décorez de feuilles de céleri et de quartiers de citron et d'orange. Servez avec des pommes de terre nouvelles assaisonnées de beurre et de ciboulette hachée.

Ce noble poisson n'a besoin que de pommes de terre nouvelles pour garniture.

Relevée de curry et de piment de Cayenne, cette petite friture a des vertus apéritives.

Frire les poissons par petites quantités pour ne pas trop refroidir la friture. La laisser réchauffer un peu entre deux fournées.

Petite friture

Pour mettre en valeur ce plat, rien ne vaut un trait de jus de citron, du pain bis et du beurre.

Rincez les poissons et épongez-les soigneusement dans du papier absorbant : s'ils restent humides, ils ne deviendront pas croustillants à la friture.

Faites chauffer l'huile de friture à 180 °C, ou jusqu'à ce qu'un petit cube de pain rassis en ressorte doré et croustillant au bout de 20 à 30 secondes.

Pendant ce temps, versez dans un sac de plastique alimentaire la farine, le curry, le piment de Cayenne et le sel. Fermez le sac et secouez fortement, puis ajoutez la petite friture et secouez le sac en tous sens pour enrober uniformément les poissons de farine assaisonnée. Versez dans une grande passoire et secouez pour faire tomber l'excédent de farine.

Quand l'huile est à bonne température, versez le tiers environ des poissons dans le panier de la friteuse, plongez-les avec précaution dans l'huile et laissez-les devenir croustillants et dorés (le temps varie en fonction de la taille des poissons). Ôtez le panier de la friture, épongez les poissons sur du papier absorbant et tenez-les au chaud. Préparez de la même façon les deux autres tiers de petite friture.

Rincez le persil, mettez-le dans un torchon et tordez pour bien l'essorer. Liez les branches avec de la ficelle de cuisine, en laissant l'un des brins long de 30 cm.

Lorsque tous les poissons sont frits, plongez le bouquet de persil dans l'huile bouillante, en le tenant par la ficelle, et laissez-le quelques secondes, jusqu'à ce qu'il brunisse. Retirez-le alors, posez-le sur du papier absorbant, coupez les grosses tiges au ras des feuilles et répartissez les petits bouquets autour du plat. Ajoutez les quartiers de citron et servez sans attendre.

Ingrédients

500 g de petite friture
Huile pour friture
4 cuil. à soupe rases de farine
2 cuil. à soupe de curry en poudre
1/2 cuil. à café de piment de Cayenne en poudre
1 bouquet de persil frisé
2 pincées de sel

Pour garnir
2 citrons coupés en quartiers

Préparation : 10 minutes
Cuisson : 10 minutes
Pour 4 personnes

Un beurre exceptionnel
Le beurre d'Échiré, idéal pour réaliser un beurre blanc, bénéficie d'une renommée internationale. Il doit sa saveur unique à une méthode de fabrication immuable depuis 1894. Ainsi, son barattage s'effectue aujourd'hui encore dans des cuves de teck, un bois sans tanin importé du Vietnam.

La finesse de la chair du brochet et la délicatesse du beurre blanc font incontestablement bon ménage depuis des lustres.

Brochet au beurre blanc

La préparation du prestigieux beurre blanc, accompagnement consacré du brochet, ne demande aucune compétence particulière.

Ingrédients

2 oignons
2 carottes
50 cl de vin blanc
1 bouquet garni
1 brochet de 1,2 kg nettoyé et vidé, mais non écaillé
Sel

Pour le beurre blanc
2 échalotes
1 cuil. à soupe de vinaigre
150 g de beurre
Sel et poivre

Préparation : 20 minutes
Cuisson : 1 heure
Pour 4 personnes

Préparez un court-bouillon : pelez les oignons et les carottes, coupez-les en rondelles et mettez-les dans une marmite. Ajoutez 3 litres d'eau, le vin blanc et le bouquet garni, puis salez, portez à ébullition et faites cuire 30 min environ, à petits bouillons. Laissez refroidir.

Déposez le brochet dans une poissonnière. Filtrez le court-bouillon au-dessus du poisson, qui doit alors être entièrement recouvert de liquide. Portez à ébullition, puis baissez le feu de manière que le court-bouillon frémisse juste et laissez cuire 25 min.

Pendant ce temps, préparez le beurre blanc : pelez et hachez finement les échalotes. Mettez-les dans une casserole avec le vinaigre, du sel et du poivre, faites réduire totalement le vinaigre à feu doux, puis retirez du feu.

Quand le brochet est cuit, égouttez-le, disposez-le dans un plat de service et tenez au chaud.

Faites réchauffer la réduction de vinaigre et d'échalotes à feu doux. Coupez le beurre en petits dés et incorporez-le peu à peu à la réduction bouillante, en fouettant vivement pour émulsionner la sauce. Ne laissez surtout pas bouillir.

Versez le beurre blanc dans une saucière chaude et servez aussitôt, avec le brochet très chaud.

Truites au bleu, sauce hollandaise

La sauce hollandaise met en valeur le fumet unique de la truite fraîche juste pochée à l'eau bouillante.

Ingrédients

4 belles truites vivantes
Gros sel

Pour la sauce hollandaise
200 g de beurre
1 cuil. à soupe de vinaigre
2 jaunes d'œuf
1 ou 2 cuil. à café de jus de citron
1 pincée de poivre mignonnette
Sel

Pour garnir
Quartiers de citron et persil haché

Préparation : 40 minutes
Cuisson : 20 minutes environ
Pour 4 personnes

Portez une marmite d'eau à ébullition et ajoutez-y une bonne poignée de gros sel. Assommez les truites, videz-les rapidement par les ouïes, sans les laver ni les essuyer. Plongez-les dans l'eau bouillante salée, baissez le feu dès la reprise de l'ébullition et laissez-les cuire (comptez 7 min pour des truites de 180 g). Ensuite, égouttez-les et tenez-les au chaud dans un plat de service couvert d'aluminium ménager.

Préparez la sauce hollandaise : faites fondre le beurre. Préparez une casserole d'eau chaude pour faire un bain-marie. Versez le vinaigre dans une casserole à fond épais avec 2 cuillerées à soupe d'eau. Faites réduire presque complètement, ajoutez le poivre mignonnette et une pincée de sel, puis laissez tiédir. Incorporez alors les jaunes d'œufs et une cuillerée à soupe d'eau froide. Mélangez bien.

Posez la casserole au-dessus du bain-marie d'eau juste frémissante. Travaillez au fouet jusqu'à ce que le mélange commence à épaissir, puis incorporez peu à peu le beurre fondu en fouettant sans cesse, comme pour monter une mayonnaise. Dès que la sauce est émulsionnée, sortez-la du bain-marie, ajoutez-lui le jus de citron et versez-la dans une saucière chaude.

Garnissez le plat de truites avec des quartiers de citron et du persil haché. Servez aussitôt, avec la sauce hollandaise dans une saucière, et accompagnez de pommes de terre nouvelles.

Pour un plat simple et rapide, remplacez la sauce hollandaise par du beurre fondu légèrement citronné.

Clarifier le beurre avant de préparer la sauce en le faisant fondre doucement et en le versant dans un bol en éliminant le dépôt blanc.

Ingrédients

- 1 oignon
- 1 clou de girofle
- 50 cl de vin blanc
- 1 cuil. à café de vinaigre
- 1 branche de thym
- 1 feuille de laurier
- 1 bouquet de persil
- 5 grains de poivre
- 1 anguille, dépouillée et vidée
- 1 bouquet de ciboulette
- 4 gousses d'ail
- 2 œufs
- 4 ou 5 cuil. à soupe de chapelure
- 1 cuil. à soupe d'huile
- 40 g de beurre
- 1 citron
- Sel et poivre

Préparation : 20 minutes
Cuisson : 1 heure
Pour 4 personnes

Anguille grillée

La chair grasse de l'anguille se marie parfaitement avec l'ail et les fines herbes.

Préparez un court-bouillon : pelez l'oignon, piquez-le du clou de girofle et mettez-le dans une casserole avec le vin blanc, le vinaigre, le thym, le laurier, 2 branches de persil, les grains de poivre et 50 cl d'eau. Portez à ébullition et faites cuire 30 min, puis laissez refroidir.

Pendant ce temps, laissez dégorger l'anguille sous l'eau courante. Coupez-la en tronçons et déposez ces derniers dans le court-bouillon froid. Salez, faites chauffer doucement jusqu'à l'ébullition, puis réduisez le feu et laissez cuire 15 min à feu très doux. Laissez refroidir quelques heures dans le court-bouillon.

Égouttez l'anguille. Hachez finement le reste du persil et la ciboulette. Pelez l'ail, hachez-le et ajoutez-le aux herbes. Cassez les œufs dans un bol et battez-les en omelette. Versez la chapelure dans un autre bol. Roulez les tronçons de poisson dans les herbes hachées et passez-les dans les œufs battus, puis dans la chapelure.

Huilez un gril en fonte, faites-le bien chauffer, mettez-y à griller le poisson 3 min de chaque côté et déposez-le sur un plat.

Faites fondre le beurre, pressez le citron et ajoutez le jus au beurre. Versez sur le poisson et parsemez du reste de fines herbes, puis servez sans attendre.

Ce poisson, qui naît dans la mer des Sargasses, remonte les estuaires et les fleuves pour le plus grand plaisir des pêcheurs.

La sauce crémeuse, le romarin et les poireaux rendent un poisson ordinaire aussi séduisant à l'œil qu'au palais.

Cidre grand cru
Loin des produits de la grande industrie, le cidre artisanal de Normandie, produit depuis le début du XIIIe siècle, est mousseux, nettement coloré, légèrement trouble et un peu astringent, avec un goût franc de pomme. Il peut tirer son bouquet de plus de deux cents variétés de pommes !

Tranches de poisson au cidre

La préparation au cidre et à la crème donne de la saveur à un poisson naturellement un peu fade.

Faites chauffer le four à 180 °C, th. 6. Nettoyez les blancs de poireau et émincez-les. Faites fondre 50 g de beurre dans une sauteuse. Ajoutez-y les poireaux émincés, mélangez, couvrez et laissez-les fondre 10 min.

Étalez les poireaux dans un grand plat creux allant au four. Posez les tranches de poisson sur les poireaux, puis ajoutez les feuilles de laurier, les grains de poivre, la noix muscade et un brin de romarin. Arrosez avec le cidre et parsemez avec le reste de beurre, préalablement coupé en dés.

Couvrez le plat d'aluminium ménager et faites cuire 20 min à mi-hauteur du four.

À l'aide d'une spatule à fentes ou bien d'une écumoire, transférez délicatement les tranches de poisson et les poireaux dans un plat de service ou dans des assiettes et tenez au chaud pendant que vous préparez la sauce.

Filtrez le jus de cuisson au-dessus d'une casserole, portez à ébullition et faites réduire de moitié à feu vif. Incorporez alors la crème, salez et poivrez, puis faites chauffer 2 min en remuant.

Nappez les tranches de poisson de sauce et garnissez avec des brins de romarin. Servez accompagné d'une purée de pommes de terre onctueuse.

Ingrédients

- 3 blancs de poireau
- 80 g de beurre
- 4 tranches de congre ou de cabillaud de 225 g chacune environ
- 3 feuilles de laurier
- 6 grains de poivre noir
- 1 grosse pincée de noix muscade
- Quelques brins de romarin
- 50 cl de cidre brut
- 6 cuil. à soupe de crème fraîche épaisse
- Sel et poivre

Préparation : 20 minutes
Cuisson : 40 minutes
Pour 4 personnes

Saumon en croûte, sauce au cresson

Voici une recette prestigieuse, destinée à des cuisiniers chevronnés.

Ingrédients

25 g de beurre
1 saumon de 1,6 kg écaillé et désossé par le dos
Sel, poivre

Pour la pâte feuilletée
300 g de farine
250 g de beurre à température ambiante
1 cuil. à café de sel

Pour la dorure
1 jaune d'œuf

Pour la sauce
1 botte de cresson
1 échalote
5 cl de vin blanc
1 cuil. à soupe de vinaigre de vin blanc
200 g de beurre froid
1 ou 2 cuil. à soupe de jus de citron
Sel et poivre

Préparation : 2 heures
Cuisson : 1 h 15
Pour 6 à 8 personnes

Préparez la pâte feuilletée : faites fondre le sel dans 15 cl d'eau froide. Tamisez la farine sur le plan de travail et disposez-la en couronne, puis mélangez peu à peu la farine avec l'eau salée pour obtenir une pâte homogène. Pétrissez la pâte 5 min environ sur le plan de travail fariné. Dès qu'elle est lisse, laissez-la reposer pendant 15 min au réfrigérateur.

Étalez la pâte au rouleau en un cercle d'environ 25 cm de diamètre. Frappez le beurre avec le bout du rouleau pour le ramollir et lui donner la forme d'un carré sur 1 cm d'épaisseur. Posez-le au centre de la pâte et rabattez dessus les quatre côtés pour l'enfermer. Étalez la pâte dans un seul sens en un rectangle d'une longueur égale à trois fois la largeur et pliez-la en trois pour obtenir un carré. Faites pivoter la pâte d'un quart de tour, dans le sens des aiguilles d'une montre, laissez reposer 15 min au réfrigérateur, puis aplatissez-la de nouveau et recommencez l'opération précédente deux fois, en faisant pivoter la pâte d'un quart de tour chaque fois et en la laissant reposer également.

Faites chauffer le four à 200 °C, th. 7. Beurrez un plat ovale assez grand pour contenir le poisson. Salez et poivrez le fond du plat. Rincez le saumon, essuyez l'extérieur et l'intérieur avec du papier absorbant. Salez et poivrez l'intérieur et ficelez-le pour le maintenir fermé.

Déposez le poisson dans le plat beurré. Versez 4 cuillerées à soupe d'eau dans le plat, autour du poisson. Couvrez d'aluminium ménager beurré, mettez au four et laissez cuire pendant 30 min. Sortez le plat du four et laissez tiédir le poisson. Égouttez-le avec deux grandes spatules, retirez les ficelles, la peau et les arêtes de côté, puis laissez-le refroidir.

Pendant la cuisson du saumon, commencez à préparer la sauce : retirez les tiges dures du cresson et lavez-le. Jetez la moitié des feuilles dans une casserole d'eau bouillante et laissez-les 2 min, puis versez-les dans une passoire, passez sous l'eau froide et laissez égoutter. Pelez et hachez finement l'échalote. Mettez-la dans une casserole avec le vin blanc et le vinaigre. Faites réduire complètement le liquide, à feu moyen, puis versez une cuillerée à soupe d'eau dans la casserole et mélangez pour dissoudre les sucs. Mettez de côté. Montez la température du four à 220 °C, th. 8.

Préparez la croûte : étalez la pâte feuilletée sur le plan de travail légèrement fariné en un grand rectangle, puis divisez celui-ci en 2 rectangles égaux. Posez l'un d'eux sur la plaque du four ou sur une tôle à pâtisserie humide et déposez le saumon sur ce rectangle de pâte. Délayez le jaune d'œuf avec une cuillerée à soupe d'eau et battez-le à la fourchette, puis badigeonnez-en le dessus du saumon à l'aide d'un pinceau. Humectez la pâte qui dépasse et recouvrez le saumon avec le second rectangle de pâte, en l'appuyant tout autour et en pressant les bords des 2 morceaux de pâte pour les souder. Coupez l'excédent afin de donner à l'ensemble la forme du poisson.

Badigeonnez le dessus de la pâte d'œuf battu. Pour figurer les écailles du poisson, pressez l'extrémité arrondie d'une lame de couteau sur toute la surface de la pâte. Faites cuire au four pendant 25 min.

Pendant cette cuisson, terminez la préparation de la sauce : passez le cresson égoutté au mixer et faites-le réchauffer doucement. Coupez le beurre en petits dés. Faites réchauffer la réduction d'échalote à feu doux et incorporez-y peu à peu les dés de beurre, en fouettant sans cesse. Dès que la sauce est émulsionnée, ajoutez-y le jus de citron et le cresson chaud. Retirez du feu, vérifiez l'assaisonnement et versez dans une saucière chaude.

Transférez le saumon dans un grand plat de service chaud et garnissez-le avec le reste du cresson, séparé en petits bouquets. Servez aussitôt avec la sauce chaude.

Ce plat spectaculaire est digne de figurer sur vos tables de fête.

Ingrédients

3 cuil. à soupe de farine
4 maquereaux vidés
15 cl de lait
1 cuil. à soupe d'huile
40 g de beurre
2 échalotes
1 cuil. à soupe de moutarde forte
3 cuil. à soupe de crème fraîche
1 gros citron non traité
Sel et poivre

Préparation et cuisson : 20 minutes
Pour 4 personnes

Moutardes de régions
La première réglementation sur la fabrication de la moutarde remonte à 1390. Les moutardes de Dijon, au verjus et au vin blanc, d'Orléans, au vinaigre fin, de Bordeaux, au moût de raisin, et de Meaux, dite à l'ancienne, aux graines concassées, sont, aujourd'hui encore, préparées conformément à la tradition.

Maquereaux sauce moutarde

Faites cuire en un rien de temps ces poissons peu coûteux et délicieux.

Salez et poivrez la farine. Lavez les maquereaux, épongez-les et passez-les dans le lait, puis roulez-les dans la farine.

Faites chauffer l'huile dans une poêle et ajoutez 20 g de beurre. Lorsque ce mélange mousse, déposez les maquereaux dans la poêle et laissez-les cuire environ 6 min de chaque côté.

Pelez et hachez les échalotes. Faites-les fondre dans une petite casserole avec le reste du beurre, pendant 5 min. Ajoutez la moutarde et la crème, mélangez et laissez frémir doucement pendant 5 min, puis vérifiez l'assaisonnement.

Pendant ce temps, lavez le citron, essuyez-le et coupez-le en petits dés, sans le peler.

Dès que les poissons sont cuits, parsemez-les avec les dés de citron, nappez de sauce et servez.

Ne laissez pas refroidir ces maquereaux, moelleux sous leur sauce à la moutarde et à la crème.

Les merlans sont enroulés sur eux-mêmes et panés avant la cuisson.

Merlans frits, sauce tartare

Préparez vous-même la sauce tartare, facile à réussir et meilleure que celle du commerce : sa fraîcheur piquante convient parfaitement au poisson frit.

PRÉPAREZ la sauce tartare : mélangez les jaunes d'œufs dans un bol avec la moutarde et une grosse pincée de sel. Versez l'huile goutte à goutte, puis en mince filet, sans cesser de fouetter. Lorsque la mayonnaise est bien prise, incorporez le vinaigre, toujours en fouettant. Ajoutez ensuite les condiments et la ciboulette en mélangeant doucement. Mettez dans une saucière.

Préparez les merlans : roulez chacun d'eux sur lui-même, enfoncez la queue dans la tête et maintenez avec une petite brochette fine ou un pique-olive.

Battez l'œuf à la fourchette. Mélangez la farine, le sel et le poivre. Passez les merlans dans la farine et plongez-les dans l'œuf battu, puis roulez-les dans la chapelure en les enrobant uniformément.

Faites chauffer l'huile pour friture à 180 °C : un dé de pain doit y dorer en quelques secondes. Plongez-y 2 merlans. Quand ils sont dorés, prélevez-les avec une écumoire afin de les égoutter et posez-les sur du papier absorbant pour enlever le maximum d'huile. Tenez-les au chaud pendant la cuisson des autres poissons.

Disposez les merlans frits dans un plat chaud. Garnissez avec des quartiers de citron et des brins de persil. Servez avec la sauce tartare.

INGRÉDIENTS

POUR LA SAUCE TARTARE
- 1 JAUNE D'ŒUF DUR
- 1 JAUNE D'ŒUF CRU
- 1 CUIL. À CAFÉ DE MOUTARDE
- 20 CL D'HUILE
- 1 CUIL. À CAFÉ DE VINAIGRE DE VIN BLANC
- 1 CUIL. À SOUPE DE CORNICHONS FINEMENT HACHÉS
- 1 CUIL. À SOUPE DE CÂPRES FINEMENT HACHÉES
- 1 CUIL. À SOUPE DE CIBOULETTE FINEMENT HACHÉE
- SEL

POUR LE POISSON
- 4 MERLANS ENTIERS DE 340 G ENVIRON CHACUN, AVEC LA TÊTE ET LA QUEUE, VIDÉS ET NETTOYÉS
- 1 ŒUF
- 2 CUIL. À SOUPE DE FARINE
- 60 G DE CHAPELURE
- HUILE POUR FRITURE
- 1/2 CUIL. À CAFÉ DE SEL
- 1/4 DE CUIL. À CAFÉ DE POIVRE

POUR GARNIR
- QUARTIERS DE CITRON ET BRINS DE PERSIL

PRÉPARATION ET CUISSON : 40 MINUTES

POUR 4 PERSONNES

Les crevettes rehaussent à la fois la couleur et le goût du turbot.

Turbot sauce crevettes

Des filets seront moins spectaculaires qu'un turbot entier, mais ils cuiront deux fois plus vite.

Ingrédients

2 échalotes
1 turbot de 1,5 kg environ nettoyé et vidé
20 cl de vin blanc
20 g de beurre
Sel, poivre

Pour le beurre de crevettes
50 g de beurre
30 g de crevettes décortiquées

Pour la sauce
40 g de beurre
30 g de farine
25 cl de lait
1 filet de jus de citron
1 pincée de noix muscade
1 petite pincée de piment de Cayenne
1 ou 2 cuil. à soupe de crème fraîche
100 g de crevettes décortiquées
Sel

Pour garnir
8 grosses crevettes entières
Brins de persil

Préparation : 30 minutes
Cuisson : 50 minutes
Pour 4 personnes

Faites chauffer le four à 180 °C, th. 6. Pelez les échalotes et hachez-les finement. Beurrez un grand plat à rôtir, parsemez-le d'échalotes, salez et poivrez. Entaillez la peau noire du turbot de la tête à la queue de chaque côté de l'arête centrale. Posez le turbot dans le plat, peau blanche vers le haut, salez et poivrez. Versez le vin blanc, couvrez d'aluminium ménager et faites cuire de 35 à 40 min : le poisson doit être juste cuit.

Pendant ce temps, préparez le beurre de crevettes : passez les crevettes au mixer avec le beurre, puis versez le tout dans un tamis et pressez fermement.

Préparez la sauce : faites fondre le beurre dans une casserole. Incorporez la farine, mélangez une min, puis délayez peu à peu avec le lait en remuant sans cesse et portez à ébullition. Ajoutez le jus de citron, la noix muscade, le piment de Cayenne et du sel. Laissez frémir 3 à 4 min en remuant. Ajoutez alors la crème et les crevettes et faites réchauffer une min à feu doux, puis versez dans une saucière chaude.

Sortez le turbot du four, transférez-le délicatement dans un grand plat de service chaud et retirez la peau noire. Filtrez le jus de cuisson au-dessus d'une casserole et faites-le réduire des deux tiers. Ajoutez cette réduction à la sauce, puis incorporez le beurre par petits morceaux, hors du feu et en fouettant, et versez dans une saucière. Garnissez le turbot de crevettes entières et de brins de persil, et portez à table.

Rougets frits

L'anchois et l'huile d'olive accentuent le caractère méditerranéen de ce poisson à chair fine.

Ingrédients

6 filets d'anchois en saumure
1 cuil. à café de vinaigre
80 g de beurre mou
1 cuil. à soupe de persil plat haché
8 rougets barbets vidés et écaillés
25 cl de lait
5 cuil. à soupe de farine
4 cuil. à soupe d'huile d'olive
Sel et poivre

Dessalage : 2 à 3 heures
Préparation : 20 minutes
Cuisson : 7 à 8 minutes
Pour 4 personnes

Rincez les filets d'anchois. Faites-les dessaler de 2 à 3 heures dans l'eau fraîche.

Égouttez les filets d'anchois, arrosez-les avec le vinaigre, puis égouttez-les de nouveau. Pilez-les dans un mortier ou passez-les rapidement au robot avec le beurre et le persil haché. Mettez au réfrigérateur.

Lavez et essuyez les rougets. Versez le lait dans une assiette creuse et la farine dans une assiette plate. Salez légèrement et poivrez largement la farine. Passez les rougets dans le lait, puis dans la farine. Faites chauffer l'huile dans une poêle. Secouez les rougets pour faire tomber l'excédent de farine, posez-les dans l'huile très chaude et laissez-les cuire 4 min, puis retournez-les avec une spatule et faites-les cuire encore 3 à 4 min.

Égouttez les rougets frits et épongez-les sur du papier absorbant. Disposez-les dans un plat de service chaud, tartinez-les de beurre d'anchois et servez aussitôt.

La fraîcheur du beurre d'anchois met en valeur la saveur du rouget frit.

Ustensiles et matériaux
La poêle à frire en fonte noire traditionnelle, aux bords évasés et peu élevés, a vu son étoile pâlir lorsque la tôle émaillée est venue mettre une note de couleur dans les cuisines. Cette dernière a été supplantée à son tour par la poêle Tefal, dont l'apparition, en 1956, a permis de restreindre l'utilisation des matières grasses pour les sautés et les fritures.

Cabillaud au persil

Servez la sauce au persil avec de la moruette, des filets de julienne, des maquereaux ou du brochet.

Ingrédients

- 1 échalote
- 30 cl de lait
- 2 clous de girofle
- 1 bouquet garni
- 1 gros bouquet de persil
- 4 tranches de cabillaud de 200 g environ chacune
- 1 feuille de laurier
- 60 g de beurre
- 40 g de farine
- Noix muscade râpée
- 1 citron
- Sel

Préparation : 25 minutes
Cuisson : 25 minutes
Pour 4 personnes

Pelez l'échalote et hachez-la. Versez le lait dans une casserole. Ajoutez les clous de girofle, le bouquet garni et l'échalote hachée. Portez à ébullition, puis retirez la casserole du feu, couvrez et laissez infuser pendant 15 min.

Rincez le persil, coupez les tiges et écrasez-les légèrement. Rincez le poisson et posez-le dans une sauteuse. Ajoutez le laurier et les tiges de persil, salez et faites cuire sans couvrir pendant 15 min. Retirez du feu et réservez au chaud.

Hachez les feuilles de persil. Filtrez le lait dans une petite passoire. Faites fondre 40 g de beurre dans une casserole, incorporez la farine et remuez une min avec une cuillère en bois, puis délayez avec le lait en le versant peu à peu, sans cesser de remuer. Portez à ébullition à feu modéré, en remuant constamment pour obtenir une sauce lisse et onctueuse. Ajoutez le persil haché, une pincée de noix muscade et du sel. Faites cuire à feu doux 3 à 4 min, en remuant souvent.

Retirez la peau du cabillaud, déposez les tranches sur des assiettes chaudes, puis répartissez dessus le reste de beurre détaillé en petits dés. Coupez le citron en deux, pressez la moitié du fruit et arrosez le poisson avec le jus obtenu. Nappez avec un peu de sauce au persil et présentez le reste de la sauce à part, dans une saucière chaude.

Coupez le reste du citron en rondelles. Garnissez-en les assiettes et servez avec des croquettes de pommes de terre, de jeunes carottes et des bouquets de brocolis.

On peut aussi préparer de la même façon le lieu, jaune ou noir. Choisir des tranches dans le milieu du poisson.

Le lait dans lequel les herbes et les aromates ont infusé devient la base d'une sauce parfumée.

Profitez de vos vacances au bord de la mer pour ramasser des coques !

Roulades de carrelet aux coques et au cidre

Les fruits de mer et la sauce à la crème mettent en valeur la chair du carrelet.

Lavez les coques dans plusieurs eaux. Faites-les ouvrir dans une casserole posée sur feu vif et retirez-les avec une écumoire. Filtrez le jus de cuisson.

Faites chauffer le four à 180 °C, th. 6. Coupez un filet de carrelet en deux dans la longueur. Placez les demi-filets bout à bout, le côté qui portait la peau vers le haut, de façon que le côté tête d'une moitié chevauche le côté queue de l'autre. Enroulez le tout, côté peau vers l'intérieur, autour d'un petit verre à liqueur droit afin de former un anneau. Posez l'anneau de poisson dans un plat à four beurré et retirez délicatement le verre.

Préparez 7 autres anneaux de la même manière avec le reste des filets de carrelet. Déposez-les au fur et à mesure dans le plat et répartissez les coques dans les anneaux.

Préparez la sauce : coupez le céleri en fines lamelles. Pelez l'oignon et hachez-le. Faites fondre le beurre dans une poêle, ajoutez l'oignon et le céleri et laissez ramollir quelques minutes à feu doux. Mettez de côté 2 cuillerées à soupe de cidre, versez le reste de cidre, le jus des coques et les graines de céleri sur les légumes, puis laissez frémir 5 min. Retirez du feu, incorporez la crème et le persil haché, salez et poivrez.

Versez doucement la sauce autour des anneaux de carrelet. Arrosez ces derniers avec le cidre mis de côté, couvrez le plat d'aluminium ménager et faites cuire au four 20 min environ. Quand le poisson est cuit, remuez la sauce dans le plat pour la mélanger au jus de cuisson et arrosez-en le poisson et les coques. Garnissez de brins de persil et de quartiers de citron.

Ingrédients

- 1 kg de coques ou de moules
- 8 filets de carrelet de 115 g environ chacun, sans peau
- 6 côtes de céleri
- 1 oignon
- 60 g de beurre
- 20 cl de cidre brut
- 1/2 cuil. à café de graines de céleri
- 15 cl de crème fraîche épaisse
- 1 cuil. à soupe de persil haché
- Sel et poivre

Pour garnir

Brins de persil et quartiers de citron

Préparation : 25 minutes
Cuisson : 35 minutes
Pour 4 personnes

Maurice-Edmond Sailland, dit Curnonsky, élu prince des gastronomes en 1927, s'insurgea contre l'appellation « à l'américaine » figurant sur la carte de certains restaurateurs : c'était, selon lui, la dénaturation de la très ancienne préparation « à l'armoricaine » utilisée pour le homard.

La préparation à l'américaine met en évidence la fermeté et la finesse de la lotte.

Lotte à l'américaine

Ne prolongez surtout pas la cuisson de la lotte : sa chair perdrait alors sa fermeté.

Ingrédients

- 3 échalotes
- 1 bonne tasse de farine
- 1 kg de lotte en tranches ou en médaillons
- 3 cuil. à soupe d'huile
- 15 cl de cognac
- 2 gousses d'ail
- 50 cl de vin blanc
- 2 cuil. à soupe de concentré de tomates
- 1 pincée de poudre de girofle
- 1 pincée de noix muscade râpée
- 1 grosse pincée de piment de Cayenne
- 1 petite branche d'estragon (facultatif)
- Sel et poivre

Préparation : 15 minutes
Cuisson : 50 minutes
Pour 5 ou 6 personnes

Pelez et hachez les échalotes. Étalez la farine dans un plat creux, ajoutez du sel et du poivre, puis roulez-y la lotte.

Faites chauffer l'huile dans une sauteuse. Jetez-y les échalotes et les morceaux de lotte, faites revenir 5 min en remuant, puis arrosez avec 5 cl de cognac et flambez. Égouttez la lotte avec une écumoire, mettez-la dans une passoire et laissez-la s'égoutter.

Pelez et écrasez l'ail. Ajoutez-le au jus de cuisson de la lotte, ainsi que le vin blanc, le reste du cognac, le concentré de tomates, la poudre de girofle, la noix muscade et le piment de Cayenne. Salez, poivrez et mélangez, puis portez à ébullition et laissez frémir 30 min.

Remettez alors la lotte dans la sauteuse et faites cuire encore 15 min environ, sans laisser bouillir.

Disposez la lotte à l'américaine dans un plat de service chaud, parsemez-la éventuellement d'estragon haché et servez bien chaud.

Ailes de raie aux câpres

La chair fade de la raie est agréablement relevée par les câpres et le vinaigre.

Rincez le poisson. Déposez-le dans une grande sauteuse, couvrez d'eau, ajoutez le vinaigre, le gros sel et le laurier. Faites chauffer sur feu moyen, puis réduisez le feu dès le début de l'ébullition. Laissez cuire la raie 15 min en tout. Faites fondre le beurre dans une petite casserole, ajoutez ensuite les câpres et leur vinaigre, et mélangez sur feu doux.

Égouttez le poisson avec une spatule à fentes et posez-le sur un plat de service chaud. Arrosez-le avec le beurre aux câpres, parsemez-le de persil et servez-le chaud, avec des pommes de terre nouvelles.

La raie est un poisson cartilagineux, dépourvu d'arêtes, dont la seule partie comestible est l'aile. Préférez la raie bouclée.

Ingrédients

- 1 kg de raie coupé en quatre portions, sans peau
- 1 cuil. à soupe de vinaigre
- 1 feuille de laurier
- 60 g de beurre
- 2 cuil. à soupe de câpres égouttées
- 2 cuil. à soupe du vinaigre de conservation des câpres
- 2 cuil. à soupe de persil haché
- 1 petite poignée de gros sel

Préparation : 5 minutes
Cuisson : 15 minutes
Pour 4 personnes

Roussette au curry

Faites cuire juste le temps indiqué ce poisson de la famille des requins, appelé également chien de mer ou saumonette.

Ingrédients

- 20 g de lard fumé
- 1 oignon
- 2 carottes
- 2 blancs de poireau
- 2 tomates
- 1 gousse d'ail
- 3 ou 4 cuil. à soupe d'huile
- 1 branche de thym
- 1 feuille de laurier
- 1 cuil. à soupe de curry
- 25 cl de vin blanc
- 800 g de roussette
- 2 cuil. à soupe de crème fraîche
- Sel et poivre

Préparation : 20 minutes
Cuisson : 55 minutes
Pour 4 personnes

Coupez le lard en très petits bâtonnets. Pelez l'oignon et les carottes, puis coupez-les en rondelles, sans les mélanger. Lavez les blancs de poireau et coupez-les en lamelles fines. Lavez les tomates, essuyez-les et coupez-les en dés. Pelez et écrasez l'ail.

Mettez à chauffer l'huile dans une sauteuse et faites-y blondir l'oignon et le lard 3 à 4 min. Ajoutez ensuite les carottes et les poireaux, puis faites encore revenir 3 min environ.

Ajoutez les tomates, l'ail, le thym, le laurier et le curry. Mélangez, arrosez avec le vin blanc, salez et poivrez. Faites cuire 30 min à feu très doux.

Pendant ce temps, coupez la roussette en 4 tronçons. Salez et poivrez généreusement ces derniers, puis ajoutez-les à la sauce et faites cuire 15 min au maximum, à petits frémissements.

Dès que le poisson est cuit, égouttez-le et disposez-le dans un plat de service.

Ôtez le thym et le laurier, ajoutez la crème fraîche à la sauce et rectifiez l'assaisonnement. Mélangez rapidement, versez sur la roussette et servez aussitôt.

Aromates et curry donnent du caractère à la roussette, poisson certes économique mais plutôt fade.

Les croûtons contrastent avec la consistance crémeuse de la brandade, aillée ou non selon les régions.

DANS LES EAUX BRETONNES
Depuis le XVIIIe siècle, les terre-neuvas partaient pêcher la morue dans les eaux canadiennes. En 1904, la France renonça cependant à l'exclusivité de ses droits de pêche sur une partie de la côte de Terre-Neuve. En 1992, les quotas accordés par les Canadiens ont été réduits considérablement ; cela marquait la fin de cette pêche lointaine.

Brandade de morue

Particulièrement énergétique, peu coûteuse, la morue donne avec cette préparation le meilleur d'elle-même.

PLONGEZ la morue dans un grand récipient d'eau fraîche. Laissez-la dessaler 24 heures, en changeant l'eau deux ou trois fois.

Rincez la morue et égouttez-la. Salez légèrement une grande casserole d'eau. Ajoutez la morue, portez à petits frémissements à feu doux et laissez cuire sans bouillir 10 min.

Égouttez la morue, retirez la peau et les arêtes, puis effeuillez-la à la fourchette. Pelez et écrasez l'ail.

Mettez la morue et l'ail dans un mortier et pilez le tout énergiquement, en ajoutant l'huile goutte à goutte. Versez alors la morue dans un poêlon ou dans une casserole à fond épais et faites réchauffer à feu très doux en incorporant la crème fraîche, sans cesser de remuer. Poivrez bien et goûtez avant de saler éventuellement. Retirez le poêlon du feu et couvrez-le pour tenir la brandade au chaud.

Retirez la croûte des tranches de pain. Coupez-les en 3 ou 4 triangles. Faites fondre le beurre dans une poêle et faites-y dorer le pain une min de chaque côté.

Versez la brandade dans un plat de service creux, préalablement chauffé, piquez les triangles de pain tout autour et servez.

INGRÉDIENTS

600 G DE QUEUE DE MORUE SALÉE
4 GOUSSES D'AIL
15 CL D'HUILE D'OLIVE
20 CL DE CRÈME FRAÎCHE
4 TRANCHES DE PAIN DE CAMPAGNE RASSIS
30 G DE BEURRE
SEL ET POIVRE

DESSALAGE : 24 HEURES
PRÉPARATION : 20 MINUTES
CUISSON : 20 MINUTES
POUR 4 PERSONNES

Soles à la normande

Huîtres, langoustines et moules garnissent ce plat de soles d'un raffinement extrême.

Ingrédients

- 1 blanc de poireau
- 1 grosse carotte
- 1 gros oignon
- 1 gousse d'ail
- 4 cuil. à soupe de calvados
- 50 cl de vin blanc
- 1 bouquet garni
- 1 litre de moules
- 1 douzaine d'huîtres
- 8 langoustines
- 70 g de beurre
- 2 belles soles
- 1 cuil. à soupe rase de farine
- 2 jaunes d'œufs
- 2 cuill. à soupe de crème fraîche
- 1 cuil. à entremets de jus de citron
- 1 petite poignée de gros sel
- Poivre en grains

Préparation : 1 heure
Cuisson : 1 h 30 environ
Pour 4 personnes

Préparez un court-bouillon : lavez le blanc de poireau, pelez la carotte et l'oignon, puis coupez ces légumes en rondelles. Pelez l'ail. Mettez le tout dans une marmite, ajoutez le calvados, 30 cl de vin blanc et la même quantité d'eau, le bouquet garni, le gros sel et quelques grains de poivre. Portez à ébullition et laissez frémir 25 min.

Ensuite, faites chauffer le four à 180 °C, th. 6. Passez le court-bouillon au tamis au-dessus d'une casserole.

Grattez les moules et lavez-les. Faites-les s'ouvrir à feu vif avec le reste du vin blanc, puis égouttez-les, en conservant leur jus de cuisson, et tenez-les au chaud.

Ouvrez les huîtres en récupérant leur eau dans une casserole. Faites chauffer cette eau, ajoutez-y les huîtres et laissez-les pocher 30 secondes dans le liquide frémissant. Ensuite, égouttez-les en conservant leur eau de cuisson et tenez-les au chaud.

Portez le court-bouillon à ébullition, puis baissez le feu, plongez-y les langoustines et laissez-les frémir 3 min. Égouttez-les et tenez-les au chaud.

Ajoutez au court-bouillon l'eau des huîtres et le jus des moules, portez à ébullition et faites évaporer de moitié, à feu vif.

Enduisez un plat à gratin et un papier sulfurisé assez grand pour le couvrir avec 30 g de beurre. Allongez les soles dans le plat, versez le court-bouillon et couvrez avec le papier sulfurisé. Faites cuire au four 20 min. Égouttez les soles, en conservant leur jus de cuisson, et tenez-les au chaud.

Préparez la sauce : mélangez 20 g de beurre avec la farine. Faites bouillir un bon verre du jus de cuisson des poissons et incorporez-y le beurre manié en fouettant. Retirez du feu, puis ajoutez les œufs et la crème, en fouettant encore. Remettez sur feu doux et incorporez le reste du beurre coupé en dés et le jus de citron, toujours en fouettant. Salez, poivrez et retirez du feu.

Disposez les soles dans un plat, ajoutez les fruits de mer, nappez de sauce et servez.

Pour les grandes occasions, ces soles peuvent être garnies de truffes pochées au madère.

Les soles peuvent se préparer de la même façon. Les limandes aussi, mais avec la peau, car leur chair ne tient pas à la cuisson.

Le beurre versé brûlant sur le poisson lui donne une délicieuse saveur de noisette.

Limandes-soles meunière

Ce mode de cuisson tout en finesse convient particulièrement à ces délicats poissons.

Rincez les poissons en faisant couler l'eau dans leur cavité ventrale. Séchez-les soigneusement avec du papier absorbant, saupoudrez-les de sel et de poivre. Versez le lait dans une assiette creuse. Mettez la farine dans une assiette plate, salez-la et poivrez-la. Plongez les poissons dans le lait, puis passez-les dans la farine et secouez-les pour en éliminer l'excédent.

Faites fondre 40 g de beurre dans une poêle pouvant contenir largement les poissons. Quand il mousse, placez-y les limandes-soles et faites-les cuire de 5 à 7 min de chaque côté, en fonction de leur taille. Pour vérifier si les poissons sont cuits, soulevez délicatement un filet au ras de la tête : il doit se détacher facilement de l'arête.

Ensuite, égouttez les poissons et disposez-les dans un plat de service. Arrosez-les du jus du demi-citron, parsemez-les de persil haché et tenez-les au chaud.

Jetez le beurre de cuisson des limandes-soles. Essuyez bien la poêle et mettez-y le reste de beurre. Faites chauffer doucement jusqu'à ce qu'il blondisse, retirez aussitôt du feu et versez sur les poissons. Servez sans attendre, avec des petites pommes de terre cuites à la vapeur ou du riz pilaf.

Ingrédients

- 4 petites limandes-soles dépouillées
- 15 cl de lait
- 4 cuil. à soupe de farine
- 80 g de beurre
- 1/2 citron
- 2 cuil. à soupe de persil plat finement haché
- sel et poivre

Préparation et cuisson : 20 minutes

Pour 4 personnes

Aïoli

Toute la Provence s'exprime dans cette recette chaleureuse, copieuse et colorée.

Ingrédients

900 g de morue salée
6 carottes
1/2 chou-fleur
6 pommes de terre moyennes à chair ferme
500 g de courgettes
2 poignées de haricots verts
6 œufs
2 douzaines de bigorneaux
1 gousse d'ail
1 branche de thym
1 feuille de laurier
Sel et poivre

Pour l'aïoli
6 gousses d'ail
25 cl d'huile d'olive
2 jaunes d'œufs
2 cuil. à soupe de jus de citron
Sel et poivre

Dessalage : 24 heures
Préparation : 1 heure
Cuisson : 30 minutes
Pour 6 personnes

Plongez la morue dans un grand récipient d'eau fraîche. Laissez-la dessaler 24 heures, en changeant l'eau deux ou trois fois.

Préparez l'aïoli : pelez les gousses d'ail, fendez-les en deux, retirez le germe, puis coupez-les en morceaux. Mettez-les dans un mortier avec 2 cuillerées à soupe d'huile et écrasez-les au pilon pour les réduire en purée. Incorporez les jaunes d'œufs, puis ajoutez le reste de l'huile, en petit filet, comme pour une mayonnaise. Ajoutez alors le jus de citron, salez, poivrez, versez dans une saucière et mettez au réfrigérateur jusqu'au moment de servir.

Épluchez carottes, chou-fleur et pommes de terre, lavez-les. Coupez les carottes en quatre dans la longueur ou laissez-les entières si elles sont petites. Divisez le chou-fleur en gros bouquets. Coupez les extrémités des courgettes, lavez celles-ci, coupez-les en tronçons de 7 à 8 cm et détaillez ces tronçons en 4 bâtonnets. Effilez les haricots verts. Faites cuire tous les légumes au cuit-vapeur, en comptant 25 min pour les pommes de terre et les carottes, 15 min pour le chou-fleur et 10 min pour les courgettes et les haricots verts.

Pendant ce temps, plongez les œufs dans une casserole d'eau froide, portez à ébullition et laissez cuire 10 min. Rafraîchissez les œufs durs à l'eau froide, écalez-les et coupez-les en deux ou en quatre.

Mettez les bigorneaux dans une casserole d'eau froide, salez, ajoutez l'ail écrasé, le thym, le laurier et du sel, puis faites cuire 10 min sans bouillir.

Rincez la morue et égouttez-la. Salez très légèrement une grande casserole d'eau. Placez-y la morue, portez à petits frémissements sur feu doux et laissez cuire sans bouillir pendant 10 min. Égouttez la morue, retirez la peau et les arêtes, puis coupez-la en morceaux.

Disposez la morue dans un grand plat de service chaud. Entourez-la avec les bigorneaux et tous les légumes, garnissez avec les œufs durs et servez aussitôt, avec la saucière d'aïoli.

L'aïoli se sert également avec des escargots ou encore avec des bulots à la place des bigorneaux.

Olives de Nice

Sur les quarante variétés d'olives qu'offrait la région de Nice au XIXe siècle, il n'en reste que deux principales, la nustral et la verdale. Les chercheurs ont cependant réussi à reproduire par clonage vingt variétés anciennes, pour la table et la fabrication de l'huile.

Les préparations à la basquaise sont encore plus authentiques si l'on utilise du piment d'Espelette.

Thon à la basquaise

Les tomates et le vin blanc empêchent le thon de sécher pendant la cuisson, qui doit être effectuée à feu très doux.

Lavez et essuyez les poivrons, ôtez leur pédoncule et fendez-les en deux. Retirez les cloisons blanches et les pépins, puis taillez la pulpe en lanières. Lavez les tomates et coupez-les en rondelles. Pelez et écrasez l'ail. Éventuellement, rincez et essuyez le piment, retirez les graines et hachez-le.

Salez et poivrez la tranche de thon. Mettez à chauffer l'huile dans une sauteuse, faites-y revenir le thon 2 min de chaque côté et égouttez-le.

Faites revenir les lanières de poivron 5 min dans la même huile, en remuant, puis ajoutez les tomates, l'ail, le thym, le laurier et, éventuellement, le piment. Salez et poivrez à votre goût.

Posez le thon sur les légumes, arrosez avec le vin blanc, couvrez la sauteuse et faites cuire à feu doux de 35 à 40 min selon l'épaisseur de la tranche de poisson.

Pour servir, égouttez le thon avec deux spatules pour éviter de le briser et disposez-le dans un plat de service chaud. Nappez-le ensuite avec la sauce et servez très chaud, avec du riz créole ou des pommes de terre à la vapeur.

Ingrédients

2 poivrons
600 g de tomates
3 gousses d'ail
1 piment (facultatif)
1 tranche de thon de 800 g
3 cuil. à soupe d'huile d'olive
1 branche de thym
1 feuille de laurier
25 cl de vin blanc
Sel et poivre

Préparation : 15 minutes
Cuisson : 50 minutes
Pour 4 ou 5 personnes

Préparez ces croquettes en deux temps, trois mouvements, à partir d'un reste de poisson poché.

Galettes au poisson

Cette recette élémentaire et bon marché fera le bonheur des enfants les plus réfractaires au poisson.

Ingrédients

700 g de pommes de terre charlotte
400 g de filets de merlan, de saumon ou de cabillaud
1 rondelle de citron
2 œufs
1 cuil. à soupe de ciboulette hachée
2 ou 3 cuil. à soupe de lait
Huile de friture
100 g de chapelure
Sel et poivre

Pour garnir :
Quartiers de citron

Préparation : 40 minutes
Cuisson : 1 heure environ
Réfrigération : 2 heures
Pour 4 personnes

Plongez les pommes de terre dans une casserole d'eau froide, salez, portez à ébullition et faites cuire 30 min.

Pendant cette cuisson, mettez les filets de poisson dans une casserole. Couvrez-les juste d'eau froide, ajoutez la rondelle de citron, salez et poivrez. Posez sur feu moyen puis, au premier signe d'ébullition, baissez le feu et laissez cuire 10 min sans bouillir. Ensuite, égouttez et laissez refroidir.

Cassez un œuf, en séparant le blanc du jaune, et gardez le blanc pour une autre préparation. Pelez les pommes de terre et réduisez-les en purée au moulin à légumes. Ajoutez le jaune d'œuf, la ciboulette, du sel et du poivre, puis mélangez à la fourchette.

Retirez la peau et les arêtes du poisson. Effeuillez-le, ajoutez-le à la purée de pommes de terre et malaxez en ajoutant peu à peu juste assez de lait pour obtenir un mélange homogène. Laissez reposer 2 heures au réfrigérateur.

Faites chauffer l'huile de friture. Cassez l'œuf entier dans une assiette creuse et battez-le en omelette. Versez la chapelure dans une autre assiette. Farinez-vous les mains et façonnez des petites galettes régulières dans la purée au poisson. Passez-les dans l'œuf battu, puis dans la chapelure.

Faites frire les galettes par séries de 3 ou 4 pendant 3 à 4 min, puis égouttez-les, épongez-les sur du papier absorbant et tenez-les au chaud au fur et à mesure de leur cuisson. Au moment de servir, disposez les galettes dans un plat de service et garnissez de quartiers de citron.

Poisson frit

Voici une façon peu coûteuse d'accommoder des poissons qui plaira particulièrement aux plus jeunes.

Préparez la pâte à frire : versez le lait tiède dans un bol, faites-y dissoudre le sucre, puis incorporez la levure en fouettant. Laissez gonfler 5 min dans un endroit chaud.

Tamisez la farine et le sel au-dessus d'une terrine. Creusez un puits au centre et versez-y la levure délayée, puis mélangez avec une cuillère en bois pour obtenir une pâte lisse. Couvrez et laissez lever 30 min dans un endroit chaud.

Pendant ce temps, pelez les pommes de terre, lavez-les et coupez-les en bâtonnets de 6 mm environ d'épaisseur. Plongez-les 5 min dans de l'eau froide pour les débarrasser de l'excès d'amidon, puis égouttez-les et essuyez-les dans un torchon. Faites chauffer la friture à 180 °C. Jetez la moitié des frites 4 à 5 min dans l'huile chaude pour les précuire, puis égouttez-les soigneusement et mettez-les de côté. Recommencez cette opération pour l'autre moitié des frites.

Assaisonnez la farine de sel et de poivre. Passez rapidement le poisson dans la farine. Mélangez vigoureusement la pâte à frire, plongez-y 2 morceaux de poisson et égouttez-les en laissant l'excédent de pâte retomber dans le récipient. Déposez-les avec précaution dans l'huile chaude : n'utilisez pas de panier, car la pâte, en gonflant, risquerait d'y adhérer. Laissez cuire de 4 à 5 min, jusqu'à ce qu'ils soient bien dorés. Égouttez-les avec une écumoire et épongez-les sur du papier absorbant. Tenez-les au chaud pendant la friture du reste du poisson.

Plongez de nouveau les pommes de terre dans l'huile à 190 °C et laissez-les dorer encore 2 à 3 min. Égouttez-les, épongez-les sur du papier absorbant et disposez-les avec le poisson frit dans des assiettes chaudes. Garnissez le plat de quartiers de citron et servez-le, éventuellement, avec des oignons et des concombres au vinaigre.

Ingrédients

800 g de pommes de terre
Huile de friture
800 g de filets de lieu, de lingue ou de julienne, sans peau et coupés en 4 morceaux égaux
2 cuil. à soupe de farine
Sel et poivre

Pour la pâte à frire

20 cl de lait tiède
1/2 cuil. à café de sucre
1 cuil. à café rase de levure de boulanger sèche
125 g de farine
1/2 cuil. à café de sel

Pour garnir

quartiers de citron

Préparation : 40 minutes
Cuisson : 25 minutes
Pour 4 personnes

Du poisson et des frites : un moyen économique de faire plaisir à tous.

Jour de jeûne
Limité aux végétaux au début de l'ère chrétienne, le « maigre » des jours de jeûne finit par s'étendre peu à peu aux œufs et aux produits laitiers, puis au poisson. Depuis 1966, l'Église n'impose plus de jour de jeûne, mais le poisson figure encore souvent au menu du vendredi.

Cotriade

Cette spécialité du littoral de la Manche était traditionnellement confectionnée avec les produits de la mer les moins onéreux.

Ingrédients

- 1 poignée de gros sel
- 1 litre de coques
- 2 grosses carottes
- 2 blancs de poireau
- 2 pommes de terre à chair ferme
- 1 oignon
- 3 gousses d'ail
- 3 branches de persil plat
- 1 branche de thym
- 1 feuille de laurier
- 50 cl de vin blanc sec
- 700 g de lotte
- 1 ou 2 rougets grondins, écaillés et vidés
- 1 pageot, écaillé et vidé
- 1 carrelet, vidé
- 50 g de beurre
- Sel et poivre

Préparation : 1 heure
Pour faire dégorger les coques : 2 heures
Cuisson : 1 heure
Pour 4 personnes

Emplissez une bassine d'eau, ajoutez le gros sel, jetez-y les coques et laissez-les dégorger 2 heures.

Ensuite, grattez les carottes et coupez-les en bâtonnets. Lavez les poireaux et coupez-les en lamelles. Pelez les pommes de terre, lavez-les et coupez-les en rondelles. Pelez l'oignon et coupez-le en rondelles. Pelez et écrasez l'ail. Rincez le persil.

Mettez dans un faitout les carottes, le poireau, les pommes de terre, l'oignon, l'ail, le persil, le thym et le laurier. Arrosez avec le vin blanc et 2 litres d'eau, puis portez à ébullition et laissez cuire à feu vif jusqu'à ce que le liquide soit réduit de moitié.

Versez les coques dans une passoire et rincez-les à l'eau froide. Mettez-les dans une casserole large sur feu vif et faites chauffer en secouant la casserole jusqu'à ce que tous les coquillages soient ouverts. Versez-les aussitôt dans une passoire, garnie d'une mousseline et posée sur une jatte, pour filtrer leur jus. Coupez tous les poissons en tronçons.

Quand le court-bouillon s'est évaporé de moitié, ajoutez le jus des coques filtré. Salez, poivrez et portez de nouveau à ébullition, puis réduisez le feu pour faire juste frémir le bouillon. Plongez-y la lotte, le(s) grondin(s) puis le pageot, et enfin le carrelet. Laissez frémir 10 min.

Ajoutez le beurre à la préparation, mélangez délicatement et versez les coques dans cette sauce, puis retirez aussitôt du feu. Égouttez les poissons et les coques, disposez-les dans un plat de service creux. Retirez du bouillon le persil, le thym et le laurier, et versez-le dans une soupière. Servez le tout ensemble, très chaud, avec des tranches de pain grillé.

Qu'elle soit au vin blanc ou au cidre, la cotriade constitue un plat complet.

Vous pouvez préparer cette marmite copieuse avec tous les poissons les plus économiques, selon les arrivages.

Marmite du pêcheur

Qu'elle soit de l'Atlantique ou de la Manche, cette marmite ne dédaigne pas une sauce comme la rouille.

PRÉPAREZ la rouille : pelez les gousses d'ail, fendez-les en deux et retirez le germe, puis coupez-les en morceaux. Mettez-les dans un mortier avec 2 cuillerées à soupe d'huile d'olive et écrasez au pilon pour réduire en purée. Incorporez les jaunes d'œufs, puis ajoutez le reste de l'huile, en petit filet, comme pour une mayonnaise. Ajoutez le cognac, le piment, le paprika, le safran, du sel, du poivre et enfin le jus de citron. Versez dans une saucière et mettez au réfrigérateur jusqu'au moment de servir.

Pelez les oignons et coupez-les en rondelles. Pelez les pommes de terre, lavez-les, égouttez-les et coupez-les en rondelles épaisses. Lavez l'oseille, égouttez-la et hachez-la grossièrement.

Faites fondre le beurre dans un faitout, faites-y blondir les oignons et ajoutez l'oseille, puis mélangez une min. Ajoutez les pommes de terre et le bouquet garni. Arrosez avec 3 litres d'eau. Salez et poivrez. Portez à ébullition, puis baissez le feu et laissez frémir 20 min.

Pendant cette cuisson, rincez les morceaux de poisson et les têtes à l'eau courante. Après 20 min de cuisson du bouillon, plongez-y les poissons et les têtes, en ordre décroissant de taille et de fermeté. Faites cuire 10 min à vive ébullition.

Pendant ce temps, ôtez la croûte des tranches de pain, faites-les griller et coupez-les en dés ou en triangles. Mettez-les dans une assiette.

Quand les poissons sont cuits, égouttez-les à l'écumoire et disposez-les dans une soupière chaude, avec les pommes de terre. Tenez-les au chaud. Jetez le bouquet garni, passez le bouillon avec les têtes de poisson au robot ou dans un tamis en pressant bien, versez dans la soupière et servez aussitôt, avec la rouille et le pain grillé.

Ingrédients

3 oignons
1 kg de pommes de terre à chair ferme
1 bouquet d'oseille
40 g de beurre
1 bouquet garni
2 merlans, vidés et coupés en tronçons, avec les têtes
2 maquereaux, vidés et coupés en tronçons, avec les têtes
3 tranches de congre, coupées près de la tête
6 tranches de pain rassis
Sel et poivre

Pour la rouille
6 gousses d'ail
25 cl d'huile d'olive
2 jaunes d'œufs
2 cuil. à soupe de cognac
1 pincée de piment de Cayenne
1 grosse pincée de paprika
1 pincée de safran
2 cuil. à soupe de jus de citron
Sel et poivre

Préparation : 45 minutes
Cuisson : 35 minutes
Pour 6 personnes

Homard rôti

Ici rapidement sautés, puis rôtis, les homards conservent une saveur intacte.

Ingrédients

2 cuil. à soupe d'huile
2 homards de 400 g chacun

Pour la sauce

1 branche de persil plat
1 branche d'estragon
15 cl de vin blanc
1 cuil. à soupe de crème fraîche
50 g de beurre, coupé en dés
Sel et poivre

Préparation et cuisson : 25 minutes
Pour 2 personnes

Faites chauffer le four à sa température maximale.

Mettez à chauffer l'huile dans une sauteuse et faites-y revenir les homards une min à feu vif, en les retournant pour les faire rougir uniformément. Retirez-les aussitôt du feu, transférez-les dans un plat allant au four et faites-les cuire 4 min à four très chaud.

Retirez ensuite les homards du four, laissez-les tiédir et détachez les pinces. Séparez les coffres des queues, retirez la poche de pierre des têtes et coupez les coffres en deux. S'ils contiennent du corail, prélevez-le, mettez-le dans une tasse et émiettez-le. Décortiquez les queues. Remettez tous les morceaux de homard, à l'exception du corail, dans leur plat de cuisson, couvrez celui-ci d'aluminium ménager et tenez-le au chaud dans le four éteint.

Préparez la sauce : lavez, effeuillez et hachez finement le persil et l'estragon. Mettez-les dans une petite casserole avec le vin blanc, portez à ébullition et laissez s'évaporer jusqu'à ce qu'il ne reste plus que 3 cuillerées à soupe de liquide.

Filtrez la préparation dans une passoire fine posée au-dessus d'une casserole, en pressant bien avec une cuillère en bois. Portez à ébullition à feu doux, puis incorporez la crème fraîche et le beurre, en fouettant sans cesse. Salez et poivrez, puis, éventuellement, incorporez le corail. Versez dans une saucière chaude et servez aussitôt, avec les homards brûlants.

Crabe et homard
Un dicton breton veut que, Dieu ayant créé le homard, le diable ait conçu le crabe pour tenter de le surpasser. Mis à part le fait qu'ils ont tous deux des pinces, ces crustacés n'ont pourtant rien en commun, le homard s'apparentant à la langouste, autre décapode raffiné mais dépourvu de pinces.

Une sauce à l'estragon accompagne ce homard cuit avec une simplicité totale.

Un peu de beurre à l'ail et au persil suffit à habiller les noix de coquille Saint-Jacques.

Coquilles Saint-Jacques à la persillade

La brève cuisson au naturel utilisée dans cette recette laisse intacte la précieuse noix de la coquille Saint-Jacques.

Pelez l'ail. Coupez les gousses en deux, retirez le germe et écrasez-les. Lavez, égouttez et hachez finement le persil.

Faites chauffer une poêle à revêtement antiadhésif sur feu moyen, sans ajout de matière grasse. Faites-y revenir les noix de coquille Saint-Jacques une min de chaque côté, salez-les et poivrez-les, puis disposez-les dans un plat de service chaud.

Ajoutez le beurre dans la poêle. Dès qu'il finit de mousser, versez-y l'ail et le persil hachés. Mélangez une min sans laisser colorer, puis versez sur les noix de coquille Saint-Jacques et servez.

Ingrédients

3 gousses d'ail
1 bouquet de persil plat
16 noix de coquille Saint-Jacques
40 g de beurre
Sel et poivre

Préparation : 10 minutes
Cuisson : 3 minutes
Pour 4 personnes

Farcis, flambés et mijotés dans une sauce tomate, les calamars sont tendres et parfumés.

Calamars farcis

La cannelle parfume délicatement la sauce, et le sucre atténue l'acidité de la tomate.

Ingrédients

4 calamars de 250 g chacun
1 poignée de mie de pain rassis
1 tasse de lait tiède
1 oignon
1 gousse d'ail
Huile
200 g de chair à saucisse
2 cuil. à soupe de persil haché
3 cuil. à soupe de cognac
Sel et poivre

Pour la sauce tomate
6 tomates
4 échalotes
2 gousses d'ail
1 cuil. à soupe de concentré de tomates
40 cl de vin blanc
1 cuil. à soupe d'huile d'olive
1 feuille de laurier
1 pincée de piment de Cayenne
3 pincées de cannelle en poudre
2 pincées de sucre
Sel et poivre

Préparation : 45 minutes
Cuisson : 1 h 30
Pour 4 personnes

Coupez la tête des calamars au ras des yeux. Videz les corps en retirant leur os transparent, frottez-les pour enlever la peau violette et rincez-les soigneusement à l'intérieur.

Arrosez la mie de pain avec le lait, puis essorez-la. Hachez les tentacules des calamars. Pelez et hachez l'oignon. Pelez et écrasez l'ail.

Faites chauffer l'huile dans une sauteuse. Faites-y revenir les tentacules hachés, l'ail et l'oignon pendant 5 min, puis ajoutez la chair à saucisse et faites-la revenir 2 à 3 min en l'émiettant. Ajoutez le persil haché et la mie de pain essorée, salez et poivrez. Mélangez, couvrez, faites cuire 10 min à feu doux.

Préparez la sauce tomate : ébouillantez les tomates quelques secondes, puis égouttez-les, pelez-les et hachez-les grossièrement. Pelez et hachez finement les échalotes. Pelez et écrasez l'ail. Délayez le concentré de tomates dans le vin blanc.

Faites chauffer l'huile d'olive dans une petite casserole. Faites-y blondir les échalotes 2 min, en remuant, puis ajoutez l'ail et les tomates. Laissez cuire 10 min à feu doux. Ajoutez le mélange de concentré de tomates et de vin blanc, le laurier, le piment de Cayenne et la cannelle. Salez et poivrez, ajoutez le sucre puis portez à ébullition et laissez frémir 10 min.

Farcissez les calamars avec la préparation à la chair à saucisse. Rincez la sauteuse, déposez-y les calamars côte à côte et faites chauffer doucement. Faites chauffer le cognac dans une petite casserole, enflammez-le et versez-le pendant qu'il brûle sur les calamars farcis. Quand les flammes sont éteintes, nappez avec la sauce, couvrez la sauteuse et faites cuire 45 min à feu doux. Servez chaud, avec du riz créole.

Moules marinière

Ce classique entre tous démontre à merveille que la moule ne mérite pas son surnom d'« huître du pauvre ».

Ingrédients

4 litres de moules
3 grosses échalotes
2 gousses d'ail
1 gros bouquet de persil
1 petite côte de céleri
60 g de beurre
37,5 cl de vin blanc sec
Poivre

Préparation : 30 minutes
Cuisson : 15 minutes
Pour 4 personnes

Plongez les moules dans de l'eau froide et remuez-les avec la main. Grattez-les et ébarbez-les soigneusement, en éliminant les moules déjà ouvertes.

Pelez et hachez les échalotes et l'ail. Lavez, épongez et hachez finement le persil. Effilez la côte de céleri et coupez-la en lamelles très fines.

Versez dans une grande marmite le beurre, les échalotes, l'ail, le persil et le céleri. Poivrez et arrosez avec le vin blanc. Portez à ébullition, laissez frémir 5 min, puis ajoutez les moules. Couvrez et augmentez le feu. Agitez la marmite en tous sens jusqu'à ce que toutes les moules soient ouvertes. Éliminez celles qui restent fermées après 5 min de cuisson.

Égouttez les moules à l'écumoire et mettez-les dans une grande soupière chaude. Filtrez le jus de cuisson dans une passoire garnie de mousseline ou dans un tamis très fin. Servez aussitôt.

Les moules marinière dégagent un fumet incomparable, et sont encore plus délicieuses si vous les préparez sur leur lieu de pêche.

Mytiliculture
Les grosses moules de Méditerranée, déjà menacées au début du XXe siècle, ont presque disparu. La cueillette des moules sauvages, quant à elle, est plus que jamais compromise par diverses pollutions. La sagesse conduit donc à recourir aux moules d'élevage, une culture qui remonte à l'époque romaine.

Viandes & Abats

Les cuisinières à bois ou à charbon facilitaient les longues cuissons douces indispensables à la préparation des plats de viande mijotés. Les *Pot-au-feu*, *Bœuf bourguignon*, *Queue de bœuf braisée*, *Blanquette de veau*, *Gigot de sept heures* ou *Potée* sont autant de délices à savourer le jour même ou, mieux encore, le lendemain, après une cuisson supplémentaire.

Quant aux abats (ris, rognons, cœur ou foie), ils sont à l'origine de mets délicats encore recherchés par les connaisseurs.

Au *Bœuf à la mode*
En 1936 disparaissait le célèbre *Bœuf à la mode*, ce restaurant parisien que l'écrivain Colette regrettait en ces termes : « Le bœuf bien lardé, l'excellente mode de sa sauce, de ses carottes, de son lard, de son pied de veau ont disparu » (*Le Fanal bleu*, 1949).

Longuement marinée et cuite à tout petit feu, la joue de bœuf donne un braisé délicieux.

Joue de bœuf aux carottes

Comme beaucoup de bas morceaux, la joue de bœuf, particulièrement savoureuse, est à la base d'excellents plats mijotés.

Ingrédients

1,5 kg de joue de bœuf, dénervée et coupée en cubes

Pour la marinade

- 1 oignon
- 1 carotte
- 2 gousses d'ail
- 2 clous de girofle
- 1 bâton de cannelle
- 2 branches de thym
- 1 feuille de laurier
- 1 branche de céleri
- 12 grains de poivre noir
- 75 cl de bon vin rouge
- 1 petit verre d'eau-de-vie
- 2 cuil. à soupe d'huile

Pour la cuisson

- 2 carottes, 2 échalotes
- 3 cuil. à soupe d'huile
- 20 g de beurre
- Thym-citron et estragon
- Sel et poivre

Préparation : 30 minutes
Maringe : 24 heures
Cuisson : 3 h 30 environ
Pour 6 à 8 personnes

Préparez la marinade : pelez l'oignon et la carotte. Coupez-les en rondelles. Pelez et écrasez l'ail. Mettez ces ingrédients dans une grande terrine avec les clous de girofle, la cannelle, le thym, le laurier, le céleri et le poivre. Ajoutez les cubes de joue de bœuf et arrosez avec le vin, l'eau-de-vie et l'huile. Mélangez et couvrez, puis mettez au réfrigérateur et laissez mariner 24 heures.

Le jour du repas, égouttez la viande avec l'écumoire, essuyez chaque morceau avec du papier absorbant et filtrez la marinade. Pelez les carottes et coupez-les en bâtonnets ou en rondelles. Pelez et hachez finement les échalotes.

Faites chauffer l'huile dans une cocotte. Dès qu'elle est chaude, ajoutez le beurre et faites-y revenir les cubes de bœuf, à feu vif, en les retournant souvent. Quand ils sont bien dorés, prélevez-les avec l'écumoire afin de les égoutter et mettez-les de côté sur une assiette.

Faites blondir la carotte et les échalotes dans la même matière grasse, puis remettez la viande dans la cocotte. Salez et poivrez, arrosez avec la marinade et portez à ébullition à feu moyen. Baissez alors le feu pour que le liquide frémisse à peine, couvrez et laissez cuire 3 heures environ, jusqu'à ce que la viande soit très tendre.

Servez dans la cocotte ou transférez la viande et sa garniture dans un plat de service creux préalablement chauffé. Parsemez de thym-citron et d'estragon.

Pot-au-feu

C'est la diversité des légumes et des viandes qui, tout autant qu'une cuisson très douce, assure l'excellence d'un pot-au-feu.

PELEZ les oignons et piquez-en un avec les clous de girofle. Mettez les viandes dans un grand faitout avec les oignons. Couvrez largement d'eau froide et portez à ébullition sur feu doux.

Pendant ce temps, pelez les carottes. Épluchez les poireaux, fendez-les en deux, lavez-les, puis séparez la partie verte. Épluchez le pied de céleri, fendez-le en quatre et lavez-le. Séparez les côtes des feuilles. Liez ensemble le vert des poireaux et les feuilles du céleri avec du fil de cuisine. Pelez les navets et les panais, puis coupez-les en quatre. Coupez le trognon et retirez les feuilles dures de l'extérieur du chou, lavez-le et coupez-le en quartiers. Pelez les gousses d'ail.

Quand l'eau de cuisson de la viande arrive à ébullition, écumez-la soigneusement. Ajoutez le bouquet de poireau et de céleri, l'ail, le bouquet garni, le poivre et du gros sel. Couvrez et laissez cuire 2 h 30 à petite ébullition.

Ensuite, ajoutez le reste des légumes et laissez cuire 1 h 15. Environ 15 min avant la fin de la cuisson, enveloppez les os à moelle dans des morceaux de mousseline et ajoutez-les au pot-au-feu.

Au moment de servir, égouttez les viandes et les légumes et disposez-les dans un grand plat de service. Arrosez-les de quelques cuillerées de bouillon et couvrez d'aluminium ménager pour tenir au chaud.

Retirez les deux bouquets d'herbes, puis versez le bouillon dans une soupière. Faites griller les tranches de pain. Retirez la moelle des os et, éventuellement, tartinez-en le pain grillé. Coupez les tranches en deux, disposez-les dans une assiette chaude et servez le tout ensemble.

INGRÉDIENTS

- 2 OIGNONS
- 2 CLOUS DE GIROFLE
- 2 KG DE GÎTE-GÎTE, DE PLAT DE CÔTES ET DE VEINE GRASSE MÉLANGÉS
- 8 CAROTTES
- 8 GROS POIREAUX
- 1 PETIT PIED DE CÉLERI-BRANCHE
- 4 NAVETS
- 2 PANAIS
- 1 PETIT CHOU VERT
- 4 GOUSSES D'AIL
- 1 GROS BOUQUET GARNI
- 2 GROS OS À MOELLE
- 8 TRANCHES DE PAIN DE CAMPAGNE RASSIS
- 8 GRAINS DE POIVRE
- GROS SEL

PRÉPARATION : 30 MINUTES
CUISSON : 4 HEURES
POUR 8 PERSONNES

Notre pot-au-feu national fournit viande, légumes et bouillon et, s'il en reste, un savoureux miroton.

Pour un bouillon parfumé, mettre les viandes à cuire dans l'eau froide. Pour des viandes parfumées, plonger celles-ci dans l'eau bouillante.

INGRÉDIENTS

2 OIGNONS
1 ÉCHALOTE
2 GOUSSES D'AIL
10 CL D'HUILE
10 CL DE SAUCE TOMATE
1 PETIT BOUQUET GARNI
10 CL DE VIN BLANC
30 CL DE BOUILLON DE POT-AU-FEU DÉGRAISSÉ
1 KG DE POMMES DE TERRE À CHAIR FARINEUSE
500 G ENVIRON DE VIANDE DE BŒUF CUITE AU POT-AU-FEU
60 G DE BEURRE
20 CL DE LAIT
1 GROSSE PINCÉE DE NOIX MUSCADE RÂPÉE
75 G DE GRUYÈRE RÂPÉ
SEL ET POIVRE

PRÉPARATION : 45 MINUTES
CUISSON : 1 H 30
POUR 4 PERSONNES

Hachis parmentier

Façon la plus populaire d'accommoder un reste de viande de pot-au-feu, le hachis parmentier garde tout son charme.

PELEZ et hachez les oignons et l'échalote. Pelez et écrasez l'ail.

Mettez à chauffer l'huile dans une sauteuse. Faites-y fondre les oignons et l'échalote hachés 5 min à feu doux, puis ajoutez l'ail, la sauce tomate, le bouquet garni et le vin blanc. Laissez frémir pendant 15 min, puis délayez avec le bouillon, couvrez et laissez cuire encore de 35 à 40 min à feu doux.

Pendant ce temps, pelez les pommes de terre, coupez-les en morceaux et lavez-les. Plongez-les alors dans une casserole d'eau froide salée et portez à ébullition, puis laissez cuire 20 min environ.

Hachez grossièrement le bœuf. Enduisez un plat à gratin avec 10 g de beurre. Faites chauffer le four à 240 °C, th. 9.

Dès que les pommes de terre sont cuites, égouttez-les et passez-les au moulin à légumes au-dessus d'une casserole. Portez le lait à ébullition, versez-le sur les pommes de terre et mélangez rapidement. Ajoutez la noix muscade et 30 g de beurre, puis rectifiez l'assaisonnement et retirez du feu.

Retirez le bouquet garni de la sauce, versez celle-ci sur le hachis de bœuf et mélangez. Si la préparation est trop sèche, ajoutez-lui un peu de bouillon.

Étalez dans le plat beurré le tiers de la purée, puis la moitié du hachis de bœuf. Ajoutez un deuxième tiers de purée, le reste du bœuf et recouvrez avec le reste de la purée. Parsemez avec le fromage râpé, puis le reste du beurre coupé en dés. Mettez au four, laissez gratiner 30 min et servez aussitôt.

S'il vous reste également des légumes de pot-au-feu, servez-les en garniture de votre hachis parmentier.

Tendre et juteux, le rôti à la ficelle est ici servi avec une béarnaise. Vous pouvez aussi le déguster nature.

PRODUITS INSTANTANÉS
En 1926, le Salon des arts ménagers rencontra un succès immense en misant sur les produits destinés à faire gagner du temps : le Viandox Liebig, le Bouillon Kub, la poule au pot et les potages Maggi, le consommé Bonpot, la Maïzena, les crèmes Ancel ou encore les entremets Franco-Russe.

Boeuf à la ficelle, sauce béarnaise

Les amateurs de viande rouge apprécieront cette préparation, sans aucun rapport avec du bœuf bouilli.

INGRÉDIENTS

- 2 LITRES DE BOUILLON DE BŒUF
- 3 OU 4 BRANCHES DE PERSIL
- 2 BRANCHES DE CÉLERI
- 500 G DE PETITES CAROTTES NOUVELLES
- 400 G DE HARICOTS VERTS TRÈS FINS
- 1 BRANCHE DE THYM
- 700 G DE FILET, DE FAUX-FILET OU DE ROMSTECK, FICELÉ MAIS NON BARDÉ
- SEL ET POIVRE

POUR LA BÉARNAISE

- 2 ÉCHALOTES
- 2 OU 3 BRANCHES D'ESTRAGON
- 8 CUIL. À SOUPE DE VINAIGRE DE VIN BLANC
- 175 G DE BEURRE
- 3 JAUNES D'ŒUFS
- SEL ET POIVRE

PRÉPARATION : 45 MINUTES
CUISSON : 50 MINUTES
POUR 4 PERSONNES

Portez le bouillon à ébullition dans une cocotte. Lavez le persil. Effilez et lavez le céleri. Grattez et lavez les carottes. Équeutez les haricots. Ajoutez au bouillon le persil, le céleri, les carottes, les haricots et le thym. Laissez-les cuire 15 min environ, puis égouttez-les avec l'écumoire. Baissez le feu pour que le bouillon frémisse juste.

Passez une ficelle à chaque extrémité de la viande, faites une grande boucle à chacune des extrémités et glissez le manche d'une cuillère en bois dans chaque boucle. Plongez la viande dans le bouillon en faisant reposer les cuillères sur ou sous les anses de la cocotte, de façon que la viande ne touche pas le fond du récipient. Laissez cuire 20 min.

Pendant cette cuisson, préparez la béarnaise : pelez et hachez finement les échalotes. Effeuillez, lavez et hachez l'estragon. Mettez dans une casserole les échalotes, la moitié de l'estragon, le vinaigre et du poivre. Faites bouillir jusqu'à ce qu'il ne reste plus qu'une cuillerée à soupe de liquide.

Pendant ce temps, faites fondre le beurre dans une petite casserole, puis versez-le doucement dans un bol pour éliminer le petit-lait. Égouttez la viande, couvrez-la d'aluminium ménager et laissez-la reposer. Réchauffez les légumes dans la cocotte.

Posez la casserole de réduction au vinaigre dans un bain-marie. Versez-y les jaunes d'œufs et une cuillerée à soupe d'eau froide. Fouettez jusqu'à ce que le mélange forme une crème, puis, sans cesser de remuer, retirez du feu et incorporez le beurre fondu comme si vous montiez une mayonnaise. Salez et ajoutez le reste de l'estragon.

Égouttez les légumes et disposez-les dans un plat de service. Découpez la viande, disposez-la dans le plat contenant les légumes et servez aussitôt, avec la béarnaise.

Pour respecter la tradition, ce bœuf bourguignon est mariné et flambé à l'eau-de-vie.

Préparer ce plat la veille pour le dégraisser lorsqu'il a bien refroidi. Il est meilleur réchauffé !

Bœuf bourguignon

Pour le réussir, ne lésinez pas sur le temps de marinage et respectez à la lettre la méthode de cuisson.

Ingrédients

- 1,25 kg de tende de tranche, de paleron, de pointe de culotte ou de macreuse, coupé en gros dés
- 2 carottes
- 2 gros oignons
- 2 échalotes
- 2 gousses d'ail
- 200 g de lard frais
- 2 cuil. à soupe d'huile
- 1 verre à liqueur d'eau-de-vie
- 20 cl de bouillon de bœuf
- 1 bouquet garni
- 24 petits oignons
- 20 g de beurre
- Sel et poivre

Pour la marinade

- 1 gros oignon
- 1 feuille de laurier
- 1 branche de thym
- 4 branches de persil
- 75 cl de bon vin rouge
- 2 cuil. à soupe d'huile
- Sel et poivre

Préparation : 45 minutes
Marinage : 12 heures
Cuisson : 3 heures environ
Pour 6 personnes

Préparez la marinade : pelez l'oignon et coupez-le en rondelles. Mettez les dés de viande dans une terrine, ajoutez-y l'oignon, le laurier, le thym et le persil, puis salez et poivrez. Arrosez avec le vin et l'huile, remuez, couvrez et laissez mariner dans un endroit frais jusqu'au lendemain.

Égouttez la viande et épongez-la sur du papier absorbant. Grattez les carottes et coupez-les en rondelles. Pelez les oignons et les échalotes, puis hachez-les. Pelez et écrasez l'ail. Coupez le lard en fins bâtonnets. Filtrez la marinade et faites-la chauffer.

Mettez l'huile à chauffer dans une cocotte et faites-y revenir la viande et les lardons, puis égouttez-les avec l'écumoire. Faites blondir les carottes, les oignons et les échalotes dans la même huile. Remettez la viande dans la cocotte, arrosez-la avec l'eau-de-vie et flambez. Versez la marinade, en complétant avec le bouillon si la viande n'est pas recouverte de liquide. Ajoutez le bouquet garni, poivrez largement et couvrez, puis portez à ébullition et laissez frémir 3 heures.

Pelez les petits oignons, faites-les revenir dans le beurre et ajoutez-les au bœuf. Laissez cuire encore 30 min, puis vérifiez l'assaisonnement et ajoutez du sel si nécessaire. Versez dans un plat de service creux et servez brûlant.

Boeuf en daube

Véritable institution de notre cuisine bourgeoise, le bœuf en daube se prépare suivant une méthode immuable.

Pelez l'oignon, l'ail et les carottes. Écrasez l'ail, coupez l'oignon et les carottes en rondelles. Mettez tous les ingrédients de la marinade dans une terrine avec la viande, couvrez et laissez mariner 24 heures au frais.

Procédez ensuite à la cuisson : pelez et écrasez l'ail. Diluez le concentré de tomates dans 20 cl d'eau chaude. Pelez les carottes et coupez-les en rondelles épaisses. Épluchez les échalotes et coupez-les en quatre. Égouttez la viande et essuyez-la dans du papier absorbant. Faites chauffer la graisse à feu vif dans une sauteuse et jetez-y la viande et les échalotes. Faites saisir 5 min en remuant.

Tapissez le fond d'une cocotte avec la couenne, côté graisse contre le récipient. Versez-y la viande, la marinade en la filtrant avec une passoire, l'ail écrasé, l'écorce d'orange, le bouquet garni et le concentré de tomates. Assaisonnez de piment de Cayenne, de sel et de poivre. Couvrez, portez à ébullition à feu doux, puis ajoutez les carottes et, au besoin, assez d'eau chaude pour que l'ensemble soit couvert de liquide aux trois quarts. Portez de nouveau à ébullition, couvrez et faites cuire 3 heures à feu aussi doux que possible.

Environ 30 min avant la fin de la cuisson, versez les olives dans une petite casserole d'eau froide, portez à ébullition et laissez bouillir 2 min, puis égouttez et passez à l'eau froide. Ajoutez les olives à la daube et laissez la cuisson s'achever.

Disposez la viande, les carottes et les olives dans un plat chaud. Jetez le bouquet garni, dégraissez la sauce au maximum et versez-la sur la viande.

Conseil : pour la daube en gelée, ajoutez au début de la cuisson un pied de veau fendu et blanchi. À la fin de la cuisson, désossez le pied de veau et coupez-le en dés. Mettez les viandes dans une terrine, couvrez avec la sauce froide et dégraissée, et laissez prendre en gelée au réfrigérateur.

Jadis cuite dans une daubière « feu dessus, feu dessous », la daube mijote des heures à feu très doux.

Ingrédients

- 1,5 kg de culotte de bœuf, coupée en cubes de 50 g environ, lardés par le boucher
- 2 gousses d'ail
- 1 boîte de concentré de tomates
- 6 carottes
- 2 échalotes
- 3 cuil. à soupe de graisse d'oie, de graisse de canard ou de saindoux
- 1 grande couenne de porc
- 1 morceau d'écorce d'orange séchée ou, à défaut, de zeste d'orange frais
- 1 bouquet garni
- 1 pincée de piment de Cayenne
- 100 g d'olives vertes dénoyautées
- Sel et poivre

Pour la marinade

- 1 oignon
- 2 gousses d'ail
- 2 carottes
- 3 clous de girofle
- 1 branche de romarin
- 1 bouquet garni
- 1 litre de bon vin rouge ou de bon vin blanc
- 10 cl d'eau-de-vie
- 12 grains de poivre

Préparation : 1 heure
Marinage : 24 heures
Cuisson : 3 heures environ
Pour 6 ou 7 personnes

Comices agricoles
Créés pendant la seconde moitié du XIXe siècle pour favoriser notamment l'amélioration des races bovines et le développement de l'agriculture, les comices agricoles étaient des associations privées. Juste avant la séparation de l'Église et de l'État, en 1905, le gouvernement encouragea la création d'associations laïques de ce genre.

Pour la croûte de ce rôti, vous avez le choix entre l'aérienne pâte feuilletée et la mousseuse pâte à brioche.

Filet de bœuf en croûte

Sous sa croûte dorée, le rôti est enrobé d'une farce parfumée aux champignons et aux foies de volaille.

Ingrédients

- 2 cuil. à soupe d'huile
- 1,2 kg de filet de bœuf non bardé
- 1 jaune d'œuf
- 2 cuil. à soupe de farine
- 600 g de pâte feuilletée ou de pâte à brioche toute prête
- Sel et poivre

Pour la farce

- 200 g de champignons de Paris
- 2 échalotes
- 250 g de foies de volaille
- 20 g de beurre
- 1 cuil. à soupe de porto
- 2 cuil. à soupe de persil haché
- Sel et poivre

Préparation : 45 minutes
Cuisson totale : 50 minutes
Pour 6 personnes

Faites chauffer l'huile dans une sauteuse et faites-y revenir la viande de tous les côtés, à feu vif, pendant 10 min. Salez et poivrez, égouttez et laissez refroidir.

Préparez la farce : nettoyez les champignons et hachez-les au mixeur. Pelez et hachez finement les échalotes. Rincez les foies de volaille et hachez-les grossièrement. Mettez à fondre le beurre dans une poêle et faites-y revenir les foies, puis égouttez-les en gardant leur beurre de cuisson et passez-les au mixeur avec le porto. Faites blondir les échalotes dans la poêle, ajoutez les champignons et faites sauter jusqu'à évaporation totale de l'eau. Mélangez les hachis de foies et de champignons. Ajoutez le persil haché. Salez et poivrez, puis mélangez et laissez refroidir.

Faites chauffer le four à 200 °C, th. 7. Battez le jaune d'œuf avec une cuillerée à soupe d'eau. Farinez le plan de travail et étalez-y la pâte au rouleau à pâtisserie en un rectangle assez grand pour envelopper entièrement la viande. Tartinez le rôti avec la farce et badigeonnez la pâte d'œuf battu.

Posez le rôti au centre de la pâte puis remontez celle-ci autour du rôti, coupez ce qui dépasse et pincez les bords de la pâte pour les souder. Aplatissez les chutes de pâte et découpez-y des motifs décoratifs. Badigeonnez d'œuf battu le dessus de la croûte, collez les motifs décoratifs et badigeonnez-les d'œuf battu.

Farinez légèrement une tôle à pâtisserie. Posez la viande en croûte dessus et faites cuire au four 30 min. Servez aussitôt.

Côte de boeuf aux girolles

Rôtie sur un lit de gros sel et garnie de girolles, la côte de bœuf s'accompagne d'une sauce au vin rouge.

INGRÉDIENTS

1 CÔTE DE BŒUF DE 1,3 KG ENVIRON
1 CUIL. À SOUPE D'HUILE
500 G DE GROS SEL
500 G DE GIROLLES
30 G DE BEURRE
1 CUIL. À SOUPE DE PERSIL PLAT HACHÉ
SEL ET POIVRE

POUR LA SAUCE
4 ÉCHALOTES
1 BRANCHE DE THYM
1/4 DE FEUILLE DE LAURIER
1 PINCÉE DE NOIX MUSCADE
1 PINCÉE DE POIVRE MIGNONNETTE
30 CL DE BORDEAUX ROUGE
60 G DE BEURRE
60 G DE MOELLE DE BŒUF
1 PINCÉE DE PERSIL TRÈS FINEMENT HACHÉ
SEL ET POIVRE

PRÉPARATION : 20 MINUTES
CUISSON : 40 MINUTES
POUR 4 PERSONNES

FAITES CHAUFFER le four à 240 °C, th. 9. Commencez la préparation de la sauce : pelez et hachez finement les échalotes. Émiettez le thym. Mettez ces ingrédients dans une casserole avec le laurier, la noix muscade, le poivre mignonnette et le vin rouge. Salez, portez à ébullition et laissez bouillir jusqu'à ce qu'il ne reste que 4 cuillerées à soupe de vin.

Badigeonnez la côte de bœuf avec l'huile. Versez le gros sel dans un plat à rôtir pouvant juste contenir la côte et mettez le plat dans le four très chaud. Quand le sel crépite, sortez le plat du four et posez la côte dedans. Mettez au four et faites cuire 15 min, puis retournez la viande avec deux spatules, poivrez et faites cuire encore 25 min.

Retirez la sauce du feu, filtrez-la et réservez dans la casserole. Incorporez-y peu à peu le beurre coupé en dés, en fouettant, puis placez la casserole dans un bain-marie d'eau frémissante et laissez cuire ainsi 15 min, en fouettant de temps en temps.

Pendant ce temps, coupez la moelle en rondelles. Mettez-la dans une petite casserole, couvrez d'eau froide, portez à ébullition et égouttez.

Coupez la base du pied des girolles et essuyez-les sans les laver.

Dès que la côte de bœuf est cuite, posez-la à l'entrée du four éteint ; couvrez-la d'aluminium ménager et laissez-la reposer pendant 10 min.

Mettez à fondre le beurre dans une sauteuse et faites-y revenir les girolles 5 min à feu vif, en secouant le récipient. Ajoutez le persil haché, salez, versez dans un petit légumier et tenez au chaud.

Découpez la côte et disposez-la dans un plat de service chaud.

Hachez grossièrement la moelle, puis ajoutez-la à la sauce ainsi que le persil haché et mélangez à la spatule. Dès que la moelle est à moitié fondue, nappez la viande avec la sauce, puis servez sans attendre, avec les girolles.

De la moelle enrichit la sauce au vin servie avec la côte de bœuf aux girolles.

INGRÉDIENTS

2 OIGNONS
4 CAROTTES
2 GOUSSES D'AIL
250 G D'OIGNONS GRELOTS
75 CL DE BIÈRE BRUNE
1,4 KG DE FLANCHET OU DE GÎTE DE BŒUF, DÉGRAISSÉ ET COUPÉ EN GROS DÉS
100 G DE LARDONS FUMÉS
QUELQUES BRINS DE THYM
6 TIGES DE PERSIL
1 FEUILLE DE LAURIER
6 GRAINS DE PIMENT DE LA JAMAÏQUE
2 CLOUS DE GIROFLE
SEL ET POIVRE

POUR LE REPÈRE
250 G DE FARINE

PRÉPARATION : 40 MINUTES
CUISSON : 3 HEURES
POUR 6 PERSONNES

Boeuf braisé à la bière

L'usage d'un repère de pâte pour luter la cocotte est une technique ancestrale visant à préserver les saveurs et le moelleux.

PELEZ les oignons et coupez-les en lamelles. Pelez les carottes et coupez-les en rondelles épaisses. Pelez l'ail et écrasez-le. Épluchez les oignons grelots.

Faites chauffer le four à 150 °C, th. 4-5. Portez la bière à ébullition dans une casserole et faites-la réduire à feu vif jusqu'à ce qu'il n'en reste plus que 50 cl. Couvrez le fond d'une cocotte épaisse avec les oignons, puis ajoutez en couches successives les carottes, le bœuf, les petits oignons et les lardons. Enfermez dans une mousseline les herbes, le piment et le girofle. Enfouissez ce nouet dans la préparation, de même que les gousses d'ail. Versez la bière dans la cocotte, puis ajoutez un peu de sel et beaucoup de poivre.

Mélangez la farine avec environ 15 cl d'eau pour former une pâte lisse et souple que vous roulerez en long boudin. Posez le couvercle sur la cocotte, humectez le bord avec de l'eau et scellez avec le boudin de pâte, puis faites cuire 3 heures dans le four.

Pour servir, brisez le repère de pâte, retirez le nouet de mousseline et jetez-le. Mélangez délicatement la viande et les légumes, puis servez aussitôt, avec des pommes de terre.

Riche et fondant, ce ragoût légèrement épicé est parfumé de bière brune, de légumes, d'herbes et d'épices.

Braisée sur son lit d'aromates, la queue de bœuf déploie toute sa richesse.

La cuisine au vin
L'emploi du vin pour la confection de marinades et de sauces fait l'objet de controverses, d'aucuns ne voulant pas sacrifier de grands crus, d'autres estimant qu'un vin sans caractère ne peut donner de bons résultats. Quoi qu'il en soit, le vin doit toujours être de qualité, ni piqué, ni bouchonné, sans être obligatoirement un grand cru.

Queue de boeuf braisée au vin rouge

Longuement mijotée dans le vin, la viande finit par se détacher toute seule des os.

Pelez les oignons, les carottes, les navets et le panais. Coupez oignons et carottes en rondelles. Taillez navets et panais en dés. Effilez et émincez les côtes de céleri, mettez la partie feuillue de côté. Nettoyez le poireau, coupez le blanc en lamelles, ajoutez le vert au bouquet garni. Pelez l'ail.

Faites chauffer le four à 150 °C, th. 4-5. Mélangez dans une assiette la farine, du sel et du poivre, puis roulez les morceaux de bœuf dedans pour les enrober. Faites chauffer l'huile dans une cocotte, mettez-y à revenir les morceaux de queue de bœuf de tous les côtés et égouttez-les.

Versez les légumes dans la cocotte et faites-les revenir 10 min à feu modéré, en remuant de temps en temps, puis faites dorer une à 2 min à feu plus vif. Arrosez avec le vin, grattez le fond de la cocotte avec une cuillère en bois pour dissoudre les sucs, puis ajoutez 30 cl d'eau. Portez à ébullition en remuant, ajoutez le sucre et les clous de girofle. Posez la queue de bœuf sur les légumes, ajoutez le bouquet garni, posez les feuilles de céleri sur la viande et couvrez avec du papier sulfurisé beurré posé directement sur la viande, côté beurré dessous. Faites cuire au four de 2 h 30 à 3 heures : la viande doit se détacher de l'os.

Quinze minutes avant de servir, pelez les légumes pour la garniture et coupez-les en fins bâtonnets de la taille d'une allumette. Plongez-les dans de l'eau bouillante salée et faites-les cuire 5 min.

Disposez la queue de bœuf et les légumes de cuisson dans un plat creux préalablement chauffé. Filtrez dessus le jus de cuisson. Égouttez les légumes pour la garniture, disposez-les sur la viande, parsemez de persil haché et servez très chaud.

Ingrédients

2 gros oignons
2 ou 3 carottes
2 navets
1/2 panais
2 branches de céleri
1 gros poireau
1 gousse d'ail
2 cuil. à soupe de farine
1 queue de bœuf coupée en 8 à 10 morceaux
2 cuil. à soupe d'huile
20 cl de vin rouge
2 pincées de sucre
2 clous de girofle
1 bouquet garni (laurier, persil et thym)
Sel et poivre

Pour la garniture
2 carottes
1 navet
2 cuil. à soupe de persil haché

Préparation : 30 minutes
Cuisson : 3 h 15
Pour 4 personnes

Avant la cuisson, arroser la viande avec le jus d'un citron pour qu'elle reste bien blanche.

Fondante et légère, la blanquette de veau se sert traditionnellement avec du riz créole.

Blanquette de veau

Retrouvez le plaisir, devenu trop rare, d'une authentique blanquette de veau à l'ancienne.

INGRÉDIENTS

- 1,25 KG DE VEAU POUR BLANQUETTE (FLANCHET ET TENDRON) COUPÉ EN MORCEAUX
- 1 GROS OIGNON
- 2 CLOUS DE GIROFLE
- 1 CAROTTE
- 1 BRANCHE DE CÉLERI
- 3 BRANCHES DE PERSIL PLAT
- 1 FEUILLE DE LAURIER
- 24 OIGNONS GRELOTS
- 80 G DE BEURRE
- 1 PINCÉE DE SUCRE
- 250 G DE PETITS CHAMPIGNONS DE PARIS
- 2 CUIL. À SOUPE DE JUS DE CITRON
- 3 CUIL. À SOUPE DE FARINE
- 2 JAUNES D'ŒUFS
- 10 CL DE CRÈME FRAÎCHE ÉPAISSE
- 1 GROSSE PINCÉE DE NOIX MUSCADE RÂPÉE
- SEL ET POIVRE BLANC

PRÉPARATION : 30 MINUTES
CUISSON : 2 H 10
POUR 6 PERSONNES

METTEZ la viande dans une marmite, couvrez-la d'eau froide, salez et portez doucement à ébullition. Écumez et laissez frémir 15 min, en écumant souvent.

Pelez le gros oignon et piquez-le avec les clous de girofle. Pelez la carotte et coupez-la en bâtonnets. Effilez le céleri et rincez le persil. Ajoutez tous ces ingrédients à la viande, ainsi que le laurier et du poivre. Laissez cuire encore 1 h 30 à petits frémissements, de façon que la viande soit tendre.

Pendant ce temps, pelez les oignons grelots. Mettez-les dans une petite casserole avec 20 g de beurre, la pincée de sucre et 10 cl d'eau. Portez à ébullition, couvrez et laissez cuire 20 min.

Nettoyez les champignons, coupez-les en deux s'ils sont gros et arrosez-les avec une cuillerée à soupe de jus de citron. Faites-les cuire 15 min dans une casserole avec 20 g de beurre, salez et poivrez.

Après 1 h 20 de cuisson de la blanquette, ajoutez les champignons et les oignons, puis laissez mijoter 15 min, sans couvercle. Égouttez alors avec l'écumoire la viande, les champignons et les petits oignons, versez-les dans un plat de service et tenez au chaud.

Retirez de la marmite l'oignon piqué de girofle, le céleri, le persil et le laurier. Faites fondre le reste du beurre dans une casserole et saupoudrez avec de la farine. Mélangez 2 à 3 min à feu doux, puis délayez avec le jus de cuisson en remuant au fouet.

Mélangez les jaunes d'œufs avec la crème, délayez avec 2 ou 3 cuillerées à soupe de sauce bouillante, puis versez le mélange dans le reste de la sauce, hors du feu, en remuant. Faites réchauffer 3 min à feu doux, ajoutez le reste du jus de citron et la noix muscade, puis versez sur la blanquette. Servez avec du riz créole.

Veau farci

Une farce à la chair à saucisse et aux champignons apporte moelleux et saveur à la viande tout au long de sa cuisson en cocotte.

PRÉPAREZ la farce : émiettez le pain de mie et arrosez-le avec le lait. Pelez et hachez l'échalote. Rincez et hachez le persil ainsi que la ciboulette. Pressez le demi-citron. Nettoyez les champignons, hachez-les grossièrement et arrosez-les avec le jus de citron.

Mettez à fondre le beurre dans une poêle et faites-y revenir les champignons 2 min à feu vif. Salez, poivrez et retirez du feu. Essorez la mie de pain entre vos doigts, puis versez tous les ingrédients de la farce dans une terrine, salez, poivrez et mélangez.

Faites chauffer le four à 180 °C, th. 6.

Disposez la viande à plat sur le plan de travail. Salez-la. Étalez la farce au milieu, roulez l'épaule et ficelez le rouleau obtenu. Pelez les petits oignons. Grattez la carotte et coupez-la en petits dés.

Faites fondre le saindoux dans une cocotte. Quand il est très chaud, ajoutez la viande roulée, les petits oignons, les gousses d'ail non pelées et la carotte. Faites revenir de tous les côtés pendant 5 à 6 min, puis égouttez la viande et les petits oignons à l'aide d'une écumoire.

Faites chauffer le bouillon. Versez le vin blanc dans la cocotte et laissez-le évaporer de moitié, en grattant le fond du récipient avec une cuillère en bois. Remettez la viande et les oignons dans la cocotte. Parsemez de thym, de laurier et de romarin émiettés. Poivrez, mettez au four et faites cuire environ 1 h 30, en ajoutant un peu de bouillon chaud au fur et à mesure que le liquide s'évapore et en arrosant la viande avec son jus.

Quand la viande est cuite, sortez la cocotte et laissez reposer 10 min. Retirez la ficelle, coupez la viande en tranches et disposez dans un plat de service. Filtrez le jus de cuisson dans une saucière, déposez la garniture de petits légumes autour de la viande et servez très chaud.

INGRÉDIENTS

1,2 KG D'ÉPAULE DE VEAU
10 PETITS OIGNONS
1 CAROTTE
2 CUIL. À SOUPE DE SAINDOUX
10 GOUSSES D'AIL
20 CL DE BOUILLON DE BŒUF OU DE BOUILLON DE VOLAILLE
20 CL DE VIN BLANC
1 BRANCHE DE THYM
1 FEUILLE DE LAURIER
1 BRINDILLE DE ROMARIN
SEL ET POIVRE

POUR LA FARCE

2 TRANCHES DE PAIN DE MIE
2 CUIL. À SOUPE DE LAIT
1 ÉCHALOTE
3 BRANCHES DE PERSIL
2 BRINS DE CIBOULETTE
1/2 CITRON
200 G DE CHAMPIGNONS DE PARIS
20 G DE BEURRE
200 G DE CHAIR À SAUCISSE
1 ŒUF
SEL ET POIVRE

PRÉPARATION : 45 MINUTES
CUISSON : 1 H 50 ENVIRON
POUR 6 PERSONNES

Servez ce veau farci avec des haricots rouges, des épinards ou des pommes de terre sautées.

Côtes de veau à la normande

Ingrédients

- 4 côtes de veau
- 40 petits oignons
- 80 g de beurre
- 250 g de champignons de Paris
- 1 cuil. à soupe de jus de citron
- 1 verre à liqueur de calvados
- 20 cl de cidre brut
- 4 cuil. à soupe de crème fraîche
- 1 pincée de noix muscade
- Sel et poivre

Préparation et cuisson : 35 minutes

Pour 4 personnes

Petits oignons, champignons, crème fraîche, cidre et calvados rendent de simples côtes de veau très raffinées.

Salez et poivrez les côtes de veau. Pelez les petits oignons. Faites fondre 60 g de beurre dans une grande sauteuse, jetez-y les côtes de veau et faites-les revenir 2 min de chaque côté à feu vif. Ajoutez-y les petits oignons et faites cuire à feu moyen 15 min environ, en retournant la viande à mi-cuisson et en remuant les petits oignons de temps en temps.

Pendant ce temps, nettoyez les champignons, coupez-les en lamelles et arrosez-les avec le jus de citron. Faites-les revenir à la poêle dans le reste de beurre puis, dès que toute leur eau s'est évaporée, retirez-les de la poêle.

Arrosez les côtes de veau avec le calvados et flambez, en inclinant la sauteuse dans tous les sens. Égouttez la viande et les oignons avec une écumoire, disposez-les dans un plat de service et tenez-les au chaud.

Versez le cidre dans la sauteuse, portez à ébullition en grattant le fond du récipient à la spatule, puis laissez évaporer de moitié.

Ajoutez alors la crème fraîche et laissez épaissir, en remuant souvent. Rectifiez l'assaisonnement au besoin, ajoutez la noix muscade et les champignons, puis faites réchauffer en remuant. Versez la sauce sur les côtes de veau et servez sans attendre.

Côtes de veau farcies : choisissez des côtes un peu épaisses, fendez-les en deux dans l'épaisseur et glissez-y 1/2 tranche de jambon et une lamelle longue et fine de gruyère. Faites cuire de la même façon.

Les produits typiques de la Normandie mettent en valeur les viandes blanches et les volailles.

Une invention mal accueillie

La margarine fut inventée en 1869 à la suite d'un concours lancé par Napoléon III, désireux d'offrir à ses troupes un corps gras économique et de longue conservation. Mal accueillie, la margarine fut dès 1925 astreinte à des règles sévères de conditionnement et d'étiquetage. Mais les choses ont bien changé depuis.

Ce rôti, plus simple à exécuter que le veau Orloff, est coupé en tranches verticales et non horizontales.

Veau gratiné

Flambé au kirsch et nappé d'une béchamel au roquefort, le rôti de veau est parsemé de gruyère râpé et mis à gratiner.

Pelez les oignons et coupez-les en lamelles. Faites chauffer le bouillon ou l'eau.

Mettez à chauffer l'huile dans une cocotte, ajoutez la moitié du beurre et faites revenir la viande 2 à 3 min de chaque côté. Ajoutez alors les oignons et faites encore revenir 5 min environ, en remuant.

Arrosez la viande avec le kirsch et flambez, en inclinant la cocotte dans tous les sens. Arrosez avec le bouillon ou l'eau à ébullition, réduisez le feu, couvrez et laissez cuire 1 h 15 à feu très doux.

Environ 15 min avant la fin de la cuisson, préparez une béchamel : faites fondre le reste du beurre dans une casserole, poudrez avec la farine, remuez 2 min sans laisser colorer et délayez avec le lait. Ajoutez la noix muscade, salez et poivrez. Faites épaissir 5 à 6 min à feu très doux, en remuant, puis retirez du feu. Faites chauffer le four à sa température maximale.

Égouttez la viande, coupez-la en tranches et reconstituez le rôti dans un plat à gratin. Écrasez le roquefort à la fourchette.

Versez le vin blanc dans la cocotte, faites bouillir 2 à 3 min en grattant le fond du récipient et versez ce jus dans la béchamel. Ajoutez la crème fraîche et le roquefort écrasé, puis rectifiez l'assaisonnement.

Recouvrez le rôti reconstitué avec ce mélange en le laissant s'infiltrer entre les tranches, parsemez avec le gruyère râpé et faites gratiner 10 min au four. Servez aussitôt, dans le plat de cuisson.

Ingrédients

- 3 gros oignons
- 1 verre de bouillon ou d'eau
- 2 cuil. à soupe d'huile
- 60 g de beurre
- 1,2 kg de rôti de veau
- 1 verre à liqueur de kirsch
- 30 g de farine
- 25 cl de lait
- 1 pincée de noix muscade râpée
- 50 g de roquefort
- 4 cuil. à soupe de vin blanc
- 3 cuil. à soupe de crème fraîche
- 50 g de gruyère râpé
- Sel et poivre

Préparation : 35 minutes
Cuisson : 1 h 35 environ
Pour 6 personnes

A base de chair de veau et de jambon, ces croquettes sont faciles à préparer et rapidement cuites.

Croquettes de veau

Moelleuses sous leur croûte dorée, ces croquettes sont fort appréciées des enfants.

Ingrédients

- 100 g de mie de pain rassis
- 1 tasse de lait
- 2 tranches de jambon
- 4 brins de ciboulette
- 300 g de chair de veau crue, hachée
- 2 œufs
- 7 cuil. à soupe de chapelure environ
- Huile de friture
- Sel et poivre

Préparation : 10 minutes
Cuisson : de 8 à 10 minutes
Pour 4 personnes

Émiettez la mie de pain au-dessus d'un bol, arrosez-la avec le lait et laissez gonfler. Hachez les tranches de jambon. Rincez et hachez la ciboulette.

Versez la chair de veau dans une terrine. Essorez la mie de pain entre vos mains et ajoutez-la à la viande, ainsi que le jambon, les œufs et la ciboulette. Salez, poivrez et mélangez bien. Avec les mains mouillées, façonnez la préparation en croquettes rondes de la taille d'une grosse noix.

Étalez la chapelure dans une assiette et roulez-y les croquettes, en veillant à ne pas les écraser.

Mettez à chauffer l'huile dans une poêle profonde, puis faites-y revenir les croquettes de 8 à 10 min, en les retournant régulièrement.

Dès que les croquettes sont uniformément dorées, égouttez-les et épongez-les rapidement avec du papier absorbant avant de servir.

Ragoût de veau à la tomate

Bien relevé, ce ragoût est parfumé d'olives noires, de câpres et de basilic.

Ébouillantez les tomates, égouttez-les, pelez-les et coupez-les en dés, en les mettant au fur et à mesure dans une passoire. Faites chauffer une cuillerée à soupe d'huile d'olive dans une petite casserole, ajoutez les tomates et le sucre, puis salez légèrement et faites fondre 10 min à feu doux.

Pendant ce temps, coupez la viande en gros dés. Pelez et hachez les oignons.

Mettez à chauffer 2 cuillerées à soupe d'huile d'olive dans une cocotte et faites-y revenir les dés de veau 5 min à feu vif, de tous les côtés. Ajoutez les oignons, mélangez et laissez blondir, puis arrosez avec le vinaigre, en grattant le fond du récipient avec une cuillère en bois. Saupoudrez avec la farine, remuez pendant 2 min en laissant blondir et délayez avec le bouillon et le vin blanc. Ajoutez alors la fondue de tomate, le bouquet garni et le piment de Cayenne. Salez, poivrez et mélangez, puis couvrez et laissez cuire 1 h 30 à feu doux.

Environ 30 min avant la fin de la cuisson, ajoutez au ragoût les olives noires et les câpres. Rectifiez l'assaisonnement au besoin et laissez la cuisson s'achever.

Pour servir, versez le ragoût dans un plat chaud et parsemez de basilic haché.

Ingrédients

- 4 tomates
- 3 cuil. à soupe d'huile d'olive
- 2 pincées de sucre en poudre
- 1 kg de tendron ou d'épaule de veau
- 2 oignons
- 2 cuil. à soupe de vinaigre de vin
- 2 cuil. à soupe de farine
- 10 cl de bouillon de volaille
- 10 cl de vin blanc
- 1 bouquet garni
- 1 pincée de piment de Cayenne
- 100 g d'olives noires
- 1 cuil. à soupe de câpres
- 1 cuil. à soupe de basilic haché
- Sel et poivre

Préparation : 20 minutes
Cuisson : 1 h 45
Pour 4 ou 5 personnes

Préparé avec des épices et des aromates forts en saveur, le ragoût de veau ne manque pas de tempérament !

Veau de lait
Le veau élevé « sous la mère », autrefois appelé « veau qui tette », reste nourri de la façon la plus naturelle un peu partout en France, mais seul le veau du Limousin a droit au Label rouge. En Normandie, on faisait jadis manger des œufs au veau pour achever sa maturation.

Pour juger de la température de la friture, y jeter un dé de pain : il doit remonter immédiatement à la surface en devenant doré soutenu.

Croustillant subtil des pommes de terre amandine et moelleux des grenadins aux morilles composent un plat sophistiqué.

Grenadins de veau aux morilles, pommes amandine

Ces médaillons provenant d'un veau élevé sous la mère seront fondants à souhait.

INGRÉDIENTS

400 G DE POMMES DE TERRE FARINEUSES
10 G DE MORILLES SÉCHÉES
2 ÉCHALOTES
2 ŒUFS
NOIX MUSCADE RÂPÉE
20 G DE FARINE
50 G D'AMANDES EFFILÉES
4 GRENADINS DE VEAU DE 80 G ENVIRON CHACUN, BARDÉS ET FICELÉS
30 G DE BEURRE
4 CUIL. À SOUPE DE VIN BLANC SEC
2 CUIL. À CAFÉ DE JUS DE CITRON
25 CL DE BOUILLON
10 CL DE CRÈME FRAÎCHE ÉPAISSE
HUILE DE FRITURE
2 CUIL. À CAFÉ DE CIBOULETTE HACHÉE
SEL ET POIVRE

PRÉPARATION ET CUISSON : 1 HEURE
REPOS : 30 MINUTES
POUR 2 PERSONNES

PELEZ les pommes de terre, faites-les cuire 25 min dans une casserole d'eau. Faites tremper les morilles dans une tasse d'eau chaude. Pelez les échalotes et hachez-les.

Écrasez les pommes de terre, incorporez les deux tiers des œufs battus et assaisonnez de sel, de poivre et de noix muscade. Divisez la purée en quatre parts, roulez-les en boules et passez-les dans la farine, puis dans le reste d'œuf battu, et recouvrez-les d'amandes effilées. Laissez 30 min au réfrigérateur.

Environ 30 min avant de servir, faites chauffer le four à 200 °C, th. 7. Salez et poivrez la viande. Faites fondre le beurre dans une poêle et faites-y revenir les grenadins des deux côtés à feu moyen. Quand ils sont juste dorés, déposez-les dans un plat à rôtir.

Égouttez les morilles dans une passoire tapissée de papier absorbant. Réservez et filtrez l'eau de trempage. Coupez les morilles en deux, de haut en bas, et rincez-les.

Remettez la poêle de cuisson des grenadins sur le feu. Faites-y revenir les échalotes, puis arrosez avec le vin, le jus de citron, l'eau de trempage des morilles et le bouillon. Portez à ébullition sur feu vif, en grattant le fond du récipient pour dissoudre les sucs. Faites réduire des trois quarts, ajoutez les morilles et la crème, puis laissez épaissir à feu doux.

Faites chauffer l'huile de friture à 180 °C. Faites-y dorer les pommes de terre, égouttez-les et épongez-les sur du papier absorbant. Tenez-les au chaud.

Parallèlement, faites cuire les grenadins au four pendant 12 min.

Disposez les grenadins dans un petit plat de service chaud. Ajoutez la ciboulette à la sauce, vérifiez l'assaisonnement et nappez les grenadins de sauce. Servez avec les pommes de terre amandine bien chaudes et, éventuellement, des pois gourmands.

Paupiettes de veau

Appréciées depuis des siècles, les paupiettes sont sujettes à de multiples variantes.

PRÉPAREZ la farce : nettoyez les champignons et hachez-les. Pelez l'échalote et hachez-la. Mettez à fondre le beurre dans une petite poêle, faites-y revenir l'échalote et les champignons pendant 5 min à feu moyen. Émiettez la mie de pain dans la crème et mélangez. Coupez une escalope en morceaux et passez-la au hachoir. Mélangez tous les ingrédients prévus pour la farce avec l'escalope hachée, salez et poivrez.

Posez les 4 escalopes entre deux films alimentaires et aplatissez-les le plus finement possible avec le rouleau à pâtisserie. Retirez le film, couvrez chaque escalope avec une tranche de lard et ajoutez le quart de la farce. Roulez les escalopes, entourez-les d'une barde de lard si vous le désirez et ficelez-les bien serrées. Passez-les dans la farine, puis secouez-les pour en supprimer l'excédent.

Faites chauffer l'huile dans une poêle, ajoutez le beurre et faites-y revenir les paupiettes de tous les côtés, à feu moyen. Arrosez avec le vin et le bouillon, salez et poivrez. Portez à ébullition en remuant, puis ajoutez le bouquet garni, couvrez et faites mijoter à feu très doux pendant 1 h 30 : la viande doit être tendre.

Lorsque les paupiettes sont cuites, retirez le bouquet garni et transférez les paupiettes dans un plat de service chaud. Ôtez les ficelles et la barde de lard s'il y a lieu, arrosez les paupiettes de leur sauce, parsemez de persil haché et portez à table.

Les paupiettes étaient souvent appelées « alouettes sans tête » en raison de leur forme.

INGRÉDIENTS

- 5 ESCALOPES DE VEAU DE 125 G ENVIRON CHACUNE
- 4 TRANCHES FINES DE LARD FUMÉ MAIGRE, SANS COUENNE
- 4 PETITES BARDES DE LARD (FACULTATIF)
- 1 CUIL. À SOUPE DE FARINE
- 1 CUIL. À SOUPE D'HUILE D'OLIVE
- 10 G DE BEURRE
- 15 CL DE VIN BLANC SEC
- 15 CL DE BOUILLON DE POULE
- 1 BOUQUET GARNI, COMPOSÉ DE LAURIER, DE THYM ET DE BRINS DE PERSIL
- 1 CUIL. À SOUPE DE PERSIL HACHÉ
- SEL ET POIVRE

POUR LA FARCE

- 100 G DE CHAMPIGNONS DE PARIS
- 1 ÉCHALOTE
- 10 G DE BEURRE
- 30 G DE MIE DE PAIN
- 1 CUIL. À SOUPE DE CRÈME FRAÎCHE
- 1 JAUNE D'ŒUF
- 1 CUIL. À SOUPE DE GRUYÈRE RÂPÉ
- LE ZESTE FINEMENT RÂPÉ D'UN DEMI-CITRON
- 1 CUIL. À SOUPE DE PERSIL HACHÉ
- 1 CUIL. À SOUPE DE FEUILLES DE THYM FRAIS OU 1 CUIL. À CAFÉ RASE DE THYM SEC ÉMIETTÉ
- 3 PINCÉES DE NOIX MUSCADE RÂPÉE
- SEL ET POIVRE

PRÉPARATION : 30 MINUTES
CUISSON : 1 H 45
POUR 4 PERSONNES

« Cueillir la crème »
Plus que le beurre et le fromage, la crème est le produit le plus naturel du lait. Jusqu'à la fin du XIXe siècle, date de l'invention des écrémeuses centrifugeuses, on laissait reposer le lait quelques heures pour que les globules de matière grasse se concentrent à la surface ; on recueillait ensuite cette crème à la louche.

Thym, laurier et sauge complètent savamment le parfum incomparable des girolles.

Sauté de veau aux girolles

Des légumes et des herbes aromatisent ce sauté de veau auquel les girolles ajoutent un raffinement certain.

Ingrédients

3 carottes
2 blancs de poireau
4 échalotes
1 kg de viande de veau (épaule, poitrine) sans os, coupée en morceaux
1 branche de thym
1 feuille de laurier
2 feuilles de sauge
1/2 cuil. à café de grains de poivre
80 g de beurre
1 os de veau, concassé par le boucher
1 cuil. à soupe de farine
25 cl de vin blanc
300 g de girolles
20 cl de crème fraîche épaisse
Sel et poivre moulu

Préparation : 30 minutes
Cuisson : 1 h 45 environ
Pour 4 ou 5 personnes

Grattez les carottes et coupez-les en rondelles. Nettoyez les blancs de poireau et taillez-les en lanières. Pelez les échalotes et coupez-les en lamelles. Salez et poivrez la viande. Mettez le thym, le laurier, la sauge et les grains de poivre au centre d'un carré de mousseline, puis nouez les coins pour enfermer les aromates.

Faites fondre 50 g de beurre dans une cocotte. Ajoutez le veau, l'os concassé, les carottes, les poireaux et les échalotes. Faites revenir 5 min en retournant les morceaux de viande, puis poudrez avec la farine et laissez blondir en remuant.

Arrosez avec le vin blanc, portez à ébullition en grattant le fond du récipient et ajoutez le nouet contenant les aromates. Couvrez et laissez cuire une heure à feu doux.

Pendant cette cuisson, nettoyez les girolles sans les laver. Faites fondre le reste de beurre dans une poêle, jetez-y les champignons et faites-les revenir 5 min à feu vif, puis retirez-les du feu.

Après une heure de cuisson du veau, ajoutez les girolles. Rectifiez l'assaisonnement au besoin, couvrez et laissez cuire encore 30 min, toujours à feu doux.

Ensuite, égouttez la viande et les champignons avec l'écumoire et versez-les dans un plat de service. Tenez au chaud.

Retirez de la cocotte l'os concassé et le nouet contenant les aromates. Ajoutez la crème au jus de cuisson, faites épaissir 5 min, tout en grattant le fond du récipient, puis versez sur le veau. Servez aussitôt, avec des pommes de terre cuites à la vapeur.

Côtes d'agneau rôties en couronne

Commandez cette pièce de viande en couronne à votre boucher, qui pourra sans doute également fournir les papillotes.

Faites chauffer le four à 180 °C, th. 6. Pelez les échalotes et l'ail, et hachez-les. Nettoyez les champignons, hachez-les et faites-les revenir dans une cuillerée à soupe d'huile avec les échalotes et l'ail, jusqu'à ce qu'ils ne rendent plus d'eau. Hachez le jambon au couteau et mélangez-le aux champignons, ainsi que le persil et la moitié du thym. Salez, poivrez et ajoutez l'œuf.

Placez la viande dans un plat à rôtir, frottez-la avec de l'huile d'olive et poudrez-la avec le reste de thym, du sel et du poivre. Garnissez le centre avec la farce aux champignons et couvrez le sommet de la couronne d'aluminium ménager. Faites rôtir 20 min au four, en arrosant de temps en temps de jus de cuisson, puis retirez l'aluminium et laissez cuire encore 15 min.

Pendant ce temps, pelez les navets, les oignons et les carottes. Fendez les courgettes en deux. Faites chauffer 30 cl de bouillon. Mettez tous les légumes dans une grande sauteuse avec le beurre, la cassonade et le bouillon. Dès la reprise de l'ébullition, baissez le feu et laissez cuire doucement en couvrant partiellement, jusqu'à ce que les légumes soient tendres et que le liquide soit presque évaporé. Secouez régulièrement le récipient pour empêcher les légumes d'attacher.

Retirez délicatement la couronne d'agneau à l'aide de deux spatules larges et posez-la dans un plat de service chaud. Tenez-la au chaud dans le four éteint et entrouvert. Dégraissez le jus de cuisson, incorporez la farine et le reste du bouillon, puis portez à ébullition en grattant le fond du récipient pour dissoudre les sucs. Tamisez la sauce au-dessus d'une casserole, ajoutez le madère et laissez frémir 10 min.

Habillez les manches des côtes avec des papillotes et entourez la couronne avec les légumes glacés. Servez avec la sauce chaude et des pommes de terre nouvelles.

Les petits légumes glacés font un trône coloré pour la couronne de côtes d'agneau.

Ingrédients

- 3 échalotes
- 1 gousse d'ail
- 250 g de champignons de Paris
- 3 cuil. à soupe d'huile d'olive
- 100 g de jambon dégraissé
- 2 cuil. à soupe de persil haché
- 2 cuil. à café de thym frais haché
- 1 œuf
- 2 carrés d'agneau de 6 côtes chacun, fendus, disposés en couronne et ficelés
- 2 cuil. à soupe de farine
- 80 cl de bouillon de poule
- Sel et poivre

Pour les légumes

- 250 g de tout petits navets
- 250 g d'oignons grelots
- 250 g de très petites carottes
- 250 g de courgettes naines
- 60 g de beurre
- 2 cuil. à soupe rases de cassonade
- 2 cuil. à soupe de madère

Préparation et cuisson : 1 h 15

Pour 6 personnes

Des gousses d'ail au four accompagneront avantageusement cette épaule d'agneau farcie.

Épaule d'agneau farcie au vert

Une farce maigre aux épinards agrémente cette épaule d'agneau préparée en gigot.

Ingrédients

- 1 épaule d'agneau de 1,2 kg environ, préparée en gigot avec l'os du manche par le boucher
- 1 cuil. à soupe d'huile d'olive
- 1 carotte
- 1 côte de céleri
- 2 têtes d'ail
- Les os et les parures de l'épaule
- 1 verre à liqueur de madère
- 1 cuil. à café de moutarde forte de Dijon
- Sel et poivre

Pour la farce

- 500 g d'épinards
- 1 oignon
- 1 cuil. à soupe d'huile d'olive
- 4 gousses d'ail
- 1 bouquet de persil plat
- 2 cuil. à soupe de chapelure
- 2 pincées de noix muscade
- 2 pincées de cannelle en poudre
- 1 pincée de sucre
- Sel et poivre

Préparation : 30 minutes
Cuisson : 55 minutes
Pour 6 personnes

Préparez la farce : équeutez les épinards, lavez-les à grande eau, mettez-les dans une grande casserole et faites-les chauffer jusqu'à ce qu'ils soient juste « tombés », puis versez-les dans une passoire.

Pelez et hachez l'oignon. Mettez à chauffer l'huile d'olive et faites-y revenir l'oignon à feu doux, sans le laisser brunir.

Faites chauffer le four à 230 °C, th. 8-9. Pelez et écrasez l'ail. Pressez les épinards entre vos mains pour les essorer. Équeutez, rincez et hachez finement le persil. Mélangez dans une grande jatte l'oignon, l'ail, les épinards et le persil. Ajoutez la chapelure, la noix muscade, la cannelle et le sucre. Salez et poivrez, puis mélangez bien.

Farcissez l'épaule d'agneau avec cette préparation, cousez l'ouverture et ficelez le tout bien serré. Enduisez un grand plat à rôtir avec l'huile. Grattez la carotte et coupez-la en petits dés. Effilez la côte de céleri et coupez-la en lamelles. Séparez les gousses des têtes d'ail, sans les peler. Disposez dans le plat huilé la carotte, le céleri, l'ail, les os et les parures de l'épaule. Ajoutez quelques cuillerées à soupe d'eau.

Posez la viande sur ces ingrédients, mettez au four et laissez cuire 50 min. Ensuite, retirez l'épaule, découpez-la et tenez-la au chaud dans un plat de service.

Posez le plat de cuisson de l'épaule sur le feu, versez-y le madère et la moutarde, et portez à ébullition, en grattant le fond du récipient pour dissoudre les sucs de viande. Rectifiez l'assaisonnement de la sauce, puis filtrez-la en pressant avec une cuillère en bois pour récupérer la pulpe d'ail, mixez et versez en saucière. Servez très chaud.

Navarin d'agneau

Ce navarin, préparé avec des légumes nouveaux, peut aussi être réalisé en hiver avec des légumes de saison.

Versez la farine dans une assiette. Salez et poivrez. Roulez les morceaux d'agneau dans la farine. Pelez et écrasez l'ail. Pelez et hachez les gros oignons. Délayez le concentré de tomates avec le bouillon.

Mettez à chauffer l'huile dans une cocotte, faites-y revenir la viande 10 min, en la retournant plusieurs fois. Ajoutez le hachis d'oignon, baissez le feu et laissez blondir 5 min. Arrosez alors avec le bouillon à la tomate et portez à ébullition, en grattant le fond de la cocotte. Ajoutez le bouquet garni et l'ail, salez et poivrez, puis couvrez et laissez cuire 45 min à petite ébullition.

Équeutez les navets et les carottes. Brossez-les, ainsi que les pommes de terre, sous l'eau courante. Pelez les petits oignons. Effilez les haricots verts.

Après 45 min de cuisson, ajoutez les carottes et les navets dans la cocotte. Couvrez, laissez cuire 20 min, puis ajoutez les pommes de terre, les petits oignons et les haricots verts. Laissez cuire encore 25 min à feu très doux.

Quand le navarin est cuit, goûtez et rectifiez l'assaisonnement si nécessaire. Versez dans un plat de service chaud, parsemez de persil haché et servez.

L'agneau de printemps fait un mariage réussi avec la finesse délicate des légumes primeurs.

Ingrédients

- 4 cuil. à soupe de farine
- 1,2 kg de collier ou de poitrine d'agneau coupé en morceaux
- 3 gousses d'ail
- 2 gros oignons
- 2 cuil. à soupe de concentré de tomates
- 1,5 litre de bouillon ou d'eau
- 2 cuil. à soupe d'huile
- 1 bouquet garni
- 500 g de navets nouveaux
- 500 g de carottes nouvelles
- 500 g de pommes de terre nouvelles
- 1 botte de petits oignons nouveaux
- 1 poignée de haricots verts moyens
- 3 cuil. à soupe de persil haché
- Sel et poivre

Préparation : 30 minutes
Cuisson : 1 h 45
Pour 6 personnes

Un grand nom de l'art culinaire

Magistrat passionné de gastronomie, Anthelme Brillat-Savarin publia en 1826 *Physiologie du goût* ou *Méditations de gastronomie transcendante*. C'était un brillant théoricien, mais la palme du savoir-faire revient à sa sœur, excellente cuisinière, qui préparait à merveille les recettes traditionnelles.

INGRÉDIENTS

- 2 CAROTTES
- 2 OIGNONS
- 1 BRANCHE DE CÉLERI
- 1,5 LITRE DE BOUILLON DE VOLAILLE
- 1 PETITE BOÎTE DE CONCENTRÉ DE TOMATES
- 10 GRAINS DE POIVRE
- 2 CUIL. À SOUPE D'HUILE
- 1 GIGOT RACCOURCI DE 2 KG AVEC SEULEMENT L'OS DU MANCHE, FICELÉ EN RÔTI, AVEC L'OS À PART
- 2 OU 3 COUENNES DE LARD
- 4 CUIL. À SOUPE D'EAU-DE-VIE
- 6 GOUSSES D'AIL
- 1 BRANCHE DE THYM
- 1 FEUILLE DE LAURIER
- 4 TRANCHES FINES DE LARD FUMÉ
- 1 CUIL. À SOUPE DE FÉCULE
- 4 CUIL. À SOUPE DE MADÈRE

PRÉPARATION : 15 MINUTES
CUISSON : 7 HEURES
POUR 6 PERSONNES

Gigot de sept heures

Cette préparation est également appelée gigot à la cuillère car la viande ne se découpe pas mais se sert tout bonnement avec une cuillère tant sa chair est tendre.

GRATTEZ les carottes, pelez les oignons et coupez le tout en rondelles. Effilez le céleri et coupez-le en tronçons. Faites chauffer le bouillon dans une casserole, puis délayez-y le concentré de tomates. Posez les grains de poivre au centre d'une mousseline et attachez les coins pour former un nouet.

Mettez à chauffer l'huile dans une grande cocotte ovale et faites-y dorer le gigot de tous les côtés, à feu doux, puis égouttez-le et videz l'huile.

Tapissez le fond de la cocotte avec les couennes de lard et posez le gigot dessus. Faites chauffer l'eau-de-vie dans une petite casserole ou dans une louche, enflammez-la et versez-la immédiatement sur le gigot. Inclinez alors la cocotte en tous sens, jusqu'à ce que les flammes soient éteintes.

Entourez la viande avec les carottes, les oignons, le céleri et l'ail non pelé. Ajoutez le thym, le laurier et le nouet, arrosez avec le bouillon à la tomate et recouvrez le gigot avec les tranches de lard. Couvrez la cocotte et faites cuire 7 heures à four doux, ou 7 heures sur le feu, à petits frémissements.

Égouttez le gigot et retirez les fils, puis déposez-le dans un plat de service avec précaution et maintenez-le au chaud.

Filtrez le jus de cuisson dans une passoire fine, posée au-dessus d'une jatte, en pressant bien les légumes et le lard avec une cuillère en bois. Dégraissez le jus, faites-le rapidement réduire de moitié, liez-le avec la fécule délayée dans le madère et versez-le dans une saucière chaude. Servez sans attendre.

Sept heures de cuisson en cocotte rendent la chair du gigot incomparablement fondante.

L'arôme du foin, absorbé par le gigot, imprègne le succulent jus sombre resté dans la cocotte.

Vérifier les dimensions de la cocotte avant de faire les achats : certains gigots sont arrondis, mais d'autres, très allongés, peuvent ne pas entrer dans le récipient. Faire raccourcir le gigot éventuellement.

Gigot d'agneau au foin

Une cocotte lutée enferme la saveur authentique de ce plat campagnard.

FAITES CHAUFFER le four à 220 °C, th. 8. Disposez une couche épaisse de foin dans une cocotte en fonte pouvant contenir largement le gigot. Salez et poivrez généreusement la viande et, au besoin, dégraissez-la en partie. Parsemez le foin de la moitié des herbes fraîches, posez le gigot dessus, ajoutez le reste des herbes et recouvrez d'une couche épaisse de foin. Posez le couvercle sur la cocotte.

Mélangez la farine et environ 15 cl d'eau pour former une pâte lisse et souple que vous roulerez en long boudin. Mouillez le bord de la cocotte et de son couvercle et collez-y le boudin de pâte pour les souder. Si vous manquez de pâte, refaites-en un peu. Glissez la cocotte au four et laissez cuire le gigot 1 h 45 environ (prévoyez 20 min par livre, plus 20 min).

Sortez la cocotte du four et laissez reposer 10 min. Brisez alors le joint de pâte et ôtez le couvercle. Enlevez la couche supérieure de foin et transférez le gigot dans un plat de service chaud. Filtrez le jus de cuisson, dégraissez-le et versez-le dans une saucière. Servez avec une purée de haricots blancs, des flageolets ou de simples pommes de terre cuites à l'eau.

INGRÉDIENTS

QUELQUES POIGNÉES DE FOIN PROPRE (VOUS EN TROUVEREZ DANS LES BOUTIQUES ANIMALIÈRES)
1 GIGOT D'AGNEAU DE 2,3 KG
3 BRINS DE ROMARIN FRAIS
4 BRANCHES DE THYM FRAIS
250 G DE FARINE
SEL ET POIVRE

PRÉPARATION : 15 MINUTES
CUISSON : 1 H 45
POUR 6 PERSONNES

Éloge de l'ail
Léon Daudet, fils de l'auteur de *Tartarin de Tarascon*, écrivait en 1927 dans son livre *À boire et à manger* : « L'ail [...], arrosé d'un vin de son pays, [...] procure une sensation de bien-être et de plénitude, une euphorie, [...] assez analogue à celle de l'opium, et sans aucun danger. »

Le gigot rôti, servi avec des haricots cuisinés en sauce, reste toujours un plat de fête.

Gigot aux haricots

En saison, remplacez les flageolets en conserve par des haricots frais, plus dignes d'accompagner votre gigot rôti.

Ingrédients

3 têtes d'ail
1 gigot de 2,5 kg
3 branches de thym
1 cuil. à café de graines de coriandre
1,25 kg de haricots en grains frais (haricots blancs ou flageolets)
2 oignons
2 clous de girofle
1 bouquet garni
50 g de beurre
15 cl de vin blanc
Sel et poivre

Préparation : 30 minutes
Cuisson : 1 heure
Repos : 15 minutes
Pour 8 personnes

Pelez 2 gousses d'ail et coupez-les en éclats. Incisez la surface de la viande et introduisez l'ail dans les entailles, sans oublier d'en glisser entre l'os et la souris. Émiettez le thym. Écrasez grossièrement la coriandre au pilon. Frottez la viande de thym émietté, de coriandre, de sel et de poivre, puis posez-la dans un plat à rôtir. Séparez les autres gousses d'ail, retirez juste la première peau et répartissez-les dans le plat. Laissez la viande reposer à température ambiante jusqu'à sa cuisson.

Écossez les haricots. Portez à ébullition une grande casserole d'eau. Pelez les oignons et piquez-en un avec les clous de girofle.

Mettez les haricots dans l'eau bouillante avec les oignons et le bouquet garni puis, dès le retour de l'ébullition, couvrez et laissez mijoter 30 min, jusqu'à ce que les haricots soient tendres. Salez au gros sel après 25 min de cuisson.

Faites chauffer le four à 220 °C, th. 8. Versez quelques cuillerées à soupe d'eau dans le plat à rôtir, glissez ce dernier dans le four chaud et faites cuire le gigot de 10 à 12 min par livre, selon qu'il est plus ou moins allongé ou rond.

Égouttez les haricots, mettez-les dans une sauteuse, ajoutez le beurre coupé en petits dés et remuez la sauteuse pour mélanger le beurre sans risquer d'écraser les haricots. Poivrez, couvrez et tenez au chaud.

Quand le gigot est cuit, posez-le sur une planche à découper et laissez-le reposer 15 min à l'entrée du four éteint. Dégraissez son jus de cuisson, versez le vin blanc dans le plat et faites bouillir pendant 2 min à feu vif, en grattant le fond du récipient pour le déglacer.

Découpez le gigot. Disposez les tranches dans un plat chaud et servez avec le jus en saucière et les haricots.

Double carré de porc, sauce moutarde

La purée d'oignons apporte une touche particulière à la sauce.

Dégagez l'extrémité des os sur 4 cm environ et incisez la graisse de diagonales perpendiculaires. Posez la viande dans un plat creux, graisse vers le haut, et arrosez avec le gin. Écrasez grossièrement les baies de genièvre et le poivre, puis mélangez-les avec une cuillerée à soupe de sel, les herbes et le zeste râpé et frottez-en la graisse du porc. Couvrez d'aluminium ménager et laissez mariner 12 heures au frais.

Faites chauffer le four à 180 °C, th. 6. Disposez les carrés face à face, graisse à l'extérieur et manches croisés, dans un plat à rôtir. Ficelez les os deux par deux. Glissez au four, posez à côté du plat un petit récipient empli d'eau et faites cuire la viande 2 heures, en l'arrosant de temps en temps avec le jus de cuisson. Pour vérifier que le porc est cuit, piquez-le jusqu'au cœur avec une aiguille : il doit s'écouler un jus clair.

Pendant cette cuisson, portez le lait à ébullition dans une casserole avec le bouquet garni. Couvrez et laissez infuser une heure hors du feu. Pelez les oignons, coupez-les en lamelles et faites-les fondre 30 min à feu doux avec 50 g de beurre, sans dorer.

Retirez le bouquet garni du lait, faites fondre le reste de beurre dans une casserole, incorporez la farine et remuez une min à feu doux, puis délayez peu à peu avec le lait. Portez à ébullition, en remuant pour obtenir un mélange lisse et onctueux, et laissez mijoter 3 min. Salez et poivrez, versez sur les oignons et laissez cuire encore 15 min à feu doux. Passez le tout au tamis, en pressant bien avec un pilon. Incorporez la moutarde et la crème, laissez mijoter 5 min, puis vérifiez l'assaisonnement et versez dans une saucière chaude.

Transférez la pièce de porc cuite dans un plat de service chaud, couvrez et laissez reposer 15 min dans le four éteint et ouvert.

Retirez les ficelles liant les manches et garnissez avec les brins de persil.

Ce spectaculaire rôti de porc s'accompagne à merveille de pommes de terre nouvelles et de carottes glacées.

Ingrédients

- 2 carrés de porc de 6 côtes chacun, talon entaillé entre les côtes
- 4 cuil. à soupe de gin
- 1 cuil. à soupe de baies de genièvre
- 1 cuil. à soupe de grains de poivre noir
- 2 cuil. à soupe de persil haché
- 1 cuil. à soupe de sauge fraîche hachée
- Le zeste finement râpé d'un citron
- 75 cl de lait
- 1 bouquet garni
- 400 g d'oignons
- 100 g de beurre
- 50 g de farine
- 1 cuil. à soupe de moutarde à l'ancienne
- 30 cl de crème fraîche
- Sel et poivre

Pour garnir

Brins de persil

Préparation : 45 minutes
Marinage : 12 heures
Cuisson : 2 heures
Repos : 15 minutes
Pour 12 personnes

Côtes de porc au vin blanc

Cuites à la poêle, ces côtes de porc sont nappées d'une sauce au jambon cru, aux champignons et au vin blanc.

Ingrédients

1 tranche épaisse de jambon cru
2 échalotes
1 gousse d'ail
125 g de champignons de Paris
1/2 citron
40 g de beurre
2 pincées de farine
1 branche de thym
1 feuille de laurier
2 pincées de poivre concassé
2 clous de girofle
10 cl de vin blanc
1 cuil. à soupe d'huile
4 côtes de porc
2 cuil. à soupe de vinaigre de vin
1 grosse cuil. à soupe de ciboulette hachée
Sel

Préparation : 20 minutes
Cuisson : 40 minutes
Pour 4 personnes

Taillez le jambon cru en bâtonnets. Pelez et hachez les échalotes. Pelez et écrasez l'ail. Nettoyez les champignons, coupez-les en lamelles et pressez le demi-citron au-dessus.

Mettez à fondre la moitié du beurre dans une petite casserole et faites-y revenir le jambon, les échalotes et l'ail. Ajoutez les champignons, faites dorer 5 min, puis poudrez avec la farine et mélangez. Ajoutez le thym, le laurier, le poivre concassé, les clous de girofle et du sel. Arrosez avec le vin blanc et la même quantité d'eau, puis portez à ébullition, couvrez et laissez frémir pendant 30 min. À mi-cuisson de la sauce, salez et poivrez les côtes de porc. Faites chauffer l'huile dans une poêle, ajoutez le reste de beurre et faites-y revenir les côtes 2 min de chaque côté, à feu vif. Réduisez ensuite le feu et faites cuire pendant encore 10 min, en retournant la viande au bout de 5 min.

Retirez les côtes de la poêle et tenez-les au chaud dans un plat de service. Videz la graisse contenue dans la poêle et versez-y le vinaigre. Portez à ébullition en grattant pour dissoudre les sucs de viande, puis ajoutez ce jus à la sauce. Mélangez, enlevez le thym et le laurier, rectifiez l'assaisonnement et versez sur les côtes de porc avant de parsemer de ciboulette.

N'hésitez pas à préparer à l'avance la sauce de ces côtes de porc, qui cuiront, elles, à la dernière minute.

La sauge, le romarin, l'ail et le poivre sont indispensables pour relever la saveur de ce carré de porc.

LES BIENFAITS DE LA SAUGE
Le nom latin de la sauge, *Salvia*, signifie guérison. De célèbres médecins du XIXe siècle considéraient qu'elle était fort utile dans certaines affections du foie et des reins, et ce n'est pas un hasard si on l'associe traditionnellement à des aliments plutôt gras ou indigestes.

Rôti de porc au lait

Rendu fondant par une cuisson douce dans du lait entier, le rôti de porc est ensuite caramélisé sous le gril.

FAITES CHAUFFER le four à 150 °C, th. 4-5.

Mettez à fondre le saindoux dans une cocotte ovale, faites-y revenir la viande de tous les côtés, puis retirez la graisse.

Rincez la sauge et le romarin, hachez-les grossièrement. Pelez et écrasez les gousses d'ail, puis répartissez-les autour de la viande avec les herbes et les grains de poivre. Poudrez de noix muscade et de sel, ajoutez l'os du carré de porc, versez le lait dans la cocotte et portez doucement à ébullition, en veillant à ce que le lait ne déborde pas.

Retirez la cocotte du feu, mettez-la au four et laissez cuire 1 h 30, en retournant la viande de temps en temps et en crevant la peau du lait. Sortez ensuite la cocotte du four, couvrez-la et faites chauffer le gril.

Égouttez le rôti, posez-le sur la grille d'un plat à rôtir et laissez-le caraméliser sous le gril, en le tournant peu à peu.

Pendant ce temps, retirez l'os de la sauce et filtrez celle-ci dans un tamis en pilant fortement, puis passez au mixeur pour obtenir une crème lisse. Faites-la réchauffer à feu doux, sans laisser bouillir, puis rectifiez l'assaisonnement et versez dans une saucière chaude. Servez aussitôt, avec le rôti bien caramélisé.

INGRÉDIENTS

- 1 CUIL. À SOUPE DE SAINDOUX
- 1 CARRÉ DE PORC DE 1,2 KG APRÈS DÉSOSSAGE, AVEC L'OS À PART
- 6 FEUILLES DE SAUGE
- 1 BRANCHE DE ROMARIN
- 1 TÊTE D'AIL NOUVEAU
- 1 CUIL. À CAFÉ DE GRAINS DE POIVRE
- 3 GROSSES PINCÉES DE NOIX MUSCADE RÂPÉE
- 1 LITRE DE LAIT ENTIER
- SEL

PRÉPARATION : 20 MINUTES
CUISSON : 2 HEURES ENVIRON
POUR 6 PERSONNES

Potée

Personne ne peut revendiquer la paternité de « la » potée : chaque famille a sa recette propre depuis des générations...

Ingrédients

- 2 oignons
- 2 clous de girofle
- 600 g de poitrine de porc fumée
- 1 jambonneau frais
- 6 carottes
- 3 navets
- 3 poireaux
- 1 feuille de laurier
- 3 branches de céleri
- 3 branches de persil
- 1/2 tête d'ail
- 1 petit chou frisé
- 2 saucisses de Morteau
- 10 grains de poivre
- 6 pommes de terre
- 2 courgettes
- Sel

Préparation : 45 minutes
Cuisson : 1 h 45
Pour 6 personnes

Pelez les oignons et piquez-les avec les clous de girofle. Mettez-les dans une marmite avec la poitrine fumée et le jambonneau, couvrez très largement d'eau froide et portez doucement à ébullition.

Épluchez les carottes, les navets et les poireaux. Lavez-les soigneusement, puis coupez le vert et liez-le en botte avec le laurier, le céleri et le persil. Coupez la demi-tête d'ail en deux. Ajoutez-la dans la marmite ainsi que le bouquet d'herbes, ramenez à ébullition et laissez frémir 30 min, en écumant régulièrement.

Pendant ce temps, faites bouillir une grande casserole d'eau. Retirez les premières feuilles du chou et ôtez le trognon. Coupez le chou en six et faites-le cuire 10 min à l'eau bouillante, puis égouttez-le.

Piquez la peau des saucisses avec une fourchette. Ajoutez celles-ci dans la marmite avec les carottes, les navets, le blanc des poireaux, le chou et du sel. Enfermez le poivre dans un carré de mousseline et ajoutez-le, puis laissez cuire une heure.

Pelez les pommes de terre et lavez-les, lavez les courgettes et coupez-les en tronçons. Ajoutez courgettes et pommes de terre 30 min avant la fin de la cuisson.

Pour servir, égouttez les légumes et mettez-les dans un plat. Coupez la poitrine et le jambonneau en tranches. Tranchez les saucisses en rondelles épaisses. Déposez les viandes sur les légumes, arrosez avec quelques louches du jus de cuisson et servez très chaud.

Si vous voulez ajouter des haricots frais, écossez 1,250 kg de haricots blancs ou rouges. Faites bouillir de l'eau, jetez-y les haricots, salez et laissez cuire 30 min. Égouttez les haricots et ajoutez-les dans la marmite 10 min avant la fin de la cuisson.

Pour des haricots secs, faites tremper 250 g de haricots en grains pendant 12 heures au plus. Égouttez-les, mettez-les dans une casserole d'eau froide et faites cuire 45 min. Égouttez-les et ajoutez-les à la potée une heure avant la fin de la cuisson.

La potée ne se préparait pas selon des règles strictes, car c'est un plat dans lequel chacun mettait les viandes et les légumes dont il disposait, surtout s'ils venaient du jardin. Il y entrait cependant toujours un ingrédient fumé (lard, saucisses ou saucisson à cuire) pour le parfum qu'il apporte. Le nombre de convives et les circonstances ont aussi un rôle déterminant.

En Bretagne, l'une des nombreuses recettes de famille préconise encore une épaule d'agneau désossée et roulée en plus du saucisson et du lard ainsi, éventuellement, qu'un demi-canard. En Alsace, on donne la préférence aux viandes fumées, dont la belle couleur rouge est particulièrement appétissante. En Lorraine, la potée se fait avec du lard fumé maigre et un morceau de jambon. Les Champenois utilisent du jambon, du lard maigre et du saucisson, tandis que les Auvergnats y ajoutent volontiers des saucisses séchées ou confites conservées en pot. Chacun sert le bouillon sur des tranches de pain. En Savoie, en plus des viandes et des légumes traditionnels, la potée comprend volontiers des longeôles (saucissons à cuire), des diots (petites saucisses de porc et de bœuf mélangés) et des raves violettes.

Les potées bretonnes s'enorgueillissent en outre d'une spécialité, le farz, qui diffère selon les endroits et les familles. Mettez les viandes, les légumes et les aromates à cuire dans une marmite. Mélangez 250 g de farine de blé noir, 100 g de beurre, un verre de lait, un œuf, 3 cuillerées à soupe de crème et un peu de bouillon prélevé dans la marmite pour obtenir une pâte épaisse mais malléable. Salez, ajoutez une douzaine de pruneaux dénoyautés ou 100 g de raisins secs. Enfermez cette pâte dans un sac en toile, ficelez, sans serrer pour laisser gonfler, plongez ce farz dans la marmite et laissez cuire une heure. Cette préparation peut aussi être façonnée en boulettes, que l'on fait pocher plus rapidement dans le bouillon ou, à part, dans de l'eau bouillante.

Comme le faisaient nos grands-mères, variez à volonté les composants de cette potée avec les légumes et les viandes à bouillir de votre choix.

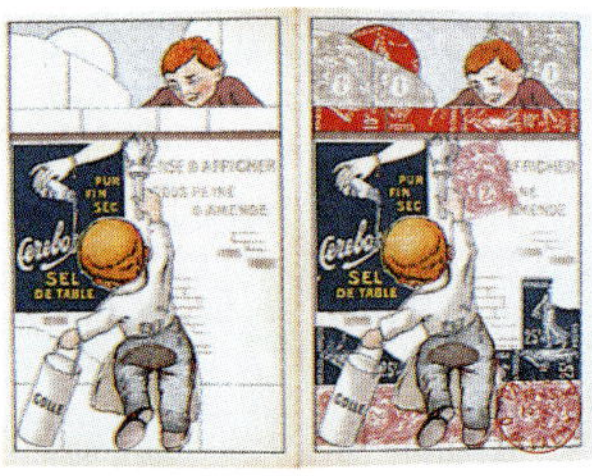

Sel et fleur de sel
Malgré des décennies d'engouement pour le sel blanc raffiné, Guérande, en Bretagne, et Noirmoutier, en Vendée, ont toujours gardé le goût de la « fleur de sel », de teinte grisâtre et cueillie à la surface des marais, alors que le « sel de cristaux » est, quant à lui, ramassé au fond.

Pur régal campagnard, le petit salé est, aussi, exceptionnellement riche sur le plan nutritif.

Petit salé aux lentilles

Le dessalage convenable du porc et une cuisson judicieuse des lentilles sont essentiels à l'harmonie de ce plat.

Ingrédients

- 1 kg de porc demi-sel (palette, épaule ou plat de côtes)
- 3 carottes
- 1 oignon
- 2 clous de girofle
- 2 gousses d'ail
- 300 g de lentilles
- 1 bouquet garni
- 200 g de lard fumé
- Sel, poivre

Dessalage : 2 à 24 heures
Préparation : 25 minutes
Cuisson : 1 h 30 environ
Pour 4 ou 5 personnes

Plongez la viande dans un grand récipient d'eau froide et laissez-la tremper 2 à 24 heures, selon les indications du charcutier, en renouvelant l'eau deux ou trois fois. Ensuite, rincez-la, mettez-la dans une casserole et couvrez-la d'eau froide. Portez lentement à ébullition et écumez, puis laissez frémir 45 min.

Pendant ce temps, grattez les carottes et coupez-les en rondelles. Pelez l'oignon et piquez-le avec les clous de girofle. Pelez et écrasez les gousses d'ail.

Rincez les lentilles et mettez-les dans un faitout. Couvrez-les très largement d'eau froide et portez doucement à ébullition. Ajoutez ensuite les carottes, l'oignon, l'ail et le bouquet garni, poivrez et laissez reprendre l'ébullition.

Égouttez la viande et ajoutez-la aux lentilles, ainsi que le lard. Couvrez et laissez frémir à feu doux de 30 à 40 min, jusqu'à ce que les lentilles soient tendres. Vérifiez l'assaisonnement, qui dépend du degré de salaison de la viande, et rectifiez-le éventuellement à votre goût.

Retirez du faitout le bouquet garni et l'oignon. Égouttez les lentilles et les carottes, puis mettez-les dans un plat de service chaud. Coupez le lard en lardons et mélangez ces derniers aux lentilles. Découpez la viande, disposez les morceaux sur les lentilles et servez très chaud.

Chou farci

Le chou est un légume peu coûteux. Farci, il devient en outre moelleux et savoureux.

INGRÉDIENTS

- 1 CHOU FRISÉ BIEN POMMÉ
- 1 DIZAINE DE MARRONS EN BOÎTE
- 2 ÉCHALOTES
- 2 GOUSSES D'AIL
- 1 PETIT BOUQUET DE PERSIL PLAT
- 150 G DE VEAU
- 150 G DE CHAIR À SAUCISSE
- 1 CUIL. À SOUPE DE SAINDOUX
- 1 ŒUF
- 15 CL DE CRÈME FRAÎCHE ÉPAISSE
- NOIX MUSCADE
- 2 BRANCHES DE THYM
- 50 G DE BEURRE
- 1 GRANDE BARDE DE LARD
- 20 CL DE VIN BLANC
- 1 CUIL. À SOUPE DE MOUTARDE FORTE
- SEL, POIVRE

PRÉPARATION : 1 HEURE
CUISSON : 2 HEURES ENVIRON
POUR 4 PERSONNES

PORTEZ une grande casserole d'eau à ébullition et salez-la. Ôtez le trognon et les premières feuilles dures du chou. Incisez la tige tout autour, très profondément, pour enlever le plus possible du trognon sans détacher les feuilles. Plongez le chou dans l'eau bouillante et laissez-le cuire 10 min à gros bouillons.

Rincez les marrons. Pelez les échalotes et l'ail. Rincez le persil, épongez-le et effeuillez-le. Coupez le veau en morceaux et passez-le au hachoir muni de la grosse grille, ainsi que les échalotes, l'ail, le persil et les marrons. Mélangez ce hachis à la chair à saucisse.

Mettez à fondre le saindoux dans une cocotte et faites-y revenir le mélange pendant 7 à 8 min en remuant sans cesse, puis retirez du feu et laissez tiédir. Ajoutez alors l'œuf battu, une cuillerée à soupe de crème fraîche, 2 pincées de noix muscade, le thym émietté, un peu de sel et du poivre. Faites simplement fondre le beurre dans une petite casserole.

Faites chauffer le four à 140 °C, th. 4.

Écartez les feuilles du chou et garnissez les intervalles avec la farce, en commençant par le centre. Enfermez-le dans la barde de lard et ficelez bien serré. Posez-le dans une cocotte, arrosez-le avec le beurre fondu et le vin blanc, couvrez la cocotte et faites cuire au four de 1 h 30 à 2 heures. Toutes les 30 min, ouvrez la cocotte et arrosez le chou avec son jus de cuisson.

Quand le chou est tendre, sortez-le de la cocotte avec précaution, défaites la ficelle et retirez la barde. Coupez le chou en quatre, disposez-le dans un plat de service et tenez au chaud. Videz la graisse contenue dans la cocotte, versez-y le reste de la crème fraîche et faites bouillir une min, en grattant le fond du récipient. Ajoutez la moutarde hors du feu, puis mélangez au fouet à main et versez dans une saucière. Servez aussitôt.

Les marrons apportent leur douceur à la farce de ce chou, nappé à la dernière minute d'une sauce à la crème.

INGRÉDIENTS

250 G DE PRUNEAUX DÉNOYAUTÉS
30 CL DE VIN BLANC
1 BÂTON DE CANNELLE
2 ÉCHALOTES
1 CAROTTE
2 FILETS MIGNONS DE PORC
3 CUIL. À SOUPE DE FARINE
30 G DE SAINDOUX OU DE BEURRE
1 GROSSE CUIL. À SOUPE DE GELÉE DE GROSEILLE
1 CUIL. À SOUPE DE CRÈME FRAÎCHE ÉPAISSE
SEL ET POIVRE

PRÉPARATION : 20 MINUTES
CUISSON : 35 MINUTES
POUR 6 PERSONNES

Filet mignon aux pruneaux

Dans cette recette, un peu de gelée de groseille rehausse l'harmonie familière du porc et des pruneaux.

RINCEZ les pruneaux à l'eau courante et mettez-les dans une casserole ainsi que le vin blanc et la cannelle. Portez à ébullition, puis couvrez et laissez juste frémir de 20 à 30 min, de façon que le vin soit presque totalement évaporé.

Pendant ce temps, pelez et hachez les échalotes. Grattez la carotte et coupez-la en petits dés. Coupez les filets mignons en tranches de 2 cm d'épaisseur environ. Salez et poivrez la farine, puis passez-y les tranches de viande.

Mettez à fondre le saindoux ou le beurre dans une sauteuse et faites-y revenir les tranches de viande, les échalotes et la carotte 2 à 3 min, en les retournant. Puis baissez le feu et faites encore cuire les tranches de viande 8 min de chaque côté.

Rangez les filets mignons dans un plat de service. Égouttez les pruneaux en conservant leur liquide de cuisson, ajoutez-les à la viande et tenez au chaud.

Videz l'excédent de graisse contenue dans la sauteuse, versez-y le liquide de cuisson des pruneaux et faites bouillir, en grattant le fond du récipient avec une cuillère en bois. Ajoutez la gelée de groseille, faites-la juste fondre en remuant, puis ajoutez la crème fraîche et laissez épaissir une à 2 min en remuant. Vérifiez l'assaisonnement, puis versez la sauce sur les tranches de filet mignon et servez aussitôt.

Le vin blanc et la gelée de groseille équilibrent de leur acidité la douceur moelleuse des pruneaux.

Les filets mignons sont des petits morceaux qui conviennent généralement pour trois personnes. Comme il n'y en a que deux dans chaque animal, il est prudent de les commander à son boucher.

Les saveurs fumées de la viande et du lard mêlées à celle de l'huile de noix donnent à ce plat un vrai goût de campagne.

Premiers autocuiseurs
Les marmites à pression, inspirées d'une marmite construite par Denis Papin en 1680, apparurent sur le marché de 1927 à 1929. Auto-Thermos des Ateliers de Boulogne, Marmite Bovex de Girel, Parfaite de Perfecta ou Presto de Schaeffer : autant de modèles, autant de formes.

Palette de porc, salade de pommes de terre tiède

Voici un plat franchement rustique, pour réchauffer vos menus d'hiver.

La veille, plongez la palette dans un grand récipient d'eau fraîche et laissez-la dessaler 24 heures en changeant l'eau une ou deux fois.

Rincez la palette, mettez-la dans une marmite et couvrez-la très largement d'eau froide. Portez doucement à ébullition, puis baissez le feu, couvrez et laissez frémir pendant une heure.

Pendant cette cuisson, brossez les pommes de terre sous l'eau courante, mettez-les dans une casserole d'eau froide, portez à ébullition et laissez cuire 25 min. Pelez et écrasez l'ail. Pelez les oignons et hachez-les finement. Rincez et hachez le persil. Lorsque les pommes de terre sont cuites, égouttez-les, pelez-les et coupez-les en rondelles sans les laisser refroidir. Mettez-les dans un saladier et arrosez-les avec le vin blanc.

Mélangez la moutarde dans un bol avec du sel et du poivre. Ajoutez le vinaigre, puis incorporez les huiles et émulsionnez la sauce à la fourchette. Ajoutez aux pommes de terre l'ail et les oignons, arrosez avec la vinaigrette et parsemez de persil haché. Coupez les cornichons en rondelles et ajoutez-les aux légumes.

Coupez le lard en bâtonnets fins. Faites-les dorer dans une poêle et parsemez-en la salade. Coupez la palette en tranches, déposez celles-ci sur la salade et servez.

Ingrédients

- 1 kg de palette de porc fumée et salée
- 6 pommes de terre à chair ferme de 100 g environ chacune
- 1 gousse d'ail
- 3 petits oignons nouveaux
- 2 ou 3 branches de persil plat
- 15 cl de vin blanc
- 1 cuil. à café de moutarde
- 2 cuil. à soupe de vinaigre de vin
- 3 cuil. à soupe d'huile d'olive
- 1 cuil. à soupe d'huile de noix
- 3 cornichons
- 100 g de lard fumé
- Sel et poivre

Dessalage : 24 heures
Préparation : 40 minutes
Cuisson : 1 h 10
Pour 5 ou 6 personnes

Les saucisses préparées à la maison ont un parfum et une saveur inégalables.

Saucisses de ménage

Préparez vos saucisses vous-même pour les aromatiser à votre goût.

Ingrédients

200 g de mie de pain rassis
Boyau naturel à saucisse ou farine
500 g de viande de porc maigre
250 g de lard gras frais
1 cuil. à soupe de sauge fraîche hachée ou 3/4 de cuil. à café de sauge séchée
1 cuil. à café de thym frais haché ou 1/4 de cuil. à café de thym séché
1/2 cuil. à café de quatre-épices
1/4 de cuil. à café de poivre
2 cuil. à café de sel

Préparation : 1 heure
Réfrigération : 24 heures
Cuisson : 15 minutes
Pour 1 kg de saucisses

Faites tremper la mie de pain 10 min dans de l'eau froide, puis essorez-la. Pendant ce temps, rincez soigneusement le boyau : attachez une de ses extrémités au robinet d'eau froide et laissez l'eau couler dedans, ou fixez-le à un entonnoir et versez-y de l'eau.

Hachez la viande et le lard, une fois pour obtenir une préparation grossière, deux fois pour une chair à saucisse plus fine. N'employez pas de robot électrique, il broierait les fibres de la viande. Mettez la chair à saucisse dans une terrine, ajoutez la mie de pain et toutes les herbes, le quatre-épices, le poivre et le sel, puis mélangez bien avec les mains.

Si vous possédez un appareil équipé d'un accessoire pour remplir les saucisses, reportez-vous aux conseils du fabricant. Sinon, versez la chair à saucisse dans une grande poche munie d'une douille lisse de 1,5 cm environ de diamètre. Mouillez le bord de la douille et la poche, puis emplissez cette dernière de chair à saucisse jusqu'à la douille, en tassant peu à peu : attention, ne farcissez pas directement le boyau car il risquerait d'éclater.

Pressez doucement sur la poche à douille pour emplir le boyau, que vous tordrez à intervalles réguliers pour former les saucisses de la taille qui vous convient. Coupez l'excédent de boyau.

Si vous n'avez pas trouvé de boyau pour vos saucisses, ou si vous les préférez sans peau, façonnez la chair à saucisse en cylindres réguliers et passez-les dans la farine.

Posez les saucisses dans un plat creux, mettez au réfrigérateur et laissez reposer ainsi 24 heures avant de les faire cuire, pour permettre aux aromates d'imprégner la viande et réduire les risques d'éclatement du boyau à la cuisson.

Piquez la peau des saucisses de tous côtés avec une aiguille et faites-les griller dans une poêle chaude environ 15 min, en les tournant régulièrement. Si vous voulez les accompagner d'une sauce, faites frémir 10 cl de vin blanc dans la poêle de cuisson et ajoutez une cuillerée à soupe de crème fraîche.

Pain de viande

Une sauce aux champignons parachève ce festival de textures et de saveurs.

GRATTEZ les carottes et coupez-les en deux dans la longueur. Coupez les courgettes en deux, puis fendez en quatre chacun des tronçons.

Faites chauffer le four à 180 °C, th. 6. Tapissez de papier sulfurisé beurré un petit moule à cake et dessinez au fond un motif décoratif avec les morceaux de carotte et de courgette.

Nettoyez les champignons et hachez-en la moitié. Mettez ce hachis dans une terrine avec le veau, le lard fumé, la mie de pain, le zeste de citron, la noix muscade, le piment de Cayenne et l'œuf. Salez à volonté et mélangez bien, puis versez dans le moule en veillant à ne pas défaire le motif de légumes. Tassez légèrement et lissez la surface.

Faites cuire à mi-hauteur du four de 50 min à une heure. Pour vérifier la cuisson, enfoncez une aiguille au centre du pain de viande, puis posez la pointe de cette aiguille sur le dos de votre main : celle-ci doit être brûlante. Sortez alors le moule du four. Versez avec précaution le jus de cuisson dans un verre gradué et complétez avec suffisamment de lait pour obtenir 30 cl de liquide. Démoulez le pain de viande dans un plat de service et recouvrez-le avec le moule pour le tenir au chaud.

Coupez le reste des champignons en lamelles. Mettez à fondre le beurre dans une casserole et faites-y revenir les lamelles de champignon 2 à 3 min. Poudrez avec la farine, mélangez une min, puis délayez peu à peu avec le mélange de jus de cuisson et de lait. Portez à ébullition en remuant constamment pour faire épaissir, salez, poivrez et laissez mijoter 5 min.

Dégagez le pain de viande du moule et garnissez-le avec les feuilles de sauge. Versez la sauce dans une saucière et servez très chaud.

INGRÉDIENTS

- QUELQUES PETITES CAROTTES
- 2 OU 3 COURGETTES NAINES
- 40 G DE BEURRE
- 150 G DE PETITS CHAMPIGNONS DE PARIS
- 800 G DE VEAU HACHÉ
- 200 G DE LARD FUMÉ HACHÉ
- 60 G DE MIE DE PAIN FRAÎCHE ÉMIETTÉE
- LE ZESTE FINEMENT RÂPÉ D'UN DEMI-CITRON
- 1/2 CUIL. À CAFÉ DE NOIX MUSCADE RÂPÉE
- 2 OU 3 PINCÉES DE PIMENT DE CAYENNE
- 1 ŒUF
- 20 CL DE LAIT ENVIRON
- 1 CUIL. À SOUPE DE FARINE
- SEL ET POIVRE

POUR GARNIR

FEUILLES DE SAUGE

PRÉPARATION : 30 MINUTES
CUISSON : 1 HEURE
POUR 6 PERSONNES

Une décoration de carottes et de courgettes égaiera ce plat substantiel.

Préparer la même recette avec moitié veau, moitié porc.

Cuits dans une fine gangue de graisse, les rognons restent tendres et juteux.

LE TOPINAMBOUR
Ce tubercule, que la pomme de terre avait peu à peu relégué au rang de fourrage, fit sa réapparition sur les tables au moment des restrictions de 1940. Dans des circonstances plus favorables, toutes les préparations de la pomme de terre conviennent à sa chair douce et légèrement sucrée.

Rognons de veau sautés

Servis en accompagnement de rognons de veau, les topinambours et les salsifis recouvrent leurs lettres de noblesse.

INGRÉDIENTS

2 ROGNONS DE VEAU ENTOURÉS D'UNE FINE COUCHE DE GRAISSE
60 G DE BEURRE
2 OU 3 BRINS DE ROMARIN
10 CL DE VIN BLANC
1 CUIL. À CAFÉ DE JUS DE CITRON
2 CUIL. À SOUPE DE PERSIL HACHÉ
1/2 CUIL. À SOUPE DE MOUTARDE FORTE
SEL ET POIVRE

POUR LA GARNITURE
600 G DE TOPINAMBOURS
75 G DE BEURRE
1/2 BOÎTE DE SALSIFIS
SEL ET POIVRE

PRÉPARATION : 30 MINUTES
CUISSON : 45 MINUTES
POUR 5 OU 6 PERSONNES

PRÉPAREZ la garniture : pelez les topinambours et coupez-les en morceaux. Faites-les cuire 10 min à l'eau bouillante salée, puis égouttez-les. Faites fondre 50 g de beurre dans une sauteuse, versez-y les topinambours, couvrez et laissez mijoter à feu très doux pendant la suite des opérations.

Mettez à chauffer 40 g de beurre dans une poêle et faites-y revenir les rognons 5 min à feu vif, puis baissez le feu, émiettez le romarin au-dessus et laissez cuire de 12 à 15 min à feu modéré.

Pendant ce temps, versez les salsifis dans une passoire, rincez-les à l'eau froide et égouttez-les. Faites fondre dans une casserole le reste du beurre prévu pour la garniture, ajoutez-y les salsifis, salez et poivrez. Couvrez et laissez chauffer à feu aussi doux que possible.

Quand les rognons sont cuits, égouttez-les à l'écumoire, remettez leur poêle de cuisson sur le feu et versez-y le vin blanc. Laissez évaporer de moitié, en grattant le fond du récipient pour dissoudre les sucs. Ajoutez le jus de citron, le reste de beurre, le persil et la moutarde. Mélangez sans laisser bouillir. Faites réchauffer les rognons dans la sauce, à feu très doux pendant une à 2 min, puis déposez dans un plat de service chaud avec les topinambours, les salsifis et, éventuellement, des pommes de terre nouvelles rissolées dans leur peau.

Coeur de veau farci

Un peu long à réaliser, ce plat ne manque pas d'originalité : il met en valeur un abat que d'aucuns tiennent pour peu prestigieux.

NETTOYEZ soigneusement le cœur de veau en retirant tous les caillots. Rincez-le sous l'eau froide, épongez-le et faites-y six fentes verticales, parallèles et à intervalles réguliers, du haut jusqu'au milieu.

Préparez la farce : retirez la croûte du pain et arrosez la mie avec le lait. Pelez et hachez les échalotes. Rincez et hachez le persil. Pelez et écrasez l'ail. Rincez et hachez l'estragon. Essorez la mie de pain entre vos mains, mettez-la dans une jatte avec les échalotes, le persil, l'ail et l'estragon, puis ajoutez-y la chair à saucisse et l'œuf. Salez, poivrez et mélangez bien.

Disposez la farce dans les fentes pratiquées précédemment et ficelez le cœur. Taillez le lard en petits lardons fins. Grattez les carottes et coupez-les en bâtonnets. Pelez et hachez le gros oignon. Pelez les petits oignons.

Faites chauffer l'huile dans une cocotte, ajoutez le beurre et faites dorer les lardons 5 min, en les remuant. Ajoutez alors le cœur farci et faites-le revenir 5 à 6 min de tous les côtés. Pendant ce temps, faites chauffer le bouillon.

Quand le cœur est bien doré, arrosez-le avec le bouillon et complétez avec un peu d'eau chaude pour le recouvrir totalement. Salez légèrement. Poivrez. Ajoutez le madère, les carottes, tous les oignons et le bouquet garni. Portez à ébullition, puis couvrez et laissez frémir environ 2 heures.

Ensuite, égouttez le cœur, retirez-en les fils, découpez-le en tranches transversales et disposez ces dernières dans un plat de service. Égouttez les carottes et les oignons, puis entourez-en les tranches de cœur.

Filtrez le jus de cuisson au-dessus d'une saucière et servez aussitôt.

INGRÉDIENTS

- 1 CŒUR DE VEAU
- 30 G DE LARD FUMÉ
- 3 CAROTTES
- 1 GROS OIGNON
- 8 PETITS OIGNONS
- 2 CUIL. À SOUPE D'HUILE
- 20 G DE BEURRE
- 50 CL DE BOUILLON
- 3 CUIL. À SOUPE DE MADÈRE
- 1 BOUQUET GARNI
- SEL ET POIVRE

POUR LA FARCE

- 1 PETITE TRANCHE DE PAIN DE MIE
- 1 CUIL. À SOUPE DE LAIT
- 2 ÉCHALOTES
- 3 BRANCHES DE PERSIL
- 1 GOUSSE D'AIL
- 4 FEUILLES D'ESTRAGON
- 100 G DE CHAIR À SAUCISSE
- 1 PETIT ŒUF
- SEL ET POIVRE

PRÉPARATION : 40 MINUTES
CUISSON : 2 H 10
POUR 4 PERSONNES

Une farce à la chair à saucisse apporte saveur et moelleux au cœur de veau braisé.

LES MÈRES LYONNAISES
Françoise Foujolle, devenue par alliance la Mère Fillioux, fut à l'origine de la lignée des Mères lyonnaises, ces anciens cordons-bleus de maisons bourgeoises qui exécutaient à merveille les recettes traditionnelles et ajoutèrent au renom de la cuisine lyonnaise.

Autrefois préparée de cent façons différentes, la langue offre toujours d'excellentes possibilités.

Langue de veau, sauce tomate

Une sauce raffinée à la cannelle remet au goût du jour cet abat naguère fort apprécié.

INGRÉDIENTS

- 1 LANGUE DE VEAU
- 2 CUIL. À SOUPE DE VINAIGRE
- 1 GROS OIGNON
- 2 CLOUS DE GIROFLE
- 1 BOUQUET GARNI
- 4 OU 5 GRAINS DE POIVRE
- 1 POIGNÉE DE GROS SEL

POUR LA SAUCE

- 1 OIGNON
- 2 ÉCHALOTES
- 1 CAROTTE
- 1 KG DE TOMATES
- 3 BRANCHES DE PERSIL
- 1 BRANCHE DE CÉLERI
- 1 CUIL. À SOUPE D'HUILE D'OLIVE
- 1 BRANCHE DE THYM
- 1 FEUILLE DE LAURIER
- 50 G DE BEURRE
- 30 G DE FARINE
- 1 PINCÉE DE CANNELLE EN POUDRE
- SEL ET POIVRE

PRÉPARATION : 40 MINUTES
DÉGORGEMENT : 1 HEURE
CUISSON : 1 H 30 ENVIRON
POUR 4 PERSONNES

BROSSEZ la langue sous l'eau froide courante, plongez-la dans un grand récipient d'eau fraîche additionnée du vinaigre et laissez-la dégorger une heure.

Pelez l'oignon et piquez-le des clous de girofle. Égouttez la langue, rincez-la, mettez-la dans une marmite et couvrez-la d'eau froide. Ajoutez l'oignon, le bouquet garni, les grains de poivre et le gros sel. Portez à ébullition et écumez soigneusement, puis baissez le feu et laissez frémir 1 h 15.

Pendant ce temps, préparez la sauce : pelez et hachez l'oignon et les échalotes. Grattez la carotte et coupez-la en dés. Lavez les tomates et coupez-les en quatre. Lavez le persil. Effilez et lavez le céleri.

Mettez à chauffer l'huile d'olive dans une sauteuse et faites-y blondir 5 min l'oignon et les échalotes. Ajoutez la carotte, faites revenir 2 min, puis ajoutez les tomates, le persil, le thym, le laurier et le céleri. Mélangez et laissez cuire 10 min en remuant, puis passez au tamis ou au moulin à légumes au-dessus d'une jatte.

Prélevez 30 cl du bouillon de cuisson de la langue et dégraissez-le. Faites fondre 30 g de beurre dans une casserole, poudrez avec la farine et remuez 2 min à feu doux, puis délayez avec le bouillon et la purée de tomates et laissez mijoter 30 min. Vérifiez l'assaisonnement. Ajoutez la cannelle et 10 g de beurre.

Quand la langue est cuite, égouttez-la, retirez la peau et coupez-la en tranches. Disposez les tranches dans un plat de service et servez aussitôt avec la sauce, accompagné de carottes et de navets nouveaux cuits à la vapeur.

Pour une langue de bœuf, comptez 3 heures de cuisson.

Ris de veau aux morilles

Traitez avec précaution les deux composants principaux de ce plat, merveilleux de finesse.

INGRÉDIENTS

600 G DE RIS DE VEAU
30 G DE MORILLES SÉCHÉES
2 ÉCHALOTES
1 GROSSE CAROTTE
50 G DE BEURRE
2 CUIL. À SOUPE DE FARINE
15 CL DE PORTO
15 CL DE CRÈME FRAÎCHE ÉPAISSE
SEL ET POIVRE

PRÉPARATION : 30 MINUTES
REPOS : 1 HEURE AU MOINS
CUISSON : 45 MINUTES
POUR 4 PERSONNES

METTEZ les ris de veau dans une casserole, couvrez-les d'eau froide et portez doucement à ébullition. Versez aussitôt les ris de veau dans une passoire, rafraîchissez-les sous l'eau froide et retirez les parties grasses et cartilagineuses. Disposez les ris dans une assiette, recouvrez avec une seconde assiette retournée, posez un poids sur le tout et laissez reposer ainsi pendant une heure au moins.

Pendant ce temps, faites tremper les morilles dans une jatte d'eau tiède.

Pelez les échalotes et hachez-les finement. Grattez la carotte, lavez-la et coupez-la en très petits dés. Faites fondre 30 g de beurre dans une sauteuse. Ajoutez les dés de carotte et une cuillerée à café d'échalotes hachées, puis couvrez et laissez fondre à feu très doux pendant 5 min.

Versez la farine dans une assiette, salez et poivrez-la. Coupez les ris de veau en tranches de 1 cm environ d'épaisseur, passez-les dans la farine, puis secouez-les pour en faire tomber l'excédent. Augmentez le feu sous la sauteuse et ajoutez-y les ris de veau. Laissez-les blondir 10 min à feu moyen, en les retournant plusieurs fois.

Pendant cette cuisson, égouttez les morilles, coupez-les en deux et rincez-les sous l'eau courante, en veillant à ne pas laisser de terre dans les alvéoles, puis épongez-les.

Mettez à chauffer le reste du beurre dans une poêle et faites-y blondir le reste des échalotes 2 à 3 min, puis ajoutez les morilles. Salez, poivrez et laissez cuire 10 min à feu doux.

Ajoutez ensuite les morilles aux ris de veau. Versez le porto et la crème fraîche dans la sauteuse, mélangez délicatement et laissez cuire 15 min à feu doux pour faire épaissir la sauce.

Rectifiez l'assaisonnement au besoin, versez dans un plat de service chaud et servez aussitôt.

Le porto ajoute de la douceur et du corps à la sauce des ris de veau aux morilles.

La sauce au madère fait de ce foie de veau un plat de choix.

Foie de veau aux oignons

Ce plat délicieux a pour avantages une préparation élémentaire et une cuisson très rapide.

Ingrédients

- 2 oignons moyens
- 2 cuil. à soupe d'huile d'olive
- 4 tranches de lard fumé maigre découennées
- 2 cuil. à soupe de farine
- 500 g de foie de veau coupé en 4 tranches fines
- 30 g de beurre
- 16 feuilles de sauge fraîche
- 6 cuil. à soupe de madère
- 30 cl de bouillon de poule
- Sel et poivre

Préparation : 10 minutes
Cuisson : 15 minutes
Pour 4 personnes

Pelez les oignons et coupez-les en lamelles fines. Mettez à chauffer la moitié de l'huile dans une grande poêle et faites-y dorer les tranches de lard des deux côtés, puis égouttez-les sur du papier absorbant et tenez au chaud.

Versez le reste de l'huile dans la poêle. Faites-y dorer les oignons à feu modéré.

Pendant cette cuisson, assaisonnez la farine de sel et de poivre. Recouvrez uniformément les tranches de foie avec ce mélange, puis secouez-les pour en faire tomber l'excédent.

Quand les oignons sont dorés, repoussez-les sur le pourtour de la poêle et ajoutez le beurre, à feu modéré. Dès qu'il grésille, posez le foie fariné dans la poêle. Parsemez-le de la moitié de la sauge, faites-le revenir 2 min, puis retournez-le, ajoutez le reste de la sauge et faites dorer encore 2 min. Égouttez les tranches de foie et réservez-les.

Versez ce qu'il reste de farine dans la poêle, arrosez avec le madère et remuez en grattant le fond du récipient pour dissoudre les sucs. Ajoutez le bouillon et portez à ébullition en remuant de temps en temps, puis remettez le foie dans la poêle, baissez le feu et faites juste frémir 4 à 5 min, de façon que le foie soit tendre, mais encore légèrement rosé. Remettez les tranches de lard dans la poêle, laissez-les réchauffer quelques secondes et servez aussitôt, avec du riz ou de la purée de pommes de terre et un légume vert.

Andouillettes à la moutarde

Une vraie sauce à la moutarde accompagne ces andouillettes, simplement cuites sur le gril.

Ingrédients

- 3 ou 4 échalotes
- 25 cl de vin blanc
- 4 andouillettes
- 1 pincée de sucre en poudre
- 1 cuil. à soupe de moutarde de Dijon
- 40 g de beurre
- 2 cuil. à soupe de ciboulette hachée
- Sel et poivre

Préparation et cuisson : 25 minutes
Pour 4 personnes

Pelez et hachez les échalotes. Mettez-les dans une petite casserole avec le vin blanc et faites évaporer de moitié à feu doux.

Pendant ce temps, faites chauffer un gril en fonte à feu vif. Quand il est très chaud, placez-y les andouillettes et faites-les griller 5 à 6 min en les retournant de tous les côtés pour les faire dorer, puis baissez le feu et laissez-les encore cuire 2 à 3 min sur chaque face, en tournant d'un quart de tour chaque fois.

Incorporez en fouettant le sucre et la moutarde au contenu de la casserole, puis retirez du feu. Ajoutez peu à peu le beurre coupé en dés, en remuant bien la casserole, et rectifiez au besoin l'assaisonnement à votre goût.

Dès que les andouillettes sont cuites, déposez-les dans un plat de service chaud, nappez-les avec la sauce à la moutarde et parsemez-les de ciboulette hachée. Servez sans attendre.

Conseil : utilisez de préférence un gril à côtes, sur lequel les andouillettes ne rouleront pas, ce qui vous permettra de les faire griller uniformément.

Une petite pincée de sucre adoucira la saveur piquante de cette sauce à la moutarde.

Moutarde fraîche
La moutarde s'achetait fraîche, au jour le jour, jusqu'au XIXe siècle. Le développement des moyens de conservation et celui des conditionnements entraînèrent l'industrialisation de ce condiment, le plus répandu en Occident depuis l'Antiquité.

Volaille & Gibier

Les basses-cours se font rares, mais les volailles de qualité n'ont pas disparu. Si les poulardes sont souvent remplacées par de gros poulets, les recettes n'en sont pas moins succulentes et les chapons font leur réapparition sur l'étal des volaillers. Les grands classiques que sont le *Canard aux navets*, la *Dinde farcie* ou la *Poule au pot* sont toujours fort prisés. L'automne venu, la chasse permet de varier les menus avec une *Daube de marcassin* ou un *Faisan au raisin*.

Poularde de Bresse
Région d'élevage traditionnelle de volailles, mitoyenne d'une Dombes aux étangs prolifiques, la Bresse a tout naturellement inventé la célèbre poularde aux écrevisses. La vraie poularde est assez rare et on appelle souvent ainsi un poulet pesant au moins 1,8 kg.

Du beurre aromatisé avec les carapaces des écrevisses s'ajoute à la sauce en fin de cuisson.

Poulet aux écrevisses

Cuisinées depuis le Moyen Âge avec toutes sortes de volailles, les écrevisses parfument délicieusement ce plat.

Ingrédients

- 1 poulet coupé en morceaux
- 1 carotte
- 2 côtes de céleri
- 2 grosses échalotes
- 2 gousses d'ail
- 2 cuil. à soupe d'huile
- 24 petites écrevisses châtrées
- 50 g de beurre
- 1 verre à liqueur de cognac
- 50 cl de vin blanc
- 1 tablette de bouillon de poulet
- 2 branches de persil
- 1 pincée de thym
- 1/2 feuille de laurier
- 1 pincée de piment de Cayenne
- 1 cuil. à soupe de concentré de tomates
- 1 verre à liqueur de madère
- 2 cuil. à soupe de crème fraîche
- Sel et poivre

Préparation : 30 minutes
Cuisson : 1 heure
Pour 6 personnes

Salez et poivrez les morceaux de poulet. Grattez la carotte, effilez les côtes de céleri et coupez-les en tout petits dés. Pelez et hachez les échalotes. Pelez et écrasez l'ail.

Mettez à chauffer l'huile dans une cocotte et faites-y sauter les écrevisses de tous les côtés, jusqu'à ce qu'elles soient uniformément rouges, puis égouttez-les à l'écumoire et mettez-les à part.

Ajoutez 30 g de beurre dans la cocotte, faites-y dorer le poulet et ajoutez carotte, céleri, échalotes et ail. Faites revenir 2 min à feu doux en remuant, puis remettez les écrevisses dans la cocotte. Faites réchauffer, arrosez avec le cognac et flambez.

Ajoutez le vin blanc, la tablette de bouillon, le persil, le thym et le laurier. Assaisonnez de sel, de poivre et de piment de Cayenne, puis laissez mijoter 10 min.

Ensuite, retirez les écrevisses et laissez-les tiédir. Incorporez le concentré de tomates à la sauce et laissez la cuisson du poulet se poursuivre doucement pendant 30 min.

Mettez de côté 6 belles écrevisses pour décorer le plat et décortiquez les autres. Passez les têtes, les carapaces et les petits débris au robot ménager, puis tamisez en pressant fortement avec un pilon. Ajoutez 20 g de beurre.

Lorsque le poulet est cuit, retirez-le de la cocotte. Passez le jus de cuisson au tamis, en écrasant fortement avec une cuillère en bois, et reversez-le dans la cocotte. Grattez le fond du récipient avec la cuillère pour dissoudre les sucs de cuisson et faites chauffer doucement, sans laisser bouillir. Incorporez le beurre d'écrevisses en fouettant, puis arrosez de madère, ajoutez la crème fraîche et mélangez.

Remettez le poulet dans la cocotte. Ajoutez les écrevisses décortiquées et faites juste réchauffer à feu doux.

Versez le tout dans un plat de service chaud, décorez avec les 6 écrevisses non décortiquées mises précédemment de côté et servez très chaud.

Poulet vallée d'Auge

Sauté, puis rôti, ce poulet au cidre, aux pommes et au calvados révèle son caractère typiquement normand.

Faites chauffer le four à 180 °C, th. 6.

Pelez et hachez finement l'échalote. Épluchez les petits oignons. Faites fondre 20 g de beurre dans une petite casserole, puis ajoutez les oignons et le sucre. Mélangez et retirez du feu.

Salez et poivrez le poulet, à l'intérieur et à l'extérieur. Mettez à fondre 40 g de beurre dans une cocotte et faites-y revenir le poulet de tous les côtés, pendant une dizaine de minutes. Ajoutez l'échalote et les petits oignons, arrosez avec le cidre, puis mettez au four et laissez cuire 50 min.

Pelez les pommes, coupez-les en deux et retirez-en le cœur. Frottez-les aussitôt avec le demi-citron pour empêcher qu'elles ne s'oxydent. Enduisez un petit plat allant au four avec 10 g de beurre et rangez-y les demi-pommes. Coupez 20 g de beurre en petits dés et répartissez ceux-ci uniformément sur les pommes.

Sortez la cocotte du four. Faites chauffer le calvados dans une louche. Enflammez-le, arrosez-en le poulet et flambez en inclinant la cocotte en tous sens. Ajoutez la crème dans la cocotte et grattez le fond du récipient avec une cuillère en bois pour dissoudre les sucs, remettez au four et laissez cuire encore 15 min environ. Glissez à côté le plat contenant les pommes.

Quand le poulet est cuit, sortez la cocotte ainsi que les pommes du four. Égouttez le poulet et disposez-le dans un plat de service chaud. Nappez avec la sauce et la garniture d'oignons, entourez avec les pommes au four et servez.

Ingrédients

- 1 échalote
- 24 petits oignons grelots
- 70 g de beurre
- 2 cuil. à café de sucre en poudre
- 1 poulet prêt à cuire de 1,4 kg environ
- 1 verre de cidre brut
- 4 pommes
- 1/2 citron
- 1 verre à liqueur de calvados
- 25 cl de crème fraîche
- Sel et poivre

Préparation : 20 minutes
Cuisson : 1 h 15
Pour 4 ou 5 personnes

La pomme, sous des formes diverses, constitue l'élément dominant de cette recette.

Poulet au fenouil

Le poulet et le lard se marient parfaitement avec le fenouil.

Ingrédients

1 poulet prêt à cuire de 1,4 kg
1 gros oignon
2 gousses d'ail
1 bulbe de fenouil
250 g de champignons
1 boîte de 476 g de tomates
2 cuil. à soupe d'huile d'olive
1 tranche de lard fumé maigre de 250 g
15 cl de vin rouge
2 pincées de sucre
Sel et poivre

Préparation : 30 minutes
Cuisson : 1 h 30
Pour 6 personnes

Coupez le poulet en morceaux. Pelez l'oignon et l'ail, coupez l'oignon en lamelles et écrasez l'ail. Coupez le bulbe de fenouil en lamelles. Nettoyez les champignons et coupez-les en lamelles. Égouttez les tomates et concassez-les.

Mettez l'huile à chauffer dans une grande sauteuse. Faites-y revenir le poulet et le lard à feu modéré jusqu'à ce qu'ils soient bien dorés, puis égouttez-les. Versez dans la sauteuse l'oignon, l'ail et le fenouil. Faites fondre 5 min à feu doux, ajoutez les champignons et faites revenir encore 2 à 3 min. Ajoutez alors les tomates et le vin, salez, poivrez, sucrez et mélangez bien. Remettez le poulet et le lard dans la sauteuse, couvrez et laissez mijoter doucement pendant 1 h 15.

Vérifiez l'assaisonnement. Ôtez la couenne du lard et coupez-le en quatre. Servez le poulet au fenouil avec des pommes de terre cuites à la vapeur.

La saveur douce et anisée du fenouil apporte à ce plat le parfum du Midi.

Garder les petites feuilles vertes du fenouil pour en parsemer le plat au moment de servir.

Fromage de chèvre, ail et thym donnent une tonalité méditerranéenne à ce poulet rôti.

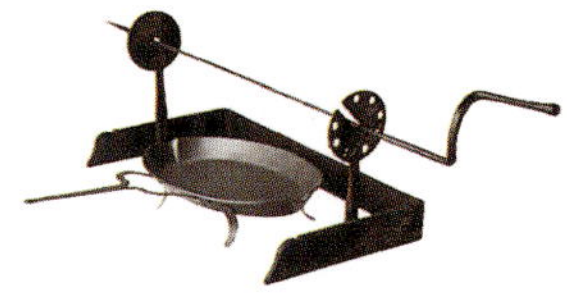

Dur métier
Les tournebroches utilisés pour faire rôtir uniformément viandes et volailles dans une cheminée étaient, au Moyen Âge, actionnés par des enfants. Ces derniers furent remplacés par des chiens enfermés dans des tambours, puis par les premiers systèmes mécaniques au XVIIe siècle.

Poulet rôti à l'ail

Le poulet, farci de fromage de chèvre à l'ail et au thym, s'accompagne d'une sauce à base de crème d'ail.

Faites chauffer le four à 200 °C, th. 7.

Préparez la farce : pelez et écrasez les 2 gousses d'ail. Hachez finement le thym. Mélangez le fromage de chèvre avec l'ail et le thym, salez et poivrez, puis farcissez le poulet avec ce mélange. Frottez la peau avec une cuillerée à soupe d'huile d'olive et poudrez-la de sel et de poivre.

Portez une petite casserole d'eau à ébullition. Plongez-y les 24 gousses d'ail avec leur peau et laissez bouillir 2 min. Égouttez l'ail, versez-le dans une assiette, arrosez avec une cuillerée à soupe d'huile et mélangez pour en enrober les gousses d'ail. Pelez les petits oignons et enrobez-les également d'une cuillerée d'huile.

Enduisez un plat à rôtir avec le reste de l'huile. Posez les branches de thym au milieu, déposez le poulet dessus et entourez-le avec les gousses d'ail et les oignons huilés. Mettez au four et faites cuire une heure environ : le poulet doit être bien doré.

Ensuite, retirez le poulet du plat et sortez la farce. Découpez-le et mettez-le dans un plat de service. Égouttez les petits oignons, entourez-en le poulet et tenez le plat au chaud.

Passez les gousses d'ail au tamis, en pressant fortement avec un pilon ou une cuillère en bois pour en extraire la pulpe. Passez celle-ci au mixeur avec la farce et le jus de cuisson du poulet. Faites réchauffer à feu très doux la sauce obtenue, rectifiez éventuellement son assaisonnement, versez dans une saucière chaude et servez avec le poulet très chaud.

Ingrédients

1 poulet prêt à cuire de 1,4 kg
4 cuil. à soupe d'huile d'olive
24 gousses d'ail
12 petits oignons
2 branches de thym frais
Sel et poivre

Pour la farce
2 gousses d'ail
1 branche de thym frais
50 g de fromage de chèvre frais
Sel et poivre

Préparation : 20 minutes
Cuisson : 1 heure
Pour 5 ou 6 personnes

Poularde à la normande

Des galettes de pommes de terre accompagnent cette poularde, naturellement accommodée au calvados et à la crème fraîche.

INGRÉDIENTS

1 PETITE POULARDE DE 2 KG
50 G DE BEURRE
1 VERRE À LIQUEUR DE CALVADOS
1 JAUNE D'ŒUF
20 CL DE CRÈME FRAÎCHE
SEL ET POIVRE

POUR LES GALETTES DE POMMES DE TERRE

1 ÉCHALOTE
2 GOUSSES D'AIL
6 GROSSES POMMES DE TERRE FARINEUSES (BINTJES)
1 ŒUF
1 CUIL. À SOUPE DE CRÈME FRAÎCHE
2 CUIL. À SOUPE D'HUILE
SEL ET POIVRE

PRÉPARATION : 45 MINUTES
CUISSON : 50 MINUTES
POUR 4 PERSONNES

Utiliser de vieilles pommes de terre farineuses car les pommes de terre nouvelles contiennent trop d'eau.

DÉCOUPEZ les cuisses et les ailes de la poularde. Frottez-les de sel et de poivre. Gardez le reste de la volaille pour préparer une farce ou un bouillon.

Mettez à fondre le beurre dans une sauteuse. Faites-y revenir les morceaux de poularde 6 à 7 min en les retournant, puis arrosez-les avec le calvados et flambez. Ajoutez 3 cuillerées à soupe d'eau et grattez le fond de la sauteuse avec une spatule en bois afin de dissoudre les sucs. Couvrez et laissez mijoter 40 min.

Pendant ce temps, préparez les galettes : pelez et hachez finement l'échalote. Pelez et écrasez l'ail. Épluchez les pommes de terre et lavez-les, puis passez-les sur une grosse râpe.

Cassez l'œuf dans une terrine et battez-le en omelette. Ajoutez alors l'échalote, l'ail, les pommes de terre et la crème. Salez et poivrez, mélangez, puis divisez la préparation en 8 portions égales.

Faites chauffer l'huile dans une grande poêle à revêtement antiadhésif. Déposez-y les galettes avec une spatule métallique, en les espaçant. Aplatissez-les sur 1 cm d'épaisseur avec le dos d'une fourchette trempée dans de l'eau froide et laissez-les cuire 5 min à feu moyen, en secouant la poêle de temps en temps. Lorsque le premier côté est bien doré, retournez les galettes avec la spatule et laissez-les cuire encore 5 min de l'autre côté. Ensuite, égouttez-les, épongez-les sur du papier absorbant et tenez-les au chaud dans un plat de service.

Quand la poularde est cuite, déposez-la dans un autre plat de service et tenez-la au chaud. Délayez le jaune d'œuf avec la crème. Versez dans la sauteuse, mélangez à feu très doux, sans laisser bouillir et, dès que la sauce est onctueuse, nappez-en la poularde. Servez avec les galettes de pommes de terre.

Cette poularde peut aussi être servie avec des pommes sautées au beurre : pelez 5 pommes, coupez-les en quartiers, retirez le cœur et les pépins, puis coupez les quartiers en lamelles épaisses. Faites fondre 20 g de beurre dans une sauteuse et jetez-y les lamelles de pomme pour qu'elles blondissent 3 min de chaque côté, en prenant soin de les retourner avec une spatule large pour ne pas les briser. Salez et poivrez, ajoutez une pincée de noix muscade et une pincée de cannelle.

La sauce peut être liée non pas à la crème et à l'œuf mais avec 100 g de foie gras ou de mousse de foie gras à température ambiante, que l'on ajoute au dernier moment, en fouettant, sur feu doux.

La Normandie n'a pas le monopole des poulardes à la crème, bien sûr, et la plupart des régions ont leur recette propre, qui fait chaque fois intervenir un ingrédient spécifique du terroir.

En Alsace, on fait dorer les morceaux de poularde avec 20 g de beurre, puis on ajoute 2 oignons coupés en lamelles, une gousse d'ail écrasée, une branche de thym, une feuille de laurier et 25 cl de riesling. Après 35 min de cuisson environ, la sauce est liée avec 20 g de beurre mélangé avec une cuillerée à soupe de farine et 25 cl de crème fraîche. On sert ce plat avec des champignons en lamelles et des nouilles à l'alsacienne (nouilles fraîches cuites rapidement puis mijotées quelques minutes avec de la chapelure et du lait).

En Champagne, les morceaux de poularde sont saisis au beurre et cuits dans une cocotte couverte. Une fois cuite, la poularde est retirée et on fait sauter à la place des champignons. On arrose avec 2 verres de champagne (ou de vin blanc de Champagne). Lorsqu'il est réduit aux trois quarts, on termine la sauce en ajoutant 2 verres de crème et on la laisse mijoter jusqu'à ce qu'elle soit onctueuse.

En Touraine, on fait revenir la poularde avec des petits oignons, on l'arrose de vouvray tranquille (non mousseux) et on termine la cuisson avec des champignons blanchis. La sauce, quant à elle, est liée avec 2 jaunes d'œufs et 10 cl de crème.

Pour accentuer le caractère normand de la poularde, servez-la aussi avec des pommes acidulées sautées au beurre.

Frugale poule au pot
Ce plat familial, dont la renommée a, grâce à Henri IV, franchi les frontières du Béarn, a continué au long des siècles, comme à l'origine, à être confectionné en autarcie avec les produits du potager et de la ferme.

La barde de lard et le vin rouge préservent tout le moelleux de la poule pendant sa cuisson.

Poule au pot farcie

La qualité de la farce joue un rôle déterminant dans ce pot-au-feu de volaille qui doit sa célébrité au bon roi Henri IV.

Ingrédients

6 poireaux
1 cœur de céleri en branches
2 oignons
2 clous de girofle
1 jeune poule de 2 kg environ, vidée, avec les abattis à part
1/2 citron
1 bouquet garni
1 petit chou vert frisé
6 carottes
Gros sel
Poivre en grains

Pour la farce
125 g de jambon cru
2 échalotes
1 gousse d'ail
2 poignées de mie de pain
3 cuil. à soupe de lait
3 branches de persil plat
2 branches d'estragon
1 branche de thym
10 g de beurre
125 g de chair à saucisse
Le foie de la volaille
1 œuf
2 pincées de noix muscade
Sel et poivre

Préparation : 50 minutes
Cuisson : 2 h 15
Pour 6 personnes

Préparez la farce : hachez le jambon. Épluchez et hachez les échalotes. Pelez et écrasez l'ail. Arrosez la mie de pain avec le lait. Rincez le persil et l'estragon et hachez-les. Effeuillez le thym.

Mettez à fondre le beurre dans une poêle et faites-y revenir 5 min à feu doux le foie, la chair à saucisse, le jambon et les échalotes. Hachez le foie. Mélangez tous les ingrédients de la farce, y compris l'œuf et la noix muscade. Salez, poivrez et laissez refroidir.

Coupez la partie verte des poireaux, lavez-la et liez-la au bouquet garni, ainsi que les feuilles de 2 branches de céleri. Épluchez les oignons et piquez-les avec les clous de girofle. Nettoyez le gésier et le cœur de la poule.

Frottez entièrement la poule avec le demi-citron pour la garder bien blanche. Salez et poivrez l'intérieur, puis emplissez-la de farce et cousez l'orifice. Ficelez la volaille, posez-la dans un faitout et couvrez largement d'eau froide. Ajoutez le bouquet garni, les oignons, le gésier, le cœur, la tête et le cou de la poule, portez à ébullition et écumez. Salez au gros sel, ajoutez 10 grains de poivre, couvrez et laissez frémir 1 h 30.

Pendant cette cuisson, épluchez tous les légumes. Coupez le chou en six et faites-le cuire 10 min à l'eau bouillante salée. Après 1 h 30 de cuisson de la poule, ajoutez les carottes puis, 15 min plus tard, le chou égoutté, les blancs de poireau et les côtes de céleri. Laissez encore cuire 30 min, ou jusqu'à ce que la poule soit tendre.

Pour servir, égouttez la poule, déficelez-la et découpez-la. Mettez les morceaux dans un plat. Sortez la farce avec précaution et coupez-la en tranches épaisses. Entourez la poule des légumes et de la farce, arrosez d'un peu de bouillon et servez aussitôt.

Faites cuire 20 min une poignée de riz rond dans le bouillon dégraissé, mixez, ajoutez 2 jaunes d'œuf battus avec le jus d'un citron et servez ce potage revigorant au repas suivant.

Poule au blanc

La méthode utilisée pour cette préparation protège la volaille de toute coloration.

Ingrédients

- 1 citron
- 1 jeune poule de 2 kg environ, vidée, avec les abattis à part
- 1 gousse d'ail
- 1 oignon
- 2 clous de girofle
- 1 bouquet garni
- 25 cl de vin blanc
- 100 g de beurre
- 75 g de farine
- 400 g de champignons de Paris
- 2 grosses échalotes
- 2 jaunes d'œufs
- Gros sel, sel et poivre

Préparation : 45 minutes
Cuisson : 2 h environ
Pour 6 personnes

Coupez le citron en deux et frottez la poule avec un demi-citron pour la garder bien blanche. Pelez et écrasez l'ail. Pelez l'oignon et piquez-le avec les clous de girofle. Mettez la poule, l'ail, l'oignon et le bouquet garni dans un faitout, couvrez juste d'eau froide, puis ajoutez le vin blanc et salez au gros sel. Portez doucement à ébullition, écumez, couvrez et laissez frémir pendant environ 1 h 30 (le temps dépend de l'âge de la volaille).

Ensuite, prélevez 75 cl de bouillon de cuisson de la poule et dégraissez-le. Faites fondre 75 g de beurre dans une grande sauteuse, à feu doux. Poudrez avec la farine, mélangez 2 min sans laisser colorer, puis délayez avec le bouillon et portez à ébullition, en remuant souvent pour obtenir une sauce onctueuse et lisse.

Découpez la poule. Ajoutez-la dans la sauce et laissez mijoter très doucement, en rajoutant un peu de bouillon chaud si la sauce épaissit trop.

Pendant cette cuisson, pressez le demi-citron restant. Nettoyez les champignons, coupez-les en lamelles et arrosez-les aussitôt avec le jus de citron. Pelez et hachez les échalotes. Faites fondre le reste du beurre dans une sauteuse. Faites-y blondir les échalotes 2 min, puis ajoutez les champignons. Faites revenir à feu vif jusqu'à ce qu'il ne reste plus d'eau. Salez et poivrez. Ajoutez-les à la poule. Vérifiez et rectifiez l'assaisonnement.

Égouttez les morceaux de poule et disposez-les dans un plat de service. Tenez au chaud. Versez les jaunes d'œufs dans la sauce, hors du feu, et mélangez vivement au fouet. Nappez la poule avec la sauce et servez aussitôt.

Conseil : pour les grandes occasions, ajoutez des petits dés de ris de veau ou de cervelle, que vous ferez cuire en même temps que les champignons de Paris. Vous pourrez également remplacer ceux-ci par des morilles.

Le blanc est la couleur imposée pour la réussite de ce plat.

La cuisson est plus longue avec une vieille poule, mais beaucoup plus courte avec un poulet.

Ingrédients

1 chapon plumé, vidé, flambé, d'environ 3 kg
1 truffe en boîte
3 litres de bouillon de volaille
60 g de beurre
10 petites carottes
10 petits navets
3 blancs de poireau
10 cl de vin blanc
Sel et poivre

Préparation : 15 minutes
Cuisson : 3 heures
Pour 8 à 10 personnes

Chapon poché et rôti

Partiellement cuit dans du bouillon, le chapon est ensuite mis à rôtir à four très chaud.

Salez et poivrez l'intérieur et l'extérieur de la volaille. Égouttez la truffe en conservant son jus et coupez-la en lamelles. Glissez celles-ci sous la peau des ailes, des cuisses et de la poitrine du chapon, en passant la main entre la chair et la peau pour décoller celle-ci.

Portez le bouillon de volaille à ébullition dans une marmite. Plongez-y le chapon et laissez-le cuire 30 min à petits frémissements.

Pendant ce temps, faites chauffer le four à 230 °C, th. 8-9.

Au bout des 30 min de cuisson, égouttez le chapon en conservant son bouillon de cuisson. Tartinez les cuisses et la poitrine avec le beurre, puis posez la volaille dans un grand plat à rôtir, arrosez avec une bonne louche de bouillon, mettez au four et laissez cuire 30 min.

Quand le chapon a rôti 30 min, réduisez la température du four à 170 °C, th. 5-6, et laissez cuire encore 1 h 30, puis éteignez le four et laissez reposer pendant 20 min dans le four éteint.

Pendant la cuisson, épluchez les carottes et les navets. Taillez-les en forme de bouchons ou de grosses olives. Nettoyez les poireaux, coupez-les en tronçons de 3 cm. Mettez les légumes dans une casserole, couvrez de bouillon de cuisson du chapon, portez à ébullition et laissez cuire 20 min environ, à petits frémissements. Gardez-les au chaud dans leur liquide de cuisson.

Découpez le chapon et disposez les morceaux dans un grand plat de service chaud. Égouttez les légumes et entourez-en la volaille. Couvrez le plat et tenez au chaud.

Dégraissez le jus contenu dans le plat de cuisson. Ajoutez le vin blanc et faites chauffer en grattant avec une cuillère en bois pour dissoudre les sucs. Ajoutez 25 cl de bouillon de cuisson et faites évaporer de moitié à feu vif. Ajoutez le jus de la truffe, rectifiez l'assaisonnement et versez dans une saucière. Servez très chaud.

De fines lamelles de truffe, glissées sous la peau du chapon, suffisent à parfumer toute sa chair.

On peut faire cuire le chapon de la même façon sans le truffer. Ou prendre une poularde si on est moins nombreux.

Votre coq au vin sera encore meilleur si vous le faites cuire plus longtemps, avec un vin de qualité.

Les crêtes de Chantecler
Les Années folles ne reculaient pas devant les riches garnitures (financière, chalonnaise…), qui, servies avec des pièces de boucherie, des volailles ou dans des vol-au-vent, associaient crêtes de coq, champignons, truffes, quenelles de volaille ou rognons de coq, mêlés de sauce madère.

Coq au vin

Faute de pouvoir vous procurer un vrai coq, parfois coriace, remplacez-le par un poulet de poids équivalent.

Coupez le coq en morceaux, que vous frotterez de sel et de poivre. Grattez les carottes et coupez-les en rondelles. Fendez le poireau, lavez-le et coupez-le en tronçons de 2 cm. Pelez et hachez l'oignon, les échalotes et l'ail. Taillez la poitrine fumée en lardons. Délayez le concentré de tomates avec le bouillon.

Mettez l'huile à chauffer dans une grande cocotte. Faites-y dorer les morceaux de coq 10 min environ, de tous les côtés, puis égouttez-les et épongez-les sur du papier absorbant. Videz l'huile et essuyez la cocotte. Ajoutez 50 g de beurre, faites-le fondre à feu doux et jetez les carottes, le poireau, l'oignon, les échalotes et les lardons dedans. Laissez blondir tout en remuant à la cuillère en bois.

Remettez le coq dans la cocotte et faites réchauffer à feu doux, puis arrosez avec l'eau-de-vie et flambez, en inclinant le récipient en tous sens. Poudrez avec la farine, faites blondir en remuant et arrosez avec le vin et le bouillon à la tomate. Mélangez bien, ajoutez le sucre, l'ail et le bouquet garni, couvrez et portez à ébullition. Réduisez le feu et laissez frémir 2 heures, ou jusqu'à ce que le coq soit tendre.

Pendant ce temps, pelez les petits oignons. Mettez-les dans une casserole avec 20 g de beurre et une pincée de sel. Couvrez juste d'eau froide, portez à ébullition et faites frémir jusqu'à évaporation de l'eau, sans laisser caraméliser. Retirez du feu et mettez de côté.

Environ 30 min avant la fin de la cuisson du coq, nettoyez les champignons, coupez-les en quartiers et arrosez-les aussitôt avec le jus du citron. Versez-les dans la cocotte avec les petits oignons et laissez la cuisson se poursuivre.

Coupez le pain en dés ; faites-les dorer dans le reste du beurre.

Pour servir, retirez le bouquet garni, versez dans un grand plat de service creux et parsemez de croûtons et de persil haché.

Ingrédients

- 1 coq de 3 kg
- 4 carottes
- 1 blanc de poireau
- 1 gros oignon
- 2 échalotes
- 3 gousses d'ail
- 250 g de poitrine fumée
- 2 cuil. à soupe de concentré de tomates
- 25 cl de bouillon de volaille
- 2 cuil. à soupe d'huile
- 100 g de beurre
- 1 petit verre d'eau-de-vie
- 2 cuil. à soupe de farine
- 1 litre de bon vin rouge
- 1 morceau de sucre
- 1 gros bouquet garni
- 24 petits oignons
- 250 g de champignons de Paris
- 1/2 citron
- 3 ou 4 tranches de pain de campagne
- 2 branches de persil
- Sel et poivre

Préparation : 45 minutes
Cuisson : 2 h 30 environ
Pour 8 personnes

Canard aux pêches

Le canard à l'aigre-douce rallie généralement tous les suffrages, même ceux des détracteurs des préparations sucré-salé.

Ingrédients

1 canard prêt à cuire, avec ses abattis à part (cou, ailerons, foie, cœur et gésier)
1 oignon
1 carotte
2 échalotes
2 cuil. à soupe d'huile
10 cl de bouillon de volaille
1 pincée de girofle en poudre
3 cuil. à soupe de sucre
1 cuil. à soupe de vinaigre
1 verre à liqueur de cognac
4 pêches au sirop
10 cl du sirop des pêches
Sel et poivre

Préparation : 30 minutes
Cuisson : 1 h 15
Pour 4 personnes

Pour cette recette, choisir de préférence une canette : sa chair est plus fine.

Faites chauffer le four à 180 °C, th. 6.

Hachez le foie, le cœur et le gésier. Pelez l'oignon, la carotte et les échalotes, coupez l'oignon et la carotte en tout petits dés et hachez les échalotes. Salez et poivrez le canard à l'intérieur et à l'extérieur, puis piquez la peau régulièrement avec une fourchette.

Mettez à chauffer l'huile dans une cocotte et faites-y revenir le canard 10 min environ, de tous les côtés, puis égouttez-le et jetez la graisse de cuisson.

Remettez le canard dans la cocotte et ajoutez les légumes, le cou, les ailerons et le hachis. Salez, poivrez et arrosez avec le bouillon. Ajoutez la poudre de girofle.

Mettez la cocotte au four, sans couvercle, et laissez cuire une heure. Ensuite, égouttez le canard, découpez-le en morceaux, disposez ces derniers dans un plat de service et tenez-les au chaud dans le four éteint.

Versez le sucre dans une casserole. Ajoutez une cuillerée à soupe d'eau et faites caraméliser, puis retirez du feu et arrosez avec le vinaigre.

Dégraissez le jus de cuisson du canard. Posez la cocotte sur feu vif, versez-y le sirop des pêches, faites bouillir en grattant le fond du récipient pour dissoudre les sucs de viande et rectifiez l'assaisonnement au besoin. Retirez du feu, ajoutez le cognac et mélangez, puis filtrez au-dessus du caramel au vinaigre. Posez sur feu doux, ajoutez les pêches et laissez-les juste chauffer.

Disposez les pêches autour du canard, arrosez avec la sauce et servez aussitôt.

La préparation à l'aigre-douce du canard aux pêches apporte un raffinement supplémentaire à ce mets classique.

Zeste, jus et rondelles d'orange donnent le ton à ce plat.

Avant de préparer le canard, le passer sur une flamme vive pour brûler tous les petits duvets, puis gratter le noir avec un couteau.

Canard à l'orange

Le curaçao accentue l'arôme de ce grand classique de la gastronomie.

FAITES CHAUFFER le four à 230 °C, th. 8-9. Salez et poivrez l'intérieur et l'extérieur du canard. Pelez une orange à vif, c'est-à-dire en retirant la peau blanche et la peau fine des quartiers. Coupez la pulpe en dés et glissez ceux-ci à l'intérieur du canard.

Posez le canard sur une grille, au-dessus d'un plat à rôtir. Mettez au four et laissez cuire une heure, en ajoutant quelques cuillerées à soupe d'eau chaude si le jus caramélise trop vite.

Pendant ce temps, lavez 2 oranges et le citron. Prélevez leur zeste avec un couteau zesteur et mettez-le dans une petite casserole. Couvrez d'eau froide, portez à ébullition et laissez bouillir une min, puis versez dans une passoire fine, rafraîchissez à l'eau froide et égouttez bien. Pressez la pulpe de ces 3 fruits.

Pelez à vif les 2 dernières oranges, puis coupez-les en rondelles au-dessus d'une jatte. Ajoutez le jus ainsi recueilli au mélange de jus de citron et de jus d'orange. Mettez les rondelles de côté.

Environ 5 min avant la fin de la cuisson du canard, versez le sucre dans une casserole. Ajoutez 2 cuillerées à soupe d'eau, portez à ébullition et faites cuire jusqu'à ce qu'il se forme un caramel mordoré. Arrosez alors avec le vinaigre et le jus des agrumes, laissez encore bouillir une min, puis retirez du feu.

Dès que la volaille est cuite, soulevez-la en faisant retomber dans le plat le jus contenu à l'intérieur. Découpez le canard, disposez-le dans un plat de service, rangez les rondelles d'orange tout autour et parsemez des lanières de zeste. Tenez au chaud dans le four éteint.

Dégraissez le jus de cuisson contenu dans le plat à rôtir. Versez-y le vin blanc, posez sur feu vif et faites évaporer de moitié, en grattant le fond du récipient. Délayez la fécule avec le curaçao. Incorporez ce mélange à la sauce, en remuant, puis ajoutez le caramel. Portez à ébullition en remuant, versez dans une saucière et servez avec le canard très chaud.

INGRÉDIENTS

- 1 CANARD PLUMÉ, VIDÉ, FLAMBÉ, D'ENVIRON 2 KG
- 5 ORANGES NON TRAITÉES
- 1 CITRON NON TRAITÉ
- 100 G DE SUCRE
- 1 CUIL. À SOUPE DE VINAIGRE DE VIN
- 10 CL DE VIN BLANC SEC
- 1 CUIL. À CAFÉ DE FÉCULE
- 4 CUIL. À SOUPE DE CURAÇAO
- SEL ET POIVRE

PRÉPARATION : 20 MINUTES
CUISSON : 1 H 10
POUR 4 PERSONNES

Solubles et instantanés
Durant la Seconde Guerre mondiale, Édouard de Pomiane, chef du laboratoire de physiologie de l'alimentation à l'Institut Pasteur, médecin et gastronome de surcroît, préconisait l'utilisation des « bouillons express ». De grands chefs actuels conseillent aussi l'emploi des bouillons, fonds et courts-bouillons instantanés pour la réalisation de leurs recettes à la maison.

Une jolie canette conviendra parfaitement pour quatre convives.

Canard aux navets

De plus en plus souvent préparé à la mode aigre-douce, le canard prend un tout autre caractère lorsqu'il est accommodé aux navets, à l'ancienne.

Ingrédients

- 1 canette de Barbarie de 1,7 kg, prête à cuire, avec les abattis à part
- 2 gousses d'ail
- 1 tranche de pain rassis
- 1 cuil. à soupe d'huile
- 100 g de beurre
- 1 carotte
- 10 cl de vin blanc sec
- 20 cl de bouillon de volaille
- 1 bouquet garni
- 4 branches de persil plat
- 750 g de petits navets nouveaux
- 2 cuil. à soupe de sucre en poudre
- 24 petits oignons nouveaux
- Sel et poivre

Préparation : 45 minutes
Cuisson : 1 h 40
Pour 4 personnes

Salez et poivrez l'intérieur du canard. Coupez une gousse d'ail en deux, frottez-en le pain rassis et glissez celui-ci ainsi que le foie dans le canard. Faites chauffer dans une cocotte une cuillerée à soupe d'huile et 20 g de beurre. Faites-y dorer le canard de tous les côtés, pendant 10 min environ.

Grattez la carotte et coupez-la en dés. Écrasez la seconde gousse d'ail. Faites chauffer le four à 170 °C, th. 5-6.

Égouttez le canard. Faites revenir dans la cocotte la carotte, l'ail, le cou et le gésier du canard. Remettez le canard dans la cocotte et arrosez-le avec le vin et le bouillon. Ajoutez le bouquet garni, le persil, du sel et du poivre. Portez à ébullition sur le feu, puis couvrez et faites cuire une heure au four.

Pendant ce temps, pelez les navets, coupez-les en quatre et arrondissez les angles pour leur donner la forme d'une olive allongée. Mettez-les dans une casserole, sur une seule couche. Couvrez juste d'eau, ajoutez 30 g de beurre, une cuillerée à soupe de sucre et un peu de sel. Beurrez un disque de papier sulfurisé à la dimension intérieure de la casserole, posez-le sur les navets et faites cuire 20 min à feu doux.

Pelez les petits oignons, disposez-les sur une seule couche dans une casserole et couvrez-les juste d'eau. Salez, ajoutez 30 g de beurre et une cuillerée à soupe de sucre, puis couvrez de papier sulfurisé beurré et faites cuire comme les navets.

Quand les navets et les oignons sont cuits et que leur liquide de cuisson est complètement évaporé, roulez-les dans le caramel pour les glacer uniformément et retirez-les du feu.

Au bout de une heure de cuisson, ajoutez les navets et les petits oignons glacés autour du canard. Remettez 10 min au four, sans couvrir la cocotte.

Déposez le canard et sa garniture dans un plat de service chaud. Dégraissez la sauce ou versez-la dans une saucière spéciale gras-maigre. Servez très chaud.

Canard aux olives

Cette préparation en cocotte permet de cuisiner une volaille à la chair un peu ferme.

Salez et poivrez l'intérieur et l'extérieur du canard, puis replacez son foie à l'intérieur. Mettez à chauffer l'huile dans une cocotte et faites-y revenir le canard de tous les côtés.

Coupez le lard en petits bâtonnets. Grattez la carotte et coupez-la en dés. Effilez le céleri, pelez l'oignon et hachez-les. Coupez le(s) citron(s) confit(s) en quartiers.

Dès que le canard est uniformément doré, égouttez-le. Jetez le gras contenu dans la cocotte et faites fondre le beurre dans ce même récipient. Ajoutez le lard, le cou et le gésier du canard, la carotte, le céleri et l'oignon. Faites blondir à feu doux en remuant, poudrez avec la farine et mélangez 2 min, puis délayez avec le bouillon de volaille. Salez, poivrez et ajoutez le thym, le laurier et les quartiers de citron confit. Remettez le canard dans la cocotte, couvrez et faites cuire à feu moyen pendant 50 min.

Faites bouillir une petite casserole d'eau. Plongez-y les olives vertes, laissez-les blanchir ainsi une min, puis versez-les dans une passoire et rafraîchissez-les à l'eau froide.

Environ 15 min avant la fin de la cuisson, ajoutez au canard les olives vertes et noires. Couvrez de nouveau et laissez la cuisson s'achever.

Égouttez le canard, découpez-le et tenez-le au chaud dans un plat de service. Retirez de la sauce le cou, le gésier, le thym et le laurier. Versez-la dans un récipient haut et retirez la graisse qui surnage avec une cuillère. Remettez-la sur le feu et incorporez le madère, en grattant le fond du récipient. Versez la sauce aux lardons et aux olives sur le canard et servez.

Ingrédients

- 1 canard prêt à cuire avec les abattis à part
- 2 cuil. à soupe d'huile
- 100 g de lard fumé maigre
- 1 carotte
- 1 côte de céleri
- 1 oignon
- 1 ou 2 citrons confits
- 20 g de beurre
- 2 pincées de farine
- 10 cl de bouillon de volaille
- 1 branche de thym
- 1 feuille de laurier
- 1 douzaine d'olives vertes
- 1 douzaine d'olives noires
- 2 cuil. à soupe de madère
- Sel et poivre

Préparation : 30 minutes
Cuisson : 1 heure environ
Pour 4 personnes

Olives, lardons, citron confit et madère donnent une forte personnalité à ce canard.

Les canettes sont plus tendres et plus charnues que les mâles. Ces derniers, lorsqu'ils sont gros, ont parfois un petit goût musqué trop prononcé.

Petits raisins et oignons glacés contrebalancent la légère amertume des laitues servies avec la pintade rôtie.

Pintade aux laitues

Bardée et farcie de petit-suisse, la pintade rôtie, servie avec des laitues braisées, ne risque pas de sécher à la cuisson.

Ingrédients

- 2 échalotes
- 1 petit-suisse
- 1 pintade bardée
- 200 g de petits oignons
- 20 g de beurre
- 1 cuil. à café de sucre en poudre
- Sel et poivre

Pour les laitues

- 4 laitues
- 1 oignon
- 1 carotte
- 1 branche de céleri
- 40 g de beurre
- 15 cl de bouillon de volaille
- 2 poignées de petits raisins
- Sel et poivre

Préparation : 1 heure
Cuisson : 1 h 10
Pour 4 personnes

Faites chauffer le four à 180 °C, th. 6. Pelez les échalotes et hachez-les finement, puis mélangez-les avec le petit-suisse, salez et poivrez. Introduisez le mélange dans la pintade. Mettez dans un plat allant au four et faites cuire une heure.

Faites bouillir une casserole d'eau. Coupez le trognon des laitues et retirez les feuilles flétries. Fendez les salades en deux sans détacher les feuilles, lavez-les soigneusement et égouttez-les. Plongez-les une min dans l'eau bouillante, puis versez-les dans une passoire, passez-les délicatement à l'eau froide et pressez-les entre vos mains, sans les écraser, pour former des sortes de fuseaux. Maintenez-les avec deux ou trois tours de ficelle de cuisine, sans serrer.

Épluchez l'oignon, la carotte et le céleri, coupez-les en petits dés. Faites fondre 40 g de beurre dans une sauteuse, ajoutez les dés de légumes et faites revenir 5 min à feu doux. Ajoutez les laitues, salez et poivrez. Arrosez avec le bouillon, portez à ébullition, puis couvrez et laissez mijoter 40 min. Rincez les raisins, ajoutez-les aux laitues et laissez cuire encore 5 min.

Pelez les petits oignons. Mettez-les dans une casserole avec le beurre, le sucre et une pincée de sel. Couvrez d'eau et faites cuire à petite ébullition, jusqu'à ce que toute l'eau soit évaporée. Laissez alors les oignons blondir, puis roulez-les dans le glaçage ainsi formé. Retirez du feu et tenez au chaud.

Quand la pintade est cuite, retirez la barde. Découpez la volaille et entourez-la des petits oignons.

Versez les laitues dans un légumier et servez aussitôt, avec la pintade.

Dinde farcie

La chair un peu sèche de la dinde s'accommode parfaitement d'une farce au foie gras.

Faites chauffer le four à 200 °C, th. 7.

Préparez la farce : émiettez les petits pains et arrosez-les avec le lait. Coupez le foie de la dinde en dés et faites revenir ces derniers 2 min avec 10 g de beurre, puis salez, poivrez et flambez avec le cognac. Écrasez à la fourchette le foie gras, la mie de pain essorée et les dés de foie.

Salez et poivrez la dinde. Glissez la farce à l'intérieur et cousez l'ouverture. Tartinez la volaille avec 50 g de beurre, posez-la dans la lèchefrite et faites cuire 30 min au four.

Disposez ensuite les abattis autour de la dinde et arrosez le tout de 20 cl d'eau chaude. Réduisez la température du four à 170 °C, th. 5-6, et faites cuire une heure, puis baissez la température du four à 140 °C, th. 4, et laissez cuire encore une heure, en arrosant souvent la volaille avec son jus de cuisson. Arrosez au besoin les abattis avec un peu d'eau chaude pour les empêcher de brûler et couvrez la volaille avec de l'aluminium ménager si elle dore trop vite.

Couvrez les raisins d'eau chaude, ajoutez le cognac et laissez gonfler. Lorsque la dinde est cuite, laissez-la reposer 20 min.

Préparez la garniture : évidez et pelez les pommes, puis coupez-les en rondelles de 5 mm d'épaisseur. Mettez à fondre 75 g de beurre dans une grande poêle et faites-y revenir les tranches de pomme 2 min environ de chaque côté. Tartinez chacune d'elles d'un peu de foie gras et empilez-les dans huit ramequins, puis coupez le reste du foie gras en 8 petites tranches.

Déposez la dinde dans un plat chaud. Jetez les abattis, ajoutez 10 cl d'eau chaude dans le récipient de cuisson, posez sur feu vif et grattez le fond avec une spatule.

Dégraissez le jus. Incorporez-y le reste du beurre et rectifiez l'assaisonnement, puis versez dans une saucière.

Démoulez les pommes, disposez-les autour de la dinde et déposez une tranche de foie gras sur chacune d'elles. Enfin, parsemez avec les raisins égouttés.

Ingrédients

- 3 petits pains au lait
- 10 cl de lait
- 1 dinde prête à cuire de 3 kg avec le foie et les abattis à part
- 60 g de beurre
- 2 cuil. à soupe de cognac
- 300 g de foie gras en conserve
- Sel, poivre

Pour la garniture

- 1 poignée de raisins secs
- 1 cuil. à soupe de cognac
- 8 pommes
- 100 g de beurre
- 150 g de foie gras en conserve

Préparation : 20 minutes
Cuisson : 2 h 45
Pour 8 personnes

Des pommes sautées, puis reconstituées et parsemées de raisins secs, accompagnent cette dinde rôtie.

Gavage et foie gras
Le gavage des oies à l'ancienne, qui s'effectue à l'aide d'un entonnoir et d'une baguette en bois ou avec une gaveuse mécanique, donne de meilleurs résultats que le « gavage scientifique » que les chercheurs de l'Institut national de la recherche agronomique ont tenté de mettre en place dans les années 1980.

L'alliance du salé et du sucré est particulièrement indiquée avec une volaille grasse.

Oie aux abricots

Abricots, oranges et épices réchauffent, par leurs saveurs et leurs couleurs, la chair pâle de l'oie.

Ingrédients

1 oie de 3 kg
250 g d'abricots secs
2 pincées de cannelle
5 morceaux de sucre
1 gousse de vanille
Sel et poivre

Pour la farce
100 g de riz
1 cuil. à soupe de champignons secs
2 échalotes
20 g de beurre ou 1 cuil. à soupe de graisse d'oie
10 abricots secs
1 poignée d'amandes mondées
1 pincée de cannelle
1 pincée de noix muscade râpée
Sel et poivre

Pour la sauce
2 oranges non traitées
3 cuil. à soupe de sucre
2 cuil. à soupe de vinaigre
2 ou 3 cuil. à soupe de vin blanc ou d'eau
Sel et poivre

Préparation : 1 heure environ
Cuisson : 2 h 30
Pour 8 personnes

Préparez la farce : faites cuire le riz à l'eau bouillante salée. Mettez à tremper les champignons secs dans de l'eau tiède. Égouttez le riz et les champignons, hachez ces derniers. Pelez et hachez les échalotes. Faites-les revenir une min dans le beurre, ajoutez les champignons et faites revenir 2 min à feu vif. Coupez les abricots secs en dés. Mélangez le riz, les champignons, les abricots et les amandes. Ajoutez la cannelle et la noix muscade, salez et poivrez.

Faites chauffer le four à 200 °C, th. 7. Salez et poivrez l'oie. Emplissez-la avec la farce et cousez l'ouverture. Piquez la peau à l'aide d'une fourchette, mettez la volaille sur une grille, au-dessus de la lèchefrite, et faites cuire une heure au four.

Videz la graisse contenue dans la lèchefrite et versez-y une tasse d'eau. Baissez le four à 160 °C, th. 5, puis remettez l'oie à cuire pendant 1 h 30 en l'arrosant de temps en temps avec son jus de cuisson. Rincez les abricots. Mettez-les dans une casserole, ajoutez la cannelle et le sucre. Fendez la vanille en deux, grattez les graines au-dessus des abricots, couvrez d'eau et faites frémir de 20 à 30 min. Quand toute l'eau s'est évaporée, roulez les abricots dans le glaçage ainsi formé, puis retirez du feu et tenez au chaud.

Préparez la sauce : lavez et essuyez les oranges. Prélevez leur zeste en minces filaments, plongez-le 3 min dans de l'eau bouillante, égouttez-le et passez-le à l'eau froide. Pressez les oranges. Faites caraméliser le sucre avec une cuillerée à soupe d'eau. Dès qu'il est blond, délayez-le avec le vinaigre et le jus d'orange, puis faites chauffer pour le dissoudre entièrement.

Découpez l'oie et mettez-la dans un plat chaud avec la farce. Dégraissez le jus de cuisson et posez la lèchefrite sur feu vif, puis versez-y le vin et faites bouillir, en grattant le fond. Filtrez le jus au-dessus de la sauce à l'orange. Ajoutez le zeste, disposez les abricots autour de l'oie et servez très chaud.

Fricassée d'oie au cidre

La saveur acidulée des pommes, accentuée par le calvados, relève cette fricassée très facile à préparer.

Faites chauffer le four à 200 °C, th. 7. Pelez et hachez les échalotes. Pelez 2 pommes et coupez-les en petits quartiers. Faites revenir l'oie de tous les côtés dans une sauteuse à revêtement antiadhésif, puis jetez la graisse.

Arrosez l'oie avec le calvados et flambez. Ajoutez alors les échalotes, les morceaux de pomme, l'ail non pelé, le thym, le laurier et la noix muscade. Salez et poivrez, puis mélangez, arrosez avec le cidre et portez à ébullition. Transférez alors dans un plat à four, couvrez de papier sulfurisé graissé et faites cuire 30 min au four.

Lavez et essuyez le reste des pommes. Disposez-les autour de l'oie et laissez cuire encore 20 min, en arrosant une ou deux fois volaille et pommes avec le jus de cuisson.

Quand l'oie est cuite, disposez-la dans un plat de service, entourez-la avec les pommes entières et tenez au chaud.

Dégraissez le jus de cuisson de l'oie, ajoutez-y la crème et faites bouillir 2 min, en écrasant les quartiers de pomme à la fourchette. Vérifiez l'assaisonnement et rectifiez-le si vous le jugez nécessaire. Mixez pour homogénéiser la sauce, versez dans une saucière et servez très chaud.

Ingrédients

- 2 échalotes
- 6 petites pommes à cuire
- 1,2 kg d'oie coupée en morceaux
- 1 petit verre de calvados
- 4 gousses d'ail
- 1 branche de thym
- 1 feuille de laurier
- Noix muscade
- 30 cl de cidre sec
- 1 cuil. à soupe de crème fraîche
- Sel et poivre

Préparation : 30 minutes
Cuisson : 1 h 15
Pour 4 personnes

Pommes, calvados et crème fraîche assurent le moelleux de l'oie rôtie.

Grise ou blanche
L'oie grise, issue de l'oie sauvage cendrée, donne les meilleurs foies gras et se prépare en confits. Celle que l'on fait traditionnellement rôtir pour Noël est l'oie blanche, descendante de l'oie des neiges sauvage et deux fois moins grosse que cette dernière.

Pour que le lapin garde tout son moelleux, l'envelopper dans de fines bardes de lard ou dans de la crépine.

Un plat simple à préparer, toujours apprécié des amateurs de lapin.

Lapin à la moutarde

Parmi les innombrables versions du lapin à la moutarde, cette recette permet d'élaborer un plat spécialement tendre et savoureux.

Ingrédients

- 1 lapin coupé en morceaux
- 1/2 pot de moutarde forte
- 70 g de beurre
- 1 cuil. à soupe de thym émietté
- 4 ou 5 cuil. à soupe de vin blanc, de cidre ou d'eau
- 1 verre à liqueur de madère
- 20 cl de crème fraîche épaisse
- Sel et poivre

Préparation : 10 minutes
Cuisson : 1 heure
Pour 6 personnes

Faites chauffer le four à 200 °C, th. 7. Enduisez un plat à rôtir avec 20 g de beurre. Salez et poivrez les morceaux de lapin, tartinez-les largement de moutarde, puis rangez-les dans le plat beurré et parsemez-les de thym émietté. Posez dessus le reste du beurre coupé en dés.

Versez dans le plat le vin blanc, le cidre ou l'eau. Couvrez de papier sulfurisé beurré et faites cuire au four pendant une heure.

Ensuite, déposez les morceaux de lapin dans un plat de service et tenez au chaud. Versez le madère dans le plat de cuisson, faites bouillir une à 2 min à feu vif en grattant le fond du récipient, puis ajoutez la crème fraîche et laissez bouillir 2 min.

Vérifiez l'assaisonnement de la sauce, versez celle-ci sur le lapin et servez.

Une autre recette conseille de frotter le lapin avec de l'ail, de l'enduire de moutarde, de le faire dorer en cocotte avec huile d'olive et échalotes, puis de le cuire 30 min, d'y ajouter une tête d'ail pilée avec du basilic et 2 cuillerées à soupe d'huile d'olive et de le laisser cuire encore 20 min avec un peu de vin blanc s'il le faut.

Gibelotte de lapin

Flambé à l'eau-de-vie, le lapin mijote patiemment avec des lardons, des oignons et des champignons.

Ingrédients

200 g de lard fumé
24 petits oignons
1 carotte
1 branche de céleri
3 branches de persil plat
1 branche de thym
1 feuille de laurier
1 grosse gousse d'ail
2 cuil. à soupe d'huile
20 g de beurre
1 lapin coupé en morceaux
1 cuil. à café de sucre
1 verre à liqueur d'eau-de-vie
1 cuil. à café de farine
200 g de champignons de Paris
37,5 cl de vin blanc
Sel et poivre

Préparation : 50 minutes
Cuisson : 1 h 15
Pour 6 personnes

Coupez le lard en bâtonnets. Pelez les oignons. Grattez la carotte et coupez-la en petits dés. Effilez le céleri. Rincez le persil. Liez le thym avec le laurier, le céleri et les queues du persil. Pelez et écrasez l'ail.

Faites chauffer l'huile dans une cocotte en fonte, ajoutez le beurre et faites dorer les morceaux de lapin et les lardons. Égouttez-les avec une écumoire et posez-les dans une assiette. Faites blondir les oignons dans la même huile, ajoutez la carotte et mélangez, puis poudrez de sucre et mélangez de nouveau. Remettez le lapin et les lardons dans la cocotte. Faites réchauffer et flambez avec l'eau-de-vie.

Poudrez la préparation avec la farine et mélangez quelques secondes avec une cuillère en bois. Arrosez de vin, mélangez de nouveau, salez et poivrez, puis ajoutez le bouquet d'herbes et l'ail écrasé. Portez doucement à ébullition, couvrez avec du papier sulfurisé beurré, couvrez et laissez mijoter une heure.

Nettoyez les champignons et coupez-les en quatre. Ajoutez-les dans la cocotte à mi-cuisson.

Hachez les feuilles du persil. Déposez le lapin, la garniture et la sauce dans un plat creux, ôtez le bouquet d'herbes, parsemez de persil haché et servez bien chaud.

La gibelotte, qui désignait autrefois une fricassée d'oiseaux, peut se préparer avec du vin rouge ou blanc.

Relever éventuellement la sauce avec une bonne cuillerée de moutarde avant de servir.

Civet de lièvre

Les amateurs apprécieront ce civet dont la sauce, comme le veut la tradition, est liée avec le sang du lièvre.

Ingrédients

1 lièvre de 2 kg environ, avec son foie et son sang à part
Un filet de vinaigre de vin
250 g de lard de poitrine maigre demi-sel
16 oignons grelots
70 g de saindoux ou, à défaut, de beurre
1 cuil. à soupe de farine
25 cl de bouillon de volaille
Sel et poivre

Pour la marinade
1 gros oignon
2 carottes
2 gousses d'ail
2 ou 3 branches de persil plat
1 gros bouquet garni
2 clous de girofle
1 cuil. à soupe de grains de poivre noir
75 cl de vin rouge corsé
2 cuil. à soupe d'huile

Préparation (en deux fois) : 1 heure environ
Marinage : 24 heures
Cuisson : 2 h 30
Pour 8 personnes

Le plus tôt possible après l'achat du lièvre, versez son sang dans un bol, ajoutez un filet de vinaigre et mélangez bien pour empêcher le sang de coaguler. Nettoyez le foie, plongez-le dans le sang, puis couvrez et laissez au réfrigérateur.

Découpez le lièvre en 8 morceaux et mettez-les dans une terrine.

Préparez la marinade : pelez l'oignon et les carottes, coupez-les en rondelles fines. Pelez et écrasez l'ail. Liez le persil avec le bouquet garni. Ajoutez ces éléments au lièvre, ainsi que les clous de girofle et le poivre en grains. Arrosez avec le vin rouge, mélangez, puis versez l'huile. Faites mariner 24 heures au réfrigérateur, en retournant les morceaux de temps en temps.

Ensuite, plongez le lard dans une casserole d'eau froide, portez à ébullition et laissez frémir pendant 5 min. Égouttez le lard et coupez-le en minces bâtonnets. Pelez les petits oignons.

Mettez à fondre 20 g de saindoux dans une cocotte et faites-y revenir les lardons 5 min, puis mettez-les de côté. Ajoutez 20 g de saindoux dans la cocotte et faites-y revenir les oignons grelots 5 min, en secouant la cocotte pour les faire dorer uniformément, et ajoutez-les aux lardons. Videz la graisse de la cocotte et essuyez le récipient.

Égouttez les morceaux de lièvre en conservant la marinade et épongez-les avec du papier absorbant. Filtrez la marinade, en récupérant les carottes et le bouquet garni. Mettez à fondre le reste du saindoux dans la cocotte. Faites-y revenir le lièvre de tous les côtés, poudrez avec la farine et remuez 2 min, sans laisser roussir. Arrosez avec la marinade et le bouillon, ajoutez les carottes, le bouquet garni, les lardons et les oignons. Portez à ébullition, couvrez et laissez cuire 2 heures à feu très doux. Salez et poivrez à mi-cuisson.

Égouttez le lièvre, les lardons et les oignons, et disposez-les sur un plat de service chaud.

Retirez le bouquet garni de la sauce. Passez le sang et le foie du lièvre au mixeur, puis versez-les dans la sauce en petit filet, en fouettant sans cesse très vivement, sans laisser bouillir. Dès que la sauce est onctueuse, nappez-en le lièvre et servez aussitôt.

À propos du lièvre
« Un lièvre ne doit jamais être faisandé », assurait dans les années 1900 Ali Bab, alias Babinsky, célèbre gourmet et auteur d'un considérable ouvrage, *Gastronomie pratique*, toujours à l'honneur. Ce connaisseur ajoutait que la chair du lièvre « fine, délicate, [...] n'a généralement pas besoin de mariner ».

Au moment de servir, vous pouvez garnir le civet de croûtons frits et de persil plat finement ciselé.

Piqué d'ail et parsemé d'herbes, la chair du lapin prend une saveur méridionale.

Pour éviter les petits éclats d'os lorsque l'on coupe le lapin en morceaux, tailler la chair au niveau des articulations, puis le désarticuler à la main.

Lapin au four à l'ail rôti

En l'absence de tout liquide de cuisson, il est indispensable d'entourer le lapin de crépine de porc pour qu'il soit moelleux.

FAITES TREMPER la crépine une heure dans de l'eau fraîche.

Ensuite, faites chauffer le four à 180 °C, th. 6. Égouttez la crépine, dépliez-la avec précaution sur un torchon et coupez-la en autant de morceaux que vous avez de morceaux de lapin. Défaites les têtes d'ail en gousses. Pelez 3 gousses, coupez-les en éclats et piquez chaque morceau de lapin avec 2 ou 3 éclats. Salez et poivrez. Enveloppez les morceaux de lapin dans les morceaux de crépine et rangez-les côte à côte dans un plat à rôtir. Effeuillez le thym dessus, puis coupez avec des ciseaux les aiguilles du romarin et parsemez-en également la viande.

Disposez autour le reste des gousses d'ail, avec leur peau. Versez 3 ou 4 cuillerées à soupe d'eau dans le plat et arrosez avec l'huile d'olive. Faites cuire au four de 50 min à une heure, en arrosant souvent le lapin avec le jus de cuisson.

INGRÉDIENTS

1 GRANDE CRÉPINE DE PORC
2 TÊTES D'AIL
1 LAPIN COUPÉ EN MORCEAUX
3 OU 4 BRANCHES DE THYM FRAIS
3 OU 4 BRANCHES DE ROMARIN FRAIS
3 CUIL. À SOUPE D'HUILE D'OLIVE
SEL ET POIVRE

TREMPAGE : 1 HEURE
PRÉPARATION : 10 MINUTES
CUISSON : 1 HEURE
POUR 6 PERSONNES

Daube de marcassin

Des oignons glacés et des lardons agrémentent ce plat d'automne.

Ingrédients

3 oignons
1 gousse d'ail
1 carotte
1 branche de céleri
1 bouquet garni, composé de thym, de persil et de laurier
1 cuil. à café de poivre en grains
1,4 kg d'épaule ou de cuissot de marcassin, coupé en gros dés
75 cl de vin rouge corsé
3 cuil. à soupe d'huile d'olive
1 petit verre d'eau-de-vie
2 cuil. à soupe de farine
Sel et poivre

Pour la garniture
24 petits oignons grelots
30 g de beurre
1 cuil. à soupe de sucre
100 g de lard fumé
5 ou 6 cuil. à soupe d'huile d'olive
3 tranches fines de pain de mie rassis
3 cuil. à soupe de persil très finement haché
Sel

Préparation : 45 minutes
Marinage : 24 heures
Cuisson : 3 heures
Pour 6 personnes

On peut aussi faire cuire la daube au four dans une grande terrine après avoir fait revenir la viande dans une sauteuse.

Pelez un oignon et l'ail, et hachez-les. Grattez la carotte et coupez-la en rondelles. Coupez le céleri en tronçons. Mettez le tout dans une terrine avec le bouquet garni, le poivre et la viande. Arrosez avec le vin et laissez mariner 24 heures au frais.

Faites chauffer le four à 140 °C, th. 4. Pelez 2 oignons et coupez-les en lamelles. Égouttez la viande à l'écumoire et épongez-la sur du papier absorbant puis filtrez la marinade. Mettez à chauffer 2 cuillerées à soupe d'huile dans une grande cocotte et faites-y revenir les dés de viande en plusieurs fois, égouttez-les et réservez-les dans un plat.

Mettez à chauffer le reste de l'huile dans la cocotte. Faites revenir les oignons 3 min, ajoutez le marcassin, arrosez avec l'eau-de-vie et flambez. Poudrez avec la farine et faites revenir 2 min. Versez dessus la marinade et portez à petits frémissements en remuant. Salez, couvrez et faites cuire au four de 2 h 30 à 3 h : la viande doit être tendre.

Préparez la garniture 40 min environ avant la fin de la cuisson du marcassin. Pelez les oignons grelots, mettez-les dans une casserole assez large pour les contenir sur une seule couche et couvrez-les juste d'eau froide. Ajoutez le beurre, un peu de sel et le sucre. Portez à ébullition et laissez bouillir jusqu'à ce que le liquide soit sirupeux, puis réduisez le feu au maximum. Secouez la casserole et roulez-y les oignons en tous sens pour les enrober uniformément de caramel, sans les laisser brûler. Retirez du feu, couvrez et tenez au chaud.

Ôtez la couenne du lard et coupez-le en bâtonnets. Mettez à chauffer une cuillerée à soupe d'huile dans une poêle. Faites-y revenir rapidement les lardons, épongez-les sur du papier absorbant et tenez-les au chaud. Enlevez la croûte du pain et coupez les tranches en 4 triangles. Faites chauffer le reste de l'huile. Jetez-y les croûtons et faites-les dorer des deux côtés, puis épongez-les sur du papier absorbant et tenez-les au chaud.

Retirez le bouquet garni de la cocotte. Versez la daube, les oignons glacés et les lardons dans un plat. Disposez les croûtons et parsemez de persil haché.

La marinade a le double rôle d'attendrir et de parfumer les viandes.

La barde de lard et le vin rouge préservent tout le moelleux du gibier pendant sa cuisson.

IDÉES REÇUES
« Chasse. Excellent exercice que l'on doit feindre d'adorer. Faisan. Très chic dans un dîner. Gibier. N'est bon que faisandé. Lièvre. Dort les yeux ouverts. » Ces définitions humoristiques sont extraites du *Dictionnaire des idées reçues* de Gustave Flaubert.

Chevreuil braisé à l'aigre-douce

Cuite avec des légumes dans une sauce aigre-douce, la pièce de gibier acquiert une noblesse digne des tables les plus raffinées.

PELEZ les oignons et coupez-les en quatre. Pelez l'ail et écrasez-le. Grattez les carottes et coupez-les en rondelles. Faites chauffer le four à 180 °C, th. 6.

Mettez à chauffer l'huile dans une cocotte juste assez grande pour contenir le cuissot et les légumes. Faites-y dorer le chevreuil de tous les côtés, puis égouttez-le et posez-le sur une assiette. Versez dans la cocotte les oignons, l'ail, les carottes et le bouquet garni. Faites revenir en remuant puis, quand les légumes sont légèrement dorés, posez le cuissot dessus. Arrosez avec le vin, le bouillon et le vinaigre, ajoutez la cassonade, couvrez et faites cuire au four de 1 h 30 à 2 heures : la viande doit être tendre.

Transférez alors le cuissot dans un plat de service chaud, couvrez et tenez au chaud. Dégraissez le jus de cuisson et tamisez-le au-dessus d'un verre gradué : vous devez en avoir 50 cl au maximum. S'il y en a plus, faites-le bouillir à feu vif pour le réduire à la quantité requise. S'il y en a moins, complétez avec du bouillon ou de l'eau et portez à ébullition.

Malaxez le beurre avec la farine et incorporez peu à peu ce beurre manié à la sauce, en remuant sur feu modéré, pour faire épaissir légèrement. Baissez le feu, assaisonnez de sel, de poivre et de piment de Cayenne, puis faites frémir 2 à 3 min. Versez dans une saucière chaude et servez avec le cuissot.

Les marrons au naturel, la purée de marrons et le céleri braisé accompagnent parfaitement le cuissot de chevreuil.

INGRÉDIENTS

- 2 OIGNONS
- 1 GOUSSE D'AIL
- 2 CAROTTES
- 1,1 À 1,4 KG DE HAUT DE CUISSOT DE CHEVREUIL, DÉPOUILLÉ ET BARDÉ
- 2 CUIL. À SOUPE D'HUILE D'OLIVE
- 1 BOUQUET GARNI, COMPOSÉ DE THYM, DE PERSIL, DE LAURIER ET DE CÉLERI
- 30 CL DE VIN ROUGE
- 15 CL DE BOUILLON DE BŒUF
- 1 CUIL. À SOUPE DE VINAIGRE DE VIN ROUGE
- 1 CUIL. À SOUPE DE CASSONADE
- 2 CUIL. À SOUPE DE FARINE
- 15 G DE BEURRE MOU
- 1 PINCÉE DE PIMENT DE CAYENNE
- SEL ET POIVRE

PRÉPARATION : 40 MINUTES
CUISSON : 2 HEURES ENVIRON
POUR 4 À 6 PERSONNES

Faisan au raisin

Cette préparation est particulièrement indiquée pour les volailles un peu âgées.

Ingrédients

2 faisans plumés et vidés
30 cl environ de bouillon de poule
1 gros oignon
60 g de farine
15 cl de madère
2 cuil. à café de gelée de groseille
250 g de très petits champignons de Paris
30 g de beurre
300 g de raisin blanc
Sel et poivre

Préparation : 45 minutes
Cuisson : 2 h 15
Pour 4 à 6 personnes

Faites chauffer le four à 180 °C, th. 6. Mettez les faisans dans un plat à rôtir, couvrez hermétiquement le plat d'aluminium ménager et faites cuire au four pendant une heure environ : la chair doit être tendre, le jus clair. Sortez le plat du four sans éteindre ce dernier, transférez les faisans dans un plat et couvrez d'aluminium ménager.

Préparez la sauce : versez le jus de cuisson des faisans dans un verre gradué. Prélevez 2 cuillerées à soupe de graisse à sa surface, versez-les dans le plat à rôtir et jetez le reste du gras. Complétez le jus de cuisson avec suffisamment de bouillon pour obtenir 70 cl de liquide.

Pelez l'oignon et coupez-le en lamelles fines. Ajoutez-le à la graisse contenue dans le plat à rôtir et laissez 10 min sur feu moyen, en grattant le fond du récipient. Quand l'oignon est caramélisé, poudrez avec la farine et remuez une min, puis délayez peu à peu avec le bouillon et le madère. Portez à ébullition en remuant constamment et laissez bouillir jusqu'à ce que la sauce soit lisse et onctueuse. Baissez alors le feu, incorporez la gelée de groseille, salez, poivrez et laissez mijoter 5 min.

Pendant ce temps, découpez les faisans en morceaux, en retirant la colonne vertébrale, avec un couteau affûté ou une cisaille de cuisine. Si les cuisses ou les ailes renferment des plombs, extrayez-les en retirant largement la partie blessée alentour. Disposez les morceaux de faisan dans une grande cocotte, arrosez-les avec la sauce, couvrez et faites cuire 1 h 15 à mi-hauteur du four.

Environ 40 min avant la fin de la cuisson, nettoyez les champignons. Mettez à fondre le beurre dans une poêle et faites-y sauter les champignons à feu doux pendant 5 min, puis ajoutez-les aux faisans et laissez la cuisson s'achever.

Lavez le raisin, épongez-le et épépinez les grains. Ajoutez ces derniers dans la cocotte 5 min avant de servir pour les réchauffer.

Le madère et la gelée de groseille se mêlent au jus des faisans pour former une sauce riche.

Préparer la poule faisane, qui est plus dodue que le mâle. Garder quelques plumes de la queue pour décorer le plat.

Voici une excellente recette, traditionnelle jusqu'au bout des plumes décorant le plat.

Faisans rôtis, pommes gaufrettes

Les jeunes faisans dodus s'accommodent parfaitement d'une cuisson rôtie à la manière d'autrefois.

Faites chauffer le four à 200 °C, th. 7. Assaisonnez les faisans à l'intérieur, mettez-les dans un plat à rôtir, recouvrez les poitrines avec les tranches de lard et parsemez de dés de beurre. Faites cuire 45 min au four, en arrosant de temps en temps avec le jus de cuisson.

Préparez la sauce au pain : pelez l'oignon et piquez-le avec les clous de girofle. Ôtez la croûte du pain et émiettez-le. Portez le lait à ébullition, ajoutez la mie de pain, l'oignon et le beurre, puis salez et laissez cuire 20 min à feu doux.

Préparez les pommes gaufrettes : épluchez les pommes de terre, lavez-les, coupez-les en rondelles avec une mandoline équipée d'une grille fine. Plongez-les dans de l'eau froide salée, égouttez-les et épongez-les bien. Faites chauffer la friture et jetez-y les pommes gaufrettes pour les faire frire par petites quantités, de 3 à 5 min. Quand elles sont dorées, épongez-les sur du papier absorbant et tenez au chaud.

Enlevez les tranches de lard des faisans et réservez-les. Laissez dorer les oiseaux de 10 à 15 min, puis transférez dans un plat de service chaud et tenez au chaud.

Versez le bouillon et le jus de citron dans le plat de cuisson des faisans. Salez, poivrez et portez à ébullition en remuant. Laissez frémir 2 min, puis versez dans une saucière chaude.

Retirez l'oignon de la sauce au pain. Ajoutez la crème, une pincée de noix muscade râpée et une pincée de piment de Cayenne. Laissez chauffer 2 min et versez dans une saucière.

Garnissez les faisans avec les tranches de lard réservées à cet effet, quelques pommes gaufrettes et le cresson. Servez avec le jus, la sauce au pain et le reste des pommes gaufrettes.

Ingrédients

- 2 faisans prêts à rôtir d'environ 700 g chacun
- 4 tranches de lard de poitrine fumée
- 30 g de beurre
- 20 cl de bouillon de volaille
- 1 cuil. à café de jus de citron
- Sel et poivre

Pour la sauce au pain

- 1 petit oignon
- 4 clous de girofle
- 2 petites tranches de pain de mie
- 30 cl de lait
- 20 g de beurre
- 1 grosse cuil. à soupe de crème fraîche
- Noix muscade
- Piment de Cayenne
- Sel et poivre

Pour les pommes gaufrettes

- 700 g de pommes de terre
- Huile pour friture

Pour garnir

- Cresson

Préparation : 30 minutes
Cuisson : 1 heure
Pour 4 personnes

Casserole de pigeons au chou rouge

Ce plat raffiné est fait pour des cuisiniers débordés : une fois au four, il ne demande plus la moindre attention.

Ingrédients

- 250 g de marrons
- 2 oignons
- 500 g de chou rouge
- 30 g de saindoux ou 2 cuil. à soupe d'huile
- 4 pigeons, sauvages si possible, prêts à rôtir
- 40 cl de vin rouge
- 3 cuil. à soupe de gelée de groseille
- Sel et poivre

Préparation : 40 minutes
Cuisson : 3 heures
Pour 4 personnes

Incisez les marrons et faites-les cuire 10 min dans de l'eau bouillante. Pelez les oignons et hachez-les. Ôtez le trognon et les côtes dures du chou, puis taillez-le en lanières fines. Égouttez les marrons par petites quantités à la fois et épluchez-les.

Faites chauffer le four à 160 °C, th. 5. Mettez à chauffer le saindoux ou l'huile dans une grande cocotte et faites-y revenir les pigeons de tous les côtés, à feu vif. Quand ils sont dorés, égouttez-les à l'écumoire et posez-les dans un plat. Baissez le feu, ajoutez les oignons et faites-les mijoter 5 min. Ajoutez alors le chou, mélangez rapidement et ajoutez le vin et la gelée de groseille. Portez à ébullition, puis retirez du feu et ajoutez les marrons.

À l'aide d'un couteau acéré ou d'une cisaille de cuisine, retirez la colonne vertébrale des pigeons : fendez-les du cou au croupion, en veillant à laisser les poitrines avec les ailes et les cuisses encore attachées. Cette découpe vous permettra d'assurer facilement la stabilité des oiseaux sur les assiettes, et donc de pouvoir les manger plus facilement.

Remettez les pigeons dans la cocotte, assaisonnez-les largement de sel et de poivre, puis enfouissez-les complètement dans le chou. Couvrez la cocotte et faites cuire au four pendant 2 h 30 environ : les pigeons doivent être tendres. Servez-les dans la cocotte, avec de la purée de pommes de terre.

La chasse en France
La chasse a fait partie des privilèges de la noblesse jusqu'au 4 août 1789, date de leur abolition. Les lois du 3 mars 1884, du 1er mai 1924 et du 3 février 1926 reconnaissent le droit de chasse à tous les citoyens, à certaines conditions. Les dates d'ouverture et de clôture sont fixées chaque année par le ministère de l'Agriculture.

Vin rouge, marrons et gelée de fruits acidulés enrichissent cette casserole revigorante de pigeons sauvages cuisinée à l'ancienne.

En mijotant dans leur sauce au vin, les perdrix, plus âgées que les perdreaux, deviendront bien tendres.

Perdrix aux champignons farcis

Voici une version particulièrement succulente d'une recette classique.

NETTOYEZ les champignons. Détachez les chapeaux des pieds et hachez finement ces derniers. Mettez-les dans une grande terrine avec le veau, la mie de pain, le persil, le thym et le zeste de citron. Salez et poivrez, ajoutez l'œuf et mélangez bien, puis couvrez et mettez au réfrigérateur.

Pelez les oignons et coupez-les en huit. Faites chauffer une cuillerée à soupe d'huile dans une cocotte épaisse et ajoutez le beurre. Faites-y revenir les perdrix de tous les côtés à feu modéré, en les retournant souvent pour les faire dorer, puis transférez-les dans un plat. Versez les oignons dans la cocotte et faites-les fondre à feu doux 5 min sans les laisser dorer.

Mélangez dans un bol le girofle, la noix muscade, la cannelle, le piment de Cayenne, la farine et une cuillerée à café rase de poivre moulu. Remettez les perdrix dans la cocotte et poudrez-les avec la farine assaisonnée. Mélangez, arrosez avec le vin et le bouillon, puis portez à ébullition en remuant de temps en temps. Baissez le feu, couvrez et faites mijoter tout doucement pendant une heure environ, jusqu'à ce que les perdrix soient tendres.

Pendant cette cuisson, faites chauffer le four à 200 °C, th. 7. Posez les champignons, côté pied vers le haut, dans un plat légèrement huilé. Répartissez la farce très froide dessus et arrosez avec le reste d'huile. Faites cuire 30 min à mi-hauteur du four : les champignons doivent être tendres, et la farce entièrement cuite.

Déposez les perdrix sur une planche. Fendez-les en deux avec un couteau tranchant ou une cisaille de cuisine. Retirez les oignons avec l'écumoire, versez-les dans un plat chaud et posez les demi-perdrix dessus. Portez le jus de cuisson à ébullition et filtrez-le au-dessus d'une saucière. S'il est trop liquide, faites-le réduire à feu vif.

Disposez les champignons farcis autour des perdrix et servez avec la sauce, accompagné de chou frisé et de noix.

INGRÉDIENTS

8 GROS CHAMPIGNONS
250 G DE VEAU HACHÉ
100 G DE MIE DE PAIN FRAÎCHE
4 CUIL. À SOUPE DE PERSIL HACHÉ
2 CUIL. À CAFÉ DE THYM FRAIS HACHÉ
LE ZESTE FINEMENT RÂPÉ D'UN PETIT CITRON
1 GROS ŒUF
2 GROS OIGNONS
2 CUIL. À SOUPE D'HUILE D'OLIVE
30 G DE BEURRE
2 PERDRIX PRÊTES À CUIRE
1/4 DE CUIL. À CAFÉ DE POUDRE DE GIROFLE
1/4 DE CUIL. À CAFÉ DE NOIX MUSCADE RÂPÉE
1/2 CUIL. À CAFÉ DE CANNELLE
1 PINCÉE DE PIMENT DE CAYENNE
30 G DE FARINE
30 CL DE VIN ROUGE
15 CL DE BOUILLON DE POULE
SEL ET POIVRE

PRÉPARATION : 1 HEURE
CUISSON : 1 H 50
POUR 4 PERSONNES

LÉGUMES & GARNITURES

POUR APPRÉCIER PLEINEMENT LES *Carottes glacées à l'orange*, LES *Petits pois bonne femme* OU LA *Ratatouille*, RIEN NE VAUT LES LÉGUMES DU JARDIN OU, À DÉFAUT, CEUX QUE L'ON ACHÈTE CHEZ LE MARAÎCHER LE PLUS PROCHE. RETROUVEZ LA SAVEUR OUBLIÉE DES *Panais aux noix* OU DU *Gratin d'oignons*, PRÉPAREZ DES *Beignets de courgettes* CROUSTILLANTS OU DES *Champignons farcis*, REDÉCOUVREZ LES *Pommes de terre Anna*, LA *Crique* OU LES *Flans de légumes* : LES RESSOURCES DU POTAGER SONT INÉPUISABLES...

Cœurs de céleri braisés

Mijotés à feu doux, ces cœurs de céleri gardent leur saveur intacte.

Ingrédients

- 6 cœurs de céleri de 250 g environ chacun
- 1 oignon
- 3 carottes
- 60 g de beurre
- 75 cl de bouillon de bœuf ou de bouillon de volaille
- 3 feuilles de laurier
- 1 cuil. à soupe de persil finement haché
- Sel et poivre
- Feuilles de laurier pour garnir (facultatif)

Préparation : 20 minutes
Cuisson : 40 minutes
Pour 6 personnes

Faites bouillir une grande casserole d'eau. Épluchez et lavez les cœurs de céleri, plongez-les dans l'eau et laissez-les 5 min avant de les égoutter.

Épluchez et coupez l'oignon en lamelles. Grattez les carottes et coupez-les en rondelles. Faites fondre le beurre dans une grande cocotte, ajoutez l'oignon et faites-le juste fondre, puis recouvrez avec les carottes, sur une seule couche. Posez les cœurs de céleri dessus, côte à côte, puis arrosez-les avec le bouillon, ajoutez les feuilles de laurier et le persil haché, salez et poivrez largement.

Portez à ébullition, baissez le feu, couvrez et laissez frémir 30 min, en arrosant souvent avec le liquide de cuisson. Quand les céleris sont juste tendres, retirez-les de la cocotte avec l'écumoire, ainsi que les légumes, et disposez-les dans un plat de service chaud ou dans des assiettes individuelles. Tenez au chaud.

Portez le jus de cuisson à ébullition à feu vif et laissez-le réduire de moitié. Retirez alors les feuilles de laurier, puis nappez les céleris et les carottes avec la sauce. Garnissez éventuellement avec des feuilles de laurier et servez.

Les cœurs de céleri, ici braisés avec des carottes et de l'oignon, font un excellent accompagnement pour le gibier à plume rôti ou braisé.

Si les cœurs de céleri ne sont pas bien fermés, les attacher avec de la ficelle de cuisine avant la cuisson. Ne pas oublier de la retirer après !

Faire cette recette
à la belle saison :
les petits oignons
nouveaux s'épluchent
beaucoup plus
facilement et
rapidement que
les oignons grelots,
et les concombres
de plein champ ont
plus de goût et sont
moins aqueux
que les concombres
cultivés sous serre.

Le charme de ce plat réside dans l'harmonie des saveurs d'oignon, de concombre et de basilic.

Concombres et oignons glacés

Dans cette recette ancienne, le concombre est traité comme un légume à part entière.

Versez le bouillon de légumes dans une casserole, salez légèrement et portez à ébullition. Pelez les petits oignons en prenant soin de ne pas les abîmer, et faites-les pocher dans le bouillon de 15 à 20 min.

Pendant cette cuisson, pelez les concombres, fendez-les en deux dans la longueur et retirez les graines à la petite cuillère, puis taillez-les en tranches épaisses. Rincez et ciselez finement les feuilles de basilic. Ajoutez le sucre, les concombres et le basilic ciselé aux oignons pochés. Faites cuire pendant 10 min.

Dès que les concombres sont juste tendres, sortez-les de la casserole à l'écumoire. Égouttez également les oignons, en réservant le bouillon de cuisson. Versez les légumes dans un plat de service creux et tenez au chaud.

Faites bouillir le bouillon réservé à feu vif pour le réduire à 3 cuillerées à soupe environ. Vérifiez l'assaisonnement et salez légèrement si besoin est. Incorporez le beurre et faites-le fondre en remuant, puis versez la sauce sur les légumes. Garnissez avec le basilic frais et servez.

Ingrédients

- 30 cl de bouillon de légumes non salé
- 250 g de petits oignons nouveaux ou d'oignons grelots
- 2 gros concombres
- 2 branches de basilic
- 1 pincée de sucre
- 30 g de beurre
- Sel

Pour garnir

- 1 brin de basilic frais

Préparation : 30 minutes
Cuisson : de 35 à 50 minutes
Pour 4 personnes

Endives à la flamande

La réussite de ce plat populaire dépend en grande partie d'un égouttage suffisant des endives.

Ingrédients

1/2 citron
1 morceau de sucre
4 grosses endives
50 g de beurre
40 g de farine
40 cl de lait
1 pincée de noix muscade râpée
4 tranches de jambon de Paris
75 g de gruyère râpé
Sel

Préparation : 25 minutes
Cuisson : 35 minutes
Pour 4 personnes

Pressez le demi-citron. Portez une casserole d'eau à ébullition et ajoutez-y le jus de citron, le sucre et du sel.

Épluchez les endives en retirant le petit cône amer de leur cœur. Lavez-les sans les laisser tremper et plongez-les dans l'eau bouillante, puis portez de nouveau à ébullition, couvrez et laissez cuire 10 min.

Retirez les endives de l'eau une à une avec une écumoire, égouttez-les soigneusement dans une passoire, posez-les sur un torchon plié et laissez-les s'égoutter.

Faites chauffer le four à 180 °C, th. 6. Enduisez un plat à gratin de 10 g de beurre.

Préparez une béchamel : faites fondre le reste du beurre dans une petite casserole, poudrez avec la farine et mélangez à feu doux pendant une min, puis délayez peu à peu avec le lait, en remuant constamment. Portez à ébullition en mélangeant et laissez bouillir 10 secondes. Retirez du feu, salez, poivrez et ajoutez la noix muscade.

Retirez la couenne et le gras du jambon. Enroulez chaque endive dans une tranche de jambon. Rangez les roulades côte à côte dans le plat beurré et nappez-les avec la béchamel. Parsemez de gruyère râpé, mettez au four et laissez cuire 20 min environ : le gruyère doit être fondu et doré.

Chiffonnade d'endives : pour un simple accompagnement, fendez les endives en deux, puis coupez-les en tronçons de 1 cm ; faites-les cuire 45 min à feu doux et à couvert avec le jus d'un citron, 2 pincées de sucre, du sel et 3 cuillerées à soupe d'eau ; ajoutez de la crème pour servir.

Roulées dans du jambon, nappées de béchamel et gratinées, les endives rencontrent un grand succès.

Blanches endives
L'endive craint la lumière, qui la fait verdir. Jusqu'aux années 1970, elle était conditionnée et présentée dans des caisses garnies de papier bleu, qui faisait écran afin de préserver sa précieuse blancheur. Ce type d'emballage cède de plus en plus la place au plastique.

Remplacer si l'on veut la cassonade par la même quantité de vergeoise ou par 1 grosse cuillerée à soupe de miel liquide.

Vous pouvez préparer les navets et les petits oignons comme ces carottes.

Carottes glacées à l'orange

Voici une façon délicieuse et peu orthodoxe de glacer les carottes.

Équeutez, grattez et lavez les carottes. Si elles sont grosses, coupez-les en bâtonnets de la taille d'un doigt. Si elles sont petites, laissez-les entières.

Brossez l'orange sous l'eau tiède courante, râpez finement son zeste et pressez-la. Filtrez le jus.

Mettez les carottes dans une casserole et couvrez-les juste d'eau, puis ajoutez la cassonade, le beurre, le zeste et le jus d'orange. Portez à ébullition et faites pocher de 12 à 15 min à feu vif : les carottes doivent être juste tendres et le liquide de cuisson doit être réduit et sirupeux.

Ajoutez le whisky, salez et poivrez. Mélangez en secouant le récipient, puis servez immédiatement, parsemé de cerfeuil ou de persil haché.

Ingrédients

400 g de petites carottes nouvelles
1 orange non traitée
30 g de cassonade
30 g de beurre
1 cuil. à soupe de whisky
Sel et poivre frais moulu

Pour garnir
Cerfeuil ou persil hachés

Préparation : de 5 à 10 minutes
Cuisson : 15 minutes
Pour 4 personnes

Pour séduire les enfants, entourez d'une languette de lard les choux bien égouttés avant de les faire revenir dans la sauteuse.

Fricassée de choux de Bruxelles

Le goût prononcé des choux de Bruxelles s'accommode à merveille des saveurs riches de l'ail et du lard.

Ingrédients

300 g de choux de Bruxelles
8 pommes de terre rattes
1 tête d'ail
1 cuil. à soupe d'huile
40 g de beurre
100 g de lard coupé en tranches fines
Sel et poivre

Préparation : 20 minutes
Cuisson : 30 minutes
Pour 4 personnes

Mettez à bouillir une casserole d'eau salée. Épluchez les choux de Bruxelles, rincez-les et plongez-les 15 min dans l'eau bouillante.

Pendant ce temps, pelez les pommes de terre, lavez-les soigneusement, coupez-les en quatre dans la longueur et essuyez-les. Détachez ensuite les gousses de la tête d'ail, sans les peler.

Mettez à chauffer l'huile et 20 g de beurre dans une cocotte. Faites-y revenir les gousses d'ail et les pommes de terre 5 min à feu vif, puis baissez le feu et laissez cuire 20 min environ, en remuant souvent.

Coupez le lard en petites lanières. Dès que les choux de Bruxelles sont cuits, versez-les dans une passoire, rafraîchissez-les à l'eau courante et égouttez-les bien.

Mettez à fondre le reste du beurre dans une sauteuse et faites-y revenir les lardons, en les remuant pour qu'ils dorent de tous les côtés, puis ajoutez les choux de Bruxelles. Faites réchauffer à feu doux, en secouant la sauteuse pour mélanger sans briser les choux.

Quand les pommes de terre à l'ail sont cuites, versez-les dans un légumier, ajoutez les choux de Bruxelles aux lardons, mélangez délicatement et servez.

Turban d'épinards aux champignons

Enrichi d'œufs et de crème, ce légume peut constituer un vrai plat complet léger, ou accompagner un poisson ou une volaille.

Faites chauffer le four à 180 °C, th. 6. Équeutez et lavez les épinards. Versez-les dans une grande casserole, sans ajouter d'eau, puis couvrez et faites cuire à feu vif pendant 3 min en remuant une ou deux fois : les épinards doivent juste tomber. Égouttez-les soigneusement dans une passoire, essorez-les dans un torchon propre et hachez-les grossièrement.

Faites fondre 40 g de beurre dans une casserole. Incorporez la farine et mélangez une min, puis délayez peu à peu avec le lait et portez à ébullition en remuant au fouet. Battez les œufs en omelette. Quand la béchamel est lisse et épaisse, incorporez-y la crème. Assaisonnez de sel, de poivre et de noix muscade, puis incorporez peu à peu les œufs battus. Dès que la préparation est homogène, mélangez-y le hachis d'épinards.

Lavez et essuyez les tomates, coupez-les en rondelles et retirez les pépins. Beurrez un moule en couronne de 1,25 litre. Disposez les rondelles de tomate au fond, en les faisant se chevaucher, puis versez la préparation aux épinards et lissez la surface. Faites cuire au four, à mi-hauteur, de 40 à 50 min : une aiguille enfoncée au cœur de la couronne doit en ressortir à peine humide.

Pelez et hachez finement l'échalote. Nettoyez les champignons. Mettez à fondre le reste de beurre dans une petite poêle et faites-y revenir l'échalote 2 min. Ajoutez les champignons, faites-les sauter 3 min, arrosez-les avec le madère et le jus de citron et mélangez une min. Démoulez la couronne dans un plat de service chaud. Garnissez le centre avec les champignons et décorez de feuilles de persil.

Ingrédients

- 700 g d'épinards
- 70 g de beurre
- 40 g de farine
- 20 cl de lait
- 2 œufs
- 4 cuil. à soupe de crème fraîche
- 1/4 de cuil. à café de noix muscade râpée
- 3 tomates
- 1 échalote
- 250 g de très petits champignons de Paris
- 1 cuil. à soupe de madère
- 1 cuil. à café de jus de citron
- Sel et poivre

Pour garnir

persil plat

Préparation : 30 minutes
Cuisson : 50 minutes
Pour 6 personnes
(4 en plat principal)

Les petits champignons sautés au madère relèvent le goût de ce turban.

Épinard et compagnie

L'épinard monte en graine l'été. Jusqu'à son retour, fin septembre, nos aïeux le remplaçaient par la tétragone, plus grasse, et par diverses sortes de chénopodes à feuilles géantes, tels le chénopode bon-henri ou l'ansérine amarante, à feuilles rougeâtres.

Flans de légumes

Qu'ils soient aux carottes, aux courgettes, aux brocolis ou aux champignons, les flans de légumes font des garniture raffinées.

Ingrédients

Flans de carottes
400 g de carottes
1 morceau de sucre
1 feuille de laurier
4 œufs
20 cl de crème fraîche
20 g de beurre
Sel et poivre
Préparation : 15 minutes
Cuisson : 50 minutes
Pour 4 personnes

Flans de courgettes
500 g de courgettes
1 oignon
2 gousses d'ail
2 œufs
4 cuil. à soupe de crème fraîche
1 cuil. à soupe de ciboulette hachée
1 cuil. à soupe de cerfeuil haché
20 g de beurre
Sel et poivre
Préparation : 30 minutes
Cuisson : 40 minutes
Pour 4 personnes

Flans de brocolis
300 g de petits bouquets de brocolis
20 g de beurre
4 œufs
20 cl de crème fraîche
Sel et poivre
Préparation : 10 minutes
Cuisson : 30 minutes
Pour 4 personnes

Flans de champignons
300 g de champignons de Paris
1 cuil. à soupe de jus de citron
1 échalote
2 œufs
10 cl de crème fraîche
20 g de beurre
Sel et poivre
Préparation : 20 minutes
Cuisson : 25 minutes environ
Pour 4 personnes

Flans de carottes

Faites chauffer le four à 180 °C, th. 6.

Portez une casserole d'eau à ébullition et salez-la.

Grattez les carottes, lavez-les et coupez-les en rondelles. Plongez-les dans l'eau bouillante, ajoutez le sucre et le laurier, puis faites-les cuire 30 min.

Égouttez les carottes et passez-les au mixeur pour obtenir une purée très lisse. Incorporez les œufs et la crème fraîche, salez et poivrez.

Répartissez la préparation dans quatre ramequins individuels beurrés, posez-les dans un plat allant au four et empli aux deux tiers d'eau très chaude, mettez le tout au four et laissez cuire 20 min.

Démoulez au moment de servir, chaud ou froid.

Flans de courgettes

Faites chauffer le four à 180 °C, th. 6.

Coupez les extrémités des courgettes. Avec un couteau économe, enlevez une lanière de peau tout le long de l'arête de chacune de leurs côtes, puis lavez-les et coupez-les en tronçons. Pelez et hachez l'oignon. Pelez les gousses d'ail et coupez-les en morceaux.

Mettez les courgettes, l'oignon et l'ail dans une casserole. Couvrez juste d'eau froide, salez et portez à ébullition, puis laissez cuire 20 min à feu doux, en remuant de temps en temps. Versez ensuite les légumes dans une passoire fine et pressez pour en extraire le plus d'eau possible.

Passez les courgettes au mixeur avec les œufs, la crème fraîche, la ciboulette et le cerfeuil hachés, jusqu'à obtention d'une purée lisse et homogène. Salez et poivrez.

Répartissez la préparation dans des ramequins individuels beurrés, posez-les dans un plat allant au four et empli aux deux tiers d'eau très chaude, mettez le tout au four et laissez cuire 20 min.

Servez chaud ou froid dans les ramequins, ou démoulez les flans.

Flans de brocolis

Faites chauffer le four à 180 °C, th. 6.

Portez une casserole d'eau à ébullition, puis salez-la, plongez-y les brocolis et laissez-les cuire 8 min.

Versez aussitôt les brocolis dans une passoire, rafraîchissez-les à l'eau froide et versez-les sur un linge pour les égoutter le plus possible.

Enduisez quatre ramequins individuels avec le beurre. Prélevez 4 bouquets de brocolis et placez-en un dans chaque ramequin.

Ajoutez les œufs et la crème fraîche au reste des brocolis et passez le tout au mixeur, jusqu'à obtention d'une purée lisse et homogène. Salez et poivrez.

Répartissez la préparation dans les ramequins, posez-les dans un plat allant au four et empli aux deux tiers d'eau très chaude, puis mettez le tout au four et laissez cuire 20 min.

Servez chaud ou froid dans les ramequins, ou démoulez en passant autour des flans la lame d'un couteau pointu.

Flans de champignons

Faites chauffer le four à 180 °C, th. 6.

Nettoyez les champignons, coupez-les en quartiers et arrosez-les aussitôt avec le jus de citron. Pelez et hachez l'échalote.

Mettez les champignons et l'échalote dans une casserole. Salez, poivrez, ajoutez une ou 2 cuillerées à soupe d'eau et faites cuire 6 à 7 min, en remuant souvent.

Passez les champignons au moulin à légumes, muni d'une grille moyenne et posé au-dessus d'une jatte. Ajoutez les œufs et la crème fraîche, puis rectifiez l'assaisonnement si besoin est.

Enduisez quatre ramequins individuels avec le beurre et répartissez-y la préparation. Posez les moules dans un plat allant au four et empli aux deux tiers d'eau très chaude, mettez le tout au four et laissez cuire 15 min.

Servez chaud dans les ramequins, ou démoulez les flans.

La crème fraîche et les œufs donnent de délicats tons pastel aux flans de légumes.

Ingrédients

2 kg de petits pois
1 petite botte d'asperges
100 g de lard fumé
4 petits oignons
60 g de beurre
1 morceau de sucre
Noix muscade râpée
2 branches d'estragon
Sel et poivre

Préparation : 45 minutes
Cuisson : 25 minutes
Pour 5 ou 6 personnes

Petits pois aux asperges

Cette garniture printanière, cuisinée avec des lardons, ne demande qu'un court temps de cuisson.

Écossez les petits pois. Pelez les asperges, supprimez leur partie ligneuse et coupez-les en tronçons. Ôtez la couenne et les cartilages du lard, puis coupez-le en petits bâtonnets. Pelez les oignons et coupez-les en quatre.

Mettez à fondre 40 g de beurre dans une sauteuse. Faites-y revenir les lardons et les oignons 5 min, puis ajoutez les asperges et 10 cl d'eau chaude. Portez à ébullition et laissez cuire 10 min.

Ajoutez ensuite les petits pois, le sucre et la noix muscade. Salez, poivrez, couvrez et laissez cuire de 7 à 10 min, selon la grosseur des pois, en faisant tourner la sauteuse de temps en temps.

Pendant ce temps, effeuillez et hachez l'estragon, puis coupez le reste du beurre en petits dés.

Quand les légumes sont cuits, mélangez-y l'estragon et les dés de beurre, puis rectifiez l'assaisonnement et versez dans un légumier chaud.

Les asperges se marient bien avec la plupart des herbes du potager : estragon, cerfeuil, ciboulette, aneth, basilic. Les accompagnements les plus classiques restent la sauce mousseline légère, l'onctueuse sauce hollandaise, la sauce maltaise à l'orange et, dans un registre plus rustique, la vinaigrette et la ravigote.

L'arôme puissant de l'estragon donne du caractère à ce plat de légumes nouveaux.

Asperges d'Argenteuil
Cultivée dès le début du XIXe siècle dans la région d'Argenteuil (Val-d'Oise), l'asperge s'implanta en Sologne après la guerre de 1870 grâce, dit-on, à un soldat démobilisé. Diverses garnitures comportant des asperges portent encore l'appellation « Argenteuil ».

L'amertume de la laitue maraîchère équilibre à merveille la douceur des petits pois.

Petits pois bonne femme

Pour cette préparation braisée, utilisez des petits pois très frais et une laitue de pleine terre.

Écossez les petits pois et épluchez les oignons. Épluchez la salade, lavez-la avec soin, essorez-la et coupez-la en chiffonnade (grosses lanières).

Faites fondre le beurre dans une cocotte. Ajoutez-y les oignons, faites-les à peine blondir, puis ajoutez la laitue et remuez.

Quand la laitue est à moitié fondue, ajoutez les petits pois, le sucre et un demi-verre d'eau. Couvrez et laissez mijoter de 30 à 35 min à feu doux.

Rincez, épongez et effeuillez le cerfeuil ou le persil, puis parsemez-en les petits pois au moment de servir.

Ingrédients

- 2 kg de petits pois
- 1 douzaine de petits oignons nouveaux
- 1 laitue
- 50 g de beurre
- 4 morceaux de sucre
- 1 bouquet de cerfeuil ou de persil
- Sel, poivre

Préparation : 30 minutes
Cuisson : 45 minutes environ
Pour 6 personnes

Gratin de bettes

Pour apprécier pleinement la fraîcheur délicate des côtes de bette, débarrassez-les soigneusement de leurs fibres.

Ingrédients

1/2 citron
les côtes de 1 grosse botte de bettes
20 g de beurre
1 douzaine de cerneaux de noix
100 g de munster
1 petite poignée de gros sel

Pour la béchamel
30 g de beurre
30 g de farine
40 cl de lait
Noix muscade
1 jaune d'œuf
Sel et poivre

Préparation : 35 minutes
Cuisson : 45 minutes
Pour 4 personnes

Faites bouillir une grande casserole d'eau. Ajoutez-y le gros sel et pressez le demi-citron au-dessus. Effilez les bettes et retirez-en la pellicule brillante, puis coupez-les en tronçons de 4 à 5 cm et lavez-les. Faites-les cuire 15 min à l'eau bouillante.

Pendant ce temps, faites chauffer le four à 200 °C, th. 7.

Enduisez un plat à gratin avec le beurre. Hachez grossièrement les noix. Quand les côtes de bette sont cuites, versez-les dans une passoire et laissez-les s'égoutter pendant la suite des opérations.

Préparez la béchamel : faites fondre le beurre dans une casserole, poudrez avec la farine et mélangez une min sans laisser colorer, puis délayez avec le lait. Ajoutez la noix muscade, salez et poivrez. Portez à ébullition à feu doux en remuant, puis faites épaissir 2 à 3 min, en remuant sans cesse. Retirez du feu et incorporez le jaune d'œuf.

Disposez les côtes de bette dans le plat beurré, parsemez-les avec les noix hachées et nappez-les de béchamel. Coupez le fromage en lamelles, répartissez ces dernières sur le plat et faites gratiner 25 min au four.

Accommodez de la même façon courgettes, brocolis, poireaux ou cardons.

N'importe quel fromage, râpé ou coupé en lamelles, peut faire l'affaire : saint-nectaire, chèvre, etc.

Tout frais, juste cuits à l'étouffée avec des lardons, les légumes de printemps gardent leur saveur intacte.

Le « manger des dieux »
La fève, qualifiée de « manger des dieux » par Brillat-Savarin, célèbre gastronome du XVIIIe siècle, était encore en vedette au début du XXe siècle dans les jardins familiaux du Midi, à côté des plans de sarriette, condiment inséparable. Elle souffrit ensuite de la réduction de ces potagers et de la concurrence des haricots, jugés plus nobles.

Ragoût printanier

Les premiers légumes du printemps se marient ici en une garniture fine, seulement agrémentée de lardons blanchis.

Ingrédients

- 200 g de lard salé
- 500 g de fèves
- 500 g de petits pois
- 1 botte de petits oignons
- 1 citron
- 3 petits artichauts violets
- 2 cuil. à soupe d'huile
- 1 poignée de pois gourmands
- 1 morceau de sucre
- 1 petite botte d'asperges vertes
- 30 g de beurre
- Sel et poivre

Préparation : 40 minutes
Cuisson : 40 minutes environ
Pour 4 personnes

Coupez le lard en petites lanières. Mettez ces dernières dans une casserole, couvrez-les largement d'eau froide et portez à ébullition. Laissez bouillir 2 min, versez les lardons dans une passoire et rafraîchissez-les à l'eau courante, puis épongez-les.

Écossez les fèves et les petits pois. Retirez la pellicule qui entoure chaque fève. Pelez les petits oignons. Pressez le citron et versez son jus dans une jatte d'eau fraîche. Arrachez la tige des artichauts, retirez les feuilles abîmées, puis coupez les légumes en quatre et plongez-les aussitôt dans l'eau citronnée. Remuez-les pour bien les laver, versez-les dans une passoire et égouttez-les soigneusement.

Mettez à chauffer l'huile dans une cocotte et faites-y blondir les lardons 5 min, en les remuant. Ajoutez les oignons et les artichauts, puis faites encore revenir 5 min en remuant.

Couvrez juste d'eau froide et ajoutez les fèves, les petits pois et les pois gourmands. Salez et poivrez, ajoutez le morceau de sucre et laissez frémir 15 min.

Pendant ce temps, ôtez l'extrémité ligneuse des asperges, grattez-les et coupez-les en tronçons. Après 15 min de cuisson, ajoutez-les dans la cocotte et laissez frémir encore 10 min.

Au moment de servir, ajoutez le beurre, mélangez et versez dans un légumier chaud.

Haricots verts aux tomates

Ingrédients

600 g de haricots verts
2 oignons
4 petites tomates bien fermes
2 cuil. à soupe d'huile d'olive
1 cuil. à café de sucre
Sel et poivre

Préparation : 15 minutes
Cuisson : 20 minutes
Pour 4 personnes

Vous pouvez remplacer les haricots verts par des mange-tout ou par des haricots beurre et employer des tomates cerises entières à la place des tomates.

Portez une casserole d'eau à ébullition et salez-la. Équeutez les haricots, cassez-les en deux et lavez-les. Faites-les cuire 10 min à l'eau bouillante salée, sans couvrir.

Pendant ce temps, pelez les oignons et coupez-les en rondelles. Lavez les tomates, essuyez-les et coupez-les en quartiers.

Mettez à chauffer l'huile dans une sauteuse et faites-y revenir les oignons 2 à 3 min, en remuant, puis poudrez-les avec le sucre et faites-les blondir. Ajoutez les tomates, salez, poivrez et laissez cuire 10 min environ à feu doux.

Dès que les haricots sont cuits, égouttez-les. Après 10 min de cuisson des tomates, ajoutez les haricots, mélangez et faites juste réchauffer, puis versez dans un légumier chaud et servez.

Des oignons légèrement caramélisés apportent de la douceur aux tomates qui égaient ces haricots verts.

Pour que les têtes des champignons restent blanches, les asperger d'un peu de jus de citron des deux côtés.

Ce légume léger et parfumé peut accompagner aussi bien les viandes que les poissons grillés ou rôtis.

Champignons farcis

Les gros champignons de Paris sont mis en valeur par cette préparation.

Faites chauffer le four à 200 °C, th. 7. Pelez et hachez finement les échalotes. Émiettez la mie de pain. Hachez le jambon au couteau. Ôtez la partie sableuse des champignons, lavez-les rapidement et essuyez-les, puis détachez et hachez leur pied.

Mettez le beurre à fondre dans une petite casserole et faites-y revenir les échalotes 3 min à feu doux. Ajoutez les pieds hachés et laissez cuire encore 3 min. Versez le tout dans une jatte, ajoutez la mie de pain, le jambon, le persil, l'estragon hachés et le jaune d'œuf. Salez et poivrez, puis farcissez les têtes des champignons avec cette préparation en formant un dôme. Rangez-les dans un plat beurré et faites cuire au four pendant 20 min. Servez chaud.

Si vous souhaitez faire frire ces champignons, faites-les cuire seulement 10 min au four, laissez-les refroidir et farinez-les. Faites chauffer 2,5 cm environ d'huile dans une grande poêle à 180 °C : un dé de pain doit y dorer en quelques secondes. Battez un blanc d'œuf en neige ferme et incorporez-le à une pâte à frire. À l'aide de deux fourchettes, saisissez les champignons farcis, un par un, farce vers le haut, et plongez-les dans la pâte à frire. Laissez l'excédent de pâte retomber, puis plongez-les aussitôt dans la friture, par séries successives de 5 ou 6. Laissez-les frire 3 à 4 min, en les retournant à mi-cuisson. Égouttez-les, épongez-les sur du papier absorbant et servez-les avec une sauce aux câpres.

Ingrédients

2 échalotes
100 g de mie de pain fraîche
1 tranche de jambon
12 gros champignons de Paris de 8 à 10 cm de diamètre
30 g de beurre
3 cuil. à soupe de persil haché
3 cuil. à soupe d'estragon frais haché
1 jaune d'œuf
Sel et poivre

Préparation : 20 minutes
Cuisson : 25 minutes
Pour 6 personnes

Poêlée de champignons sauvages

Vous pouvez appliquer cette recette très simple à tous les champignons comestibles.

Ingrédients

30 g de champignons sauvages secs
5 ou 6 échalotes
2 gousses d'ail
200 g de trompettes-des-morts
200 g de champignons des prés
200 g de chanterelles
30 g de beurre
1 cuil. à soupe de thym frais haché
2 brins de romarin frais
3 cuil. à soupe de madère
Sel

Préparation : 35 minutes
Cuisson : 20 minutes
Pour 6 personnes

Faites bouillir 15 cl d'eau, puis, hors du feu, faites-y tremper les champignons secs pendant 20 min.

Pelez et hachez grossièrement les échalotes. Pelez et écrasez l'ail. Coupez le bout du pied des trompettes, plongez-les une min dans de l'eau bouillante et égouttez-les. Nettoyez les champignons des prés et coupez-les en fines lamelles. Coupez la base des chanterelles.

Égouttez les champignons secs et filtrez leur eau de trempage dans une passoire garnie de papier absorbant. Faites fondre le beurre dans une poêle, jetez-y les échalotes et faites-les juste fondre, puis ajoutez l'ail et laissez cuire une min. Mettez alors tous les champignons dans la poêle. Ajoutez le thym et le romarin, salez, versez le madère et 2 cuillerées à soupe du liquide de trempage des champignons. Couvrez et faites cuire 10 min environ, en remuant de temps en temps.

Versez les champignons dans un plat de service et servez immédiatement.

La saveur des champignons sauvages, parfumés de thym et de romarin, est rehaussée par le madère.

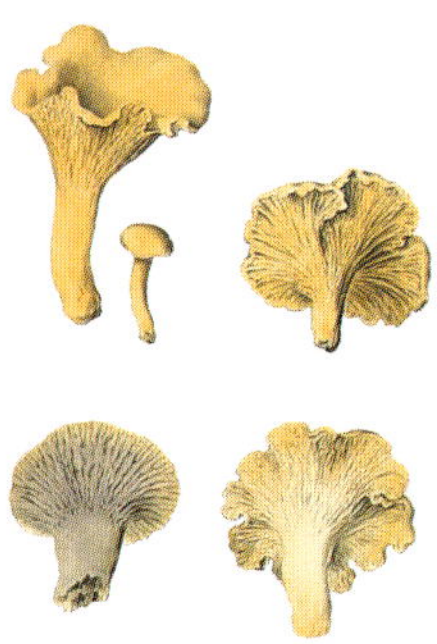

Divines girolles
Les champignons sauvages, et en premier lieu les girolles, ont toujours inspiré les gourmets, contrairement au modeste champignon de Paris. Alexandre Dumas jugeait ce dernier toxique et Colette proclamait : « Je lui interdis de prendre le pas sur la girolle, j'exige qu'il ne contracte plus mariage avec la truffe » (*Prisons et Paradis*, 1932).

La version parisienne des cèpes sautés à la bordelaise comporte de la chapelure, de l'ail et du persil haché.

Cèpes à la bordelaise

Ces cèpes, sautés en toute simplicité, accompagnent superbement une viande ou une volaille rôties.

Coupez la partie terreuse du pied des champignons et essuyez-les soigneusement avec du papier absorbant, sans les laver. Séparez les pieds des têtes, puis coupez les pieds en lamelles.

Mettez à chauffer l'huile dans un poêlon ou dans une sauteuse. Dès qu'elle est chaude, versez-y les cèpes et faites-les revenir 3 min environ à feu vif, puis baissez le feu et laissez cuire 15 min à feu doux.

Posez ensuite un couvercle sur le récipient de cuisson et inclinez le tout, en écartant juste assez le couvercle pour vider l'huile sans faire tomber les champignons. Retirez le couvercle et remettez à cuire 2 min à feu vif.

Salez, poivrez et servez aussitôt.

Variante : émiettez de la mie de pain sec, passez-la dans une passoire pour la réduire en chapelure fine et mélangez-la avec de l'ail et du persil hachés menu. Reversez dans le poêlon 2 cuillerées à soupe de l'huile de cuisson, ajoutez la chapelure et mélangez rapidement sur feu vif, sans laisser roussir, puis versez autour des cèpes, en couronne, et servez aussitôt.

Ingrédients

500 g de petits cèpes
10 cl d'huile
Sel et poivre

Préparation : 10 minutes
Cuisson : 25 minutes
Pour 4 à 6 personnes

Les noix et la sauce à la crème apportent aux panais un parfum délicat.

Long ou rond, le panais peut être cuit comme le navet ou comme la carotte. Le préparer en purée pour accompagner un poulet rôti, du foie de veau ou du foie d'agneau.

Panais aux noix

Cette recette s'applique à la majorité des légumes à tubercule.

Ingrédients

1 kg de panais
50 g de beurre
20 cl de crème fraîche épaisse
4 cuil. à soupe de madère
Noix muscade râpée
75 g de cerneaux de noix
Sel et poivre

Préparation : 15 minutes
Cuisson : 45 minutes
Pour 6 personnes

Équeutez et pelez les panais. S'ils sont jeunes, laissez-les entiers, sinon fendez-les en quatre de haut en bas. Faites cuire les panais 30 min dans de l'eau bouillante.

Faites chauffer le four à 200 °C, th. 7. Mettez à fondre le beurre dans une casserole, mélangez-y la crème et le madère, puis assaisonnez largement de sel, de poivre et de noix muscade. Portez à ébullition et ajoutez les panais. Versez le tout dans un plat creux allant au four. Parsemez avec les cerneaux de noix brisés et faites cuire au four pendant 15 min environ : les légumes doivent être dorés et avoir absorbé presque toute la sauce.

Versez les panais et leur sauce dans un plat chaud. Servez avec du bœuf ou du gibier à plume.

Oignons farcis

Sous ses airs modestes, ce plat complet recèle de subtiles saveurs.

Ingrédients

1 cuil. à soupe de raisins secs
4 gros oignons
1 tranche de pain de mie
2 cuil. à soupe de lait
100 g d'un reste de viande cuite ou 100 g de jambon
50 g de gruyère râpé
1 dizaine de cerneaux de noix hachés
1 cuil. à café d'herbes de Provence
40 g de beurre
15 cl de bouillon
Sel et poivre

Préparation : 25 minutes
Cuisson : 55 minutes
Pour 4 personnes

Rincez les raisins secs et mettez-les à tremper dans de l'eau tiède pendant la suite des opérations.

Portez une casserole d'eau salée à ébullition. Épluchez les oignons et faites-les cuire 15 min à l'eau bouillante, puis égouttez-les et laissez-les refroidir. Faites chauffer le four à 180 °C, th. 6.

Retirez la croûte du pain de mie, arrosez-le avec le lait. Hachez le reste de viande ou le jambon. Coupez un chapeau au sommet des oignons, creusez leur centre pour former un trou de 5 cm environ de diamètre et hachez la chair retirée. Égouttez les raisins secs. Mélangez la mie de pain essorée, le hachis de viande ou de jambon, la chair des oignons, les raisins secs, le fromage râpé, les noix et les herbes de Provence. Salez et poivrez.

Enduisez avec la moitié du beurre un plat allant au four et un morceau de papier sulfurisé assez grand pour le recouvrir. Remplissez les oignons évidés de farce et disposez-les dans le plat beurré. Posez dessus le reste du beurre coupé en dés, arrosez avec le bouillon et couvrez avec le papier sulfurisé.

Faites cuire au four pendant 15 min, puis retirez le papier sulfurisé et laissez cuire encore 20 min.

Pour accentuer le caractère rustique de ces oignons farcis, servez-les dans un plat en terre vernissée.

Les jardins ouvriers
Le haricot vert, le poireau et l'oignon sont toujours les espèces les plus cultivées dans les jardins familiaux et ouvriers groupés à la périphérie des villes. Propriété des communes, ces jardins de location connaissent actuellement un regain de succès auprès des citadins.

Beignets de courgettes

Une pâte très légère enrobe ces beignets, à préparer aussi avec des aubergines, du chou-fleur ou des salsifis.

INGRÉDIENTS

2 OU 3 COURGETTES
HUILE DE FRITURE

POUR LA PÂTE
125 G DE FARINE
2 ŒUFS
2 CUIL. À SOUPE D'HUILE
8 CUIL. À SOUPE ENVIRON DE BIÈRE
2 BLANCS D'ŒUFS
1 GROSSE PINCÉE DE SEL

PRÉPARATION : 30 MINUTES
REPOS : 1 HEURE
CUISSON : 30 MINUTES
POUR 4 PERSONNES

PRÉPAREZ la pâte : tamisez la farine et le sel au-dessus d'une terrine et creusez un puits au centre. Battez les œufs en omelette, puis versez-les dans le puits, ainsi que l'huile et la bière. Mélangez soigneusement pour former une pâte lisse et fluide, couvrez et laissez reposer pendant une heure à température ambiante.

Ensuite, équeutez les courgettes, lavez-les et essuyez-les soigneusement. Coupez-les en rondelles de 3 mm d'épaisseur. Posez-les sur un torchon et rabattez celui-ci sur les courgettes.

Faites chauffer la friture à 180 °C, th. 6. Battez les blancs d'œufs en neige très ferme, puis mélangez-les délicatement à la pâte.

Plongez les tranches de courgette une par une dans la pâte, puis dans la friture. Laissez dorer une min environ, puis égouttez et épongez sur du papier absorbant. Servez aussitôt.

À préparer avec la même pâte :
– **Beignets d'aubergine.** Coupez les aubergines en rondelles, mettez-les dans une passoire, poudrez-les de sel fin et laissez-les dégorger une heure.
– **Beignets de chou-fleur.** Faites à peine cuire de petits bouquets de chou-fleur, puis faites-les mariner 30 min dans 3 cuillerées à soupe d'huile, du jus de citron, du sel et du poivre, en remuant de temps en temps.
– **Beignets de salsifis.** Faites-les cuire 10 min à l'eau bouillante salée avec une cuillerée à soupe de jus de citron et une cuillerée à soupe de farine, puis faites-les mariner comme les bouquets de chou-fleur.

Pour faire frire les fleurs de courgette, retirez leur pistil, essuyez-les délicatement et plongez-les dans la pâte à frire.

Les tomates farcies restent la façon la plus appréciée d'employer un reste de viande cuite.

Serrez les tomates les unes contre les autres dans un plat juste assez grand pour que leur peau ne se fende pas à la cuisson.

Tomates farcies

Une pincée de sucre adoucit les tomates garnies d'une farce à base de viande cuite et de champignons.

Faites chauffer le four à 170 °C, th. 5-6, puis enduisez un plat à gratin avec la moitié de l'huile.

Lavez et essuyez les tomates, puis coupez un chapeau au sommet de chacune d'elles. Évidez-les délicatement avec une petite cuillère, hachez la pulpe retirée et poudrez de sucre l'intérieur des tomates.

Hachez le reste de viande. Pelez et hachez les échalotes. Nettoyez les champignons et coupez-les en lamelles fines. Mouillez la mie de pain avec le lait ou le bouillon. Rincez et hachez le persil.

Mettez à chauffer le reste de l'huile dans une petite sauteuse. Faites-y revenir les échalotes 2 min, puis ajoutez les champignons et remuez 2 min à feu vif. Ajoutez la pulpe de tomates et la viande hachée, puis faites revenir 5 min en remuant pour assécher la préparation.

Retirez du feu et incorporez le persil haché et la mie de pain essorée. Salez et poivrez à votre goût.

Disposez les tomates dans le plat. Emplissez-les aux trois quarts de préparation à la viande, refermez-les avec leur couvercle et ajoutez une noisette de beurre sur chacune d'elles.

Mettez au four et laissez cuire 20 min. Servez chaud, dans le plat de cuisson.

Ingrédients

- 2 cuil. à soupe d'huile
- 8 tomates moyennes bien fermes
- 1 cuil. à café de sucre
- 300 g d'un reste de viande cuite
- 2 échalotes
- 125 g de champignons
- 2 poignées de mie de pain
- 4 ou 5 cuil. à soupe de lait ou de bouillon
- 2 branches de persil
- 20 g de beurre
- Sel et poivre

Préparation : 30 minutes
Cuisson : 30 minutes
Pour 4 personnes

Une couche de chapelure dorée et croustillante habille ces courgettes emplies d'une farce aromatique.

Courgettes farcies

Pour ce gratin, n'hésitez pas à utiliser de grosses courgettes, auxquelles ne conviendrait pas une cuisson rapide.

Ingrédients

2 grosses courgettes longues
1 cuil. à soupe d'huile d'olive
Sel

Pour la farce
60 g de mie de pain
1 tasse de lait
60 g d'un reste de viande cuite
1 oignon
1 petite gousse d'ail
3 cuil. à soupe d'huile d'olive
1 cuil. à soupe de persil haché
1 pincée de noix muscade râpée
1 jaune d'œuf
2 cuil. à soupe de chapelure
Sel et poivre

Préparation : 45 minutes
Cuisson : 40 minutes environ
Pour 4 personnes

Portez à ébullition une grande casserole d'eau et salez. Équeutez les courgettes, lavez-les et essuyez-les. Si leur peau est épaisse, retirez-en juste les côtes vertes dures au couteau économe. Fendez les courgettes en deux dans la longueur et évidez-les avec une petite cuillère, en conservant la pulpe retirée. Laissez 1 cm environ de pulpe sur les côtés des barquettes et au fond. Faites cuire 10 min à l'eau bouillante les demi-courgettes évidées : elles doivent rester un peu fermes.

Pendant cette cuisson, hachez la pulpe de courgette. Mouillez la mie de pain avec le lait. Hachez la viande cuite. Pelez et hachez finement l'oignon. Pelez et écrasez l'ail.

Dès que les courgettes sont cuites, retirez-les à l'écumoire, sans les briser, posez-les à l'envers sur une grille, au-dessus de l'évier, et laissez-les s'égoutter ainsi. Faites chauffer le four à 220 °C, th. 8. Badigeonnez avec une cuillerée à soupe d'huile un plat à gratin assez grand pour contenir les 4 demi-courgettes. Salez et poivrez le fond.

Essorez la mie de pain. Mettez à chauffer 2 cuillerées à soupe d'huile et faites-y blondir le hachis d'oignons, puis ajoutez la pulpe de courgette et remuez 2 min. Ajoutez ensuite la mie de pain essorée, la viande hachée, le persil, l'ail et la noix muscade. Salez et poivrez, puis faites revenir à feu assez vif en remuant, jusqu'à ce que la farce soit presque sèche. Retirez-la du feu et incorporez-y le jaune d'œuf.

À l'aide d'une cuillère, remplissez les barquettes de courgette avec cette farce et lissez le dessus avec le dos d'une cuillère mouillée. Parsemez avec la chapelure et arrosez avec le reste de l'huile d'olive, puis faites gratiner au four de 15 à 20 min.

Légumes rôtis au jus

Thym, marjolaine, romarin et sauge aromatisent ce plat succulent.

Faites chauffer le four à 200 °C, th. 7. Pelez les pommes de terre, les panais et les navets. Grattez les carottes. Rincez tous les légumes. Taillez les pommes de terre en dés de 2 cm, fendez les carottes en deux dans la longueur, fendez les panais en quatre et coupez les navets en quartiers.

Versez le tout dans une grande sauteuse. Salez et couvrez juste d'eau bouillante, puis portez de nouveau à ébullition et laissez cuire 5 min. Versez ensuite les légumes dans une grande passoire et laissez-les s'égoutter.

Versez l'huile ou mettez la graisse dans un plat à rôtir et faites chauffer pendant 10 min dans le four. Retirez alors le plat du four et ajoutez avec précaution les légumes égouttés dans la matière grasse brûlante. Parsemez les légumes d'herbes, puis roulez-les dans la matière grasse pour les enrober uniformément.

Faites rôtir à mi-hauteur du four 40 min, en retournant les légumes à mi-cuisson avec une écumoire. Portez à table bien chaud avec une viande ou une volaille rôtie.

Voici tout un choix de légumes à tubercule merveilleusement dorés au four.

Ingrédients

- 3 pommes de terre
- 2 panais
- 3 navets
- 6 carottes
- 4 cuil. à soupe d'huile d'olive ou 60 g de graisse de rôti de bœuf
- 1 cuil. à soupe de feuilles de thym frais
- 1 cuil. à soupe de feuilles de marjolaine fraîche
- 1 cuil. à café de feuilles de romarin frais
- 1 cuil. à café de feuilles de sauge fraîche
- sel

Préparation : 20 minutes
Cuisson : 45 minutes
Pour 4 personnes

Légumes oubliés
Les marchés couverts ou de plein air et les pittoresques marchands des quatre-saisons ont de tout temps offert des légumes à profusion. Pourtant, les légumes sont aussi tributaires des modes, et le panais, le crosne ou le chénopode bon-henri, par exemple, qui faisaient les délices des gastronomes du début du siècle, ont subi une longue éclipse avant de refaire une timide percée.

Les gros oignons jaunes d'hiver peuvent convenir, mais penser à retirer le germe qui se trouve au centre. Creuser sous l'oignon avec un couteau pointu pour ôter la partie dure.

Ces oignons gratinés constituent une garniture de légumes à part entière.

Gratin d'oignons

Moelleux et légèrement sucré, ce gratin accompagne à merveille des saucisses ou une viande de porc grillée ou rôtie.

INGRÉDIENTS

4 GROS OIGNONS (600 G ENVIRON)
60 G DE BEURRE
2 PINCÉES DE SUCRE
25 CL DE LAIT
5 FEUILLES DE SAUGE
1 GROSSE CUIL. À SOUPE DE FARINE
1 PINCÉE DE NOIX MUSCADE RÂPÉE
100 G DE CANTAL
50 G DE GRUYÈRE RÂPÉ
2 CUIL. À SOUPE DE CHAPELURE
SEL ET POIVRE

PRÉPARATION : 20 MINUTES
CUISSON : 50 MINUTES
POUR 4 PERSONNES

PORTEZ une casserole d'eau à ébullition. Pelez les oignons, coupez-les en lamelles fines et plongez-les 3 min dans l'eau bouillante, puis égouttez-les et essuyez-les sur du papier absorbant. Faites fondre 30 g de beurre dans une casserole. Ajoutez-y les oignons, poudrez avec le sucre, couvrez et faites cuire 20 min, sans laisser colorer.

Pendant ce temps, portez le lait à ébullition avec la sauge. Retirez-le aussitôt du feu, couvrez et laissez infuser jusqu'à la fin de la cuisson des oignons. Faites chauffer le four à 200 °C, th. 7.

Retirez ensuite les oignons du feu et filtrez le lait à la sauge. Préparez une béchamel épaisse : faites fondre 20 g de beurre dans une casserole, poudrez avec la farine et remuez 2 min à feu très doux, puis délayez peu à peu avec le lait en fouettant. Portez à ébullition et faites épaissir 3 à 4 min à feu doux, en remuant sans cesse. Ajoutez alors la noix muscade, du sel et du poivre, mélangez et retirez du feu.

Enduisez un plat à gratin avec le reste du beurre. Coupez le cantal en lamelles. Mélangez la béchamel, le cantal et les oignons, puis versez dans le plat beurré. Mélangez le gruyère râpé et la chapelure, couvrez-en la surface du plat et faites dorer au four 20 min environ.

Légumes en sauce blanche

Alors que la béchamel est confectionnée avec du lait, la sauce blanche se prépare avec de l'eau.

Nettoyez les champignons, laissez-les entiers et mettez-les dans une petite casserole avec 15 g de beurre. Recouvrez d'eau, salez et faites cuire 10 min environ à petite ébullition.

Pelez les oignons et versez-les dans une petite casserole avec 15 g de beurre et le sucre. Recouvrez d'eau et portez à ébullition, puis faites frémir 10 min, sans laisser colorer.

Portez deux casseroles d'eau à ébullition et salez-les. Divisez le chou-fleur en petits bouquets. Coupez la tige épaisse du brocoli. Plongez chaque légume dans une casserole d'eau bouillante et laissez-les cuire 7 à 8 min.

Pendant ce temps, préparez la sauce blanche : portez 25 cl d'eau salée à ébullition. Faites fondre 30 g de beurre dans une casserole et ajoutez la farine, en pluie, puis retirez du feu, mélangez vivement et délayez avec l'eau bouillante, en fouettant pour éviter les grumeaux. Poivrez et laissez épaissir 2 à 3 min à feu doux, en remuant.

Retirez la sauce du feu, incorporez peu à peu le reste du beurre, hors du feu, et ajoutez le jus de citron.

Égouttez les bouquets de chou-fleur et de brocoli, versez-les dans un légumier chaud et ajoutez les champignons et les oignons égouttés. Mélangez et nappez avec la sauce blanche, puis servez aussitôt.

Ingrédients

- 125 g de très petits champignons de Paris
- 80 g de beurre
- 8 petits oignons
- 1 cuil. à café de sucre
- 1/2 petit chou-fleur
- 1 petite tête de brocoli
- 2 cuil. à soupe de farine
- 1 cuil. à café de jus de citron
- Sel et poivre

Préparation : 30 minutes
Cuisson : 15 minutes
Pour 4 personnes

La sauce blanche préserve parfaitement la saveur de tous les légumes cuits à l'eau ou à la vapeur.

Ingrédients

3 aubergines
3 courgettes
2 poivrons
3 tomates
2 gros oignons
3 gousses d'ail
15 cl d'huile d'olive
2 pincées de sucre
2 branches de thym
1 feuille de laurier
Sel et poivre

Préparation : 30 minutes
Cuisson : 1 h 15
Pour 6 personnes

Ratatouille

Servez ce fleuron de la cuisine méridionale chaud, avec des œufs, une viande ou un poisson, ou encore bien frais, en hors-d'œuvre.

Équeutez les aubergines et les courgettes, lavez-les, essuyez-les et coupez-les en rondelles. Lavez et essuyez les poivrons, fendez-les en deux et retirez les graines et les cloisons blanches, puis taillez la pulpe en lamelles courtes. Lavez et essuyez les tomates, coupez-les en deux, pressez-les légèrement pour les épépiner et coupez-les en rondelles. Pelez les oignons et coupez-les en rondelles fines. Pelez et écrasez l'ail.

Faites chauffer 10 cl d'huile dans une poêle et mettez-y les oignons à blondir. Ajoutez les poivrons, faites-les revenir 5 min, puis ajoutez les aubergines et faites revenir encore 5 min. Égouttez ensuite les légumes avec une écumoire et disposez-les dans une cocotte.

Faites de nouveau chauffer l'huile contenue dans la poêle. Jetez-y les courgettes et l'ail, faites-les revenir 5 à 6 min, puis égouttez-les avec l'écumoire et ajoutez-les dans la cocotte. Mélangez, salez et poivrez.

Couvrez avec les tomates, poudrez de sucre et ajoutez le thym et le laurier. Arrosez avec le reste de l'huile, puis couvrez et faites cuire une heure à feu doux. Vérifiez l'assaisonnement et, si le jus est trop abondant, faites-le s'évaporer à feu vif, en remuant souvent. Versez dans un légumier et servez très chaud, ou très frais.

La ratatouille, ambassadrice la plus célèbre de la cuisine provençale, se prépare avec des légumes gorgés de soleil.

Parmesan et ciboulette confèrent à ce soufflé un accent du terroir.

Simplicité avant tout

La pomme de terre se travaille toujours à la main : ni le simple presse-purée, ni la fourchette n'ont été détrônés par le mixeur. Quant à l'Économe, breveté en 1927 par Victor Pouzet, il reste l'outil le plus simple et le plus pratique jamais inventé pour retirer en finesse la peau inégale de ce légume.

Soufflé de pommes de terre

Léger et délicieux, ce soufflé ne court aucun risque de retomber.

Faites chauffer le four à 220 °C, th. 8. Beurrez un moule à soufflé de 1,75 litre.

Pelez les pommes de terre, lavez-les avec soin et coupez-les en morceaux. Faites-les cuire à la vapeur, puis écrasez-les dans une terrine avec un presse-purée ou un moulin à légumes.

Cassez les œufs en séparant les blancs des jaunes. Ajoutez les jaunes deux par deux à la purée et mélangez bien. Incorporez juste assez de lait pour obtenir une purée molle, puis ajoutez la ciboulette. Réservez une cuillerée à soupe de parmesan, incorporez le reste à la purée, salez, poivrez et assaisonnez de noix muscade.

Battez les blancs d'œufs en neige ferme. Mélangez le tiers des blancs à la purée, puis incorporez-y délicatement le reste, sans écraser le mélange.

Versez la préparation dans le moule beurré, parsemez avec le parmesan réservé et faites cuire 25 min à mi-hauteur du four, sans en ouvrir la porte.

Servez aussitôt, avec une volaille rôtie, une viande ou un poisson grillés, ou encore un ragoût.

Ingrédients

30 g de beurre
500 g de pommes de terre farineuses
4 œufs
5 cuil. à soupe de lait environ
2 cuil. à soupe de ciboulette ciselée
70 g de parmesan râpé
Noix muscade râpée
Sel et poivre

Préparation : 30 minutes
Cuisson : 25 minutes
Pour 4 personnes

Tasser les rondelles de pommes de terre avec une spatule large avant de mettre le plat à cuire dans le four.

Les pommes de terre Anna, confites dans le beurre, dorées et croustillantes, rappellent la Belle Époque.

Pommes de terre Anna

Fondantes et parfumées, elles accompagnent à la perfection l'agneau rôti.

Ingrédients

1,5 kg de pommes de terre à chair ferme
6 échalotes
Noix muscade
200 g de beurre
Sel et poivre

Préparation : 30 minutes
Cuisson : 1 h 10
Pour 6 ou 7 personnes

Faites chauffer le four à 220 °C, th. 8. Pelez les pommes de terre, lavez-les, coupez-les en fines rondelles et séchez-les dans un torchon. Pelez et hachez finement les échalotes. Faites juste fondre le beurre. Tapissez un moule à pommes Anna ou un moule à manqué avec du papier sulfurisé beurré. Disposez au fond une couche de pommes de terre, en les faisant se chevaucher. Parsemez avec un peu d'échalotes, salez, poivrez et ajoutez la noix muscade, puis arrosez de beurre fondu.

Continuez à emplir ainsi le moule de pommes de terre, en inversant à chaque couche le sens de chevauchement des pommes de terre. Arrosez avec le reste du beurre fondu et faites cuire à mi-hauteur du four pendant une heure environ.

Quand les pommes de terre sont tendres, sortez le gâteau du four, démoulez-le avec précaution sur un plat allant au four et remettez à dorer 10 min environ.

Servez ce gâteau avec un ragoût ou une viande rôtie.

Crique

Cette galette de pommes de terre à l'ail, liée à l'œuf, est une spécialité ancienne du Vivarais.

Ingrédients

500 g de pommes de terre
1 gousse d'ail
1 petit bouquet de persil plat
2 œufs
2 cuil. à soupe d'huile
Sel et poivre

Préparation : 15 minutes
Cuisson : 20 minutes environ
Pour 4 personnes

Pelez les pommes de terre, lavez-les et râpez-les avec une râpe à gros trous. Séchez-les dans un torchon. Pelez et écrasez l'ail. Lavez et hachez le persil.

Battez les œufs à la fourchette. Ajoutez les pommes de terre râpées, l'ail et le persil. Salez, poivrez et mélangez.

Faites chauffer l'huile dans une poêle et versez-y la préparation, puis égalisez la surface avec une spatule large et faites cuire 10 min à feu moyen.

Posez alors sur la poêle un plat plus grand qu'elle et retournez l'ensemble d'un coup sec. Faites glisser la galette de pommes de terre retournée dans la poêle et laissez-la cuire encore de 8 à 10 min.

Faites glisser la crique bien dorée sur un plat et servez-la sans attendre.

La crique, savoureuse galette de pommes de terre, est délicieuse avec une viande ou une volaille rôties.

Utiliser des pommes de terre à chair ferme. Ne pas les râper à l'avance car elles noircissent assez rapidement.

L'INTRODUCTION DE LA POMME DE TERRE

La pomme de terre doit sa popularité auprès des Français aux disettes de la fin du XVIIIe siècle autant qu'à l'obstination d'Antoine Augustin Parmentier. Ce pharmacien agronome se battit pour démontrer les vertus nutritives de ce tubercule, dont il estimait peu les qualités gustatives.

Cuites au four avec de l'œuf, du lait et de la crème fraîche, les pommes de terre sont fondantes.

Gratin dauphinois

La version de cette recette présentée ici se prépare sans fromage râpé, conformément à une tradition ancestrale.

Ingrédients

2 gousses d'ail
70 g de beurre
750 g de pommes de terre à chair ferme
2 œufs
15 cl de crème fraîche épaisse
25 cl de lait tiède
2 pincées de noix muscade râpée
Sel et poivre

Préparation : 30 minutes
Cuisson : 1 heure
Pour 6 personnes

Faites chauffer le four à 160 °C, th. 5. Coupez les gousses d'ail en deux, retirez le germe et frottez tout l'intérieur d'un plat à gratin avec la partie coupée des gousses. Graissez le plat avec 20 g de beurre.

Pelez, lavez et épongez les pommes de terre, puis coupez-les en rondelles de 3 à 4 mm d'épaisseur. Battez les œufs dans une jatte avec la crème et le lait tiède. Ajoutez la noix muscade, du sel et du poivre.

Disposez dans le plat à gratin une couche de rondelles de pomme de terre et arrosez avec un peu du mélange œufs-crème. Ajoutez une nouvelle couche de pommes de terre, arrosez encore avec le mélange œufs-crème, et ainsi de suite jusqu'à épuisement des ingrédients en terminant par le reste du mélange aux œufs.

Faites cuire une heure au four. Servez immédiatement, dans le plat de cuisson.

Pommes de terre aux escargots

Dans cette recette toute simple, la chair des pommes de terre cuites au four s'imprègne de la sauce onctueuse et relevée des escargots.

INGRÉDIENTS

- 4 GROSSES POMMES DE TERRE À CHAIR FERME
- 1 GOUSSE D'AIL
- 24 ESCARGOTS EN CONSERVE
- 2 CUIL. À SOUPE DE FARINE
- 1 CUIL. À SOUPE D'HUILE
- 25 G DE BEURRE
- 1 PINCÉE DE PIMENT DE CAYENNE
- 1 CUIL. À SOUPE DE VINAIGRE DE CIDRE
- 3 GROSSES CUIL. À SOUPE DE CRÈME FRAÎCHE
- 2 CUIL. À SOUPE DE PERSIL HACHÉ
- SEL ET POIVRE

PRÉPARATION : 20 MINUTES
CUISSON : 40 MINUTES
POUR 4 PERSONNES

FAITES CHAUFFER le four à 180 °C, th. 6.

Brossez les pommes de terre sous l'eau courante, sans les peler, et essuyez-les. Posez-les alors sur une grille et faites-les cuire au four 40 min à peu près.

Environ 10 min avant la fin de la cuisson, pelez et hachez l'ail. Égouttez les escargots et épongez-les sur du papier absorbant. Étalez la farine dans une assiette, ajoutez-y du sel et du poivre, puis roulez-y les escargots.

Faites chauffer l'huile dans une poêle et ajoutez le beurre. Quand le mélange est très chaud, jetez-y les escargots. Poudrez avec le piment et faites revenir une à 2 min à feu vif, en remuant sans cesse, puis égouttez les escargots avec une écumoire.

Versez le vinaigre dans la poêle de cuisson et faites-le bouillir une min, en grattant le fond du récipient, puis ajoutez l'ail, la crème fraîche et le persil haché. Laissez épaissir une à 2 min en remuant sans cesse et rectifiez l'assaisonnement au besoin. Retirez la sauce du feu, remettez-y les escargots, mélangez et tenez au chaud.

Sortez les pommes de terre du four, coupez une tranche à leur sommet, dans la longueur, et retirez un peu de la pulpe à l'aide d'une cuillère à café. Remplissez avec les escargots en sauce et servez aussitôt.

Cuites au four en robe des champs et fourrées d'escargots à la crème persillée, ces pommes de terre fleurent bon le terroir.

Risotto

Servez ce plat de riz à l'italienne avec une viande blanche, des œufs ou du poisson.

Ingrédients

200 g de riz
50 cl au maximum de bouillon, de vin blanc ou d'eau
1 grosse cuil. à soupe de concentré de tomates
1 oignon
40 g de beurre
75 g de gruyère râpé
Sel et poivre

Préparation : 10 minutes
Cuisson : 20 minutes
Pour 6 personnes

Mesurez le volume du riz. Versez dans une grande casserole une quantité de bouillon, de vin blanc ou d'eau égale au double de ce volume de riz. Portez à ébullition, puis ajoutez le concentré de tomates et délayez. Si vous utilisez du vin blanc ou de l'eau à la place du bouillon, ne salez que légèrement. Retirez du feu et couvrez pour tenir au chaud.

Pelez et hachez l'oignon. Faites fondre le beurre dans une sauteuse munie d'un couvercle bien ajusté, jetez-y l'oignon et faites-le à peine blondir. Ajoutez le riz à l'oignon et mélangez à feu doux jusqu'à ce qu'il soit translucide, puis arrosez avec le liquide au concentré de tomates et poivrez.

Portez à ébullition en remuant, couvrez et laissez frémir 18 min, en remuant très régulièrement.

Retirez du feu, ajoutez le fromage râpé et rectifiez l'assaisonnement, puis servez sans attendre.

Pour varier vos risottos, remplacez le fromage râpé par des champignons, des petits légumes ou des dés de jambon.

Les pâtes en France
Les pâtes entrèrent en France au XVIe siècle avec Catherine de Médicis, qui amena avec elle ses cuisiniers italiens. Alors que la fabrique industrielle de pâtes alimentaires existait depuis 1824, la marque Lustucru a vu le jour en 1911. Depuis, son nom et son graphisme au damier bicolore, qui ont personnalisé une large gamme de produits, font partie de l'histoire de la publicité.

Agrémenté de champignons, de jambon et de fromage râpé, ce gratin regorge de vertus nourrissantes.

Macaronis au gratin

Les macaronis conviennent remarquablement à la préparation de ce gratin : ils se remplissent de sauce à la cuisson.

Portez 4 litres d'eau à ébullition dans une grande marmite. Salez-la, ajoutez-y une cuillerée à soupe d'huile et jetez-y les macaronis. Laissez cuire les pâtes selon les indications portées sur l'emballage, de façon que les macaronis soient cuits mais restent fermes.

Pendant ce temps, faites chauffer le four à sa température maximale. Nettoyez les champignons et coupez-les en lamelles. Mettez à fondre 20 g de beurre dans une poêle et faites-y revenir les champignons 5 min à feu vif. Salez et poivrez, puis retirez du feu et mettez de côté. Coupez le jambon en petits dés.

Égouttez soigneusement les macaronis et reversez-les dans la marmite. Ajoutez la crème, mélangez et faites bouillir 6 min, en remuant de temps en temps, puis retirez du feu. Incorporez les deux tiers du fromage, les dés de jambon, la noix muscade et les champignons. Ajoutez du sel si besoin est.

Versez la préparation dans un plat à gratin huilé, parsemez-la du reste de fromage et ajoutez le reste du beurre, coupé en petits dés. Faites gratiner 10 min environ, puis servez dans le plat de cuisson.

Vous pouvez remplacer la crème par le même volume de béchamel additionné de fromage, mais le gratin sera moins délicat.

Ingrédients

- 2 cuil. à soupe d'huile
- 300 g de macaronis
- 200 g de champignons de Paris
- 40 g de beurre
- 1 tranche de jambon épaisse
- 2 cuil. à soupe de crème fraîche
- 100 g de fromage râpé au choix : emmenthal, tomme de Savoie, tomme de brebis, cantal, etc.
- 1 pincée de noix muscade râpée
- Sel et poivre

Préparation : 20 minutes
Cuisson : 30 minutes
Pour 4 personnes

INGRÉDIENTS

50 CL DE LAIT
100 G DE BEURRE
2 PINCÉES DE NOIX MUSCADE RÂPÉE
125 G DE SEMOULE DE BLÉ DUR
2 JAUNES D'ŒUFS
100 G DE GRUYÈRE RÂPÉ
2 CUIL. À SOUPE D'HUILE
SEL ET POIVRE BLANC

PRÉPARATION : 20 MINUTES
CUISSON : 20 MINUTES
REFROIDISSEMENT : 2 HEURES AU MOINS
POUR 6 PERSONNES

Gnocchis à la romaine

Ici gratinés à la romaine, les gnocchis, à base de semoule de blé, sont aussi délicieux avec une sauce tomate.

VERSEZ le lait dans une casserole, ajoutez 50 g de beurre, 1/2 cuillerée à café de sel, 2 pincées de poivre et la noix muscade, puis portez à ébullition.

Versez la semoule en pluie dans le lait bouillant, portez de nouveau à ébullition, en remuant sans cesse, et laissez frémir 10 min à feu très doux, en remuant souvent pour empêcher la semoule d'attacher et de former des grumeaux.

Quand tout le lait est absorbé, retirez la semoule du feu et incorporez-y les jaunes d'œufs en mélangeant vivement. Remettez une min à feu doux en remuant, retirez du feu et incorporez 40 g de gruyère râpé.

Badigeonnez un grand plat avec l'huile et versez-y la semoule sur 1 cm d'épaisseur, puis tassez et lissez la surface. Laissez refroidir 2 heures au moins.

Ensuite, mettez à chauffer le four à 240 °C, th. 9. Enduisez un plat à gratin avec 25 g de beurre et faites juste fondre le reste du beurre dans une petite casserole.

Découpez la semoule en losanges. Disposez ceux-ci dans le plat beurré, en les faisant se chevaucher légèrement, puis parsemez avec le reste du fromage râpé et arrosez avec le beurre fondu.

Faites gratiner au four 10 min environ, et servez immédiatement.

Les gnocchis à la romaine remplacent avantageusement un gratin de pâtes.

La polenta, juste dorée au beurre, est délicieuse avec une viande ou un poisson en sauce.

Attention ! Si on découpe la polenta avec un verre ou un emporte-pièce rond, il y a beaucoup de perte. Il faut alors faire cuire un peu plus de semoule de maïs.

Polenta

À base de semoule de maïs, la polenta, ici revenue à la poêle, s'accommode également en sauce ou en gratin.

ENDUISEZ un plat creux rectangulaire de une ou 2 cuillerées à soupe d'huile.

Portez le bouillon ou l'eau à ébullition dans une casserole. S'il s'agit d'eau, salez-la. Jetez la semoule en pluie dans le liquide bouillant et faites-la cuire 5 min en remuant.

Dès que la semoule se détache de la casserole, retirez-la du feu et incorporez-y le beurre et le fromage râpé. Versez-la dans le plat huilé, égalisez sa surface avec le dos d'une fourchette mouillée et laissez refroidir de 3 à 4 heures.

Ensuite, découpez la polenta solidifiée en carrés, en ronds ou en losanges de mêmes dimensions.

Mettez à chauffer l'huile dans une grande poêle et ajoutez le beurre. Lorsqu'il mousse, faites-y dorer les morceaux de polenta 3 à 4 min de chaque côté, en les retournant délicatement avec une palette. Servez brûlant.

INGRÉDIENTS

1 OU 2 CUIL. À SOUPE D'HUILE
1 LITRE DE BOUILLON DE VOLAILLE OU 1 LITRE D'EAU
250 G DE SEMOULE DE MAÏS
50 G DE BEURRE
50 G DE FROMAGE RÂPÉ (PARMESAN, CANTAL VIEUX OU EMMENTHAL)

POUR LA CUISSON
2 CUIL. À SOUPE D'HUILE D'OLIVE
40 G DE BEURRE

PRÉPARATION ET CUISSON : 30 MINUTES
REFROIDISSEMENT : DE 3 À 4 HEURES
POUR 6 PERSONNES

Desserts & Entremets

Pour confectionner leurs desserts et entremets en toute tranquillité, nos grands-mères interdisaient souvent l'entrée de la cuisine aux enfants. Règle d'autant mieux respectée que les petits avaient ensuite la permission de lécher les casseroles.

Œufs à la neige, *Bavarois à la framboise*, *Mousse au chocolat*, *Clafoutis*, *Pain perdu* ou *Bugnes* : autant de douceurs savoureuses qui faisaient parfois regretter que le repas ne commence pas par le dessert.

Grand classique du Sud-Ouest, la crema cremada *a toujours eu les faveurs des grands-mères, de génération en génération.*

Mélanger la crème et les œufs avec une cuillère en bois, sans fouetter, pour ne pas créer de bulles d'air, qui feraient des trous dans la crème pendant la cuisson.

Crème brûlée

Attention, ce savoureux entremets est particulièrement nourrissant !

Ingrédients

6 jaunes d'œufs
3 ou 4 cuil. à soupe de sucre
1 gousse de vanille ou
1/4 de cuil. à café d'extrait ou d'essence naturelle de vanille
60 cl de crème fraîche liquide
4 cuil. à soupe de cassonade

Préparation : 20 minutes
Cuisson : 40 à 50 minutes
Réfrigération : 12 heures
Pour 6 personnes

Faites chauffer le four à 140 °C, th. 4.

Mettez les jaunes d'œufs et le sucre dans une terrine, puis mélangez longuement avec une cuillère en bois pour obtenir un mélange blanc et crémeux.

Fendez la gousse de vanille en deux et grattez les graines au-dessus d'une casserole avec un couteau pointu. Ajoutez la crème et faites chauffer doucement, sans atteindre l'ébullition. Lorsque la crème frémit, versez-la peu à peu dans la terrine, en mélangeant avec la cuillère en bois.

Versez le mélange sur 2 à 3 cm de haut dans six moules en terre ou en porcelaine à feu d'environ 11 cm de diamètre. Posez les moules dans la lèchefrite du four, versez de l'eau bouillante à mi-hauteur et faites cuire au four de 40 à 50 min, jusqu'à ce que la crème soit bien prise.

Retirez les moules du bain-marie, laissez les crèmes refroidir complètement, puis couvrez et réservez au réfrigérateur 12 heures.

Quelques minutes avant de servir, sortez les crèmes du réfrigérateur et poudrez uniformément leur surface de cassonade. Faites chauffer un fer à crème brûlée jusqu'à ce qu'il rougisse et appliquez-le sur les crèmes pour faire caraméliser la cassonade. Servez immédiatement.

Si vous n'avez pas de fer spécial, glissez les crèmes sous le gril du four à la température maximale et laissez caraméliser pendant quelques minutes, en surveillant attentivement.

Œufs à la neige

Des blancs en neige aériens, sur une crème anglaise onctueuse, achèvent ce dessert très fin.

Ingrédients

5 œufs
150 g de sucre
75 cl de lait
1 gousse de vanille
1 pincée de sel

Préparation et cuisson : 30 minutes
Pour 4 personnes

Cassez les œufs en séparant les blancs des jaunes et mettez-les dans deux grandes terrines. Ajoutez la moitié du sucre aux jaunes et battez au fouet pour obtenir un mélange clair et mousseux.

Versez le lait dans une casserole. Fendez la gousse de vanille en deux, ajoutez-la au lait et portez à ébullition à feu doux.

Ajoutez la pincée de sel aux blancs d'œufs et battez-les en neige. Lorsqu'ils commencent à être fermes, ajoutez le reste du sucre en continuant à fouetter, puis baissez le feu sous le lait pour qu'il frémisse juste.

Prélevez une grosse cuillerée de blancs d'œufs battus, faites-la glisser dans le lait et laissez-la cuire 5 min. Retournez-la alors avec l'écumoire, laissez-la cuire encore 5 min, puis égouttez-la et posez-la sur un linge. Préparez le reste des blancs d'œufs en neige de la même façon.

Retirez la vanille du lait, portez de nouveau à ébullition et versez sur le mélange de jaunes d'œufs et de sucre en fouettant. Versez dans la casserole du lait et faites épaissir à feu très doux, sans laisser bouillir, en remuant jusqu'à ce que la crème nappe la cuillère.

Versez aussitôt la crème anglaise dans une grande jatte, en la passant à travers un tamis. Laissez-la refroidir en remuant souvent pour éviter qu'une peau ne se forme en surface, puis mettez-la au frais.

Au moment de servir, répartissez la crème anglaise dans des coupes individuelles ou versez-la dans une grande coupe et déposez les blancs d'œufs à sa surface.

Pochés dans le lait, les blancs d'œufs battus en neige se posent sur la crème anglaise, légers comme un souffle.

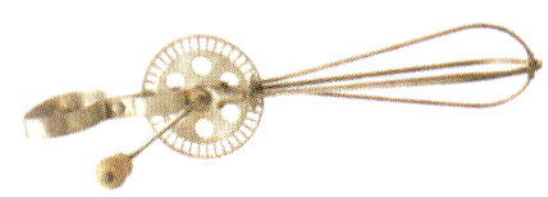

La bataille des fouets
Le fouet mécanique à manivelle, qui passait au début du XXe siècle pour le plus moderne des ustensiles de cuisine, vit sa longévité accrue par la Seconde Guerre mondiale. Celle-ci, en effet, retarda la fabrication en grande série des premiers batteurs électriques à usage ménager, présentés par Calor et SEV (Société pour l'équipement électrique des véhicules) au Salon des arts ménagers de 1939.

Île flottante

Une meringue caramélisée parsemée de pralines transforme la crème anglaise en un dessert raffiné.

Ingrédients

5 œufs
300 g de sucre
75 cl de lait
1 gousse de vanille
50 g de pralines roses
Sel

Préparation : 30 minutes
Cuisson : 30 minutes
Pour 4 personnes

Cassez les œufs en séparant les blancs des jaunes et mettez-les dans deux grandes terrines. Faites chauffer le four à 160 °C, th. 5.

Versez 100 g de sucre dans une petite casserole. Ajoutez-y 2 cuillerées à soupe d'eau, portez à ébullition et laissez cuire pour obtenir un caramel blond que vous verserez aussitôt dans un moule rond. Inclinez celui-ci en tous sens pour tapisser tout l'intérieur de caramel.

Ajoutez une pincée de sel aux blancs d'œufs et battez-les en neige. Dès qu'ils sont un peu fermes, ajoutez 100 g de sucre versé en pluie, en continuant à fouetter. Transvasez dans le moule tapissé de caramel et posez ce dernier dans un moule plus grand, empli d'eau très chaude, puis mettez le tout au four et laissez cuire 20 min.

Pendant ce temps, ajoutez 100 g de sucre aux jaunes d'œufs et battez au fouet pour obtenir un mélange clair et mousseux. Versez le lait dans une casserole. Fendez la gousse de vanille en deux, ajoutez-la au lait et portez à ébullition. Retirez la vanille du lait et versez-le sur le mélange de jaunes d'œufs et de sucre, en fouettant. Reversez dans la casserole et laissez épaissir à feu très doux, sans laisser bouillir, en remuant jusqu'à ce que la crème nappe la cuillère.

Versez aussitôt la crème anglaise dans une grande jatte, en la passant à travers un tamis, puis laissez-la refroidir.

Écrasez grossièrement les pralines roses.

Dès que les blancs d'œufs caramélisés sont prêts, sortez le moule du four et laissez refroidir.

Versez la crème dans un plat de service creux. Trempez le moule 10 secondes dans de l'eau chaude et démoulez les blancs sur la crème, parsemez de pralines et servez.

Pour éviter la formation d'une peau à la surface de la crème anglaise, il faut la remuer souvent pendant qu'elle refroidit.

Des amandes grillées peuvent remplacer les pralines roses utilisées ici pour la décoration.

Taper le moule plusieurs fois sur la table pour qu'il ne reste pas de bulles d'air.

Les préparations « à l'impératrice » sont toujours riches, noblesse oblige. Cet entremets aurait été dédié à l'impératrice Eugénie.

Riz à l'impératrice

Respectez le temps de réfrigération préconisé pour ce dessert afin de pouvoir le démouler facilement.

COUPEZ les 100 g de fruits confits en dés et faites-les macérer dans le kirsch.

Portez une grande casserole d'eau à ébullition, ajoutez une bonne pincée de sel et plongez-y le riz 2 min, puis égouttez-le.

Portez le lait à ébullition avec la vanille fendue en deux. Ajoutez le riz et le beurre, mélangez, couvrez à demi et laissez cuire 25 min à feu doux.

Pendant ce temps, préparez la crème anglaise : faites tremper la gélatine dans un bol d'eau froide. Portez le lait à ébullition avec la vanille fendue en deux. Fouettez les jaunes d'œufs avec le sucre et arrosez avec le lait bouillant en fouettant sans cesse, puis reversez dans la casserole et faites cuire en remuant, sans laisser bouillir. Dès que la crème nappe la cuillère, retirez-la du feu, égouttez la gélatine, ajoutez-la et mélangez-la de façon à la dissoudre parfaitement. Laissez refroidir, puis ôtez la vanille.

Dès que le riz est cuit, retirez la vanille, incorporez le sucre et ajoutez les fruits confits. Laissez refroidir complètement. Quand le riz est froid, ajoutez le lait glacé à la crème fraîche et fouettez en mousse ferme. Incorporez la crème anglaise au riz, puis mélangez-y délicatement la crème fouettée. Rincez un moule cannelé à l'eau froide et versez-y la préparation, puis mettez 3 heures au moins au réfrigérateur.

Préparez la sauce à l'abricot : égouttez les abricots et passez-les au mixeur. Coupez les fruits confits en petits dés. Faites chauffer la purée d'abricots à feu doux et ajoutez-y les fruits confits.

Démoulez le riz dans un plat à entremets et nappez-le avec la sauce à l'abricot.

INGRÉDIENTS

- 100 G DE FRUITS CONFITS
- 1 VERRE À LIQUEUR DE KIRSCH
- 250 G DE RIZ ROND
- 1 LITRE DE LAIT
- 1 GOUSSE DE VANILLE
- 25 G DE BEURRE
- 100 G DE SUCRE
- 2 CUIL. À SOUPE DE LAIT GLACÉ
- 20 CL DE CRÈME FRAÎCHE
- SEL

POUR LA CRÈME ANGLAISE

- 2 FEUILLES DE GÉLATINE
- 50 CL DE LAIT
- 1 GOUSSE DE VANILLE
- 4 JAUNES D'ŒUFS
- 75 G DE SUCRE

POUR LA SAUCE À L'ABRICOT

- 1 BOÎTE D'ABRICOTS AU SIROP
- 3 CUIL. À SOUPE DE FRUITS CONFITS

PRÉPARATION : 1 HEURE
CUISSON : 30 MINUTES
RÉFRIGÉRATION : 3 HEURES AU MOINS
POUR 6 PERSONNES

Du riz en Camargue
Un édit imposa en 1603 la culture du riz en France pour pallier les mauvaises récoltes de céréales traditionnelles. En 1956, la production de la Camargue couvrit pour la première fois les besoins de la consommation française.

Assez nourrissant, cet entremets peut toutefois être servi avec de la confiture ou de la compote.

Riz au lait moelleux

Cette recette fait revivre les délices de l'enfance.

Ingrédients

200 g de riz à grains ronds
1 litre de lait entier
150 g de sucre + 15 morceaux
3 pincées de vanille pure en poudre
1/2 cuil. à café de cannelle
10 cl de crème fraîche
1/2 cuil. à café de jus de citron
20 g de beurre
Sel

Préparation : 15 minutes
Cuisson : 45 minutes
Pour 4 ou 5 personnes

Lavez le riz, faites-le cuire 5 min dans de l'eau bouillante et égouttez-le.

Faites chauffer le lait avec une cuillerée à café de sucre, la vanille, la cannelle et une pincée de sel, puis versez le riz dans le lait bouillant. Dès que l'ébullition reprend, baissez le feu et laissez cuire environ 30 min. Ajoutez alors le reste du sucre en poudre et laissez cuire encore de 5 à 10 min, jusqu'à ce que le lait soit totalement absorbé. Hors du feu, incorporez délicatement la crème fraîche au riz, puis versez-le dans une jatte, lissez la surface et laissez refroidir.

Juste avant de servir, mettez le sucre en morceaux dans une petite casserole, humectez-le avec le jus de citron et 2 cuillerées à soupe d'eau, faites-le fondre sur feu doux et laissez-le caraméliser, jusqu'à ce qu'il soit d'un doré assez soutenu. Éteignez le caramel en versant hors du feu 2 cuillerées à soupe d'eau, puis ajoutez le beurre en petits morceaux et versez sur le riz.

Flamri à l'orange

Léger et fondant, ce gâteau de semoule à l'orange régalera les plus jeunes comme les plus âgés.

Ingrédients

- 25 cl de vin blanc
- 100 g de sucre
- 150 g de semoule de blé fine
- 1 œuf entier + 3 blancs
- 1 quartier d'orange confite
- 1 orange
- 20 g de beurre
- 1 pincée de sel

Pour la sauce à l'orange

- 1 orange non traitée
- 100 g de sucre

Préparation : 45 minutes
Cuisson : 1 heure
Pour 4 à 6 personnes

Versez le vin blanc dans une casserole. Ajoutez la même quantité d'eau et le sucre, puis faites chauffer sur feu doux, en remuant pour faire fondre le sucre. Portez ensuite à ébullition.

Versez la semoule en pluie dans le vin bouillant et laissez cuire de 10 à 12 min en remuant sans cesse avec une cuillère en bois, jusqu'à ce que tout le liquide soit absorbé. Retirez la casserole du feu et laissez tiédir la semoule.

Faites chauffer le four à 180 °C, th. 6. Mettez à bouillir de l'eau pour préparer un bain-marie.

Cassez l'œuf entier dans une tasse et battez-le en omelette. Coupez l'orange confite en petits dés. Pelez l'orange à vif, c'est-à-dire en enlevant la fine peau qui recouvre les quartiers en même temps que le zeste. Coupez la pulpe en rondelles.

Enduisez un moule à charlotte de beurre et disposez les rondelles d'orange au fond. Ajoutez le sel aux blancs d'œufs et battez-les en neige ferme.

Incorporez à la semoule tiède l'œuf battu et l'orange confite, puis ajoutez les blancs en neige, sans écraser le mélange. Versez dans le moule à charlotte, couvrez d'aluminium ménager ou posez le couvercle s'il s'agit d'un moule ancien. Posez-le dans le bain-marie très chaud et faites cuire au four pendant 45 min.

Environ 20 min avant la fin de cette cuisson, préparez la sauce : lavez et essuyez l'orange. Râpez finement son zeste, pressez sa pulpe et filtrez le jus. Versez le sucre dans une casserole, ajoutez une cuillerée à soupe d'eau et portez à ébullition à feu doux, puis ajoutez le zeste et le jus d'orange. Laissez cuire à petite ébullition pour former un sirop un peu épais.

Démoulez le flamri dans un plat de service. Nappez-le de sauce à l'orange et servez chaud.

Le flamri est un vrai dessert de grand-mère, très facile à réussir.

Mettre un journal plié en quatre dans le bain-marie pour empêcher le moule de bouger pendant la cuisson.

Le blanc-manger, probablement d'origine languedocienne, est l'un des plus anciens entremets sucrés.

Tremper le moule dans de l'eau chaude pour démouler, en comptant jusqu'à 10. Au-delà, la gélatine commencerait à fondre.

Blanc-manger

Cette gelée aux amandes s'accompagne ici d'un coulis de fruits rouges.

INGRÉDIENTS

- 200 G D'AMANDES
- 200 G + 3 CUIL. À SOUPE DE SUCRE
- 8 FEUILLES DE GÉLATINE
- 1 SACHET DE SUCRE VANILLÉ
- 2 GOUTTES D'EXTRAIT D'AMANDE AMÈRE
- 50 CL DE CRÈME FLEURETTE BIEN FROIDE
- 200 G DE PETITES FRAISES OU 1 BARQUETTE DE FRAMBOISES

POUR LE COULIS DE FRUITS

- 250 G DE FRAISES
- 250 G DE FRAMBOISES
- 2 OU 3 CUIL. À SOUPE DE SUCRE

PRÉPARATION : 45 MINUTES
RÉFRIGÉRATION (EN 2 FOIS) : 20 HEURES
CUISSON : 5 MINUTES
POUR 6 PERSONNES

PLONGEZ les amandes 2 min dans de l'eau bouillante, égouttez-les et pincez-les une à une avec les doigts pour retirer la peau, puis passez-les au robot pour les réduire en poudre. Versez 25 cl d'eau et 100 g de sucre dans une casserole. Faites chauffer en remuant jusqu'à ce que le sucre soit parfaitement dissous, portez à ébullition et retirez du feu. Incorporez alors la poudre d'amandes et mixez.

Filtrez ce lait d'amande dans une passoire tapissée d'une mousseline, puis laissez reposer 12 heures au réfrigérateur.

Faites tremper la gélatine 10 min dans un bol d'eau froide.

Versez le lait d'amande dans une casserole et ajoutez le reste du sucre et le sucre vanillé. Faites chauffer à feu doux sans cesser de remuer jusqu'à ce que les sucres soient fondus. Ne laissez pas bouillir.

Égouttez la gélatine avec les doigts et ajoutez-la au lait d'amande chaud. Mélangez jusqu'à ce qu'elle soit totalement dissoute, puis laissez refroidir et ajoutez l'extrait d'amande amère.

Fouettez la crème fraîche jusqu'à ce qu'elle soit ferme et mousseuse. Incorporez-la délicatement au lait d'amande froid, versez le tout dans un moule cannelé et faites prendre 8 heures au réfrigérateur.

Préparez le coulis : rincez rapidement les fraises, épongez-les et équeutez-les. Passez-les au mixeur avec les framboises, puis tamisez-les en pressant bien. Ajoutez le sucre, mélangez, versez dans une saucière et mettez au réfrigérateur.

Au moment de servir, trempez le moule 10 secondes dans de l'eau chaude et retournez-le sur un plat de service. Garnissez-le avec les fruits et servez avec le coulis.

Bavarois à la framboise

Cette mousse aérienne conclura en beauté un repas copieux.

Ingrédients

8 feuilles de gélatine
500 g de framboises
125 g de sucre
50 cl de crème fleurette très froide
Petits macarons pour décorer (facultatif)

Trempage : 15 minutes
Préparation : 30 minutes
Cuisson : 10 minutes
Réfrigération : 8 heures
Pour 6 personnes

Plongez les feuilles de gélatine dans une jatte d'eau froide et laissez-les tremper pendant 15 min.

Essuyez les framboises si cela paraît nécessaire, mais ne les lavez pas. Passez-les dans un tamis fin, au-dessus d'une terrine, en pressant avec un pilon, ou mettez-les dans le bol du robot ménager puis faites fonctionner l'appareil pour les réduire en purée et tamisez ensuite cette dernière pour éliminer tous les pépins.

Versez le tiers de la purée de framboises dans une casserole avec le sucre et faites chauffer à feu doux, en remuant pour faire fondre le sucre, sans laisser bouillir. Égouttez la gélatine avec les doigts, ajoutez-la dans la casserole et remuez jusqu'à ce qu'elle soit parfaitement dissoute. Retirez du feu, ajoutez le reste de la purée de framboises et mélangez, puis laissez refroidir complètement.

Fouettez 40 cl de crème fleurette jusqu'à ce que le fouet y laisse des traces et incorporez-la à la purée. Humectez un moule à bavarois ou à charlotte non métallique et versez-y la préparation, lissez la surface et faites prendre 8 heures au réfrigérateur.

Au moment de servir, battez le reste de la crème fleurette en mousse ferme et versez-la dans une poche à douille cannelée. Sortez le bavarois du réfrigérateur et plongez le moule 10 secondes au maximum dans de l'eau chaude, puis démoulez sur un plat de service. Décorez avec la crème fouettée posée à la poche à douille et, éventuellement, avec quelques macarons.

Ferme au démoulage, le bavarois est une merveille de légèreté.

Premiers réfrigérateurs
Le quatrième Salon des arts ménagers, fondé en 1923 par Jules-Louis Breton, exposa les premiers réfrigérateurs à usage domestique. Y figuraient notamment l'appareil d'Electro-Lux et le Frigidaire de la firme américaine Delco-Light. Ils ne séduisirent guère un public encore peu au fait des vertus de l'hygiène alimentaire.

Verser le tapioca doucement dans le lait bouillant en remuant, et continuer à remuer pendant toute la durée de la cuisson pour éviter la formation de grumeaux.

Le tapioca, fabriqué avec de la farine de manioc, sert de base à ce flan léger.

Flan au tapioca

Trop négligé aujourd'hui, le tapioca permet de réaliser, entre autres, des desserts très digestes.

Ingrédients

80 g de beurre
100 g de sucre en poudre
50 cl de lait
1 gousse de vanille
125 g de tapioca
4 œufs
1 pincée de sel

Préparation : 30 minutes
Cuisson : 55 minutes
Pour 4 personnes

Faites chauffer le four à 180 °C, th. 6. Quand il est chaud, enduisez avec 20 g de beurre un moule à charlotte, poudrez tout l'intérieur de 20 g de sucre et faites caraméliser au four. Retirez du four sans éteindre ce dernier.

Portez le lait à ébullition dans une casserole et ajoutez la vanille fendue en deux. Versez-y le tapioca en pluie et faites cuire 8 min à feu très doux en remuant, puis retirez du feu et ôtez la vanille.

Coupez le reste du beurre en dés. Cassez les œufs en séparant les blancs des jaunes. Incorporez le beurre et les jaunes d'œufs au tapioca, en remuant énergiquement avec une cuillère en bois.

Ajoutez le sel aux blancs d'œufs et battez-les en neige. Quand ils commencent à être fermes, ajoutez le reste du sucre et continuez à battre pour obtenir une neige ferme. Incorporez-la au tapioca et versez le tout dans le moule caramélisé, puis posez le moule dans un bain-marie d'eau très chaude et faites cuire au four pendant 45 min.

Laissez tiédir avent de démouler et servez tiède ou froid, avec un coulis.

Poires au vin

Cette recette de terroir permet de déguster des poires fermes.

Brossez l'orange avec soin sous l'eau tiède et prélevez-en le zeste. Mettez le sucre, le zeste d'orange, la cannelle, les clous de girofle et le vin dans une grande casserole en acier inoxydable ou en émail. Mettez à chauffer à feu doux, en remuant pour faire dissoudre le sucre, puis portez à ébullition et laissez bouillir 2 min.

Évidez les poires par la base et pelez-les en laissant la queue. Plongez-les sans attendre dans le sirop, couvrez et laissez-les cuire à feu doux de 30 à 40 min, en les retournant pour les faire cuire et colorer uniformément : elles doivent être juste cuites.

Égouttez les poires à l'écumoire et disposez-les dans un plat de service.

Filtrez le liquide de cuisson des poires pour éliminer les épices, reversez-le dans la casserole de cuisson des fruits et portez de nouveau à ébullition. Baissez alors le feu, ajoutez la gelée de groseille et faites bouillir tout doucement jusqu'à ce que le liquide devienne lourd et sirupeux, c'est-à-dire jusqu'à ce qu'il ait réduit au moins de moitié.

Versez le sirop sur les poires et laissez refroidir. Servez tel quel ou avec de la crème fouettée.

Ingrédients

- 1 orange
- 200 g de sucre
- un bâton de cannelle
- 2 clous de girofle
- 75 cl de vin rouge fruité
- 6 grosses poires fermes (alexandrine, conférence, passe-crassane)
- 3 cuil. à soupe de gelée de groseille

Préparation : 15 minutes
Cuisson : 1 heure
Macération : 24 heures
Pour 6 personnes

Les épices de ce dessert rappellent qu'il s'agit d'une préparation datant du Moyen Âge.

Évidez les poires avec la pointe d'un couteau économe avant de les peler pour éviter qu'elles ne se cassent.

Création des AOC
Au début du xxᵉ siècle, les ravages du phylloxéra amenèrent à voter, en 1905, la première loi sur les appellations d'origine contrôlée, pour préserver la qualité du vin français en empêchant l'implantation anarchique de cépages étrangers au milieu des cépages régionaux traditionnels.

Le vin, additionné de jus de citron et de jus d'orange, donne aux pruneaux un moelleux fondant.

Pruneaux au vin

Parfumés de vanille et de cannelle, les pruneaux au vin font un chaleureux dessert d'hiver.

Ingrédients

- 500 g de pruneaux
- 50 cl de thé tiède
- 1/2 orange non traitée
- 1/2 citron non traité
- 1 gousse de vanille
- 50 cl de vin rouge
- 1 bâton de cannelle
- 250 g de sucre

Préparation : 15 minutes
Trempage : 2 heures au moins
Cuisson : 10 minutes environ
Macération : 24 heures
Pour 1 grand bocal de pruneaux au vin

Rincez les pruneaux à l'eau courante. Mettez-les dans une terrine, arrosez avec le thé tiède et laissez tremper 2 heures au moins.

Ensuite, lavez et essuyez la demi-orange et le demi-citron. Prélevez leur zeste sans entamer la peau blanche et taillez-le en fines lanières. Pressez l'orange et le citron. Fendez la gousse de vanille en deux. Versez le vin dans une casserole. Ajoutez la cannelle, la vanille, le sucre, les zestes, 2 cuillerées à soupe de jus d'orange et une cuillerée à café de jus de citron. Portez à ébullition en remuant sans cesse pour dissoudre totalement le sucre.

Égouttez les pruneaux et jetez-les dans le vin aromatisé, puis retirez du feu, couvrez la casserole et laissez macérer 24 heures au réfrigérateur avant de consommer.

Compote de fruits secs

Ce dessert d'hiver ensoleillé permet de varier les habituelles compotes.

Lavez et essuyez l'orange. Prélevez son zeste en ruban à l'aide d'un couteau économe et pressez la pulpe pour en extraire le jus. Fendez la gousse de vanille en deux dans la longueur.

Versez le miel dans une casserole. Délayez-le avec le vin et 20 cl d'eau. Ajoutez le zeste d'orange, la cannelle et la vanille, puis faites bouillir 5 min.

Pendant cette cuisson, rincez les fruits secs à l'eau courante. Après 5 min de cuisson du sirop, ajoutez le jus d'orange et les fruits. Laissez frémir 10 min.

Retirez les fruits avec une écumoire et mettez-les dans une jatte. Enlevez du sirop la cannelle, la vanille et le zeste d'orange. Faites-le réduire de moitié à feu vif, puis versez-le sur les fruits et laissez refroidir.

Si vous le souhaitez, ajoutez le Cointreau à la compote froide et mettez au réfrigérateur pendant 2 heures au moins avant de déguster.

Ingrédients

- 1 orange non traitée
- 1/2 gousse de vanille
- 2 cuil. à soupe de miel
- 25 cl de vin blanc
- 1 bâton de cannelle
- 20 figues sèches
- 20 abricots secs
- 1 poignée de raisins secs blonds
- 2 ou 3 cuil. à soupe de Cointreau (facultatif)

Préparation : 15 minutes
Cuisson : 15 minutes
Réfrigération : 2 heures au moins
Pour 4 personnes

Avec cette compote, retrouvez au cœur de l'hiver tous les parfums de l'été.

Charlotte au chocolat

Cette charlotte glacée est à la portée des pâtissières les moins expérimentées.

Ingrédients

125 g de chocolat noir
3 œufs
125 g de beurre mou
165 g de sucre
1 verre à liqueur de rhum ou de kirsch
24 biscuits à la cuillère environ

Préparation : 45 minutes
Réfrigération : 12 heures
Pour 6 personnes

Cassez le chocolat et faites-le fondre dans un bain-marie frémissant. Cassez les œufs en séparant les blancs des jaunes. Mettez le beurre dans une terrine et travaillez-le à la cuillère en bois pour le réduire en crème. Ajoutez-lui 125 g de sucre, puis les jaunes d'œufs et, enfin, le chocolat fondu froid. Travaillez à la cuillère en bois pour obtenir un mélange homogène.

Battez les blancs d'œufs en neige très ferme et incorporez-les délicatement à la préparation, en soulevant et sans battre.

Faites fondre 40 g de sucre avec 4 cuillerées à soupe d'eau et ajoutez l'alcool choisi, puis trempez un par un les biscuits à la cuillère dans ce mélange et tapissez-en le fond et la paroi d'un moule à charlotte, côté sucré contre le moule. Coupez éventuellement au ras du moule les biscuits qui dépassent. Emplissez délicatement le moule avec la préparation au chocolat, trempez le reste des biscuits dans le sirop parfumé et couvrez-en le moule.

Posez une assiette sur le moule, surmontez-la d'un poids et laissez reposer ainsi 12 heures au réfrigérateur.

Au moment de servir, passez la lame d'un couteau entre la charlotte et le moule, puis démoulez dans un plat à gâteau. Servez avec de la crème anglaise parfumée au rhum ou au kirsch, selon l'alcool déjà utilisé, ou avec de la crème fouettée.

Servez cette charlotte au chocolat très fraîche, avec de la crème anglaise ou de la crème fouettée.

Il faut beurrer légèrement la paroi du moule pour y faire adhérer les biscuits et, ainsi, faciliter le montage de la charlotte.

Unanimement appréciée, la mousse au chocolat se déguste très fraîche.

La première école professionnelle
L'École professionnelle de cuisine, située rue Bonaparte, à Paris, fut inaugurée le 20 mai 1891. Ouverte par souscription, elle inscrivit pour première élève la femme du président de la République Sadi-Carnot.

Mousse au chocolat

Utilisez du chocolat à teneur élevée en cacao et des œufs très frais pour préparer cette mousse.

Cassez le chocolat en petits morceaux, mettez-le dans une terrine et faites-le fondre à feu très doux dans un bain-marie frémissant.

Cassez les œufs en séparant les blancs des jaunes. Mettez les blancs dans un saladier. Travaillez les jaunes avec le sucre dans une jatte pour former un mélange lisse et crémeux. Coupez le beurre en dés.

Ajoutez au chocolat fondu encore chaud l'alcool choisi et le beurre, puis le mélange jaunes d'œufs-sucre, en remuant vivement. Laissez refroidir complètement.

Battez les blancs d'œufs en neige ferme, incorporez-les délicatement à la préparation et versez dans un plat creux.

Laissez la mousse au chocolat de 3 à 4 heures au réfrigérateur avant de la servir.

Ingrédients

- 200 g de chocolat noir
- 4 œufs
- 1 cuil. à soupe de sucre
- 50 g de beurre
- 2 cuil. à soupe de cognac ou de Grand Marnier

Préparation : 25 minutes
Réfrigération : de 3 à 4 heures
Pour 6 personnes

Crèmes en petits pots

La cuisson au bain-marie représente le seul point délicat de cette recette familiale.

Ingrédients

2 œufs + 2 jaunes
100 g de chocolat noir à teneur élevée en cacao
50 cl de lait entier
4 cuil. à soupe de sucre

Pour garnir

1 cuil. à soupe de pistaches
ou 20 g de chocolat noir
ou 2 cuil. à soupe de crème fleurette très froide

Préparation : 20 minutes
Cuisson : 25 minutes
Refroidissement : 2 heures au moins
Pour 6 pots de 12 cl environ

Utiliser du très bon lait, sinon faire réduire 75 cl de lait à petite ébullition jusqu'à en obtenir 50 cl ou prendre 40 cl de lait et ajouter 10 cl de crème fraîche.

Faites chauffer le four à 180 °C, th. 6. Cassez les œufs dans une terrine, ajoutez les jaunes supplémentaires et battez le tout au fouet.

Cassez le chocolat en petits morceaux. Faites chauffer le lait dans une casserole, ajoutez le sucre et mélangez jusqu'à ce qu'il soit fondu. Mettez le chocolat dans une autre casserole avec 2 cuillerées à soupe d'eau et faites-le fondre, sans le laisser cuire, jusqu'à ce qu'il forme une pâte épaisse et brillante. Délayez peu à peu avec une louche de lait chaud.

Versez le chocolat délayé dans le reste du lait, hors du feu. Mélangez avec le fouet à main, puis versez le mélange dans la terrine contenant les œufs battus en remuant énergiquement, mais sans fouetter afin d'éviter la formation de mousse. Filtrez la préparation dans un tamis placé au-dessus d'une terrine et laissez reposer 5 min. Retirez la mousse qui s'est formée à la surface, puis répartissez la crème dans six petits pots de 12 cl environ de contenance.

Garnissez le fond d'un récipient à bord haut, muni d'un couvercle (sauteuse, par exemple) et assez grand pour contenir les pots, avec un torchon plié ou quelques feuilles de journal, également pliées. Posez les pots dans ce récipient.

Portez à ébullition 1,5 ou 2 litres d'eau et versez-en, avec précaution, suffisamment pour arriver aux deux tiers de la hauteur des pots. Mettez aussitôt au four, posez le couvercle sur le bain-marie et laissez cuire 25 min, en veillant à ce que l'eau du bain-marie n'arrive jamais à ébullition. À défaut de couvercle, couvrez avec une feuille d'aluminium ménager.

Vérifiez la cuisson des crèmes : ôtez le couvercle et passez doucement le doigt à la surface ; la crème doit être prise autour mais encore un peu tremblante au centre. Sortez les crèmes au chocolat du bain-marie et laissez-les refroidir complètement (2 heures au moins) avant de les mettre, éventuellement, au réfrigérateur. Essuyez soigneusement les pots et placez les couvercles dessus.

Juste avant de servir, hachez les pistaches, râpez le chocolat en copeaux ou fouettez la crème, et décorez.

Si vous effectuez la cuisson dans des ramequins, il se peut qu'elle soit plus rapide, aussi surveillez attentivement.

Pots de crème au café : faites griller 70 g de grains de café dans une poêle pendant quelques minutes, jusqu'à ce qu'ils suintent, puis faites-les infuser dans le lait bouillant 30 min, sur feu très doux, sans bouillir et casserole bien couverte. Filtrez, puis jetez les grains. Augmentez la couleur de la crème en ajoutant une cuillerée à café de café noir ou de chicorée.

Pots de crème à la vanille : faites infuser une gousse de vanille fendue en deux dans le lait chaud, dans une casserole couverte, à feu très doux mais sans laisser bouillir, pendant 15 min.

Pots de crème à l'orange ou au citron : procédez comme pour la crème à la vanille, en la remplaçant par 2 grands rubans de zeste non traité ne comprenant aucune trace de peau blanche.

Pots de crème au laurier-cerise : faites infuser une belle feuille de laurier-cerise (aussi appelé laurier-amande) de la même façon que la vanille.

Pots de crème à la fleur d'oranger : ajoutez au lait 3 ou 4 cuillerées à soupe d'eau de fleur d'oranger.

Pots de crème à la charentaise : faites chauffer le lait avec le sucre, versez-le sur les œufs battus et ajoutez une bonne cuillerée à soupe de cognac.

Pots de crème au rhum : faire la même préparation que pour les pots de crème à la charentaise, en remplaçant le cognac par du rhum.

Pots de crème pralinée : ajoutez au lait chaud 100 g de pralin avant de le verser sur les œufs.

Pour servir, garnissez les crèmes de pistaches, de copeaux de chocolat ou de crème fouettée.

Déposez les fruits de votre choix sur la crème pâtissière, puis coiffez-les de crème chantilly.

Coupes pâtissières

Préparées en deux temps trois mouvements, ces coupes produisent beaucoup d'effet.

Ingrédients

- 25 cl de lait
- 4 œufs
- 3 cuil. à soupe de sucre
- 2 cuil. à soupe de crème de riz
- 1 cuil. à soupe de kirsch
- 4 demi-pêches au sirop
- 4 cuil. à café de gelée de groseille ou de gelée de framboise
- 2 cuil. à soupe d'écorces d'orange et/ou de citron confites
- 15 cl de crème fraîche très froide
- 2 cuil. à soupe de lait glacé

Préparation : 15 minutes
Cuisson : 10 minutes
Réfrigération : 1 heure
Pour 4 personnes

Préparez une crème pâtissière : portez le lait à ébullition. Cassez les œufs en séparant les blancs des jaunes. Ajoutez le sucre aux jaunes d'œufs et fouettez jusqu'à ce que le mélange soit pâle et mousseux. Incorporez-y la crème de riz, puis arrosez avec le lait bouillant, en fouettant vivement.

Versez la préparation dans la casserole du lait et faites épaissir à feu très doux, en remuant sans cesse. Dès que la crème arrive à ébullition, retirez la casserole du feu, parfumez la crème avec le kirsch et couvrez pour tenir au chaud.

Battez rapidement les blancs d'œufs en neige ferme, ajoutez-les à la crème très chaude et mélangez délicatement, puis répartissez dans quatre coupes.

Coupez les demi-pêches en lamelles, répartissez-les dans les coupes et ajoutez une bonne cuillerée à café de gelée par coupe. Mettez une heure au moins au réfrigérateur.

Juste avant de servir, taillez l'écorce confite en lanières. Fouettez la crème avec le lait glacé pour obtenir une mousse ferme, puis décorez les coupes avec ces éléments et servez aussitôt.

Crémets aux fruits rouges

Pour l'égouttage des crémets, prévoyez des faisselles individuelles et de grands carrés de mousseline.

FOUETTEZ la crème fraîche jusqu'à ce qu'elle ait doublé de volume et soit mousseuse et ferme. Battez les blancs d'œufs en neige ferme et incorporez-les à la crème, toujours en fouettant.

Tapissez de mousseline quatre faisselles individuelles en porcelaine, en faïence ou en métal. Répartissez la préparation dedans et lissez la surface, puis rabattez la mousseline sur le mélange. Déposez les faisselles sur une grille ou une sur clayette, elle-même posée au-dessus d'un plateau, et laissez égoutter 2 heures dans un endroit frais.

Lavez les fraises et équeutez-les. Démoulez les crémets dans des assiettes à dessert, arrosez-les avec la crème liquide, poudrez-les de sucre et garnissez-les avec les fraises et les framboises.

Si vous n'avez pas de crème crue, vous pouvez tout de même confectionner des crémets en mélangeant à parts égales du fromage blanc lisse et de la crème fraîche.

Qu'ils soient d'Anjou, de Touraine, de Bretagne ou d'ailleurs, les crémets sont un dessert éternel.

INGRÉDIENTS

40 CL DE CRÈME FRAÎCHE NON PASTEURISÉE TRÈS FROIDE
3 GROS BLANCS D'ŒUFS

POUR GARNIR
200 G DE FRAISES
15 CL DE CRÈME LIQUIDE
4 CUIL. À SOUPE DE SUCRE
1 BARQUETTE DE FRAMBOISES

PRÉPARATION : 30 MINUTES
ÉGOUTTAGE : 2 HEURES
POUR 4 PERSONNES

LES QUALITÉS DU BOIS
Jusqu'à l'apparition de l'acier inoxydable, à la fin des années 1930, seul un matériel en bois permettait de manipuler et de presser les fruits ou de retourner les éléments d'une marinade sans risque d'oxydation.

Si on ne met pas le nouet avec les pépins pour la cuisson, ajouter dans le jus des pommes encore chaud 2 feuilles de gélatine, trempées 5 min dans de l'eau froide et égouttées.

Des pommes, leurs pépins et du sucre : il n'en faut pas plus pour préparer cette superbe couronne.

Couronne de pommes

Les pépins des pommes suffisent à faire gélifier ce dessert simple et naturel.

Ingrédients

375 g de sucre
1 kg de pommes reinettes, belchard ou granny-smith

Préparation : 15 minutes
Cuisson : 35 minutes environ
Réfrigération : 6 heures
Pour 6 personnes

Mettez le sucre dans une casserole avec 25 cl d'eau et portez à ébullition.

Pendant ce temps, évidez les pommes mais ne jetez pas le cœur, pelez-les et coupez-les en rondelles, puis coupez ces dernières en deux.

Faites un nouet avec le cœur des pommes et leurs pépins : enfermez-les dans un morceau de fine mousseline et nouez ce sachet.

Ajoutez les pommes et le nouet dans le sirop, portez de nouveau à ébullition et laissez cuire à feu doux en secouant la casserole de temps en temps 30 min environ : les pommes doivent être transparentes.

Rincez à l'eau froide un moule en forme de couronne en Pyrex ou un moule à charlotte non métallique. Rangez-y les pommes en couches, arrosez-les avec leur jus et jetez le nouet. Mettez le moule au réfrigérateur et laissez prendre 6 heures.

Pour servir, trempez le moule 10 secondes (pas plus) dans de l'eau chaude et démoulez dans un plat à dessert. Accompagnez la couronne d'une sauce aux fruits, d'un coulis d'abricots ou de crème anglaise.

Aspic de fruits rouges

Peu calorique, ce dessert est également très simple à préparer.

INGRÉDIENTS

4 FEUILLES DE GÉLATINE
500 G DE GROSEILLES, DE FRAISES ET DE FRAMBOISES MÉLANGÉES
5 CUIL. À SOUPE DE SUCRE GLACE
1 CUIL. À SOUPE DE JUS DE CITRON
30 CL DE VIN ROSÉ

POUR GARNIR

2 OU 3 CUIL. À SOUPE DE GROSEILLES, DE FRAISES ET/OU DE FRAMBOISES

PRÉPARATION : 20 MINUTES
CUISSON : 5 MINUTES
RÉFRIGÉRATION : 8 HEURES
POUR 6 PERSONNES

FAITES TREMPER la gélatine dans une jatte d'eau froide.

Lavez les groseilles et égrappez-les avec une fourchette. Lavez et équeutez les fraises. Épongez les fruits, versez-les dans une jatte et ajoutez les framboises. Poudrez avec 2 cuillerées à soupe de sucre glace, arrosez avec le jus de citron et mélangez délicatement, puis laissez macérer pendant la suite des opérations.

Portez le vin à ébullition dans une casserole, ajoutez le reste du sucre glace, laissez bouillir 2 min et retirez du feu. Égouttez la gélatine avec vos doigts, mettez-la dans le vin, mélangez et laissez refroidir.

Versez les fruits dans un moule non métallique, arrosez avec le vin froid et faites prendre 8 heures au réfrigérateur.

Au moment de servir, trempez le moule 10 secondes au maximum dans de l'eau chaude, posez un plat à l'envers sur l'aspic, retournez le tout, secouez et ôtez le moule. Garnissez avec les fruits prévus pour la décoration et portez à table.

Du vin rosé ajoute son arôme aux groseilles, aux fraises et aux framboises de cet aspic tout en fraîcheur.

Pour faciliter le démoulage, tremper le moule dans l'eau, puis décoller le bord de l'aspic avec la pointe d'un couteau pour faire pénétrer l'air.

Pommes anciennes
Le *Larousse ménager* de 1926 dénombre seize variétés de pommes courantes à consommer crues, cuites, séchées ou en conserve. Si la calville ou la reinette du Canada existent encore, l'astrakan rouge d'été, la rambourg ou la court-pendu gris d'hiver ont disparu de nos marchés.

Orange, miel, épices et pistaches apportent un peu de piquant à la classique pomme au four.

Pommes au four

Pour ce type de cuisson, choisissez des pommes parfumées, à chair ferme.

Ingrédients

- 6 pommes (golden, reinette ou granny-smith)
- 40 g de beurre + beurre pour le moule
- 3 cuil. à café de sucre en poudre
- 1 orange non traitée
- 10 cl de cidre
- 1 cuil. à soupe de miel
- 1 badiane
- 1 petit morceau d'écorce de cannelle
- 1 cuil. à soupe de pistaches

Préparation : 20 minutes
Cuisson : de 25 à 30 minutes
Pour 6 personnes

Faites chauffer le four à 200 °C, th. 7. Beurrez un plat à four.

Lavez les pommes, essuyez-les, coupez un chapeau à leur sommet et évidez-les avec un vide-pomme, puis posez-les dans le plat beurré. Mélangez le beurre avec le sucre et répartissez le mélange au cœur des pommes. Mettez le plat au four et faites cuire de 25 à 30 min, selon la grosseur des fruits.

Pendant ce temps, lavez et essuyez l'orange, râpez finement son zeste et pressez la pulpe. Filtrez le jus au-dessus d'une petite casserole, ajoutez le cidre, le miel, la badiane, la cannelle et le zeste d'orange, puis faites chauffer pour diluer entièrement le miel. Retirez alors du feu, couvrez et laissez infuser.

Hachez grossièrement les pistaches. Vérifiez la cuisson des pommes en les piquant avec une brochette.

Retirez de la sauce la badiane et la cannelle, puis versez-la sur les pommes, parsemez de pistaches hachées et servez dans le plat de cuisson, chaud ou froid.

Compote de pommes meringuée

Un soupçon de confiture d'abricots relève cette compote sous sa fine couche de meringue.

Ingrédients

1 kg de pommes
1 cuil. à soupe de jus de citron
15 g de beurre
2 pincées de cannelle en poudre
4 cuil. à soupe de sucre
2 grosses cuil. à soupe de confiture d'abricots
2 blancs d'œufs
1 pincée de sel

Préparation : 30 min
Cuisson : 30 minutes
Pour 4 personnes

Pelez les pommes, coupez-les en quartiers et épépinez-les. Recoupez les quartiers en deux et arrosez-les aussitôt avec le jus de citron pour éviter qu'ils noircissent.

Mettez les pommes dans une casserole avec le beurre, la cannelle et la moitié du sucre. Ajoutez un demi-verre d'eau et portez à ébullition, puis couvrez et laissez cuire à feu doux 20 min environ, suivant la variété de pommes choisie.

Pendant ce temps, faites chauffer le four à sa température maximale.

Dès que les pommes sont cuites, écrasez-les à l'aide d'une fourchette et incorporez-leur la confiture d'abricots. Versez dans un petit plat allant au four, en formant un léger dôme.

Battez les blancs d'œufs en neige avec la pincée de sel. Quand ils commencent à être fermes, ajoutez le reste du sucre, en fouettant énergiquement.

Couvrez la compote avec cette meringue et faites dorer 10 min environ dans le four très chaud. Servez tiède ou très frais.

La meringue ajoute une touche craquante à la compote de pommes.

INGRÉDIENTS

1/2 CITRON
1,2 KG DE POMMES
250 G DE PAIN RASSIS
100 G + 1 CUIL. À SOUPE DE SUCRE
150 G DE POUDRE D'AMANDES
4 OU 5 CUIL. À SOUPE DE LAIT TIÈDE
50 G DE BEURRE + BEURRE POUR LE MOULE

PRÉPARATION : 45 MINUTES
CUISSON : 50 MINUTES
POUR 6 PERSONNES

Charlotte aux pommes

La structure de cette charlotte à l'ancienne se compose de pain rassis trempé dans du lait et additionné de poudre d'amandes.

PRESSEZ le demi-citron. Pelez les pommes, coupez-les en quartiers, retirez-en le cœur et coupez la pulpe en tranches, puis arrosez aussitôt ces dernières avec le jus de citron.

Réservez une dizaine de tranches de pomme et mettez le reste dans une casserole avec 3 cuillerées à soupe d'eau. Couvrez et laissez cuire pendant environ 10 min à feu doux : les pommes doivent rester légèrement fermes. Retirez alors du feu et laissez refroidir.

Faites chauffer le four à 200 °C, th. 7.

Retirez la croûte du pain rassis. Faites griller la mie et écrasez-la avec un pilon, puis mélangez-la avec 100 g de sucre et la poudre d'amandes. Ajoutez juste assez de lait pour agglomérer le tout.

Beurrez un moule à charlotte. Étalez au fond une fine couche de pâte au pain, ajoutez une couche de tranches de pomme, puis une couche de pâte au pain, et ainsi de suite jusqu'à épuisement des ingrédients, en terminant par une couche de pâte au pain. Coupez le beurre en petits dés et répartissez-les sur la préparation.

Mettez au four et laissez cuire 50 min environ, jusqu'à ce que le dessus de la charlotte soit doré.

Passez quelques minutes les lamelles de pomme mises de côté dans une poêle chaude, poudrez-les avec le reste du sucre et faites-les légèrement caraméliser.

Démoulez la charlotte dès la sortie du four, décorez le dessus avec les lamelles de pommes caramélisées, délicatement posées en rosace.

Servez tiède ou froid, avec une sauce aux fruits (coulis) ou de la crème anglaise.

Cette charlotte, économique, a cependant fière allure.

Cette charlotte familiale est tout simplement délicieuse avec de la confiture maison.

Eau-de-vie de canne
Originaire d'Haïti, l'eau-de-vie de canne à sucre, appelée tafia ou guildive, reçut le nom anglais de *rum*, qui fut transformé en rhum par un prêtre du XVIIe siècle. Cet alcool finit par devenir si populaire qu'en 1922 une loi limita son importation pour protéger le marché français des alcools.

Charlotte à la confiture

Garnissez avec la confiture de votre choix cette charlotte élémentaire à réaliser.

Faites fondre doucement le sucre avec 10 cl d'eau. Retirez du feu et laissez refroidir.

Couvrez le fond d'un moule à charlotte avec un disque de papier sulfurisé, enduisez la paroi de beurre et tapissez le fond et la paroi de biscuits à la cuillère, côté sucré contre la paroi. Coupez au ras du moule ce qui dépasse en haut.

Ajoutez l'alcool choisi au sirop refroidi. Étalez une couche de confiture dans le moule tapissé de biscuits. Trempez quelques biscuits dans le sirop alcoolisé, puis couvrez-en la confiture. Continuez à alterner couches de confiture et couches de biscuits trempés dans le sirop jusqu'à épuisement des ingrédients, en terminant par une couche de biscuits.

Posez une assiette sur le moule, surmontez-la d'un poids et laissez reposer ainsi 12 heures au réfrigérateur.

Au moment de servir, passez la lame d'un couteau entre la charlotte et le moule, posez un plat à gâteau sur le moule, retournez le tout et ôtez délicatement le moule.

Ingrédients

- 3 cuil. à soupe de sucre
- 20 g de beurre mou
- 24 biscuits à la cuillère environ
- 3 cuil. à soupe de kirsch ou de rhum, selon la confiture choisie
- 1 grand pot de confiture, d'abricots ou de framboises, par exemple

Préparation : 20 minutes
Cuisson : 10 minutes environ
Réfrigération : 12 heures
Pour 6 personnes

Pour être sûr que la crème anglaise ne tournera pas, ajouter 1 cuillerée à café de fécule au mélange de jaunes d'oeufs et de sucre.

Comme variante pour ce diplomate, remplacez la crème anglaise par un coulis de fruits.

Diplomate

Cette sorte de pudding, composé de biscuits à la cuillère et de fruits confits, s'accompagne de crème anglaise.

Ingrédients

150 g de fruits confits mélangés
2 cuil. à soupe de kirsch
50 cl de lait
4 œufs
50 g de sucre
2 pincées de vanille en poudre
150 g de biscuits à la cuillère

Pour la crème anglaise
1 gousse de vanille
30 cl de lait
3 jaunes d'œuf
100 g de sucre

Préparation : 20 minutes
Cuisson : 1 heure
Pour 6 personnes

Faites chauffer le four à 250 °C, th. 10.

Hachez grossièrement les fruits confits. Mettez-les dans une jatte, arrosez-les avec le kirsch et laissez-les macérer pendant la suite des opérations.

Portez 50 cl de lait à ébullition. Cassez les œufs entiers dans une jatte et fouettez-les avec 50 g de sucre et 2 pincées de vanille. Arrosez avec le lait bouillant en fouettant, puis filtrez cette crème à l'aide d'une passoire fine.

Égouttez les fruits confits en conservant le kirsch. Garnissez le fond d'un moule à charlotte de 12 cm de diamètre d'un disque de papier sulfurisé et disposez les fruits confits dessus. Coupez les biscuits à la cuillère en morceaux et posez-les sur les fruits. Ajoutez le kirsch à la crème. Versez doucement la moitié de cette crème sur les biscuits et laissez-les gonfler 5 min.

Posez le moule dans un bain-marie frémissant, l'eau devant lui arriver à mi-hauteur. Versez le reste de la crème dans le moule, mettez le tout au four et laissez cuire pendant une heure, en couvrant le moule d'aluminium ménager si le dessus de la crème brunit trop.

Quand le diplomate est cuit, sortez-le du four et laissez-le refroidir.

Pendant ce temps, préparez la crème anglaise : fendez la gousse de vanille, ajoutez-la au lait et portez à ébullition. Versez les jaunes d'œufs dans une jatte, ajoutez le sucre et fouettez pour obtenir un mélange pâle et mousseux. Retirez la vanille du lait bouillant, puis versez celui-ci sur le mélange de jaunes d'œufs et de sucre, en fouettant vivement.

Versez la préparation dans la casserole du lait et faites épaissir à feu très doux en remuant sans cesse, sans laisser bouillir. Dès que la crème nappe la cuillère, filtrez-la et versez-la dans une saucière.

Démoulez le diplomate sur un plat de service et présentez à part la crème anglaise très froide.

Gratin de fruits

Ce dessert délicat, à la fois doux et acidulé, est digne du repas le plus raffiné.

Faites chauffer le four à 240 °C, th. 9.

Épluchez les poires et les pêches et coupez-les en dés. Répartissez-les ainsi que les framboises dans quatre plats à four individuels. Arrosez aussitôt le contenu de chaque plat avec une cuillerée à soupe de jus de citron et saupoudrez-le avec une cuillerée à soupe de sucre en poudre.

Préparez la crème anglaise : portez le lait à ébullition à feu doux. Pendant ce temps, versez les jaunes d'œufs, le sucre en poudre, le sucre vanillé et la fécule dans une grande jatte. Battez au fouet pour obtenir un mélange blanc et crémeux, puis délayez peu à peu avec le lait bouillant, en fouettant sans cesse. Reversez le tout dans la casserole et faites cuire, toujours à feu doux, en remuant sans cesse avec une cuillère en bois. Stoppez la cuisson au premier bouillon. Ajoutez alors la crème fraîche et le Grand Marnier, mélangez bien, et passez la crème dans une passoire fine.

Répartissez délicatement la crème anglaise dans les quatre plats, en prenant soin de ne pas déranger les fruits, puis mettez au four et faites cuire 10 min environ. Sortez les plats du four, laissez tiédir et saupoudrez de sucre glace avant de servir.

En hiver, ce gratin peut être réalisé avec des morceaux d'ananas et des lamelles de pomme passés à la poêle, des poires au sirop ou des oranges.

Ingrédients

- 2 poires
- 4 pêches
- une barquette de framboises
- 4 cuil. à soupe de jus de citron
- 4 cuil. à soupe de sucre en poudre
- 4 cuil. à soupe de sucre glace

Pour la crème anglaise

- 40 cl de lait
- 4 jaunes d'œufs
- 100 g de sucre en poudre
- 1 sachet de sucre vanillé
- 1 cuil. à soupe de fécule
- 1 cuil. à soupe de crème fraîche épaisse
- 1 cuil. à soupe de Grand Marnier

Préparation : 30 minutes
Cuisson : 30 minutes
Pour 4 personnes

Intégrez ce gratin de fruits riche et parfumé à un menu léger et élégant.

Pour un menu moins sophistiqué, faire cuire le gratin dans un seul plat.

Douillons aux pêches

Adoptez pour l'été cette version aux pêches des douillons normands.

Ingrédients

4 grosses pêches
8 petits macarons secs
1 pincée de cannelle en poudre
2 cuil. à soupe de kirsch
1 jaune d'œuf

Pour la pâte
250 g de farine
5 g de sel
25 g de sucre
1 jaune d'œuf
125 g de beurre mou

Préparation : 30 minutes
Repos : 1 heure
Cuisson : 20 minutes
Pour 4 personnes

Préparez la pâte brisée : tamisez la farine, creusez un puits au centre et versez-y le sel, le sucre, le jaune d'œuf et 5 cl d'eau. Mélangez ces ingrédients dans le puits pour dissoudre le sel et le sucre, puis ajoutez le beurre mou. Amalgamez rapidement avec la farine, roulez la pâte en boule, enveloppez-la de film plastique et laissez-la reposer une heure au réfrigérateur.

Ensuite, portez une casserole d'eau à ébullition. Plongez-y les pêches 10 secondes, puis égouttez-les, pelez-les, coupez-les en deux et ôtez les noyaux. Écrasez les macarons, poudrez-les de cannelle et arrosez-les de kirsch.

Faites chauffer le four à 200 °C, th. 7. Étalez la pâte sur le plan de travail fariné et découpez-y 4 carrés de 15 cm de côté. Déposez une demi-pêche au centre de chaque carré, emplissez le cœur de macarons et refermez le fruit avec son autre moitié.

Humectez d'eau le tour des carrés de pâte, relevez les bords autour des fruits et pincez-les fermement pour les souder. Ajoutez un peu d'eau au jaune d'œuf, battez-le à la fourchette et badigeonnez-en les douillons.

Déposez ces derniers sur une plaque à pâtisserie beurrée, mettez au four et faites cuire 20 min. Servez tiède.

Un maître incontesté
Auguste Escoffier œuvra aux fourneaux des plus grands palaces européens de la Belle Époque. En hommage à des femmes célèbres, il créa la salade Réjane, les cailles Rachel, les fraises Sarah Bernhardt, son plus grand succès restant la pêche Melba, inventée en l'honneur d'une cantatrice australienne.

Les pêches de ces douillons, parfumées au kirsch et à la cannelle, cuisent dans leur jus à l'abri de leur enveloppe de pâte.

Le parfum de la banane rehausse le mélange délicat de ces fruits de fin d'été.

Fruits en édredon

Ce dessert peut être préparé avec tous les fruits du jardin.

Faites chauffer le four à 200 °C, th. 7. Épluchez les pommes et la poire, puis coupez-les en dés. Mettez ces fruits dans un plat à gratin, arrosez-les avec le jus du demi-citron et poudrez-les avec la moitié du sucre. Mettez ensuite au four et laissez cuire environ 15 min.

Préparez la croûte : passez les macarons au robot pour les réduire en poudre grossière. Concassez les cerneaux de noix. Coupez le beurre en petits dés et incorporez-le à la farine, du bout des doigts, pour former un mélange sableux. Ajoutez les macarons, les noix et le sucre, puis pétrissez le tout.

Pelez la banane, coupez-la en rondelles et mélangez-la aux pommes et à la poire. Ajoutez les mûres, sans les écraser, puis le reste du sucre et le sucre vanillé.

Déposez la pâte précédente sur les fruits, avec la main, remettez au four et faites cuire de 30 à 35 min : la croûte doit être dorée et le jus des fruits, commencer à faire des bulles. Servez chaud ou tiède, dans le plat de cuisson.

Ingrédients

Pour la croûte

75 g de petits macarons secs
50 g de cerneaux de noix
80 g de beurre
150 g de farine
60 g de sucre

Pour la garniture de fruits

2 pommes
1 poire
1/2 citron
75 g de sucre
1 banane
200 g de mûres, fraîches ou décongelées
1 sachet de sucre vanillé

Préparation : 30 minutes
Cuisson : de 45 à 50 minutes
Pour 6 personnes

Hors saison, utiliser des cerises conservées au naturel en les égouttant bien, ou les remplacer par des abricots au sirop.

Originaire du Limousin, le clafoutis se prépare en principe avec des cerises noires.

Clafoutis

Ne dénoyautez surtout pas les cerises avant la cuisson : leur noyau contribue à parfumer le clafoutis.

Ingrédients

600 g de cerises
30 g de beurre
+ beurre pour le moule
4 cuil. à soupe rases de farine
50 cl de lait frais
4 œufs
4 cuil. à soupe rases de sucre semoule
1 cuil. à soupe de sucre cristallisé
1 pincée de sel

Préparation : 20 minutes
Cuisson : 40 minutes
Pour 5 ou 6 personnes

Faites chauffer le four à 200 °C, th. 7. Beurrez un moule à tarte de 24 cm de diamètre ou un plat à gratin. Lavez rapidement les cerises, épongez-les et équeutez-les, puis disposez-les dans le moule.

Faites juste fondre le beurre. Tamisez la farine avec le sel au-dessus d'une terrine et délayez-la peu à peu avec le lait et le beurre fondu. Cassez les œufs dans une autre terrine, ajoutez le sucre semoule et battez-les à la fourchette. Versez dessus le mélange de farine, de lait et de beurre, à travers un tamis pour éliminer les grumeaux. Mélangez.

Versez doucement la pâte sur les cerises, mettez le plat au four et faites cuire pendant 40 min. Laissez tiédir, puis poudrez avec le sucre cristallisé et servez dans le plat de cuisson.

Far aux pruneaux

Impossible de concevoir un flan aux fruits plus facile à réaliser pour toute la famille.

Faites tremper les pruneaux dans le thé pendant 8 heures, sauf si vous employez des pruneaux moelleux, qui eux ne nécessitent aucun trempage.

Faites chauffer le four à 200 °C, th. 7. Mélangez la farine avec les œufs, le sucre, le sel et le lait pour former une pâte lisse, ajoutez l'eau-de-vie. Égouttez les pruneaux.

Beurrez largement un plat à gratin. Répartissez les pruneaux dans le plat, versez-y doucement la pâte et parsemez du reste du beurre, coupé en petits dés. Mettez le plat au four et laissez cuire pendant 15 min, puis réduisez la température à 170 °C, th. 5-6, et faites cuire encore de 30 à 45 min.

Ingrédients

- 250 g de pruneaux
- 30 cl de thé fort
- 250 g de farine
- 4 œufs
- 100 g de sucre
- 40 cl de lait
- 1 petit verre d'eau-de-vie
- 40 g de beurre
- 1 pincée de sel

Trempage : 8 heures
Préparation : 15 minutes
Cuisson : 45 minutes à 1 heure
Pour 6 personnes

Servez tiède ou froid ce far aux pruneaux typiquement breton.

Des vaches dans Paris ! Paris comptait plus de cinq cents étables à la fin du XIXe siècle, et sept mille vaches y produisaient cent mille litres de lait par jour. En 1920 ne subsistaient que trente de ces « vacheries », que la vente de lait pasteurisé par les grandes compagnies laitières finit par éliminer totalement dans les années 1950.

Remplacer les abricots par 2 pommes coupées en dés et 2 poignées de raisins secs macérés dans du rhum.

Vite préparé, vite cuit, le tôt-fait peut aussi être confectionné sans fruits.

Tôt-fait aux abricots

Comme son nom l'indique, voici un dessert facile et rapide à préparer.

Ingrédients

15 g de beurre
3 œufs
100 g de sucre
4 cuil. à soupe de farine
40 cl de lait
1 petit verre de kirsch
400 g d'abricots

Préparation : 20 minutes
Cuisson : 30 minutes
Pour 4 personnes

Faites chauffer le four à 180 °C, th. 6. Enduisez de beurre un moule à manqué de 22 cm de diamètre.

Cassez les œufs dans une terrine et battez-les en omelette. Ajoutez le sucre et battez vivement, puis incorporez la farine, le lait et, pour finir, le kirsch. Versez la préparation dans le moule beurré, en la filtrant éventuellement à travers une passoire pour éliminer les grumeaux.

Lavez les abricots, essuyez-les, fendez-les en deux, dénoyautez-les et disposez-les sur la pâte. Faites cuire 30 min au four. Servez tiède ou froid, dans le plat de cuisson.

Beignets de fleurs de sureau

Ne manquez pas la floraison du sureau, limitée aux mois de mai et juin.

Préparez la pâte à frire : faites juste fondre le beurre. Tamisez la farine au-dessus d'une terrine, creusez un puits au centre et versez-y la bière et le beurre. Battez au fouet pour former une pâte lisse, puis couvrez la terrine et laissez reposer une heure.

Pendant ce temps, préparez la sauce : portez à ébullition dans une casserole 15 cl d'eau, le sucre et le zeste de citron, en remuant de temps en temps.

Si vous utilisez des abricots frais, lavez-les et dénoyautez-les. Ajoutez les abricots au sirop, baissez le feu et faites cuire à feu doux, de 10 à 15 min pour des fruits frais et de 25 à 30 min pour des fruits secs.

Passez les abricots et leur jus de cuisson au mixeur pour les réduire en purée, incorporez l'alcool choisi et versez dans un petit pot. La sauce doit être fluide ; si elle est trop épaisse, allongez-la avec 2 ou 3 cuillerées à soupe d'eau.

Préparez les beignets : faites chauffer l'huile de friture à 180 °C. Battez le blanc d'œuf en neige et incorporez-le délicatement à la pâte. Vérifiez la température de l'huile en y jetant une cuillerée à café de pâte : elle doit y dorer en 3 à 4 secondes.

Saisissez les fleurs de sureau par le pédoncule et plongez-les dans la pâte à frire, par séries de 3 au maximum. Laissez l'excédent de pâte retomber dans la terrine, puis plongez les beignets dans la friture et laissez dorer une à 2 min, en les retournant une fois. Égouttez-les à l'aide d'une écumoire et déposez-les sur du papier absorbant. Tenez au chaud pendant la cuisson des autres beignets.

Empilez les beignets dans un plat de service chaud, poudrez-les largement de sucre, décorez éventuellement avec des fleurs et des feuilles de sureau, puis servez sans attendre, avec la sauce à l'abricot.

Ingrédients

Pour la pâte à frire
- 30 g de beurre
- 125 g de farine
- 25 cl de bière blonde
- 1 blanc d'œuf

Pour la sauce à l'abricot
- 60 g de sucre
- 1 petite lanière de zeste de citron
- 250 g d'abricots frais bien mûrs ou 125 g d'abricots secs
- 2 cuil. à café de kirsch ou de liqueur d'abricot

Pour les beignets
- Huile de friture
- 24 à 30 fleurs de sureau, avec 2,5 cm environ de pédoncule attaché
- Sucre en poudre
- Fleurs et feuilles de sureau pour garnir (facultatif)

Préparation et cuisson : 1 heure
Repos : 1 heure
Pour 6 personnes

Retrouvez pour quelques semaines le parfum inimitable des beignets de fleurs à l'ancienne.

Préparez de la même façon des beignets de fleurs d'acacia.

Idéal pour les fritures

Graisse à frire végétale fabriquée à partir de l'huile extraite de l'amande desséchée de la noix de coco, ou coprah, la Végétaline fut mise en vente en 1896. Économique, elle se présente en pains blancs solides, supporte la température élevée des fritures et ne rancit pas.

Façonnez ces beignets, à votre gré, en triangles, en losanges, en carrés, en cercles ou en nœuds.

Bugnes

Bugnes à Lyon, ces beignets sont baptisés ailleurs merveilles, bottereaux, roussettes, oreilles ou fantaisies… mais ce sont toujours des beignets de carnaval.

Ingrédients

250 g de farine
2 gros œufs
60 g de beurre
75 g de sucre
1 cuil. à soupe d'eau-de-vie
Huile de friture
Sucre glace
1 pincée de sel

Préparation : 30 minutes
Repos : 2 à 3 heures
Cuisson : 5 minutes par série
Pour une trentaine de bugnes

Tamisez la farine au-dessus d'une terrine. Cassez les œufs et battez-les légèrement. Coupez le beurre en dés. Ajoutez à la farine les œufs, le beurre, le sel, le sucre et l'eau-de-vie. Mélangez bien, puis roulez la pâte en boule et laissez-la reposer de 2 à 3 heures.

Posez la pâte sur une plaque à pâtisserie légèrement farinée, aplatissez-la au rouleau en un rectangle de 3 mm environ d'épaisseur et découpez-la en losanges.

Faites chauffer l'huile de friture. Plongez-y 2 ou 3 beignets et laissez-les frire quelques minutes, jusqu'à ce qu'ils soient bien dorés, puis égouttez-les et tenez-les au chaud dans le four tiède. Faites frire le reste des bugnes de la même façon.

Quand toutes les bugnes sont cuites et égouttées, disposez-les dans un plat de service, poudrez-les abondamment de sucre glace et servez aussitôt.

Pets-de-nonne

A une époque rebaptisés soupirs-de-nonne dans un souci de convenance, ces beignets gonflent considérablement à la cuisson.

INGRÉDIENTS

POUR LA PÂTE À CHOUX
25 CL DE LAIT
50 G DE BEURRE
1 CUIL. À CAFÉ DE SUCRE
4 ŒUFS
125 G DE FARINE
1 CUIL. À SOUPE D'EAU DE FLEUR D'ORANGER
HUILE DE FRITURE
SUCRE GLACE
1 PINCÉE DE SEL

PRÉPARATION : 30 MINUTES
CUISSON : 5 À 6 MINUTES PAR SÉRIE
POUR 4 PERSONNES

VERSEZ le lait, le beurre, le sucre et le sel dans une casserole, puis portez à ébullition. Cassez les œufs dans une jatte et battez-les en omelette.

Dès que le lait bout, retirez la casserole du feu, versez-y la farine d'un coup et mélangez énergiquement. Remettez la casserole sur le feu et faites dessécher la pâte en remuant à la cuillère en bois jusqu'à ce qu'elle se détache des parois de la casserole et qu'elle forme une boule.

Retirez la casserole du feu et incorporez les œufs un par un, en battant chaque fois énergiquement à la cuillère en bois jusqu'à ce qu'ils soient parfaitement mélangés à la pâte. Ajoutez l'eau de fleur d'oranger et mélangez de nouveau.

Retirez le panier de la bassine à friture et faites chauffer l'huile. À l'aide de deux cuillères à café, prélevez une boule de pâte et faites-la glisser dans la friture. Façonnez ainsi 3 ou 4 autres boules, plongez-les également dans l'huile et laissez-les frire jusqu'à ce qu'elles soient bien dorées. Égouttez-les et tenez-les au chaud dans le four tiède, au fur et à mesure de la cuisson. Préparez le reste des pets-de-nonne de la même façon, par séries successives.

Quand tous les pets-de-nonne sont frits et égouttés, disposez-les dans un plat de service, poudrez-les généreusement de sucre glace et servez aussitôt.

Vous pouvez préparer des beignets un peu plus gros, les fendre sur le côté lorsqu'ils sont cuits et les fourrer, à l'aide d'une poche à douille, avec de la crème de pruneaux, de la confiture ou encore de la crème pâtissière parfumée au rhum.

Servez ces beignets tout chauds, fourrés ou juste poudrés de sucre.

La pâte à choux gonfle mieux si on la fait cuire dès qu'elle est prête. Plonger les beignets dans la friture à 160 °C pour qu'ils ne soient pas trop saisis, puis remonter la température à 170 °C.

Pain perdu

Cuit au four, le pain perdu classique se transforme en un délicieux gâteau.

Ingrédients

30 cl de lait
1/2 gousse de vanille
2 poignées de raisins secs
75 g de beurre mou
1 baguette rassise
3 jaunes d'œufs
50 g de sucre en poudre
3 cuil. à soupe de sucre roux
25 cl de crème fraîche

Préparation : 20 minutes
Trempage : 20 minutes
Cuisson : 45 minutes
Pour 4 à 6 personnes

Garder les blancs d'œufs inutilisés pour préparer des meringues, des macarons ou une garniture meringuée.

Versez le lait dans une casserole. Fendez la vanille en deux, ajoutez-la au lait et portez à ébullition à feu doux, puis éteignez le feu, couvrez et laissez infuser pendant la suite des opérations. Rincez et épongez les raisins secs.

Enduisez un plat à gratin avec 15 g de beurre. Coupez la baguette en tranches de 1,5 cm d'épaisseur. Tartinez-les avec le reste du beurre, rangez-les dans le plat beurré en les faisant se chevaucher légèrement et parsemez des raisins secs.

Fouettez les jaunes d'œufs dans une terrine avec le sucre en poudre, jusqu'à ce que le mélange soit blanc et mousseux. Arrosez avec le lait en fouettant sans arrêt, puis versez dans le plat et laissez imbiber pendant 20 min.

Pendant ce temps, faites chauffer le four à 180 °C, th. 6.

Quand le pain est bien imbibé de préparation aux œufs, saupoudrez-le de sucre roux. Glissez ensuite le plat au four et laissez cuire 45 min.

Au moment de servir, fouettez la crème fraîche et versez-la dans une saucière ou dans une jatte. Servez avec le pain perdu chaud ou tiède.

Juste accompagné de crème, fouettée ou non, le pain perdu au four est un dessert tout simple.

L'orange, présente à la fois dans le fourrage, la sauce et le flambage, fait la particularité des crêpes Suzette.

CRÊPES DE NOS RÉGIONS
***Crapiaux* du Limousin, *sanciaux* du Berry, *crespets* du Béarn, *cruchpetas* du Pays basque, *landimolles* de Picardie ou *tantimolles* de Champagne, toutes les crêpes participent encore aux fêtes de la Chandeleur et du Mardi gras, célébrations du renouveau avant et au milieu du carême.**

Crêpes Suzette

Bien sûr, elles sont un peu longues à préparer, mais ces crêpes, flambées à table, font toujours beaucoup d'effet.

PRÉPAREZ la pâte à crêpes : faites juste fondre le beurre, puis laissez-le tiédir. Tamisez la farine au-dessus d'une terrine avec le sucre et le sel. Cassez les œufs dans un bol et battez-les en omelette. Versez 50 g de beurre fondu et les œufs au centre de la farine, ajoutez le lait et mélangez au fouet pour obtenir une pâte très lisse. Couvrez et laissez reposer 2 heures.

Au moment de la cuisson, mélangez la pâte et ajoutez juste assez d'eau pour la rendre fluide.

Entourez l'extrémité d'une grande cuillère en bois de papier absorbant pour fabriquer un tampon. Trempez celui-ci dans le reste du beurre fondu, badigeonnez-en une poêle de 18 cm de diamètre et faites-la chauffer. Versez une louche de pâte dans la poêle très chaude et inclinez aussitôt cette dernière en tous sens pour y étaler uniformément la pâte. Laissez cuire 2 min, puis retournez la crêpe et laissez-la dorer une min de l'autre côté. Faites-la glisser dans un plat et tenez au chaud. Préparez le reste des crêpes de la même façon, couvrez le plat d'aluminium ménager et tenez au chaud.

Préparez la sauce : lavez et essuyez l'orange. Râpez le zeste, pressez la pulpe et filtrez le jus. Enduisez un plat de service métallique avec 25 g de beurre. Mettez le reste du beurre dans une jatte avec le sucre. Mélangez pour obtenir une pommade lisse, puis incorporez le zeste et le jus d'orange.

Tartinez les crêpes avec le beurre à l'orange, roulez-les et rangez-les dans le plat beurré. Faites chauffer la liqueur choisie, enflammez-la, versez-la aussitôt sur les crêpes et servez.

INGRÉDIENTS

POUR LA PÂTE À CRÊPES
- 100 G DE BEURRE
- 125 G DE FARINE
- 1 CUIL. À SOUPE DE SUCRE
- 3 ŒUFS
- 30 CL DE LAIT
- 1 GROSSE PINCÉE DE SEL

POUR LA SAUCE
- 1 ORANGE NON TRAITÉE
- 125 G DE BEURRE MOU
- 75 G ENVIRON DE SUCRE
- 2 CUIL. À DESSERT DE CURAÇAO OU DE GRAND MARNIER

PRÉPARATION : 20 MINUTES
REPOS : 2 HEURES
CUISSON : 3 MINUTES PAR CRÊPE ENVIRON
POUR 6 PERSONNES

Pâtisserie & Confiserie

Nos grands-mères avaient su apprivoiser cet art fort difficile qu'est la pâtisserie, et réussissaient à tout coup des recettes transmises de génération en génération. Si les fours à thermostat sont aujourd'hui des auxiliaires précieux, le tour de main demeure irremplaçable, ainsi que l'organisation et la patience.

Il en va de même pour les confiseries, dont la préparation s'étale parfois sur plusieurs jours. Le succès a toujours son prix !

La belle pâtissière, Joseph Bail
La tarte Tatin résulterait d'une erreur commise par une des sœurs Tatin, à la fin du XIXe siècle, dans leur restaurant de Lamotte-Beuvron (Loir-et-Cher). Curnonsky, écrivain et gastronome français, la mit à la mode dans les années 1920, après l'avoir découverte en visitant les régions pour préparer sa *France gastronomique* en vingt-huit volumes.

Bien caramélisée, la tarte Tatin se sert tiède, accompagnée à volonté de crème fraîche.

Tarte Tatin

Fort réputée, la tarte Tatin est une spécialité ancienne de l'Orléanais.

Ingrédients

125 g de beurre
1 kg de grosses pommes, de reinettes ou de granny-smith
150 g de sucre
crème fraîche (facultatif)

Pour la pâte
150 g de farine
100 g de sucre
75 g de beurre mou
1 jaune d'œuf
1 pincée de sel

Préparation : 40 minutes
Repos de la pâte : 1 heure
Cuisson : 45 minutes
Pour 4 personnes

Préparez la pâte : tamisez la farine avec le sucre et le sel au-dessus d'une terrine. Creusez un puits au centre. Coupez le beurre en petits dés et mettez-le dans le puits ainsi que le jaune d'œuf. Mélangez, ajoutez juste assez d'eau froide pour obtenir une pâte lisse et homogène, puis laissez reposer une heure.

Pendant ce temps, faites fondre le beurre dans un moule à manqué de 24 cm de diamètre ou dans une sauteuse à manche amovible. Pelez les pommes, coupez-les en quatre, épépinez-les et disposez-les dans le moule. Poudrez avec le sucre et faites cuire sur le feu de 10 à 15 min, de façon que les pommes soient à moitié cuites et légèrement caramélisées. Laissez refroidir.

Faites chauffer le four à 200 °C, th. 7.

Aplatissez la pâte au rouleau en un cercle d'un diamètre supérieur de 3 cm à celui du moule. Posez-le sur les pommes, rentrez la pâte qui dépasse à l'intérieur du moule et incisez le dessus de trois ou quatre entailles au couteau.

Faites cuire au four de 25 à 30 min. Laissez reposer 10 min avant de démouler, puis retournez un plat sur la tarte, retournez le tout et ôtez le moule.

Servez la tarte tiède, telle quelle ou accompagnée de crème fraîche.

Tarte aux myrtilles

Les myrtilles possèdent une saveur unique, particulièrement concentrée lorsqu'elles sont sauvages.

Préparez le fond de pâte : tamisez la farine avec le sucre au-dessus d'une terrine. Coupez le beurre en dés et incorporez-le à la farine, du bout des doigts. Quand le mélange est sableux, ajoutez l'œuf, amalgamez en pâte ferme et pétrissez quelques secondes sur le plan de travail légèrement fariné. Dès que la pâte est lisse, enveloppez-la dans du film alimentaire et laissez-la reposer 15 min au réfrigérateur.

Aplatissez la pâte au rouleau sur le plan de travail fariné, garnissez-en un moule à tarte de 22 cm de diamètre et remettez au réfrigérateur. Pendant ce temps, faites chauffer le four à 180 °C, th. 6.

Lavez rapidement les myrtilles, séchez-les sur du papier absorbant et équeutez-les. Recouvrez le fond de pâte avec la poudre d'amandes. Ajoutez les myrtilles et poudrez avec le sucre. Faites cuire à mi-hauteur du four pendant 10 min : les baies doivent juste commencer à s'attendrir.

Sortez le moule du four. Battez rapidement au fouet les œufs, la crème et la cannelle en poudre. Versez sur les myrtilles, enfournez de nouveau et laissez cuire 20 min environ : la crème doit être prise, mais encore moelleuse. Servez chaud ou froid, poudré de sucre glace.

Pour une tarte sans crème, faites cuire la pâte à blanc. Préparez un sirop avec 100 g de sucre et 20 cl d'eau, faites-le bouillir 5 min, plongez-y 300 g de myrtilles et retirez du feu. Laissez reposer 5 min, remettez 2 min sur le feu, puis garnissez la pâte avec les fruits.

Ingrédients

Pour le fond de pâte
- 175 g de farine + farine pour le plan de travail
- 30 g de sucre
- 100 g de beurre
- 2 cuil. à soupe d'œuf battu

Pour la garniture
- 200 g de myrtilles
- 30 g de poudre d'amandes
- 50 g environ de sucre
- 2 petits œufs
- 20 cl de crème fraîche ou de lait
- 1/2 cuil. à café de cannelle en poudre
- Sucre glace pour servir

Préparation : 25 minutes
Repos de la pâte : 15 minutes
Cuisson : 35 minutes
Pour 6 personnes

La cueillette des baies sauvages est aisée si l'on utilise un peigne à myrtilles, sorte de pelle dentelée qui facilite le ramassage dans les buissons bas.

On peut mélanger les myrtilles avec des mûres ou, en hiver, couvrir le fond de pâte cuit avec de la confiture de myrtilles et décorer de crème fouettée.

Tartelettes aux fraises des bois

À défaut de fraises des bois, garnissez vos tartelettes avec une variété de fraises très parfumée, la mara des bois, par exemple.

Ingrédients

Pour les fonds de tartelette
125 g de farine + farine pour le plan de travail
60 g de sucre en poudre
60 g de beurre
1 cuil. à soupe d'œuf battu

Pour la garniture
125 g de sucre cristallisé
200 g de fraises des bois
15 cl de crème fraîche épaisse

Préparation : 40 minutes
Repos de la pâte : 15 minutes
Cuisson : 25 minutes
Pour 12 tartelettes

Préparez les fonds de pâte : tamisez la farine et la moitié du sucre au-dessus d'un bol. Incorporez-y le beurre en dés du bout des doigts pour former un mélange sableux, amalgamez avec l'œuf battu et travaillez rapidement sur le plan de travail fariné. Enveloppez la pâte dans du film alimentaire et laissez-la reposer 15 min au réfrigérateur.

Aplatissez la pâte au rouleau sur le plan de travail fariné. Découpez-y 12 cercles de 7 à 8 cm de diamètre à l'aide d'un emporte-pièce et garnissez-en douze moules de 6 cm de diamètre. Piquez tous les fonds de pâte à la fourchette, puis réservez au réfrigérateur pendant que vous faites chauffer le four à 200 °C, th. 7.

Faites cuire les fonds des tartelettes à blanc 10 min. Sortez-les ensuite du four et poudrez chacun d'eux avec 1/2 cuil. à café du reste du sucre. Remettez au four pendant 5 min, puis laissez refroidir.

Faites fondre le sucre cristallisé dans 15 cl d'eau, à feu doux. Quand il est fondu, portez à ébullition, ajoutez une cuillerée à soupe de fraises coupées en deux et laissez bouillir une min. Retirez les fraises et faites réduire le sirop d'un tiers, puis laissez refroidir.

Fouettez la crème jusqu'à ce qu'elle tienne bien entre les branches du fouet. Incorporez-y 2 cuillerées à soupe du sirop à la fraise. Répartissez le reste des fraises dans les fonds de pâte, puis arrosez-les avec le reliquat de sirop. Décorez avec un peu de crème fouettée, posée à la poche à douille cannelée. Servez le reste de la crème fouettée à part pour les gourmands.

La douceur de la crème fouettée et la saveur acidulée des fraises s'équilibrent parfaitement.

Ces tartelettes sont idéales pour un thé ou un goûter, mais on peut en préparer de la même façon de plus grandes dans des moules à tartelette de 10 cm de diamètre.

La tarte au flan, parfumée d'eau de fleur d'oranger, est idéale pour le goûter des enfants.

Une eau relaxante
L'eau de fleur d'oranger s'obtient par distillation des fleurs du bigaradier, une variété d'oranger. Très parfumée, elle s'emploie à toutes petites doses en pâtisserie et en confiserie, et elle a longtemps servi de « remède de bonne femme » en raison de ses vertus calmantes et antispasmodiques.

Tarte au flan

Cette tarte, confectionnée selon une tradition culinaire remontant au Moyen Âge, est nourrissante et facile à réaliser.

Préparez la pâte : tamisez la farine au-dessus d'une terrine et creusez un puits au centre. Coupez 125 g de beurre en petits dés, jetez-les dans le puits, puis ajoutez l'œuf et le sel. Mélangez rapidement, du bout des doigts, roulez la pâte en boule, couvrez-la de film plastique alimentaire et laissez-la reposer une heure au réfrigérateur.

Ensuite, faites chauffer le four à 200 °C, th. 7. Enduisez un moule à tarte avec le reste du beurre prévu pour la pâte, aplatissez celle-ci au rouleau à pâtisserie et garnissez-en le moule beurré. Piquez le fond à la fourchette, couvrez de papier sulfurisé et de haricots secs, puis laissez cuire au four pendant environ 12 min.

Pendant ce temps, préparez la garniture : versez le sucre dans une terrine, ajoutez les œufs, le lait, l'eau de fleur d'oranger et le sel, puis mélangez au fouet. Tamisez la farine au-dessus du mélange, mélangez de nouveau et passez au tamis, au-dessus d'une jatte.

Sortez le fond de tarte du four et versez-y la garniture. Baissez la température du four à 170 °C, th. 5-6, mettez le moule au four et laissez cuire 30 min.

Démoulez la tarte dans un plat de service et servez-la tiède.

Ingrédients

Pour la pâte
- 250 g de farine
- 135 g de beurre
- 1 œuf
- 1 pincée de sel

Pour la garniture
- 100 g de sucre
- 3 jaunes d'œufs
- 50 cl de lait
- 1 ou 2 cuil. à soupe d'eau de fleur d'oranger
- 50 g de farine
- 1 pincée de sel

Préparation : 20 minutes
Repos de la pâte : 1 heure
Cuisson : 40 minutes
Pour 6 personnes

Pour éplucher les marrons, entailler l'écorce, les plonger 5 minutes dans de l'eau bouillante, les sortir par petites quantités à la fois à l'aide d'une écumoire et retirer les deux peaux.

Préparez le fond de pâte et sa garniture la veille, mettez au réfrigérateur et effectuez juste avant de servir la décoration de crème fouettée au cognac.

Tarte aux marrons

Particulièrement riche, cette tarte conclura de préférence un repas léger.

Ingrédients

Pour le fond de tarte
- 150 g de farine
- 30 g de sucre glace
- 75 g de beurre
- 2 jaunes d'œufs

Pour la garniture
- 600 g de marrons frais ou 450 g de marrons pelés surgelés
- 30 cl de crème fraîche
- 6 cuil. à soupe de cognac
- 1/2 cuil. à café d'extrait de vanille liquide
- 2 cuil. à soupe d'eau de fleur d'oranger
- 60 g de sucre en poudre
- 60 g de beurre
- 2 cuil. à soupe de kirsch
- 40 cl de crème fraîche épaisse
- Débris de marrons glacés et violettes confites pour décorer (facultatif)

Préparation : 1 heure + l'épluchage des marrons frais
Repos de la pâte : 30 minutes
Cuisson : 50 minutes
Pour 8 personnes

Préparez le fond de tarte : tamisez la farine avec le sucre au-dessus d'une terrine et incorporez-y le beurre, du bout des doigts. Quand le mélange est sableux, ajoutez les jaunes d'œufs et amalgamez pour former une pâte moelleuse, mais non collante. Aplatissez au rouleau, sur le plan de travail fariné, en un cercle de 30 cm de diamètre. Tapissez-en un moule à tarte de 25 cm de diamètre, coupez la pâte qui déborde et piquez toute la surface à la fourchette. Réservez au réfrigérateur 30 min.

Faites chauffer le four à 200 °C, th. 7. Couvrez le fond de pâte de papier sulfurisé et de haricots secs, faites cuire 10 min au four, ôtez les haricots et le papier, puis remettez 15 min au four.

Préparez la garniture : épluchez les marrons et mettez-les dans une casserole avec la crème fraîche, 2 cuillerées à soupe de cognac, la vanille, l'eau de fleur d'oranger, le sucre et le beurre. Couvrez à demi et faites cuire à feu doux de 40 à 45 min, en remuant souvent pour que la préparation n'attache pas : à la fin de la cuisson, les marrons doivent être moelleux et avoir absorbé presque toute la crème.

Écrasez le contenu de la casserole avec un pilon dans un tamis très fin, posé au-dessus d'une terrine. Laissez refroidir, puis incorporez à cette purée sèche le kirsch et 2 cuillerées à soupe de cognac. Fouettez 15 cl de crème fraîche en mousse ferme et incorporez-la à la purée de marrons.

Démoulez le fond de pâte sur un plat de service, garnissez avec la préparation aux marrons et lissez la surface. Fouettez le reste de la crème en y incorporant le reliquat de cognac puis, dès que le mélange forme une mousse ferme, versez dans une poche munie d'une douille cannelée et décorez le tour de la tarte à votre goût, ou étalez cette crème sur la tarte et dessinez-y des spirales. Décorez éventuellement de débris de marrons glacés et de violettes confites, puis réservez au réfrigérateur avant de servir.

Tarte au sucre

La cassonade, sucre roux de canne, donne une saveur particulière à cette spécialité du Nord.

Ingrédients

- 150 g de beurre
- 10 g de levure de boulanger fraîche
- 3 œufs
- 200 g de farine
- 150 g de cassonade
- 1 pincée de sel

Préparation : 25 minutes
Pour faire lever la pâte : 2 heures environ
Cuisson : 30 minutes
Pour 6 personnes

Faites juste fondre 100 g de beurre. Délayez la levure dans une tasse avec 2 cuillerées à soupe d'eau tiède. Cassez 2 œufs et battez-les en omelette.

Tamisez la farine avec le sel au-dessus d'une terrine, creusez un puits au centre et versez-y les œufs, le beurre fondu et la levure délayée. Malaxez pour obtenir une pâte homogène, roulez en boule, puis couvrez d'un linge et laissez lever 2 heures environ dans un endroit tiède, jusqu'à ce que la pâte ait doublé de volume.

Faites chauffer le four à 200 °C, th. 7. Pendant ce temps, coupez le reste du beurre en petits dés ; cassez le dernier œuf et battez-le en omelette.

Couvrez une tôle à pâtisserie de papier sulfurisé. Tapotez la pâte pour la faire retomber, puis étalez-la sur la tôle en un cercle de 22 cm environ de diamètre, en formant un bourrelet large tout autour. Poudrez avec la cassonade et répartissez régulièrement dessus les dés de beurre. Badigeonnez tout le tour de la tarte d'œuf battu à l'aide d'un pinceau et faites-y des entailles tous les 2 cm, avec un couteau acéré.

Mettez au four et laissez cuire 30 min, puis démoulez et servez tiède ou froid.

Légèrement croquante sous la dent, la tarte au sucre dégage un parfum délicieux.

Si on n'a pas le temps de faire la pâte levée, la remplacer par de la pâte brisée et couvrir d'environ 3 mm de sucre cristallisé. Poudrer de cannelle et terminer avec le beurre coupé en dés.

Définition du lait
En 1908 se réunissait le premier congrès international pour la répression des fraudes alimentaires, concernant en particulier le lait, vendu trop souvent coupé. Le 25 mars 1924, un décret précisa que l'appellation lait sans indication de provenance animale ne pouvait s'appliquer qu'au lait de vache.

La tarte au lait, que l'on appelait autrefois dessert de nourrice, est très nourrissante.

Tarte au lait bouilli

Élémentaire à réaliser et bon marché, cette tarte fait un excellent dessert familial.

Ingrédients

Pour la pâte brisée
- 75 g de beurre mou
  + beurre pour le moule
- 150 g de farine
- 1 jaune d'œuf
- 1 pincée de sel

Pour la garniture
- 50 cl de lait cru
- 4 œufs
- 50 g de sucre
- 1 pincée de sel

Préparation : 30 minutes
Repos de la pâte : 1 heure
Cuisson : 40 minutes
Pour 4 à 6 personnes

Préparez la pâte brisée : coupez le beurre en petits dés. Tamisez la farine avec le sel au-dessus d'une terrine et creusez un puits au centre. Versez-y les dés de beurre, incorporez-les à la farine du bout des doigts et ajoutez le jaune d'œuf. Amalgamez le tout rapidement, puis incorporez juste assez d'eau froide (une ou 2 cuillerées à soupe seulement) pour obtenir une pâte lisse. Couvrez alors la terrine et laissez reposer pendant une heure.

Ensuite, faites chauffer le four à 200 °C, th. 7. Beurrez un moule à tarte de 26 cm de diamètre, en insistant bien dans les cannelures. Étalez la pâte au rouleau, garnissez-en le moule beurré et piquez tout le fond à la fourchette.

Préparez la garniture : portez le lait à ébullition, retirez-le aussitôt du feu et laissez-le refroidir.

Mettez les œufs, le sucre et le sel dans une jatte, battez au fouet pour obtenir un mélange homogène, que vous verserez dans le fond de pâte. Faites cuire au four pendant 40 min, ou jusqu'à ce que la crème soit prise. Servez tiède ou froid.

Si vous n'avez pas de lait cru, préparez une tarte au mengin (ou mougin), comme en Lorraine : mélangez 250 g de fromage blanc bien égoutté et un verre de crème épaisse, ajoutez 3 œufs battus en omelette avec 75 g de sucre, puis versez le tout sur le fond de tarte, parsemez de noisettes de beurre et laissez cuire au four de 35 à 40 min.

Tourte à la confiture et à la crème d'amandes

Cette tourte substantielle offre un mélange subtil d'arômes.

Beurrez soigneusement un moule à manqué de 18 cm de diamètre, à fond amovible si possible.

Tamisez la farine et le sel au-dessus d'une terrine, puis incorporez-y 80 g de beurre en dés, du bout des doigts. Quand le mélange semble constitué de miettes, creusez un puits au centre, versez-y l'eau glacée et amalgamez en une pâte souple mais non collante.

Farinez légèrement le plan de travail. Aplatissez la pâte au rouleau en un cercle de 30 cm environ de diamètre, garnissez-en le moule beurré, piquez toute sa surface à la fourchette et coupez l'excédent de pâte. Étalez la confiture de framboises sur le fond et laissez au réfrigérateur pendant la suite des opérations.

Mettez à chauffer le four à 200 °C, th. 7. Pendant ce temps, faites juste fondre le reste de beurre et laissez-le tiédir. Battez longuement le sucre au fouet électrique avec les œufs, jusqu'à ce que le mélange forme un ruban. Incorporez le beurre fondu et l'essence d'amande en fouettant, puis ajoutez la poudre d'amandes.

Versez la préparation dans le moule et faites cuire 15 min à mi-hauteur du four, puis baissez la température à 180 °C, th. 6, et laissez cuire encore de 45 à 50 min.

Sortez la tourte et laissez-la reposer 15 min, puis démoulez-la avec précaution et posez-la sur un plat de service. Au moment de servir, poudrez de sucre glace. Servez chaud ou froid, éventuellement avec de la crème fleurette.

Ingrédients

- 200 g de beurre + beurre pour le moule
- 175 g de farine + farine pour le plan de travail
- 3 cuil. à soupe environ d'eau glacée
- 3 cuil. à soupe de confiture de framboises
- 125 g de sucre en poudre
- 2 œufs
- 1/2 cuil. à café d'essence d'amande
- 125 g de poudre d'amandes
- 1 pincée de sel

Pour garnir

Sucre glace

Préparation : 45 minutes
Cuisson : 1 heure
Pour 4 à 6 personnes

La croûte de pâte, la confiture et la garniture à l'amande composent une surprenante alliance de textures.

Il faut laisser reposer la pâte au frais pour que la tourte garde sa forme à la cuisson, sinon, elle risquerait de rétrécir et ses bords pourraient s'affaisser.

Les pâtés aux fruits, desserts de l'Anjou et du Maine, sont l'une des gloires du « jardin de la France ».

Pâté aux poires

La pâte de ce dessert rustique doit être assez épaisse pour absorber le jus des fruits.

Ingrédients

4 poires
1 cuil. à café de jus de citron
2 cuil. à soupe de sucre en poudre
1 verre à liqueur de cognac ou d'armagnac
10 g de beurre
1 jaune d'œuf
2 cuil. à soupe de crème fraîche épaisse

Pour la pâte brisée
250 g de farine
1 cuil. à soupe de sucre en poudre
125 g de beurre mou
1 jaune d'œuf
1 pincée de sel

Préparation : 45 minutes
Repos de la pâte et macération des fruits : 1 heure
Cuisson : de 30 à 35 minutes
Pour 4 à 6 personnes

Pelez les poires, coupez-les en lamelles, mettez-les dans une jatte et arrosez-les avec le jus de citron. Ajoutez le sucre en poudre et l'alcool choisi, mélangez délicatement et laissez macérer une heure.

Pendant ce temps, préparez la pâte brisée : tamisez au-dessus d'une terrine la farine, le sucre et le sel. Creusez un puits au centre. Coupez le beurre en petits dés, versez-les dans le puits et incorporez-les à la farine du bout des doigts. Ajoutez le jaune d'œuf, amalgamez rapidement et incorporez juste assez d'eau froide (2 ou 3 cuillerées à soupe) pour obtenir une pâte lisse, puis couvrez la terrine et laissez reposer une heure.

Ensuite, faites chauffer le four à 180 °C, th. 6. Versez les poires dans une passoire non métallique posée sur une jatte et laissez-les s'égoutter. Conservez le jus de macération. Enduisez une tôle à pâtisserie avec les 10 g de beurre.

Étalez la pâte au rouleau en un carré de 30 cm environ de côté, que vous poserez sur la tôle beurrée, et disposez les poires au centre, sur un carré de 15 cm de côté environ. Remontez les coins de la pâte et ramenez-les jusqu'au centre, de façon à former une enveloppe carrée, puis pincez les bords du « rabat » pour les souder.

Incisez le centre du couvercle en croix avec des ciseaux, et glissez-y un morceau de carton roulé pour former une cheminée. Mélangez le jaune d'œuf avec une cuillerée à café d'eau froide, battez à la fourchette et badigeonnez-en la surface du pâté au pinceau. Faites cuire au four pendant 30 à 35 min.

Mélangez la crème fraîche avec le jus de macération des poires mis de côté. Quand le pâté est cuit, versez ce mélange dans le pâté par la cheminée de carton, retirez cette dernière et remuez doucement le gâteau. Servez chaud ou tiède.

Moka

Ce gâteau doit son nom à une variété de café provenant d'Arabie.

Ingrédients

Pour la génoise
60 g de beurre
4 œufs
125 g de sucre en poudre
125 g de farine
1 pincée de sel

Pour le moule
20 g de beurre
2 cuil. à soupe de farine

Pour la garniture
300 g de sucre
5 cuil. à soupe de rhum
1 bonne cuil. à soupe de café soluble
5 jaunes d'œufs
250 g de beurre
150 g d'amandes mondées

Préparation : 1 heure
Cuisson : de 35 à 40 minutes
Réfrigération : 2 heures
Pour 8 personnes

Faites chauffer le four à 140 °C, th. 4. Beurrez et farinez un moule à manqué de 22 à 25 cm de diamètre.

Préparez la génoise : faites juste fondre le beurre, puis cassez les œufs dans une terrine, ajoutez le sucre et mélangez. Posez la terrine dans un bain-marie frémissant et fouettez jusqu'à ce que le mélange soit tiède. Retirez alors la terrine du bain-marie et fouettez jusqu'à complet refroidissement.

Incorporez délicatement la farine et le beurre fondu, versez la pâte dans le moule et faites cuire au four de 25 à 30 min, puis laissez refroidir.

Préparez un sirop : versez 100 g de sucre et 10 cl d'eau dans une petite casserole, faites bouillir 5 min et ajoutez le rhum

Préparez la crème au beurre : délayez le café soluble avec une cuillerée à soupe d'eau bouillante, puis mettez-le dans une terrine avec 200 g de sucre et les jaunes d'œufs. Placez la terrine dans un bain-marie frémissant et fouettez jusqu'à ce que la préparation soit lisse. Retirez alors du feu et laissez refroidir.

Travaillez 250 g de beurre avec une cuillère en bois et incorporez-le au mélange précédent, par petites quantités et en fouettant. Faites griller les amandes à sec dans une poêle et hachez-les grossièrement.

Coupez la génoise en trois disques. Imbibez le disque inférieur avec le tiers du sirop et étalez dessus le quart de la crème au beurre. Posez le deuxième disque par-dessus, imbibez-le avec la moitié du reste du sirop et étalez dessus le tiers du reste de la crème au beurre. Recouvrez avec le dernier disque de génoise, imbibez-le avec le reste du sirop et recouvrez le dessus et les côtés du gâteau avec de la crème au beurre.

Lissez bien, collez les amandes grillées sur le tour du gâteau et mettez 2 heures au moins au réfrigérateur avant de servir.

Un peu compliqué à préparer, le moka reste le meilleur faire-valoir du café.

Cafetières
À partir de 1925, les cafetières électriques commencent à remplacer le modèle rudimentaire à chaussette sans pour autant l'évincer totalement. Pas plus d'ailleurs que la commercialisation des premiers cafés instantanés 100 % café, en 1950, n'a fait disparaître le café en grains ou le café moulu.

Utiliser pour la cuisson un moule à manqué ou un moule à charlotte si on ne dispose pas d'un moule à côtes un peu haut.

Pour étoffer ce gâteau léger, garnissez-le à volonté de la confiture de votre choix.

Biscuit de Savoie

Allégé grâce aux blancs d'œufs battus en neige, ce biscuit existait déjà au XIe siècle.

Ingrédients

- 25 g de beurre
- 4 œufs
- 125 g de sucre
- 75 g de farine
- 50 g de fécule
- 1 pincée de sel

Préparation : 20 minutes
Cuisson : 45 minutes
Pour 8 personnes

Mettez à chauffer le four à 150 °C, th. 4-5. Faites juste fondre le beurre et badigeonnez-en au pinceau l'intérieur d'un moule à biscuit à bord haut de 23 cm de diamètre.

Cassez les œufs en séparant les blancs des jaunes. Mettez-les dans deux grandes jattes et ajoutez peu à peu le sucre aux jaunes, en fouettant, jusqu'à ce que le mélange devienne blanc et mousseux.

Tamisez la farine avec la fécule au-dessus de la jatte contenant les jaunes, mais ne mélangez pas.

Ajoutez le sel aux blancs d'œufs et battez-les en neige très ferme, puis mélangez avec la farine et les jaunes d'œufs, sans les écraser : peu importe que le résultat ne soit pas très homogène.

Versez la préparation dans le moule et faites cuire au four 45 min environ, puis démoulez aussitôt le gâteau sur une grille et laissez-le refroidir complètement.

Vous pouvez parsemer le biscuit d'amandes effilées avant de le mettre à cuire dans le four.

Gâteau basque

La crème de ce gâteau traditionnel est ici aromatisée avec de l'Izarra, la liqueur du pays.

Préparez la pâte : tamisez la farine avec la levure au-dessus d'une terrine et creusez un puits au centre. Coupez le beurre en petits dés, mettez ceux-ci dans le puits, avec le sucre, l'œuf et le sel, et amalgamez rapidement du bout des doigts. Roulez la pâte en boule et laissez-la reposer une heure au réfrigérateur.

Ensuite, préparez la garniture : faites bouillir le lait ; cassez les œufs en séparant les blancs des jaunes, ajoutez le sucre aux jaunes et battez au fouet jusqu'à ce que le mélange soit clair et mousseux. Incorporez alors la fécule et versez dessus le lait en fouettant, puis reversez le tout dans la casserole du lait et portez à ébullition en remuant. Transvasez aussitôt dans une jatte, incorporez l'Izarra, couvrez et laissez refroidir complètement la crème.

Faites chauffer le four à 200 °C, th. 7.

Prélevez les deux tiers de la pâte. Poudrez le plan de travail avec un peu de farine et étalez sur ce dernier la pâte au rouleau en un cercle d'environ 32 cm de diamètre et 3 mm d'épaisseur.

Beurrez un moule à manqué de 22 cm de diamètre et garnissez-le avec la pâte. Cassez l'œuf entier, battez-le en omelette et badigeonnez-en, au pinceau, tout le tour de la pâte. Versez dedans la crème refroidie.

Étalez le reste de la pâte en un disque d'un diamètre légèrement supérieur à celui du moule. Posez-le sur le moule, passez le rouleau à pâtisserie dessus pour couper l'excédent de pâte, puis badigeonnez d'œuf battu. Striez la surface avec le dos d'une fourchette et piquez-la en trois ou quatre endroits avec la pointe d'un petit couteau.

Mettez le gâteau au four et laissez-le cuire 15 min, puis baissez la température du four à 170 °C, th. 5-6, et faites cuire pendant encore 25 min.

Laissez tiédir le gâteau avant de le démouler.

Ingrédients

Pour la pâte

- 250 g de farine + farine pour le plan de travail
- 1/2 paquet de levure chimique
- 150 g de beurre + beurre pour le moule
- 125 g de sucre
- 1 œuf
- 2 pincées de sel

Pour la garniture

- 50 cl de lait
- 3 œufs
- 100 g de sucre
- 40 g de fécule de pomme de terre
- 2 cuil. à soupe d'Izarra

Pour la dorure

- 1 œuf

Préparation : 45 minutes
Repos de la pâte : 1 heure
Cuisson : 50 minutes
Pour 8 à 10 personnes

Garni en général de crème pâtissière, le gâteau basque peut aussi être fourré de confiture de cerises noires.

Pour que la pâte se manipule plus facilement, la laisser reposer au frais le plus longtemps possible.

Le chocolat en Europe
Jean-Antoine Menier fonda la première entreprise française de chocolat en 1824, créant une marque familiale de renommée européenne, comme Van Houten aux Pays-Bas ou Lindt en Suisse. L'Anglais Cadbury fut l'un des premiers à commercialiser des produits bon marché, moins riches en cacao.

Pour transformer ce gâteau très simple en dessert habillé, recouvrez-le d'un glaçage au café ou accompagnez-le d'un coulis de framboises.

Gâteau au chocolat

Des blancs d'œufs battus en neige allègent ce gâteau élémentaire à préparer.

Ingrédients

- 100 g de beurre
  - + beurre pour le moule
- 200 g de chocolat
- 4 œufs
- 200 g de sucre
- 125 g de crème de riz

Préparation : 20 minutes
Cuisson : 40 minutes
Pour 5 ou 6 personnes

Faites chauffer le four à 170 °C, th. 5-6. Beurrez un moule à manqué de 22 cm de diamètre. Tapissez-le d'un disque de papier sulfurisé et beurrez-le également.

Cassez le chocolat en morceaux, placez ces derniers dans une jatte au-dessus d'un bain-marie frémissant et déposez le beurre sur le chocolat, puis laissez-le fondre tout doucement.

Retirez la jatte du bain-marie dès que le chocolat est entièrement fondu. Cassez les œufs en séparant les blancs des jaunes. Ajoutez au chocolat le sucre et les jaunes d'œufs, puis la crème de riz, en la versant en pluie. Mélangez bien.

Battez les blancs d'œufs en neige très ferme. Incorporez-les délicatement à la préparation au chocolat, versez le tout dans le moule beurré et faites cuire au four pendant 40 min.

Sortez le gâteau du four et laissez-le refroidir avant de le démouler.

Tarte au chocolat

Le chocolat mélangé à de la crème fraîche et à des œufs fait une garniture de tarte particulièrement gourmande.

Préparez la pâte : tamisez la farine avec le sucre au-dessus d'une terrine ; creusez un puits au centre et jetez-y le beurre et le jaune d'œuf. Mélangez rapidement, roulez la pâte en boule et laissez-la reposer une heure au réfrigérateur.

Ensuite, faites chauffer le four à 220 °C, th. 8. Enduisez un moule à tarte de 24 cm de diamètre avec les 20 g de beurre.

Cassez le chocolat en morceaux, faites-le juste fondre dans une petite casserole placée au bain-marie et versez-le dans une jatte. Ajoutez le sucre et mélangez bien pour dissoudre les grains, puis incorporez la crème fraîche, les œufs, et enfin la vanille en poudre.

Aplatissez la pâte au rouleau le plus finement possible et garnissez-en le moule beurré. Versez-y la préparation au chocolat et lissez la surface, puis mettez au four et laissez cuire 25 min.

Sortez la tarte du four, démoulez-la sur une grille et laissez-la refroidir complètement avant de la servir.

Ingrédients

Pour la pâte
150 g de farine
40 g de sucre
75 g de beurre mou
1 jaune d'œuf

Pour la garniture
100 g de chocolat
75 g de sucre
25 cl de crème fraîche
3 œufs
2 pincées de vanille en poudre

Pour le moule
20 g de beurre

Préparation : 20 minutes
Repos de la pâte : 1 heure
Cuisson : 25 minutes
Pour 6 personnes

Les inconditionnels du chocolat raffoleront de cette tarte vite préparée et vite cuite.

Gâteau roulé à la framboise

Le gâteau roulé est finalement beaucoup plus facile à réaliser qu'on ne le croit.

Ingrédients

- 30 g de beurre
- 1 grosse orange non traitée
- 3 œufs
- 100 g de sucre + 1 ou 2 cuil. à soupe de sucre pour saupoudrer
- 50 g de farine
- 30 g de fécule de pomme de terre
- 1/2 cuil. à café de cannelle en poudre
- 30 g d'amandes effilées
- 3 ou 4 cuil. à soupe de confiture de framboises
- 250 g de framboises fraîches ou surgelées
- 1 pincée de sel

Préparation : 20 minutes
Cuisson : 25 minutes
Pour 4 à 6 personnes

Faites chauffer le four à 180 °C, th. 6. Beurrez une plaque à biscuit roulé et couvrez-la de papier sulfurisé beurré. Brossez l'orange sous l'eau chaude, essuyez-la et râpez finement son zeste.

Cassez les œufs en séparant les blancs des jaunes. Mettez les jaunes dans une terrine, ajoutez 100 g de sucre et travaillez le tout au fouet électrique jusqu'à ce que le mélange blanchisse et mousse. Tamisez la farine, la fécule et la cannelle au-dessus de la terrine, puis ajoutez le zeste d'orange et mélangez.

Ajoutez une pincée de sel aux blancs d'œufs et battez-les en neige ferme. Incorporez une grosse cuillerée de blanc à la pâte et mélangez vigoureusement pour la liquéfier, puis ajoutez le reste des blancs et mélangez délicatement. Versez la pâte sur la plaque beurrée, lissez-la avec une spatule, mettez au four et laissez cuire 25 min. Pendant cette cuisson, faites légèrement griller les amandes et coupez-les en lamelles.

Mouillez un torchon, essorez-le et étalez-le sur le plan de travail. Démoulez le gâteau sur le torchon, puis badigeonnez-le uniformément de confiture jusqu'à 1,5 cm du bord. Réservez 30 g environ des plus belles framboises pour la décoration. Répartissez le reste des fruits sur la confiture, roulez délicatement le biscuit en vous aidant du torchon et transférez-le avec précaution sur un plat à gâteau.

Saupoudrez le gâteau avec le reste du sucre et parsemez-le des amandes et des framboises réservées.

Servez, éventuellement avec de la crème anglaise ou de la crème fraîche.

Du sucre en poudre, quelques framboises et des amandes grillées suffisent à la présentation de ce gâteau.

Naissance du petit-beurre
La première biscuiterie industrielle française fut fondée en 1840 par le fils d'un boulanger bordelais, Honoré Olibet. Parmi les nombreux industriels qui lui emboîtèrent le pas figure la maison Lefèvre-Utile, qui lança en 1886 l'irremplaçable petit-beurre aux 42 dents.

Un glaçage au café habille ce moka aromatisé de noix et, éventuellement, d'un soupçon de cognac.

Gâteau moka aux petits-beurre

Beurre et noix complètent harmonieusement la saveur de ce gâteau au café qui n'a besoin d'aucune cuisson.

Ingrédients

125 g de beurre mou
2 œufs + 1 jaune
200 g de sucre
1 ou 2 cuil. à café d'extrait de café
100 g de poudre de noix
1 cuil. à café de cognac (facultatif)
24 petits-beurre

Pour le glaçage au café
125 g de fondant
Quelques gouttes d'extrait de café

Préparation : 45 minutes
Réfrigération (en deux fois) : 10 heures environ
Pour 6 personnes

Préparez la crème au café : travaillez le beurre à la cuillère en bois pour le réduire en pommade. Cassez les 2 œufs en séparant les blancs des jaunes. Versez les 3 jaunes dans une terrine, ajoutez le sucre, 1/2 cuillerée à café d'extrait de café, le beurre et la poudre de noix, puis mélangez bien.

Battez les 2 blancs d'œufs en neige ferme et incorporez-les délicatement au mélange précédent.

Tapissez un moule à cake de papier sulfurisé. Versez 15 cl d'eau dans un bol et ajoutez le reste de l'extrait de café et, éventuellement, le cognac. Trempez-y rapidement 6 petits-beurre, d'un seul côté, garnissez-en le fond du moule, côté trempé au-dessus, et couvrez avec le tiers environ de la crème au café. Recouvrez de 6 petits-beurre trempés, du deuxième tiers de crème, et ainsi de suite, en terminant par une couche de petits-beurre non trempés.

Faites reposer 8 heures au réfrigérateur, puis démoulez dans un plat de service.

Préparez le glaçage : faites chauffer le fondant à feu très doux pour le liquéfier, puis ajoutez quelques gouttes d'extrait de café pour le colorer franchement. Versez aussitôt le glaçage sur le gâteau et étalez-le rapidement sur toute sa surface avec une spatule métallique.

Remettez environ 2 heures au réfrigérateur avant de servir.

Sachertorte

Créé par Sacher, pâtissier du prince Metternich, le célèbre gâteau viennois est, sous sa forme originale, facile à réaliser.

Ingrédients

350 g de chocolat amer
10 œufs
200 g de beurre mou
200 g de sucre
150 g de farine
1 pot de confiture d'abricots
10 cl de crème fraîche
Beurre pour les moules
Sel

Préparation : 40 minutes
Cuisson : 30 minutes
Pour 8 à 10 personnes

Les blancs d'œufs montent mieux en neige lorsqu'il n'y en a pas trop à la fois. Mieux vaut battre d'abord 5 blancs en y ajoutant 50 g de sucre. Battre ensuite les 5 autres blancs avec le reste du sucre, dans un autre récipient, après avoir rincé et essuyé le fouet.

Faites chauffer le four à 170 °C, th. 5-6. Beurrez deux moules à manqué de 22 cm de diamètre.

Préparez les biscuits : cassez 200 g de chocolat en morceaux et faites-le fondre dans un bain-marie frémissant.

Pendant ce temps, cassez les œufs en séparant les blancs des jaunes. Travaillez le beurre avec une cuillère en bois et incorporez-y peu à peu la moitié du sucre et les jaunes d'œufs. Ajoutez le chocolat fondu et mélangez bien, puis tamisez la farine et versez-la en pluie sur le mélange, en amalgamant rapidement.

Ajoutez 2 pincées de sel aux blancs d'œufs et battez-les en neige. Lorsque la neige est molle, continuez à battre en versant peu à peu le reste du sucre, jusqu'à l'obtention d'une neige ferme. Mélangez délicatement ces blancs battus à la préparation précédente.

Versez la pâte dans les moules, égalisez la surface, mettez au four et laissez cuire 30 min. Laissez ensuite les biscuits reposer 10 min, puis démoulez-les sur une grille et laissez-les refroidir.

Lorsque les biscuits sont complètement froids, passez la confiture d'abricots au moulin à légumes au-dessus d'une petite casserole et faites-la fondre à feu doux. Recouvrez très largement l'un des biscuits avec la confiture fondue, laissez-la durcir, puis recouvrez avec le second biscuit.

Cassez en morceaux le reste du chocolat. Versez la crème dans une casserole, portez-la à ébullition, versez-la sur le chocolat et mélangez jusqu'à ce que ce dernier soit fondu. Étalez les deux tiers de ce mélange sur le dessus du gâteau en égalisant la surface avec une spatule métallique et faites couler le surplus tout autour en l'étalant. Laissez sécher, versez le reste du chocolat sur le dessus du gâteau et lissez rapidement.

À partir du Sachertorte, vous pouvez préparer toutes sortes de gâteaux au chocolat, grâce à des fourrages, des décorations ou des glaçages divers.

Fourrages : remplacez la confiture d'abricots par de la crème au beurre au chocolat (voir la *Bûche de Noël*, page 354) ou au café (voir le *Moka*, page 279), ou encore par de la crème fouettée au praliné (voir les *Œufs au chocolat*, page 309), par exemple.

Décoration de copeaux en chocolat : pour de petits copeaux, grattez simplement la surface d'un morceau de chocolat très froid avec un épluche-légumes. Pour de gros copeaux, faites fondre du chocolat au bain-marie en le remuant jusqu'à ce qu'il soit lisse et atteigne 40 °C environ. Versez-le sur une surface propre, très lisse et aplatissez-le en couche aussi fine que possible à la spatule métallique, jusqu'à ce qu'il pâlisse. Décollez-le alors en glissant la lame de la spatule parallèlement au ras du plan de travail.

Feuilles en chocolat : choisissez des feuilles non toxiques ayant des nervures en relief. À l'aide d'un pinceau, couvrez le dessus des feuilles de chocolat fondu et laissez durcir plusieurs heures à température ambiante avant de détacher les feuilles en chocolat avec précaution.

Décoration à la poche à douille : dessinez un motif simple sur une feuille de papier, recouvrez-la avec du papier sulfurisé et maintenez ce dernier avec du ruban adhésif. Emplissez de chocolat fondu une poche munie d'une petite douille lisse ou un cornet de papier dont vous couperez la pointe. Tracez le motif sur le papier sulfurisé, en suivant son tracé par transparence. Laissez durcir, puis décollez délicatement le motif en chocolat avec une spatule métallique et appliquez-le sur le gâteau.

Glaçage : faites fondre du chocolat blanc au bain-marie avec un peu de beurre et d'eau, étalez-le sur le gâteau et décorez de violettes, de vermicelles colorés en sucre ou de boules de mimosa. Ou, encore, préparez le glaçage avec du chocolat blanc aux amandes ou aux noisettes et étalez-le rapidement, sans essayer de le lisser, pour obtenir une surface irrégulière.

Pour réussir et savourer pleinement ce gâteau, employez des ingrédients de première qualité.

De l'or à la porcelaine
La fève, légume modeste, aurait remplacé au XIVᵉ siècle la pièce d'or glissée dans la galette par des moines de Besançon pour élire, à chaque Épiphanie, leur maître de chapitre. C'est seulement en 1874 qu'un boulanger eut l'idée de remplacer la fève par un sujet de porcelaine.

N'oubliez surtout pas la fève dans cette délicieuse galette des rois fourrée à la crème d'amandes, ni bien sûr l'indispensable couronne.

Galette des rois fourrée

Cette pâtisserie traditionnelle fait la joie des enfants en plein hiver.

Ingrédients

400 g de pâte feuilletée
1 fève en porcelaine
1 jaune d'œuf
Sucre glace

Pour la crème d'amandes
75 g de beurre mou
75 g d'amandes en poudre
75 g de sucre en poudre
2 jaunes d'œufs
1 cuil. à soupe de fécule de pomme de terre
1 cuil. à soupe d'eau de fleur d'oranger

Préparation : 20 minutes
Cuisson : 45 minutes environ
Pour 6 à 8 personnes

Faites chauffer le four à 250 °C, th. 10.

Préparez la crème d'amandes : travaillez le beurre à la cuillère en bois pour le réduire en crème. Ajoutez la poudre d'amandes et le sucre, battez bien, puis incorporez les jaunes d'œufs, la fécule et l'eau de fleur d'oranger.

Aplatissez la pâte feuilletée au rouleau, sur 5 mm d'épaisseur. Découpez-y 2 cercles de taille identique à l'aide d'une assiette retournée ou d'un moule rond.

Étalez la crème d'amandes sur l'un des cercles jusqu'à 2 cm du bord et posez la fève dessus. Humectez le bord de pâte, recouvrez avec le second disque et pincez les bords pour les souder. Entaillez verticalement le tour de la galette, tous les 2 cm, avec la pointe d'un couteau bien aiguisé.

Ajoutez une cuillerée à soupe d'eau au jaune d'œuf et battez le tout à la fourchette. Badigeonnez la pâte feuilletée avec ce mélange à l'aide d'un pinceau, sans laisser couler sur les côtés (cela empêcherait la pâte de gonfler).

Tracez des motifs décoratifs sur la galette avec la pointe d'un couteau, puis posez-la sur la tôle du four et faites-la cuire 10 min.

Réduisez alors la température du four à 170 °C, th. 5, et poursuivez la cuisson de 25 à 30 min.

Sortez la galette du four et élevez la température de ce dernier à son maximum. Poudrez uniformément la galette de sucre glace et faites caraméliser de 3 à 5 min dans le four très chaud. Servez tiède.

Savarin aux fruits

À base de pâte à baba, le savarin, imbibé de sirop parfumé d'alcool, est ici garni de fruits frais.

Préparez la pâte : faites juste fondre le beurre, puis retirez-le du feu.

Tamisez la farine au-dessus d'une grande jatte, creusez un puits au centre et versez-y la levure et 2 cuillerées à soupe d'eau tiède. Délayez bien, puis ajoutez le sel, le sucre et un œuf. Mélangez à la spatule pendant 5 à 6 min : la pâte doit devenir élastique. Incorporez alors le deuxième œuf, mélangez pour obtenir une pâte lisse et brillante, puis ajoutez le beurre fondu en remuant sans cesse.

Enduisez avec les 25 g de beurre un moule à savarin de 22 cm de diamètre. Versez-y la pâte, égalisez la surface, couvrez d'un linge et laissez lever une heure environ dans un endroit tiède : la pâte doit arriver en haut du moule.

Préchauffez le four à 200 °C, th. 7. Faites cuire le gâteau de 25 à 30 min, puis démoulez-le sur une grille et laissez-le refroidir.

Préparez le sirop : versez le sucre, la vanille et 50 cl d'eau dans une casserole. Faites bouillir jusqu'à ce que le sirop nappe la cuillère. Retirez-le alors du feu, ajoutez le rhum ou le kirsch et arrosez-en aussitôt le gâteau, posé sur une assiette.

Préparez la garniture : prélevez le zeste des oranges en longues bandes et coupez celles-ci en lanières fines. Faites fondre 100 g de sucre dans une petite casserole avec 15 cl d'eau. Portez à ébullition, ajoutez le zeste et laissez cuire 15 min.

Épluchez l'ananas, retirez soigneusement tous les yeux avec la pointe d'un couteau économe, puis coupez-le en demi-rondelles. Pelez les oranges à vif en entamant la peau blanche. Détachez les quartiers, entre les cloisons, avec un couteau bien aiguisé.

Saupoudrez l'ananas et les oranges de sucre et arrosez-les avec le rhum ou le kirsch. Ajoutez les cerises, mélangez, couvrez et mettez au réfrigérateur.

Au moment de servir, transférez le savarin dans un plat à gâteau. Emplissez le centre avec les fruits macérés et garnissez avec les zestes égouttés.

Ingrédients

Pour la pâte
- 50 g de beurre
- 150 g de farine
- 5 g de levure fraîche de boulanger
- 15 g de sucre
- 2 œufs
- 1 pincée de sel

Pour le moule
- 25 g de beurre

Pour le sirop
- 250 g de sucre
- 1 gousse de vanille, coupée en deux dans la longueur
- 15 cl de rhum ou de kirsch

Pour la garniture
- 3 oranges
- 200 g de sucre
- 1 petit ananas
- 10 cl de rhum ou de kirsch
- 12 cerises confites

Préparation : 1 heure environ
Pour faire lever la pâte : 1 heure
Cuisson : 45 minutes
Pour 6 personnes

Le savarin peut aussi être garni de crème Chantilly ou de boules de glace.

La pâte à choux ne doit pas attendre : dès qu'elle est prête, il faut la faire cuire pour qu'elle gonfle le plus possible.

Fourrés de crème fouettée aux framboises, ces choux sont aussi élégants que délectables.

Cygnes en pâte à choux

La pâte à choux se prête à la réalisation de pâtisseries aux formes séduisantes.

Ingrédients

Pour la pâte à choux
- 125 g de farine
- 75 g de beurre
- 4 œufs
- 1/4 de cuil. à café de sel

Pour la garniture
- 60 cl de crème fraîche épaisse
- 75 g de sucre glace
- 2 cuil. à soupe de kirsch
- 350 g de framboises fraîches

Préparation : 45 minutes
Cuisson : 55 minutes
Pour 10 cygnes

Faites chauffer le four à 200 °C, th. 7. Couvrez une plaque à pâtisserie de papier sulfurisé beurré.

Préparez la pâte : tamisez la farine et le sel sur du papier sulfurisé. Faites chauffer 25 cl d'eau dans une casserole, ajoutez le beurre et portez à ébullition, puis retirez du feu, versez d'un coup la farine et mélangez vite à la cuillère en bois. Remettez sur le feu et remuez encore une min : la pâte doit finir par se détacher en boule. Incorporez les œufs un à un, en remuant énergiquement chaque fois et en n'ajoutant l'œuf suivant que lorsque le précédent est bien absorbé.

Versez le quart de la pâte dans une poche munie d'une douille lisse de 6 mm de diamètre. Façonnez sur la tôle 10 S de 10 cm environ, bien séparés les uns des autres, pour figurer les cous des cygnes. Faites cuire 10 min au four, retournez les formes et faites cuire encore 5 min, puis déposez-les sur une grille et laissez-les refroidir.

Tapissez de nouveau la tôle de papier sulfurisé beurré. Prélevez une cuillerée à soupe de pâte avec une cuillère, faites-la tomber sur le papier avec une autre cuillère et façonnez-la en ovale pour figurer le corps. Répétez l'opération neuf fois, en espaçant bien les 10 ovales de pâte. Faites-les cuire au four 30 min, puis sortez-les, faites un petit trou à une extrémité de chacun d'eux et remettez-les à sécher au four de 5 à 10 min. Laissez refroidir sur une grille.

Fendez horizontalement les choux au tiers supérieur de leur hauteur et coupez la partie retirée en deux pour figurer les ailes.

Fouettez la crème avec 40 g de sucre glace et le kirsch, puis incorporez-y 200 g de framboises.

Emplissez la cavité des choux avec la crème aux framboises à l'aide d'une petite cuillère ou d'une poche munie d'une douille cannelée. Disposez dessus les pièces de pâte figurant les cols et les ailes. Garnissez avec les framboises réservées, poudrez avec le reste du sucre glace et disposez dans un grand plat. Mettez les cygnes au réfrigérateur jusqu'au moment de servir.

Religieuses

Parisiens d'origine, ces gâteaux doivent leur nom au glaçage rappelant la robe de bure de certaines moniales.

Faites chauffer le four à 200 °C, th. 7. Préparez la pâte à choux : voir recette p. 290.

Versez la pâte dans une grande poche munie d'une douille lisse de 1,5 cm de diamètre. Posez sur une tôle beurrée 12 boules de la taille d'une petite orange, en les espaçant. Formez ensuite 12 boules trois fois plus petites. Battez en omelette le dernier œuf et badigeonnez-en tous les choux.

Mettez au four et laissez cuire 15 min, puis sortez les petits choux et remettez les gros à cuire 5 min. Laissez ensuite refroidir.

Préparez une crème pâtissière : fouettez les jaunes d'œufs avec le sucre et incorporez la farine. Arrosez avec le lait bouillant en fouettant, faites épaissir à feu doux en remuant, puis arrêtez la cuisson dès le premier bouillon et laissez refroidir.

Délayez le café soluble avec une cuillerée à soupe d'eau bouillante. Parfumez la moitié de la crème avec la moitié du café dissous et l'autre moitié avec la moitié du cacao.

Incisez le côté des gros choux et le fond des petits choux. Garnissez la moitié des gros et des petits choux avec la crème au café, et le reste avec la crème au chocolat.

Faites tiédir 200 g de fondant avec le reste du café et une cuillerée à soupe d'eau chaude. Plongez rapidement dedans le dessus des choux garnis de crème au café et posez-les sur une grille.

Faites fondre le reste du fondant avec le reste du cacao et une cuillerée à soupe d'eau chaude. Plongez-y le dessus des choux garnis au chocolat, en procédant comme pour les choux au café.

Travaillez le beurre au fouet pour le réduire en pommade, incorporez le sucre glace et le rhum, et versez le mélange dans une poche munie d'une petite douille cannelée. Posez très peu de beurre aromatisé au sommet de tous les gros choux et collez les petits choux dessus, café sur café et chocolat sur chocolat. Posez une collerette de beurre aromatisé à la base des petits choux, puis décorez leur sommet d'une rosace de beurre. Laissez au réfrigérateur 30 min au moins avant de servir.

Ingrédients

Pour la pâte à choux
- 125 g de farine
- 75 g de beurre
- 4 œufs + 1 œuf pour badigeonner
- 2 pincées de sel

Pour la garniture
- 5 jaunes d'œufs
- 150 g de sucre
- 80 g de farine
- 75 cl de lait
- 30 g de café soluble
- 50 g de poudre de cacao

Pour glacer et assembler les religieuses
- 350 g de fondant
- 100 g de beurre mou
- 50 g de sucre glace
- 1 cuil. à café de rhum

Préparation : 1 heure environ
Cuisson : 20 minutes
Réfrigération : 30 minutes au moins
Pour 12 personnes

Cédez à la gourmandise avec ces religieuses au chocolat et au café recouvertes d'un glaçage assorti.

Poudre de café
Juste écrasé dans un mortier les premiers temps de son apparition, à la fin du XVIIe siècle, le café fut ensuite réduit en poudre dans des moulins à épices, puis dans des moulins spéciaux à manivelle. Le Salon des arts ménagers de 1929 présenta le premier moulin à café électrique à usage domestique.

Des petits choux croquants de caramel garnissent le célèbre saint-honoré.

Saint-honoré

Typiquement parisien, ce gâteau sophistiqué porte le nom du saint patron des boulangers et des pâtissiers.

Ingrédients

Pour le socle
- 125 g de farine
- 80 g de beurre mou
- 1 jaune d'œuf
- 2 cuil. à café rases de sucre
- 1 pincée de sel

Pour la pâte à choux
- 1 cuil. à café de sucre
- 60 g de beurre
- 125 g de farine
- 5 œufs
- 1 pincée de sel

Pour la tôle à pâtisserie
- 20 g de beurre

Pour la chantilly
- 25 cl de crème fraîche très froide
- 3 ou 4 cuil. à soupe de lait glacé
- 80 g de sucre

Pour le caramel
- 200 g de sucre

Préparation : 1 h 15 environ
Repos de la pâte : 2 heures
Cuisson : 30 minutes
Réfrigération : 1 heure au moins
Pour 8 à 10 personnes

Préparez le socle : tamisez la farine au-dessus d'une terrine et creusez un puits au centre. Écrasez le beurre en pommade, mettez-le dans le puits avec le jaune d'œuf, le sucre, le sel et 2 cuillerées à soupe d'eau, puis amalgamez rapidement du bout des doigts. Dès que la pâte est lisse, roulez-la en boule et faites-la reposer 2 heures au réfrigérateur.

Préparez la pâte à choux lorsque la pâte a suffisamment reposé : versez dans une casserole 25 cl d'eau, le sel, le sucre et le beurre. Portez à ébullition, puis retirez du feu et ajoutez la farine, d'un coup. Mélangez vivement, remettez la casserole sur le feu et faites sécher la pâte en remuant énergiquement. Dès que la pâte se détache de la casserole, mettez-la hors du feu et incorporez-y 4 œufs, un par un, en remuant vigoureusement.

Faites chauffer le four à 200 °C, th. 7. Enduisez une tôle à pâtisserie avec les 20 g de beurre. Aplatissez la pâte du socle en un cercle de 5 mm d'épaisseur et posez-la dans un coin de la tôle. Versez la pâte à choux dans une grande poche munie d'une douille lisse de 1 cm au maximum de diamètre, puis formez une couronne de pâte à choux sur tout le tour du socle, à 5 mm du bord. Sur la partie libre de la tôle, déposez des petits choux de la taille d'une noix, assez espacés les uns des autres pour qu'ils ne s'agglutinent pas pendant la cuisson.

Battez en omelette le dernier œuf prévu pour la pâte à choux, badigeonnez-en toutes les pièces de pâte. Faites cuire 25 min au four, puis retirez et laissez refroidir.

Préparez le caramel : faites fondre le sucre avec 2 cuillerées à soupe d'eau et laissez bouillir jusqu'à ce vous obteniez un caramel bien blond. Passez sans attendre les petits choux dans le caramel, un par un, collez-en une vingtaine sur le tour du gâteau et laissez durcir.

Préparez la chantilly : versez la crème fraîche et le lait glacé dans une jatte. Fouettez en mousse ferme, puis incorporez le sucre. Cessez de battre dès que la crème est bien ferme, versez la chantilly dans une poche munie d'une douille cannelée et garnissez-en le saint-honoré. Réservez au frais au moins une heure avant de déguster.

Cake aux fruits

Grand favori des thés traditionnels, le véritable cake renferme plusieurs sortes de fruits confits.

Ingrédients

- 100 g de cerises confites
- 75 g de raisins secs mélangés : raisins de Corinthe, raisins de Smyrne, sultanas, etc.
- 25 g d'angélique confite
- 25 g d'écorce d'orange confite
- 25 g d'ananas confit
- 1 verre à liqueur de rhum
- Quelques gouttes d'extrait de vanille
- 150 g de beurre
- 125 g de sucre
- 2 œufs entiers + 1 jaune
- 175 g de farine
- 1/2 sachet de levure chimique
- 1 grosse pincée de sel

Préparation : 30 minutes
Cuisson : 50 minutes
Pour 6 personnes

Coupez les cerises confites en deux. Rincez et égouttez les raisins secs. Taillez l'angélique, l'écorce d'orange et l'ananas en tout petits dés. Versez tous les fruits dans une jatte, arrosez-les avec le rhum, ajoutez l'extrait de vanille, mélangez et laissez macérer pendant la suite des opérations.

Mettez à chauffer le four à sa température maximale. Faites juste fondre 25 g de beurre et badigeonnez-en au pinceau un moule à cake de 25 cm de longueur environ. Tapissez-le de papier sulfurisé, en laissant déborder celui-ci de 3 ou 4 cm.

Mettez le reste du beurre dans une terrine, écrasez-le à la cuillère en bois et travaillez-le énergiquement au fouet pour le réduire en pommade. Ajoutez le sucre et le sel, fouettez 2 ou 3 min, puis incorporez les œufs entiers et, enfin, le jaune. Continuez à fouetter jusqu'à ce que la préparation soit très mousseuse.

Tamisez la farine avec la levure, puis versez en pluie sur la préparation, en remuant. Égouttez tous les fruits, incorporez leur liquide de macération à la pâte et passez-les dans un peu de farine. Secouez-les dans une passoire et ajoutez-les à la pâte, puis mélangez à la cuillère de bois.

Versez la pâte dans le moule préparé, de façon à l'emplir aux trois quarts seulement, en évitant de tacher le papier au-dessus de ce niveau. Mettez aussitôt au four et laissez cuire de 8 à 10 min, puis fendez le dessus du cake, dans sa longueur, avec un petit couteau. Baissez alors la température du four à 170 °C, th. 5-6, et faites cuire encore de 30 à 40 min, en couvrant le cake d'aluminium ménager s'il se colore trop.

Quand le cake est cuit, sortez-le du four, démoulez-le sur une grille, puis laissez-le refroidir complètement avant d'en retirer le papier sulfurisé.

Donnez-vous la peine de préparer vous-même ce cake, indissociable des goûters familiaux.

Pour vérifier la cuisson du cake, enfoncer la pointe d'un couteau dans la pâte à mi-hauteur, attendre 4 ou 5 secondes, ressortir la lame et la poser sur le dos de la main, sans appuyer : si l'on ressent une forte chaleur, c'est que le gâteau est cuit.

Levures naturelles
Aux alentours de 1920, on trouvait, selon les régions, de la levure de bière ou des levures de vin : la Bourgogne et le Bordelais en produisaient des « crus » nettement différents. La difficulté qu'il y avait à se procurer ces levures naturelles a favorisé la fabrication de levure chimique, dont la célèbre Alsacienne.

Préparé selon la tradition, le pain d'épice retrouve ses lettres de noblesse.

Pain d'épice

Fondant et relevé, ce pain d'épice comporte de l'écorce confite, comme le veut la tradition dans le Gâtinais.

Ingrédients

- 300 g de miel
- 30 g d'écorce d'orange confite
- 60 g de cédrat confit
- 5 graines de cardamome
- 300 g de farine
- 1/2 cuil. à café de cannelle
- 1 cuil. à café d'anis vert en poudre
- 1 pincée de noix muscade râpée
- 3 pincées de girofle en poudre
- Quelques tours de moulin à poivre
- 25 g de beurre
- 1 sachet de levure alsacienne

Préparation : 30 minutes
Repos de la pâte : 1 heure
Cuisson : 1 heure
Pour 2 pains

Faites chauffer le miel à feu doux. Hachez finement l'écorce d'orange et le cédrat. Écrasez les graines de cardamome. Tamisez la farine au-dessus d'une terrine, creusez un puits au centre et versez-y le miel chaud liquide. Amalgamez à la cuillère en bois, puis incorporez les fruits confits hachés et toutes les épices. Couvrez et laissez reposer une heure.

Ensuite, faites chauffer le four à 160 °C, th. 5. Enduisez avec le beurre deux moules à cake de 24 cm de long et deux feuilles de papier sulfurisé, qui serviront à tapisser les moules.

Tamisez la levure au-dessus de la pâte et incorporez-la en soulevant la pâte pour l'aérer. Répartissez la pâte dans les deux moules, mettez au four et laissez cuire environ une heure.

Sortez les pains du four, laissez-les reposer 10 min, puis démoulez-les sur une grille et laissez-les refroidir complètement.

Quatre-quarts

Facile à réaliser, voici un gâteau parfait pour toutes les occasions.

Mettez à chauffer le four à 200 °C, th. 7. Faites fondre les 25 g de beurre et enduisez un moule à cake de 25 cm de long environ.

Coupez les 240 g de beurre en dés, mettez-les dans une terrine et écrasez-les à la fourchette, puis travaillez au fouet pour réduire le beurre en crème. Ajoutez-y le sucre et mélangez bien. Cassez les œufs en séparant les blancs des jaunes et incorporez les jaunes un à un à la préparation. Tamisez la farine au-dessus de la terrine et incorporez-la.

Ajoutez le sel aux blancs d'œufs et battez-les en neige ferme, puis prélevez-en 2 ou 3 cuillerées à soupe, et incorporez-les à la pâte en remuant vivement. Ajoutez le reste des blancs en neige et amalgamez-les délicatement, sans les écraser : peu importe qu'il reste des traces de blanc d'œuf visibles à la fin de l'opération.

Versez la pâte dans le moule beurré et faites cuire au four pendant 30 min environ. N'hésitez pas à couvrir le gâteau avec une feuille d'aluminium ménager s'il se colore trop rapidement.

Démoulez le quatre-quarts sur une grille et laissez-le refroidir.

Ingrédients

240 g de beurre
240 g de sucre
4 œufs de 60 g chacun
240 g de farine
1 grosse pincée de sel

Pour le moule
25 g de beurre

Préparation : 20 minutes
Cuisson : 30 minutes
Pour 6 personnes

Une pâte jaune de beurre et d'œufs sous une croûte dorée permet de reconnaître immédiatement un vrai quatre-quarts.

Pour être sûr de réussir le quatre-quarts, il faut peser les œufs, puis utiliser le même poids de beurre, de sucre et de farine.

Ingrédients

- 10 g de levure de boulanger fraîche
- 3 cuil. à soupe de lait tiède
- 225 g de farine
- 3 œufs
- 40 g de sucre en poudre
- 100 g de beurre mou + beurre pour le moule
- 75 g de raisins secs
- 3 pincées de sel

Pour dorer et décorer

- 1 ou 2 cuil. à soupe de lait
- 2 ou 3 cuil. à soupe de sucre en grains

Préparation : 35 minutes
Pour faire lever la pâte : 4 heures environ
Cuisson : 20 minutes
Pour 6 pains

Pains briochés de grand-mère

Ces petits pains piqués de graines de sucre et de raisins sont parfaits pour le petit déjeuner ou pour le thé.

Délayez la levure dans une tasse avec le lait tiède.

Tamisez la farine au-dessus d'une terrine, creusez-la en fontaine, incorporez la levure délayée et mélangez à la main, puis ajoutez les œufs un par un, ainsi que le sel et le sucre. Incorporez ensuite 100 g de beurre et travaillez jusqu'à ce que la pâte se détache de la terrine. Incorporez les raisins secs, couvrez la terrine avec un torchon et laissez doubler de volume (comptez de 2 à 3 heures) dans un endroit chaud.

Versez alors la pâte sur le plan de travail légèrement fariné et pétrissez-la pour la faire retomber, puis partagez-la en six et roulez en boules. Couvrez une tôle à pâtisserie de papier sulfurisé beurré et posez les boules de pâte dessus, en les espaçant largement. Couvrez avec le torchon et laissez doubler de volume dans un endroit chaud.

Faites chauffer le four à 200 °C, th. 7. Badigeonnez les petits pains au pinceau avec le lait et parsemez-les de sucre en grains (à défaut de sucre en grains, concassez des morceaux de sucre au rouleau à pâtisserie). Faites cuire au four pendant 20 min, puis mettez à refroidir sur une grille avant de servir.

Des petits pains briochés toujours prêts à combler les petits creux… qu'ils soient réels ou supposés.

Le kouglof cuit dans un moule spécial, qui lui donne sa forme de couronne haute et torsadée.

Levure de bière
Au début du xxe siècle, la levure de bière, ou levure de boulanger, produite en abondance par les brasseries alsaciennes, était raffinée pour la confection du pain et des gâteaux ; elle servait aussi à préparer de faux bouillons de viande et des boissons économiques, comme la frénette, un cidre à base de feuilles de frêne.

Kouglof

Cette brioche alsacienne aux raisins secs est encore meilleure légèrement rassise.

Rincez les raisins secs et mettez-les à tremper dans de l'eau tiède pendant la suite des opérations.

Tamisez la farine, mettez-en le quart dans une jatte et creusez un puits au centre. Versez-y le lait tiède et émiettez par-dessus la levure du bout des doigts, puis amalgamez rapidement le tout pour former une pâte molle. Couvrez la jatte et laissez reposer dans un endroit chaud jusqu'à ce que ce levain double de volume.

Creusez un puits au centre du reste de la farine. Ajoutez-y le sel, le sucre et 2 œufs, puis mélangez et travaillez la pâte 5 ou 6 min, en la projetant contre le plan de travail pour la rendre ferme et élastique.

Ajoutez ensuite le dernier œuf. Écrasez 100 g de beurre en pommade et incorporez-le à la pâte. Ajoutez alors le levain et mélangez. Égouttez et épongez les raisins secs, puis incorporez-les également à la pâte. Couvrez et faites lever la pâte dans un endroit chaud jusqu'à ce qu'elle ait doublé de volume.

Faites fondre le reste du beurre et badigeonnez-en au pinceau tout l'intérieur d'un moule à kouglof de 25 cm de diamètre, en insistant bien sur les cannelures. Collez régulièrement les amandes sur la paroi du moule.

Faites chauffer le four à 200 °C, th. 7. Pendant ce temps, pétrissez la pâte 2 ou 3 min pour la faire retomber, puis versez-la dans le moule et laissez-la lever de nouveau jusqu'à ce qu'elle atteigne le haut du moule.

Mettez le moule dans le four chaud et laissez cuire pendant une heure. Démoulez et laissez refroidir sur une grille.

Ingrédients

- 75 g de raisins de Smyrne
- 250 g de farine
- 3 cuil. à soupe de lait tiède
- 10 g de levure de boulanger fraîche
- 25 g de sucre
- 3 œufs
- 120 g de beurre
- 2 cuil. à soupe d'amandes effilées
- 2 bonnes pincées de sel

Préparation : 40 minutes
Repos de la pâte : de 2 à 3 heures
Cuisson : 1 heure
Pour 6 à 8 personnes

Si on ne dévore pas les deux pains tout de suite, on peut congeler le deuxième.

Le pain brioché aux raisins est laqué de sirop dès sa sortie du four.

Pain brioché aux raisins

Retrouvez le plaisir des goûters et des petits déjeuners d'autrefois avec ce délicieux pain aux raisins.

Ingrédients

- 20 g de levure de boulanger fraîche ou 2 sachets de levure lyophilisée
- 15 cl de lait tiède
- 500 g de farine
- 2 œufs
- 1 cuil. à soupe de sucre
- 150 g de beurre mou
- 200 g de raisins secs
- 2 cuil. à café de sel

Pour glacer

- 2 cuil. à soupe de lait
- 3 cuil. à soupe de sucre en poudre

Préparation : 30 minutes
Pour faire lever la pâte : 3 heures environ
Cuisson : 40 minutes
Pour 2 pains

Si vous employez de la levure fraîche, délayez-la dans un peu de lait tiède. Tamisez la farine avec le sel sur le plan de travail et disposez-la en fontaine. Cassez les œufs dans cette fontaine, ajoutez le sucre, la levure délayée ou la levure sèche et le reste du lait. Mélangez du bout des doigts et pétrissez bien le tout pour obtenir une pâte lisse et homogène. Incorporez alors le beurre, en trois fois, puis les raisins. Roulez la pâte en boule, mettez-la dans une grande terrine, couvrez-la d'un torchon et laissez-la lever dans un endroit chaud jusqu'à ce qu'elle ait doublé de volume.

Graissez deux moules à cake de 26 cm. Faites retomber la pâte en la travaillant à la main, séparez-la en deux, façonnez chaque moitié en boudin et déposez-les dans les moules. Couvrez et laissez lever de nouveau dans un endroit chaud (30 min environ). Faites chauffer le four à 220 °C, th. 8.

Lorsque la pâte a doublé de volume, glissez les moules dans le four et laissez cuire de 30 à 40 min.

Juste avant la fin de la cuisson des pains, versez dans une casserole le lait, le sucre et 2 cuillerées à soupe d'eau. Mélangez à feu doux pour dissoudre le sucre, puis portez à ébullition. Sortez les pains du four, badigeonnez-les aussitôt de sirop, démoulez-les et posez-les sur une grille. Laissez-les ensuite refroidir complètement.

Servez ces pains coupés en tranches, avec du beurre.

Baisers de meringue

Ces meringues accolées et appelées baisers peuvent être parfumées selon votre goût.

Faites chauffer le four à 110 °C, th. 2-3. Tapissez deux tôles à pâtisserie de papier sulfurisé.

À l'aide d'un fouet parfaitement propre, battez les blancs d'œufs en neige ferme, mais non dure, en ajoutant le sucre cuillerée par cuillerée jusqu'à ce que le mélange soit épais et brillant.

À l'aide de deux cuillères, disposez 16 cuillerées à soupe de meringue sur les tôles préparées, en les espaçant de 3 cm les unes des autres. Façonnez-les en ovales nets et faites cuire au four de 2 à 3 heures : les meringues doivent être à peine blondes en surface et encore fondantes à cœur.

Sortez les meringues du four et laissez-les refroidir sur les tôles, puis conservez-les dans une boîte fermant hermétiquement si vous ne comptez pas les servir le jour de leur préparation.

Préparez la crème aromatisée : fouettez la crème fraîche avec les ingrédients choisis. Garnissez-en la partie plate de la moitié des meringues et accolez une autre meringue dessus. Disposez ces baisers de meringue sur un présentoir ou dans un plat.

Ingrédients

Pour les meringues
4 blancs d'œufs moyens
225 g de sucre en poudre

Pour la crème
15 cl de crème fraîche épaisse

Pour aromatiser
Le zeste finement râpé d'un citron
1 cuil. à soupe de jus de citron
1 cuil. à soupe de sucre glace
ou
1/4 de cuil. à café d'extrait de vanille
1 cuil. à café de sucre glace
ou
4 cuil. à café de café noir corsé
1 cuil. à soupe de sucre glace
ou
Le zeste finement râpé d'une petite orange
1 cuil. à soupe de Cointreau ou de Grand Marnier
1 cuil. à café de sucre glace

Préparation : 15 minutes
Cuisson : de 2 à 3 heures (suivant les fours)
Pour 8 meringues

La crème fouettée ajoute encore à la légèreté et au fondant des meringues.

Si, en cassant les oeufs, on fait tomber un peu de jaune dans les blancs, le retirer aussitôt avec une demi-coquille d'œuf.

Spécial gourmands !
Les gourmands de tous âges sont redevables à Antonin Carême, le cuisinier et pâtissier le plus célèbre du XIXe siècle, à qui l'on doit notamment l'éclair (qui se mange en un éclair !) et le croquembouche, cette pièce montée servie à l'occasion des mariages. Il affirmait déjà : « Le vrai pâtissier doit parfumer ses entremets aux arômes plus naturels et à base de sucre. »

Dégustez ces macarons et ces sablés comme autrefois, avec une tasse de chocolat crémeux.

Macarons et sablés

Une recette pour des biscuits bien meilleurs que ceux du commerce.

Ingrédients

Pour 40 macarons environ
- 250 g de poudre d'amandes
- 250 g de sucre semoule
- 3 blancs d'œufs
- 3 ou 4 cuil. à soupe de sucre glace
- 40 amandes mondées environ

Pour 40 sablés environ
- 125 g de farine
- 100 g de beurre mou
- 1 œuf
- 100 g de sucre glace
- 50 g de poudre de noisettes
- 30 g de noisettes
- 1 pincée de sel

Préparation : 50 minutes
Repos de la pâte des sablés : 2 heures
Cuisson : environ 20 minutes (en deux fois)

Préparez les macarons : faites chauffer le four à 200 °C, th. 7. Mélangez dans une terrine la poudre d'amandes et le sucre semoule. Incorporez-y peu à peu les blancs d'œufs non battus, avec une spatule en bois.

Tapissez une tôle à pâtisserie de papier sulfurisé et déposez dessus des boules de pâte de la taille d'une noisette, bien séparées les unes des autres. Poudrez de sucre glace, humidifiez le dessus avec un pinceau trempé dans de l'eau et posez une amande mondée sur chaque macaron.

Faites cuire au four de 8 à 10 min. Après la cuisson, sortez du four sans éteindre ce dernier et versez un peu d'eau fraîche entre la plaque et le papier sulfurisé pour décoller les macarons, puis laissez refroidir.

Préparez les sablés : tamisez la farine sur le plan de travail, coupez le beurre en dés, ajoutez-le à la farine et travaillez du bout des doigts jusqu'à ce que vous obteniez des miettes. Creusez un puits au centre et ajoutez l'œuf, le sucre et la poudre de noisettes. Travaillez du bout des doigts, puis écrasez la pâte sous la paume jusqu'à ce qu'elle soit homogène, roulez en boule et laissez reposer 2 heures au moins.

Étalez la pâte sur le plan de travail légèrement fariné par petites quantités, sur 3 mm d'épaisseur, et découpez-y des disques avec un petit verre de 4 cm environ de diamètre. Humidifiez une tôle à pâtisserie et posez les sablés dessus. Hachez grossièrement les noisettes, parsemez-en les sablés et enfoncez-les légèrement dans la pâte en passant dessus le rouleau à pâtisserie.

Mettez la tôle au milieu du four et faites cuire de 8 à 10 min, puis sortez-la du four et laissez reposer quelques minutes avant de décoller les sablés et de les faire refroidir sur une grille.

Galettes aux épices et cigarettes à la crème

Parfumés d'épices ou de cognac, ces biscuits à la mode d'autrefois n'ont rien à voir avec les biscuits industriels.

FAITES CHAUFFER le four à 200 °C, th. 7. Tapissez deux tôles à pâtisserie de papier sulfurisé graissé.

PRÉPAREZ LES GALETTES : tamisez la farine avec la levure, creusez-la en fontaine et ajoutez au centre le sel, la cassonade, l'œuf et les épices. Coupez le beurre en dés et parsemez-en la farine. Hachez le tout avec la lame d'un couteau, puis pétrissez pour obtenir une pâte homogène. Roulez-la en boule et laissez-la reposer une heure au réfrigérateur.

Étalez la pâte sur 5 ou 6 mm d'épaisseur et coupez-la avec un emporte-pièce ou un petit verre. Déposez les galettes sur les tôles en les espaçant largement et faites-les cuire au four de 10 à 12 min. Laissez-les ensuite reposer 5 min sur les tôles, puis transférez-les sur des grilles et laissez-les refroidir complètement. N'éteignez pas le four.

PRÉPAREZ LES CIGARETTES : faites chauffer à feu doux dans une casserole le beurre, le sucre, le sirop de sucre de canne, le jus de citron et le cognac. Quand le beurre est fondu et le sucre dissous, retirez du feu, incorporez la farine et laissez refroidir.

Tapissez à nouveau les deux tôles de papier sulfurisé graissé. Déposez dessus 6 cuillerées à soupe de pâte, en les espaçant bien. Enfournez une tôle et laissez cuire 10 min puis, au bout de 5 min, enfournez l'autre tôle et laissez cuire également 10 min.

Sortez la première tôle du four. Prélevez immédiatement les biscuits avec une palette métallique et enroulez-les autour du manche de cuillères en bois. S'ils durcissent trop rapidement, repassez-les au four quelques secondes avant de les rouler. Quand les biscuits roulés sont durs, dégagez-les des manches des cuillères et faites-les refroidir sur une grille. Procédez de la même façon avec le reste des biscuits.

Fouettez la crème. Versez-la dans une poche munie d'une petite douille cannelée et fourrez les biscuits par les deux extrémités.

INGRÉDIENTS

POUR LES GALETTES
- 250 G DE FARINE
- 1/2 CUIL. À CAFÉ DE LEVURE ALSACIENNE
- 150 G DE CASSONADE
- 1 GROS ŒUF
- 1 PINCÉE DE GIROFLE EN POUDRE
- 1/2 CUIL. À CAFÉ DE CANNELLE EN POUDRE
- 1 PINCÉE DE CARDAMOME EN POUDRE
- 150 G DE BEURRE
- 1/2 CUIL. À CAFÉ DE SEL

POUR LES CIGARETTES
- 75 G DE BEURRE
- 75 G DE SUCRE
- 75 G DE SIROP DE SUCRE DE CANNE
- 2 CUIL. À CAFÉ DE JUS DE CITRON
- 2 CUIL. À CAFÉ DE COGNAC
- 75 G DE FARINE
- 20 CL DE CRÈME FRAÎCHE ÉPAISSE

PRÉPARATION : 45 MINUTES
REPOS DE LA PÂTE DES GALETTES : 1 HEURE
CUISSON : DE 30 À 35 MINUTES (EN DEUX FOIS)
POUR 30 GALETTES ET 24 CIGARETTES

Cigarettes roulées à la crème ou galettes aux épices : le choix est bien difficile !

Pour les petits, des biscuits-bonshommes, et pour les plus grands, des carrés au chocolat !

Bonshommes au cacao et carrés au chocolat

Ces biscuits ont longtemps fait partie des friandises de la Saint-Nicolas.

Ingrédients

Pour les bonshommes au cacao

- 400 g de farine
- 200 g de beurre coupé en petits dés + beurre pour le moule
- 2 œufs
- 200 g de cassonade
- 80 g de poudre de cacao
- 1 cuil. à café de cannelle en poudre
- 1 pincée de girofle en poudre
- 1 cuil. à café bombée de levure alsacienne
- 3 ou 4 cuil. à soupe de raisins de Corinthe
- 1 pincée de sel

Préparation : 30 minutes
Repos de la pâte : 2 heures
Cuisson : 15 minutes
Pour 2 douzaines de bonshommes environ

Pour les carrés au chocolat

- 100 g de beurre + beurre pour le moule
- 200 g de chocolat à croquer
- 4 œufs
- 3 cuil. à soupe de fécule
- 100 g de poudre d'amandes
- 2 cuil. à soupe de cacao
- 2 pincées de vanille pure
- 1 pincée de sel

Préparation : 15 minutes
Cuisson : 30 minutes
Pour 16 carrés environ

Bonshommes au cacao

Mélangez la farine avec le beurre. Creusez un puits au centre et ajoutez-y les œufs, la cassonade, le cacao, les épices, la levure et le sel. Travaillez du bout des doigts, puis écrasez la pâte sous la paume jusqu'à ce qu'elle soit homogène. Couvrez et laissez reposer 2 heures dans un endroit frais.

Ensuite, faites chauffer le four à 200 °C, th. 7. Beurrez une tôle à pâtisserie. Étalez la pâte sur le plan de travail légèrement fariné par petites quantités, sur 6 mm d'épaisseur, et découpez-la à l'aide d'un emporte-pièce en forme de bonshommes de 10 cm environ.

Posez ces bonshommes sur la tôle beurrée, en les espaçant largement, puis décorez-les avec 2 raisins secs à l'emplacement des yeux et 4 raisins au milieu du corps, en les enfonçant légèrement dans la pâte. Faites cuire au four pendant 15 min, puis laissez reposer les biscuits 5 min et déposez-les sur une grille.

Carrés au chocolat

Faites chauffer le four à 160 °C, th. 5. Beurrez un moule carré de 22 cm de côté, puis couvrez-le de papier sulfurisé et beurrez également ce dernier.

Faites fondre le chocolat, ajoutez-lui, hors du feu, le beurre en morceaux et mélangez. Cassez les œufs en séparant les blancs des jaunes. Ajoutez le sucre aux jaunes et fouettez, puis incorporez le mélange au chocolat fondu et ajoutez la fécule, les amandes, le cacao et la vanille. Mélangez bien.

Ajoutez le sel aux blancs d'œufs, battez-les en neige ferme et incorporez-les à la préparation. Versez dans le moule, lissez la surface et faites cuire 30 min au four.

Laissez refroidir, puis démoulez et découpez en carrés réguliers.

Biscuits aux cerises

Servez ces biscuits avec du thé ou, comme le faisaient nos grands-mères, avec un doigt de porto ou de vin doux.

Ingrédients

150 g de beurre mou + beurre pour les tôles
1 œuf
1 citron non traité
150 g de sucre
275 g de farine
60 g de poudre d'amandes
125 g de cerises confites
80 g de sucre glace

Préparation : 1 heure
Cuisson : 30 minutes
Pour 36 biscuits

Faites chauffer le four à 180 °C, th. 6. Beurrez deux tôles à pâtisserie.

Cassez l'œuf et battez-le en omelette. Brossez le citron sous l'eau tiède et râpez finement son zeste, puis pressez la pulpe, réservez une cuillerée à soupe du jus et filtrez-le. Mettez le beurre et le sucre dans une terrine, fouettez pour obtenir un mélange blanc et mousseux, puis ajoutez l'œuf battu et incorporez la farine, le zeste de citron et la poudre d'amandes. Mélangez pour former une pâte molle.

Divisez la pâte en 6 morceaux égaux. Posez un morceau sur le plan de travail fariné, façonnez-le en un cylindre de 60 cm environ de long et coupez ce dernier en 6 tronçons égaux. Façonnez les tronçons en forme de S fermé de 4 cm environ de long et disposez-les sur une tôle, en les espaçant bien. Coupez les cerises confites en deux. Garnissez les creux des S avec 2 ou 3 demi-cerises.

Façonnez le reste de la pâte de la même façon, en décorant au fur et à mesure de cerises confites.

Enfournez les deux tôles à pâtisserie et faites cuire à mi-hauteur du four pendant 10 min, puis sortez du four. Laissez reposer 2 min, transférez sur une grille et laissez refroidir complètement. Procédez de manière identique pour le reste des biscuits, en enfournant les deux tôles à chaque fois.

Pendant le refroidissement de la dernière fournée, tamisez le sucre glace au-dessus d'un bol. Délayez-le avec le jus de citron réservé pour former une pâte épaisse et recouvrez-en les biscuits refroidis avec le dos d'une cuillère. Laissez sécher, puis rangez les biscuits dans des boîtes à gâteaux hermétiques garnies de caissettes en papier.

Zeste et jus de citron donnent une saveur acidulée à ces jolis biscuits.

La cueillette des cerises
À l'époque du *Temps des cerises*, chanson écrite en 1866 par Jean-Baptiste Clément, et jusqu'au début du XXe siècle, les Parisiens se rendaient à Montmorency pour cueillir des cerises sur des arbres loués à l'heure où à la journée. Bien qu'elle n'ait plus lieu à Montmorency, la cueillette « en location » de fruits et de légumes est toujours pratiquée autour des grandes villes.

Préparer le rouleau à pâtisserie, des bouteilles ou le manche d'un balai pour y poser les tuiles dès leur sortie du four car elles durcissent très rapidement.

La forme de ces petits fours secs est due à la manière dont on les fait refroidir.

Tuiles aux amandes

S'ils se conservent parfaitement dans une boîte à gâteaux hermétique, ces biscuits sont encore meilleurs tout frais.

Ingrédients

- 75 g de farine
- 125 g de sucre
- 2 œufs
- 75 g d'amandes effilées
- 50 g de beurre
- 1 pincée de sel

Préparation : 30 minutes
Cuisson : 10 minutes
Pour 50 tuiles environ

Faites chauffer le four à sa température maximale.

Tamisez au-dessus d'une terrine la farine, le sucre et le sel. Cassez les œufs et battez-les en omelette, ajoutez-les dans la terrine et mélangez rapidement au fouet, puis ajoutez les amandes effilées et mélangez délicatement.

Faites juste fondre le beurre, puis retirez-le du feu. Incorporez-en la moitié à la pâte et badigeonnez deux tôles à pâtisserie avec le reste du beurre fondu.

À l'aide d'une cuillère à café, disposez des petits tas de pâte sur les tôles beurrées, en les espaçant au maximum et aplatissez-les avec le dos d'une fourchette trempée dans de l'eau froide. Mettez une tôle au four et laissez cuire environ 5 min : le tour des tuiles doit dorer légèrement alors que leur centre doit rester blanc.

Dès que les tuiles sont cuites, sortez-les du four, décollez-les délicatement de la tôle avec une spatule et posez-les immédiatement sur un rouleau à pâtisserie ou sur un manche à balai propre pour leur donner leur forme arrondie. Laissez-les refroidir.

Dès que les premières tuiles sont froides, retirez-les de leur support et mettez la seconde tôle au four. Laissez cuire, puis faites prendre en forme de la même façon.

Rangez les tuiles dans une boîte métallique munie d'un couvercle.

Palets de dames

D'une délicatesse tout particulière, ces palets comportent des raisins secs macérés au rhum.

INGRÉDIENTS

80 G DE RAISINS SECS
1 VERRE À LIQUEUR DE RHUM
60 G DE BEURRE MOU
+ BEURRE POUR LE MOULE
150 G DE FARINE
1 ŒUF
60 G DE SUCRE
2 CUIL. À SOUPE DE LAIT

PRÉPARATION : 15 MINUTES
MACÉRATION : 1 HEURE AU MOINS
CUISSON : 4 À 5 MINUTES
POUR ENVIRON 50 PALETS

RINCEZ les raisins secs à l'eau courante, égouttez-les bien et versez-les dans un bol. Arrosez-les avec le rhum et laissez-les macérer une heure au moins.

Faites chauffer le four à sa température maximale. Beurrez une tôle à pâtisserie. Tamisez la farine au-dessus d'une feuille de papier sulfurisé. Cassez l'œuf dans une jatte et mélangez-y le sucre et le lait, puis le beurre mou. Versez dessus la farine en pluie, amalgamez rapidement et incorporez les raisins secs et leur liquide de macération.

À l'aide d'une cuillère à café, disposez des petits tas de pâte sur la tôle beurrée, en les espaçant au maximum, et aplatissez-les avec le dos d'une fourchette trempée dans de l'eau froide.

Mettez au four et laissez cuire pendant 4 à 5 min, puis sortez aussitôt les palets du four, décollez-les de la tôle à l'aide d'une spatule fine et posez-les sur une grille. Laissez-les refroidir complètement avant de les déguster ou de les ranger dans une boîte à gâteaux hermétique.

Les raisins secs caractérisent ces palets, qui, faute d'être « de dames », peuvent être agrémentés d'écorce d'orange confite ou de poudre d'amandes.

Madeleines

Chères au cœur de Proust, ces délices moelleux possèdent une forme et un arôme caractéristiques.

Ingrédients

- 110 g de beurre
- 1/2 citron non traité
- 2 œufs
- 80 g de sucre
- 1 goutte d'extrait de vanille
- 1 cuil. à soupe de lait
- 90 g de farine
- 1 pincée de levure alsacienne

Préparation : 20 minutes
Repos de la pâte : 1 heure
Cuisson : 10 minutes
Pour 12 madeleines

Mettez à chauffer le four à 220 °C, th. 8. Faites juste fondre le beurre et badigeonnez les moules au pinceau avec 2 cuillerées à soupe environ de beurre fondu.

Lavez et essuyez le demi-citron, puis râpez finement son zeste. Cassez les œufs dans une terrine et ajoutez le zeste de citron, le sucre, la vanille et la moitié du lait. Battez le tout au fouet pendant 5 min pour obtenir un mélange bien mousseux.

Tamisez la farine avec la levure, incorporez-les à la préparation avec une cuillère en bois, puis ajoutez le reste du lait et, enfin, le reste du beurre fondu. Mélangez, toujours avec la cuillère, et laissez reposer une heure au réfrigérateur.

Versez la pâte dans les moules beurrés en ne les emplissant qu'à moitié et faites cuire 10 min au four.

Laissez reposer les madeleines 5 min, puis démoulez-les, posez-les sur une grille et laissez-les refroidir complètement avant de les ranger dans une boîte à gâteaux ou dans un bocal fermant hermétiquement.

La pâtisserie des « poilus »
La madeleine de Commercy devint célèbre dans toute la France pendant la guerre de 14-18 grâce à des jeunes filles qui en vendaient aux soldats sur les quais de gare. La légende en attribue l'invention à une cuisinière de Stanislas Leszczynski, ancien roi de Pologne, duc de Lorraine au XVIIIe siècle.

Parfois aromatisées de citron ou d'eau de fleur d'oranger, les madeleines se mangent toutes fraîches.

Toutes légères et croustillantes, les gaufres sont absolument délicieuses, mais elles deviennent irrésistibles lorsqu'elles sont garnies de crème Chantilly.

Gaufres

Dérivées des oublies du Moyen Âge, les gaufres restent une tradition vivace dans le Nord et les Flandres.

Faites chauffer le lait, sans le laisser bouillir. Versez-le dans un bol, ajoutez un verre d'eau froide et la levure, puis mélangez bien.

Cassez les œufs et battez-les en omelette. Tamisez la farine au-dessus d'une terrine, creusez un puits au centre et versez-y les œufs battus, la levure délayée, l'eau-de-vie et le sel. Amalgamez peu à peu en remuant avec une cuillère en bois, couvrez la terrine avec un torchon et laissez reposer 2 heures dans un endroit tiède.

Juste avant de servir, faites chauffer le gaufrier et badigeonnez-le de beurre ou frottez-le avec le lard. Versez-y une louche de pâte, faites-la cuire 2 à 3 min à feu vif, puis retournez-la (ou retournez le gaufrier) et faites cuire l'autre face.

Poudrez les gaufres de sucre glace et servez aussitôt.

Ingrédients

1 verre de lait
25 g de levure de boulanger fraîche
2 œufs
250 g de farine
1 cuil. à soupe d'eau-de-vie
20 g de lard gras ou de beurre
Sucre glace
1 pincée de sel

Préparation : 20 minutes
Repos de la pâte : 2 heures
Cuisson : 2 à 3 minutes par gaufre
Pour 4 personnes

Ces confiseries traditionnelles remportent toujours un vif succès au moment des fêtes de fin d'année.

Fruits fourrés et truffes

Les enfants sont toujours fiers de préparer eux-mêmes ces gourmandises.

Ingrédients

Pour les truffes
200 g de chocolat noir
2 cuil. à soupe de rhum
60 g de beurre mou
2 cuil. à café de crème fraîche
30 g de poudre d'amandes
30 g de sucre glace
30 g de cacao

Préparation et cuisson : 25 minutes
Repos : 30 minutes
Pour 24 truffes

Pour les fruits fourrés
125 g de dattes
125 g de pruneaux moelleux dénoyautés
125 g d'abricots secs moelleux
125 g de figues sèches moelleuses
125 g de poudre d'amandes
60 g de sucre en poudre
60 g de sucre glace + 2 ou 3 cuil. à soupe de sucre glace pour le plan de travail
Quelques gouttes d'extrait d'amande amère
1 petit blanc d'œuf
Colorant alimentaire vert (facultatif)
60 g de sucre cristallisé

Préparation : 40 minutes
Pour 24 fruits fourrés environ

Truffes

Cassez le chocolat en morceaux, mettez ces derniers dans un bol et ajoutez-y le rhum. Posez le bol au-dessus d'un bain-marie d'eau juste frémissante, laissez fondre en remuant de temps en temps, puis retirez du bain-marie et incorporez le beurre peu à peu, en fouettant. Ajoutez la crème fraîche, la poudre d'amandes et le sucre glace. Mélangez bien, laissez refroidir, puis réservez au réfrigérateur 15 min environ pour affermir la pâte.

Du bout des doigts mouillés, prélevez l'équivalent d'une cuillerée à café du mélange et roulez-le en boule entre les paumes de vos mains. Façonnez ainsi toutes les truffes. Tamisez le cacao, roulez les truffes dedans et disposez-les sur une tôle à pâtisserie tapissée de papier sulfurisé. Faites durcir les truffes au réfrigérateur, puis rangez-les dans des caissettes en papier, mettez-les dans une boîte en plastique ; elles se conserveront 10 jours au réfrigérateur.

Truffes à l'orange : remplacez le rhum par la même quantité de Cointreau et ajoutez 1/2 cuillerée à café de zeste d'orange.

Fruits fourrés

Fendez les dattes et dénoyautez-les ; fendez également les pruneaux, les abricots et les figues. Versez la poudre d'amandes, le sucre en poudre et le sucre glace dans un bol. Ajoutez quelques gouttes d'extrait d'amande et juste assez de blanc d'œuf pour former une pâte ferme. Incorporez éventuellement à cette dernière quelques gouttes de colorant vert.

Poudrez le plan de travail d'un peu de sucre glace en le passant à travers un tamis. Roulez la pâte d'amandes dessus en un cylindre de 25 cm de long, et coupez-le en 48 morceaux égaux. Roulez ceux-ci en ovales réguliers, farcissez-en les fruits fendus et refermez partiellement. Roulez délicatement les fruits dans le sucre cristallisé et rangez-les dans des caissettes en papier.

Œufs au chocolat

De véritables coquilles d'œufs abritent une mousse au chocolat garnie de crème fouettée au praliné.

Ouvrez le haut des coquilles d'œufs avec un coupe-œuf et sortez les œufs, en séparant les blancs des jaunes. Rincez les coquilles sans les briser, puis retournez-les sur du papier absorbant pour les égoutter. Mettez la moitié du lait au réfrigérateur.

Préparez une mousse au chocolat : cassez le chocolat en morceaux, mettez-le dans une casserole avec le reste du lait et faites fondre à feu très doux, en veillant à ne pas laisser cuire.

Coupez le beurre en dés. Versez le chocolat fondu dans une terrine, ajoutez le sucre, mélangez et laissez tiédir.

Battez les blancs d'œufs en neige très ferme. Incorporez les jaunes d'œufs et les dés de beurre au chocolat, puis ajoutez les blancs en neige, sans battre.

Emplissez aux trois quarts les coquilles d'œufs égouttées de mousse au chocolat. Posez-les dans des coquetiers, mettez au réfrigérateur et laissez durcir 4 heures au moins.

Pour servir, fouettez la crème fraîche avec le lait très froid, incorporez le praliné et remplissez les œufs au chocolat de cette préparation à l'aide d'une poche munie d'une douille cannelée.

Ingrédients

- 6 gros œufs
- 4 cuil. à soupe de lait
- 200 g de chocolat noir
- 100 g de beurre
- 2 cuil. à soupe de sucre en poudre
- 10 cl de crème fraîche
- 1 grosse cuil. à soupe de praliné en poudre

Préparation et cuisson : 40 minutes
Réfrigération : 4 heures au moins
Pour 4 personnes

Une délicieuse mousse au chocolat se cache sous la crème au praliné de ces œufs surprise.

L'œuf, symbole de la résurrection
Les œufs de Pâques en chocolat datent d'une centaine d'années. Autrefois, dans toute l'Europe chrétienne, les enfants allaient en groupe collecter les œufs, symbole antique de la résurrection, juste durcis ou teints en rouge, en hommage au sang versé par le Christ.

Conservez dans une boîte hermétique les orangettes, écorces d'orange confites plongées dans du chocolat fondu.

Orangettes

Prévoyez du temps pour préparer ces écorces d'orange confites au chocolat.

Ingrédients

10 oranges non traitées
1,2 kg de sucre
1 kg de chocolat noir

Préparation : 1 heure environ
Trempage : 48 heures au moins
Cuisson : 6 heures environ
Égouttage : 12 heures environ

Brossez les oranges sous l'eau tiède courante. Essuyez-les, puis, avec un couteau économe, prélevez des bandes de zeste aussi longues que possible, sans entamer la peau blanche. Laissez-les tremper 48 heures au moins dans une bassine d'eau froide, en renouvelant l'eau plusieurs fois.

Égouttez les zestes, mettez-les dans une grande casserole et couvrez d'eau froide, puis portez à ébullition et laissez frémir 1 h 30. Versez dans une passoire, rafraîchissez à l'eau froide et laissez égoutter.

Faites bouillir le sucre avec 2 litres d'eau dans une bassine à confiture et laissez frémir 10 min. Versez les zestes dans ce sirop, portez de nouveau à ébullition et laissez juste frémir 4 heures.

Vérifiez alors la cuisson du sirop, qui doit être « à la nappe ». Pour cela, versez une goutte de sirop dans un verre d'eau glacée : si elle ne s'y dilue pas immédiatement, la bonne température est atteinte. Retirez du feu et laissez les écorces confites refroidir complètement dans leur sirop.

Égouttez les écorces avec une écumoire, disposez-les sur des grilles, à distance les unes des autres, et laissez-les s'égoutter ainsi 12 heures environ.

Taillez ensuite les écorces d'orange en longues lanières de 2 mm de large et faites fondre doucement le chocolat avec 2 cuillerées à soupe d'eau.

Piquez quelques écorces confites avec une fourchette à long manche et à dents très fines, plongez-les dans le chocolat et posez-les sur du papier sulfurisé. Faites de même avec le reste des écorces. Laissez les orangettes refroidir complètement avant de les ranger dans une boîte à gâteaux tapissée de papier sulfurisé.

Caramels

N'essayez surtout pas de comparer ces merveilles aux caramels industriels d'aujourd'hui !

Caramels durs au café

Versez dans une casserole épaisse le sucre, la crème fraîche, l'extrait de café et quelques gouttes de jus de citron. Faites chauffer en remuant sans cesse à la spatule, jusqu'à ce que la température atteigne 146 °C au thermomètre de cuisson (stade du « grand cassé »).

Huilez un marbre et un cercle à tarte ou des règles à caramel. Versez le caramel à l'intérieur et laissez-le durcir, mais sans qu'il refroidisse complètement.

Retirez alors le cercle ou les règles et décollez aussitôt le caramel du marbre en passant dessous une spatule métallique. Tracez, au couteau, une bande de 2 cm de large, dégagez le caramel en passant la lame d'un second couteau le long de la lame du premier et découpez ensuite la bande en carrés ou en triangles réguliers.

Procédez de la même façon pour le reste du caramel.

Caramels mous au beurre

Versez dans une casserole épaisse le sucre, le lait, la vanille et le miel ou le glucose. Portez à ébullition en remuant sans cesse.

Incorporez alors peu à peu le beurre coupé en petits dés, baissez le feu et laissez cuire, en remuant toujours, au « gros boulé », c'est-à-dire 120 °C au thermomètre de cuisson ou à 1,357 de densité au pèse-sirop.

Huilez un marbre et un cercle à tarte ou des règles à caramel. Retirez la vanille de la casserole et versez le caramel à l'intérieur du cercle ou des règles, puis laissez refroidir de 2 à 3 heures.

Retirez ensuite le cadre utilisé et découpez le caramel en carrés réguliers à l'aide d'un grand couteau.

Ingrédients

Caramels durs au café

250 g de sucre
10 cl de crème fraîche
4 ou 5 cuil. à café d'extrait de café
Quelques gouttes de jus de citron
2 ou 3 cuil. à soupe d'huile
Préparation : 10 minutes
Cuisson : 10 minutes
Pour 350 g environ de caramels

Caramels mous au beurre

250 g de sucre
10 cl de lait
1 gousse de vanille
80 g de miel ou de glucose (en pharmacie)
150 g de beurre
2 ou 3 cuil. à soupe d'huile
Préparation : 10 minutes
Cuisson : 12 minutes environ
Refroidissement : de 2 à 3 heures
Pour 500 g environ de caramels

Laissez fondre lentement dans la bouche, sans les croquer, ces délicieux caramels.

Si le caramel est trop dur au moment de le couper, le faire glisser sur une plaque pour le mettre à ramollir quelques minutes dans le four.

Le bon saint Nicolas
Jusqu'aux années 1950, dans les pays miniers du Nord et de l'Est, la Saint-Nicolas avait plus d'importance que Noël : dans la nuit du 5 au 6 décembre, les petits enfants emplissaient leurs sabots de foin et de légumes pour l'âne du saint, qui, en échange, les garnissait de toutes sortes de friandises.

Le coing se prête à de nombreux usages un peu oubliés : confiture, gelée, cotignac, ratafia, etc.

Pâte de coings

Ne jetez pas la pulpe de coings restée dans votre tamis lors de la préparation de la gelée : faites-en des pâtes de fruits.

Ingrédients

- Pulpe récupérée après la préparation d'une gelée de coing
- Poids équivalent de sucre en poudre
- Huile (ou papier sulfurisé) pour le moule
- Sucre cristallisé pour poudrer

Préparation et cuisson : variables, en fonction du poids
Refroidissement : 48 heures au moins

Après avoir tamisé le jus destiné à préparer la gelée de coing, récupérez la pulpe restant dans la passoire et passez-la au tamis fin. Pesez-la et mesurez le même poids de sucre.

Versez la pulpe tamisée et le sucre dans une bassine à confiture, puis faites cuire à feu doux en remuant continuellement, jusqu'à ce que la préparation se détache facilement du fond de la bassine : elle doit alors être d'un joli rose. Retirez la bassine du feu et laissez tiédir.

Huilez un moule rectangulaire ou tapissez-le de papier sulfurisé. Versez-y la pâte, lissez-la avec une spatule humide et couvrez-la d'un tamis très fin ou mettez-la dans le garde-manger pour la protéger des insectes. Laissez-la refroidir complètement, pendant 48 heures au moins.

Ensuite, démoulez la pâte de coings, coupez-la en bâtonnets ou en carrés, poudrez chacun d'eux de sucre cristallisé et rangez-les dans une boîte en fer-blanc, en séparant les rangées avec du papier sulfurisé.

Sucre de pomme

Version ancestrale du sucre d'orge, cette confiserie se passe de tout additif chimique.

Ingrédients

300 g de pommes
1/2 citron non traité
250 g de sucre
2 cuil. à soupe d'huile

Préparation : 30 minutes
Cuisson : 30 minutes
Pour 500 g environ

Pelez les pommes, coupez-les en quatre, retirez-en le cœur et les pépins, puis taillez la pulpe en dés. Mettez ceux-ci dans une casserole avec 20 cl d'eau, portez à ébullition et laissez frémir à feu doux jusqu'à ce que l'eau se soit évaporée de moitié.

Filtrez ensuite la préparation dans un tamis garni de mousseline et posé au-dessus d'une casserole épaisse, en pilant bien.

Lavez le citron et prélevez son zeste en un seul ruban continu. Pressez la pulpe.

Ajoutez dans la casserole le zeste et une cuillerée à café de jus de citron, versez le sucre et faites cuire à 148 °C au thermomètre de cuisson (stade du « grand cassé »).

Enduisez un marbre avec l'huile. Retirez le zeste du sirop, versez celui-ci sur le marbre et travaillez-le à deux mains, en l'étirant et en le repliant, jusqu'à ce qu'il soit soyeux et homogène.

Roulez le sucre de pomme en cylindres fins et laissez refroidir sur le marbre.

À sucer avec délice, le sucre de pomme a le goût des sucres d'orge d'autrefois.

Pour ajouter de la couleur au sucre de pomme, y mélanger quelques gouttes de caramel au moment de le verser sur le marbre.

Ranger les fruits confits dans une boîte en bois ou en carton tapissée de papier sulfurisé. Ils moisiraient dans une boîte hermétique.

Préparés dans les règles de l'art, les fruits gardent tout leur arôme.

Ingrédients

Fruits confits

500 g de pulpe de fruits frais et fermes : ananas pelé, coupé en tranches et vidé de son cœur ; pêches ou nectarines pelées, fendues en deux et dénoyautées ; abricots ou prunes ouverts en deux et dénoyautés ; cerises dénoyautées

850 g de sucre cristallisé

Préparation : 45 minutes, puis 30 minutes par jour du 2e au 8e jour ainsi que les 10e et 14e jours

Macération : 13 jours

Séchage : plusieurs jours

Écorces confites

4 gros citrons ou 4 oranges moyennes non traités

700 g de sucre cristallisé

Préparation : 45 minutes, puis 30 minutes par jour pendant 2 jours

Macération : 6 jours

Séchage : plusieurs jours

Écorces et fruits confits

Certes longs à préparer, ces fruits confits maison sont un véritable régal.

Fruits confits

Préparez les fruits choisis et pesez-les. Portez à ébullition 60 cl d'eau pour 500 g de pulpe, versez sur les fruits et faites pocher à feu doux. Dès qu'ils sont tendres, égouttez-les au-dessus d'une terrine. Faites dissoudre 250 g de sucre avec 50 cl du liquide de cuisson, portez à ébullition, versez sur les fruits et laissez macérer 24 heures.

Le 2e jour : égouttez les fruits, ajoutez 60 g de sucre au sirop, puis faites dissoudre, portez à ébullition et recouvrez-en les fruits. Couvrez et laissez macérer 24 heures.

Du 3e au 7e jour : procédez exactement comme le 2e jour.

Le 8e jour : égouttez les fruits au-dessus d'une marmite. Ajoutez au sirop 90 g de sucre, faites dissoudre à feu doux. Ajoutez les fruits, portez à ébullition, baissez le feu et faites pocher 3 min. Laissez macérer 2 jours.

Le 10e jour : renouvelez les opérations du 8e jour, en ajoutant le reste du sucre, et laissez macérer 4 jours. Si le sirop n'est pas assez épais, recommencez la dernière opération.

Le 14e jour : égouttez les fruits sur une grille et laissez-les sécher plusieurs jours au chaud et au sec : ils ne doivent plus coller.

Écorces confites

Lavez et essuyez les fruits, coupez-les en quartiers et retirez-en la pulpe. Pesez les peaux : vous devez en avoir 250 g environ.

Mettez les écorces dans une casserole avec 1,25 litre d'eau froide, portez à ébullition et laissez frémir une heure.

Égouttez les écorces. Ajoutez 500 g de sucre à 60 cl de liquide de cuisson, faites bouillir pendant une min, puis versez sur les écorces et laissez macérer 24 heures.

Le 2e jour : égouttez les écorces. Ajoutez au sirop le reste du sucre, portez à ébullition, laissez bouillir une min, reversez sur les écorces et laissez macérer 24 heures.

Le 3e jour : portez à ébullition les écorces et leur sirop, laissez frémir 30 min et faites macérer 4 jours.

Le 7e jour : égouttez les écorces et laissez-les sécher.

Marrons glacés

Au moment de Noël, retrouvez la patience de nos grands-mères pour préparer vous-même cette confiserie vendue à prix d'or dans le commerce.

Ingrédients

600 g de marrons frais ou
450 g de marrons surgelés
450 g de sucre cristallisé

Préparation (en 3 jours) : 1 heure (moins s'il s'agit de fruits surgelés) + 15 minutes par jour pendant 2 jours
Séchage : de 2 à 3 jours

Le premier jour, faites décongeler les marrons si vous les choisissez surgelés. Si les fruits sont frais, entaillez-les et plongez-les 5 min dans de l'eau bouillante, puis égouttez-les par petites quantités à la fois et pelez-les.

Mettez les marrons dans une grande casserole, couvrez juste d'eau froide et portez à ébullition, puis baissez le feu et laissez frémir 20 min s'il s'agit de fruits frais, 5 min s'il s'agit de marrons surgelés. Égouttez-les bien ensuite, en réservant 15 cl de leur eau de cuisson.

Versez l'eau réservée dans une grande casserole, ajoutez le sucre et faites-le dissoudre à feu doux, en remuant. Ajoutez alors les marrons, portez à ébullition et retirez aussitôt du feu. Couvrez et laissez reposer 24 heures dans un endroit chaud.

Le deuxième jour, découvrez la casserole et portez encore une fois à ébullition, puis retirez du feu, couvrez et laissez de nouveau reposer 24 heures.

Le troisième jour : découvrez la casserole et portez à ébullition, puis retirez du feu et, à l'aide d'une écumoire, transférez les marrons sur une grille posée au-dessus d'une lèchefrite. Laissez-les alors sécher de 2 à 3 jours.

Quand les marrons ne sont plus collants, rangez-les dans des caissettes en papier individuelles, mais ne les enfermez surtout pas dans une boîte hermétique car ils risqueraient de moisir.

Beaucoup de sucre et un peu de patience vous permettront de réaliser d'exquis marrons glacés.

Le fruit du châtaignier
Dans les années 1930, le marron, fruit du châtaignier de culture, restait un féculent de consommation courante. Le nouzillard de Lude, le marron de Laguépie, d'Agen, de Lusignan, étaient les variétés les plus appréciées, de même que le marron de Luc et le marron d'Italie, cultivés dans le Midi.

Conserves & Liqueurs

Lorsque légumes et fruits abondent, c'est le moment de réapprendre les gestes économes d'antan pour retrouver toutes ces richesses à la morte saison. À cette occasion, ressortez la bassine en cuivre et les bocaux. Redécouvrez le charme des confitures maison, et faites des réserves de sirops et de liqueurs, de conserves et de condiments. Parachevez votre œuvre en coiffant les pots de charlottes à carreaux et signez-les avec des étiquettes calligraphiées.

Gelée de petits fruits

Voici une recette idéale pour utiliser les fruits récoltés dans un jardin.

Ingrédients

- 500 g de cassis
- 500 g de groseilles rouges ou blanches
- 500 g de groseilles à maquereau
- 250 g de framboises
- 1 kg environ de sucre cristallisé (le poids du jus des fruits)

Préparation : 30 minutes
Cuisson : 30 minutes
Pour 5 pots de 400 g

Lavez rapidement le cassis et les groseilles, puis égouttez-les, sans les égrapper. Essuyez les framboises si elles vous paraissent poussiéreuses, mais ne les lavez pas. Versez tous les fruits dans une bassine à confiture, ajoutez 10 cl d'eau et faites chauffer à feu doux jusqu'à ce que les fruits éclatent, rendant alors tout leur jus.

Pendant ce temps, faites bouillir une grande casserole d'eau. Plongez-y des bocaux à confiture, puis égouttez-les et retournez-les sur un torchon pour les faire sécher, sans les essuyer.

Pesez une grande jatte pour faire la tare. Versez le contenu de la bassine dans un grand tamis (ou dans une passoire fine couverte d'une étamine) posé sur la grande jatte et pressez légèrement pour extraire le maximum de jus. Pesez de nouveau la jatte et soustrayez la tare, c'est-à-dire le poids de la jatte à vide, afin d'obtenir le poids exact du jus. Pesez alors le même poids de sucre.

Rincez la bassine à confiture et versez-y le jus et le sucre, puis portez doucement à ébullition en remuant et laissez bouillir pendant 15 min.

Dès que la gelée est cuite, versez-en d'abord une petite louche dans chaque pot pour éviter qu'il n'éclate, puis complétez en remplissant les pots presque à ras bord. Essuyez les pots, couvrez-les d'un torchon et laissez refroidir.

Il ne faut pas mettre trop de framboises, car la gelée risquerait de ne pas prendre.

Cette gelée limpide comme un rubis préserve intacte la saveur des fruits.

La méthode de la gelée à froid est particulièrement appréciable dans les périodes de grande chaleur.

Pour couvrir les pots avec de la paraffine, faire fondre celle-ci à feu doux et en verser 2 à 3 mm d'épaisseur sur la confiture. Laisser durcir avant de couvrir les pots (avec un couvercle ou de la Cellophane) et de les orner d'une petite charlotte en tissu.

Gelée aux deux groseilles

Délicieusement acidulée, cette gelée est idéale pour le petit déjeuner et les pâtisseries.

Faites bouillir une marmite d'eau. Plongez-y les bocaux à confiture, puis égouttez-les et retournez-les sur un torchon.

Lavez les groseilles dans une passoire, épongez-les sur un torchon et versez-les dans la bassine à confiture, sans les égrapper. Ajoutez 10 cl d'eau, posez sur feu doux et faites chauffer jusqu'à ce que les fruits éclatent et rendent leur jus. Pressez-les alors avec le dos de l'écumoire, puis laissez bouillir 2 min en écumant et retirez du feu.

Pesez une grande terrine pour obtenir la tare. Versez le contenu de la bassine dans une passoire, garnie d'une étamine et posée au-dessus de la terrine. Laissez égoutter sans presser les fruits si vous voulez que votre gelée soit parfaitement limpide.

Pesez de nouveau la terrine, soustrayez la tare du poids obtenu pour avoir le poids du jus et pesez le même poids de sucre. Versez ce dernier tout doucement, en pluie, sur le jus de groseille, en remuant sans cesse avec une cuillère en bois pendant 20 min environ. Quand tout le sucre est dissous, laissez cuire 5 min en remuant encore.

Versez aussitôt la gelée dans les bocaux ébouillantés. Étalez un torchon propre sur les pots et laissez refroidir jusqu'au lendemain avant de couvrir.

Étiquetez les pots avant de les remplir.

Ingrédients

1 kg de groseilles blanches
1 kg de groseilles rouges
1,4 kg environ de sucre semoule (le poids du jus des fruits)

Préparation et cuisson : 45 minutes

Pour environ 6 pots de 400 g

Confiture d'abricots aux amandes

Ingrédients

1 kg d'abricots mûrs à point
Poids de sucre égal au poids des fruits dénoyautés

Préparation : 20 minutes
Macération : 12 heures
Cuisson : 25 minutes
Pour environ 5 pots de 350 g

Outre la gourmandise, les usages multiples de cette confiture en pâtisserie justifient de la préparer en quantité importante.

Essuyez les abricots sans les laver, ouvrez-les en deux et retirez-en les noyaux. Pesez la pulpe de fruit et mesurez un poids de sucre équivalent. Cassez une vingtaine de noyaux pour en extraire les amandes, que vous mettez de côté.

Versez les abricots et le sucre dans une terrine. Mélangez, couvrez d'un linge et laissez macérer 12 heures dans un endroit frais et sec, en remuant de temps en temps.

Plongez les amandes des noyaux mises de côté 2 min dans de l'eau bouillante, puis égouttez-les et pincez-les une à une entre vos doigts pour en retirer la peau.

Versez le contenu de la terrine dans une bassine à confiture, portez à ébullition à feu doux et laissez cuire 15 min.

Pendant ce temps, ébouillantez des pots et retournez-les sur un linge propre.

Ajoutez les amandes, mélangez et laissez cuire encore 5 min. Versez alors une goutte de confiture dans un verre d'eau glacée : si elle ne s'y dilue pas immédiatement, la confiture est cuite (vous pouvez aussi faire le test de la soucoupe ; voir page ci-contre).

Retirez la confiture du feu et laissez-la tiédir. Dès qu'elle se fige, mettez-la en pots, couvrez et étiquetez.

Les amandes retirées des noyaux rehaussent le parfum de la confiture d'abricots.

L'utilisation des écumoires
Depuis le XVIIIe siècle et jusqu'à la Seconde Guerre mondiale, avant la fabrication en série du matériel en acier inoxydable, les grands cuisiniers utilisaient deux sortes d'écumoire : l'une, en fer-blanc, pour les soupes et les sauces, l'autre, en cuivre, pour les confitures et la cuisson du sucre.

Pour couvrir les confitures à chaud avec de la Cellophane, essuyer le bord des pots, passer un coton ou un petit chiffon humide sur une face des feuilles de Cellophane et poser une feuille sur chaque pot, côté humecté à l'extérieur, en la tendant légèrement.

Le potiron et les abricots font un heureux mariage de couleurs et de saveurs.

Confiture de potiron aux abricots secs

La courte saison des abricots est fort éloignée de celle du potiron. Voici une recette qui permet néanmoins d'associer les deux fruits.

Retirez les graines, les filaments et l'écorce du potiron. Coupez la pulpe en petits morceaux et pesez, puis mesurez 750 g de sucre par kilo de pulpe.

Mettez la pulpe et le sucre dans une jatte, mélangez avec soin et laissez macérer 12 heures. Remuez deux ou trois fois.

Pendant ce temps, lavez les abricots, coupez-les en morceaux et mettez-les dans une autre jatte, puis couvrez-les juste d'eau froide et laissez-les gonfler 12 heures.

Versez le potiron et les abricots dans la bassine à confiture, portez doucement à ébullition et faites cuire à petits frémissements pendant environ une heure. Ajoutez la cannelle après 45 min de cuisson.

Placez une soucoupe dans le freezer ou dans le congélateur au début de la cuisson.

Ébouillantez les pots et retournez-les sur un linge propre.

Après une heure de cuisson, faites tomber une goutte de confiture sur la soucoupe. Si la goutte s'étale, prolongez la cuisson et refaites le test quelques instants plus tard. Si elle se fige immédiatement, arrêtez la cuisson. Répartissez la confiture dans les pots et essuyez-les, puis couvrez-les, laissez-les refroidir et étiquetez-les.

Ingrédients

- 3 kg de potiron
- 2 kg de sucre (environ)
- 750 g d'abricots secs
- 1 cuil. à café de cannelle en poudre

Préparation : 20 minutes
Macération : 12 heures
Cuisson : 1 heure
Pour environ 12 pots de 400 g

Confiture de tomates vertes

Légèrement citronnée, cette confiture a une saveur étonnamment fruitée.

INGRÉDIENTS

1 KG DE TOMATES VERTES ET FERMES
1/2 CITRON NON TRAITÉ
800 G DE SUCRE

PRÉPARATION : 15 MINUTES
MACÉRATION : 24 HEURES
CUISSON : 2 HEURES ENVIRON
REPOS AVANT DE COUVRIR : 3 JOURS
POUR ENVIRON 5 POTS DE 350 G

LAVEZ et essuyez les tomates, ôtez leur pédoncule et coupez-les en tranches ou en petits quartiers. Lavez et essuyez le demi-citron, coupez-le en demi-rondelles fines.

Disposez une couche de morceaux de tomate dans une terrine, poudrez de sucre et ajoutez quelques demi-tranches de citron. Recommencez en alternant les couches jusqu'à épuisement des ingrédients, en terminant par une couche de sucre.

Couvrez avec un linge propre et faites macérer 24 heures dans un endroit frais et bien sec, en retournant plusieurs fois les éléments avec une cuillère en bois.

Versez le contenu de la terrine dans une bassine à confiture et portez à ébullition à feu doux, puis laissez cuire en remuant souvent pendant 2 heures environ : le sirop doit être « à la nappe » (voir conseil) sans être brun.

Ébouillantez des pots et retournez-les sur un linge propre.

Versez la confiture dans les pots, recouvrez d'un linge et laissez reposer 3 jours. Couvrez alors les pots, puis étiquetez-les.

Pour vérifier la cuisson « à la nappe », mettre une assiette dans le réfrigérateur dès le début de la cuisson. Après 2 heures, sortir l'assiette et laisser tomber dessus une goutte de confiture : si elle se fige immédiatement, la « nappe » est atteinte et il faut arrêter la cuisson. Sinon, la prolonger encore un peu.

La confiture de tomates vertes possède une saveur aussi séduisante que sa couleur.

Retrouvez le plaisir de cette confiture au petit déjeuner, sur du pain beurré.

Le triomphe des confitures maison
Alors qu'un décret du 16 septembre 1925 imposa sur les étiquettes la mention « glucosée », « gélosée », « fantaisie » ou « artificielle », révélant la pauvreté en fruit et/ou en sucre de nombreuses confitures, marmelades ou gelées industrielles, nos grands-mères continuaient à exceller dans la confection de leurs confitures.

Confiture de carottes

Cette confiture inhabituelle, délicieuse sur les toasts ou dans les croissants, convient aussi à la garniture de gâteaux.

Grattez les carottes et coupez-les en rondelles fines. Mettez-les dans une casserole, couvrez-les juste d'eau et portez à ébullition. Laissez cuire de 15 à 20 min, puis égouttez les carottes en conservant l'eau de cuisson. Brossez les citrons et l'orange sous l'eau tiède, essuyez-les avec soin. Râpez finement leur zeste, pressez les fruits et filtrez leur jus.

Réduisez les carottes en purée avec 20 cl de leur eau de cuisson. Versez par ailleurs 20 cl de cette eau de cuisson dans une casserole, ajoutez le sucre et faites dissoudre à feu doux, en remuant sans cesse pour éviter que le sucre ne cristallise sur les parois du récipient.

Ajoutez le sirop à la purée de carottes et incorporez-y les zestes et le jus des fruits. Portez à ébullition à feu doux, en remuant de temps en temps, puis faites cuire à vive ébullition pendant 10 min. Si la confiture reste trop liquide, prolongez la cuisson de 5 min environ.

Versez la confiture dans des pots ébouillantés encore chauds, couvrez aussitôt la surface de cercles de papier sulfurisé et fermez les pots avec de la Cellophane. Conservez dans un placard frais, sec et aéré.

Ingrédients

- 1,25 kg de petites carottes
- 2 gros citrons non traités
- 1 orange non traitée
- 1,25 kg de sucre

Préparation : 1 heure
Cuisson : 1 heure
Pour environ 5 pots de 350 g

Confiture de melon

Préparez-la à la pleine saison, avec des melons parfumés mais fermes.

INGRÉDIENTS

1,5 KG DE MELONS, MÛRS MAIS ENCORE FERMES
750 G DE SUCRE PAR KILO DE PULPE DE MELON
10 CL DE VINAIGRE DE VIN PAR KILO DE PULPE DE MELON
1 GOUSSE DE VANILLE

PRÉPARATION : 30 MINUTES
MACÉRATION : 12 HEURES
CUISSON : 1 HEURE
POUR ENVIRON 5 POTS DE 350 G

À L'AIDE d'un couteau économe, retirez juste la couche superficielle de l'écorce des melons. Coupez-les en deux, retirez-en les pépins et taillez la pulpe en dés de 3 cm de côté. Pesez-la et mesurez 750 g de sucre par kilo de pulpe, puis mesurez 10 cl de vinaigre par kilo de pulpe de melon.

Versez une couche de dés de melon dans une terrine. Couvrez avec une couche de sucre et continuez à alterner les couches jusqu'à épuisement des ingrédients, en terminant par une couche de sucre. Arrosez avec le vinaigre mesuré et laissez macérer 12 heures, en remuant de temps en temps.

Versez ensuite le contenu de la terrine dans une bassine à confiture. Fendez la gousse de vanille en deux dans la longueur, ajoutez-la dans la bassine et portez à ébullition, puis laissez cuire une heure. Versez alors une goutte de confiture dans un verre d'eau glacée : si elle ne s'y dilue pas immédiatement, la confiture est cuite. Mettez la bassine hors du feu et laissez tiédir.

Ébouillantez des pots et retournez-les sur un linge propre.

Dès que la confiture commence à se figer, mettez-la en pots et couvrez, puis essuyez les pots et étiquetez.

Dans cette confiture, la chair très douce du melon est relevée avec un peu de vinaigre de vin.

Si, après quelque temps, les confitures moisissent, retirer largement la partie abîmée et faire recuire la confiture pendant une vingtaine de minutes.

Dégustez cette véritable confiserie avec du thé brûlant ou avec un grand verre d'eau glacé, à la mode du Moyen-Orient.

Attendre que les confitures soient bien froides avant de les ranger dans un endroit sec et à l'abri de la lumière.

Confiture de roses

Préparez-la avec des roses de Damas, **Rosae muscadae** *(des roses musquées) ou des roses de Provins.*

Rincez rapidement les pétales de rose à l'eau fraîche, en veillant à ne pas les abîmer. Pressez un citron et filtrez son jus.

Versez les pétales dans une grande terrine et couvrez juste d'eau froide, puis ajoutez le jus de citron, mélangez délicatement et laissez macérer 12 heures.

Ensuite, versez dans une bassine à confiture le sucre et 18 cl d'eau. Portez à ébullition et laissez bouillir doucement jusqu'à ce que le sirop atteigne 110 °C exactement au thermomètre de cuisson, ou 1,3199 au pèse-sirop. Ce stade de cuisson, dit au petit perlé, peut se vérifier ainsi : trempez vos doigts dans de l'eau froide, prélevez un peu de sucre entre le pouce et l'index sur l'écumoire plongée dans le sirop et écartez-les ; le sucre doit former un fil large et solide qui ne casse pas.

Pendant ce temps, pressez le reste des citrons et filtrez leur jus. Ébouillantez des pots et retournez-les sur un linge propre.

Quand le sirop atteint la température requise, ajoutez-lui le contenu de la terrine et le jus de citron. Faites cuire de nouveau jusqu'à ce que le sirop atteigne 110 °C au thermomètre de cuisson.

Mettez la confiture en pots à l'aide d'une louche, en les remplissant presque à ras bord, et laissez refroidir complètement avant de couvrir.

Ingrédients

500 g de pétales de rose très frais
3 citrons
750 g de sucre

Préparation et cuisson : 1 heure
Macération : 12 heures
Pour environ 5 pots de 350 g

Confiture de lait

Originaire de Normandie, cette préparation caramélisée fait également les délices des Espagnols.

Ingrédients

1,3 kg de sucre
1,25 litre de lait entier
2 gousses de vanille ou 2 bâtons de cannelle

Préparation : 5 minutes
Cuisson : 1 heure
Pour 4 ou 5 pots de 400 g

Versez dans une casserole épaisse 800 g de sucre et 25 cl d'eau. Faites fondre le sucre à feu doux, portez à ébullition et laissez cuire jusqu'à la formation d'un beau caramel blond.

Portez le lait à ébullition dans une grande casserole épaisse et ajoutez le reste du sucre et la vanille ou la cannelle. Mélangez, incorporez le caramel et laissez frémir une heure, en remuant de temps en temps.

Quand le mélange forme une pâte lisse, retirez-le du feu et laissez-le tiédir.

Ébouillantez des pots et retournez-les sur un torchon. Ôtez la vanille ou la cannelle, puis mettez en pots, couvrez d'un linge et laissez refroidir avant de fermer.

Cette confiture s'utilise étalée en couche fine, directement sur de la brioche ou sur du pain. Pour les plus gourmands, elle se déguste à la petite cuillère.

Un aliment de choix
Le lait, délaissé depuis les années 1910 au profit des fromages et de la viande, en particulier dans les grandes villes, retrouva son rôle ancestral avec les restrictions de la Grande Guerre : en avril 1917, le préfet de la Seine le fit distribuer en priorité aux enfants et aux vieillards.

Ces apéritifs chaleureux ne demandent qu'un peu de temps pour développer tout leur arôme.

Apéritifs et vins parfumés

Ces boissons alcoolisées suaves feront le bonheur des palais raffinés.

Apéritif aux feuilles de pêcher

Lavez les feuilles de pêcher et épongez-les, puis déposez-les sur une grille et laissez-les sécher 24 heures environ.

Mettez les feuilles de pêcher dans un bocal. Ajoutez le sucre, arrosez avec le vin, couvrez et laissez macérer 5 jours.

Filtrez le contenu du bocal, versez le vin obtenu dans une grande carafe ou dans une bouteille, puis ajoutez le kirsch, bouchez et laissez reposer un mois.

Apéritif aux feuilles de cassis

Rincez le cassis à l'eau courante. Égouttez-le, égrappez-le et écrasez-le grossièrement, puis versez-le dans un bocal.

Lavez les feuilles de cassis, épongez-les et ajoutez-les aux fruits. Ajoutez le sucre et le vin, couvrez et laissez macérer 2 jours.

Filtrez, portez à ébullition à feu doux et faites bouillir 5 min, puis laissez refroidir. Mesurez le liquide froid et ajoutez 10 cl d'eau-de-vie par litre. Filtrez, versez dans des bouteilles ébouillantées, bouchez et laissez reposer un mois au moins.

Vin à l'orange

Brossez les oranges et le citron sous l'eau chaude. Essuyez-les et levez leur zeste en minces filaments à l'aide d'un couteau zesteur.

Mettez les zestes dans un bocal de 2,5 litres. Ajoutez une bouteille de vin, couvrez et laissez macérer 8 jours.

Fendez la gousse de vanille en deux. Ajoutez-la dans le bocal, ainsi que le sucre, la seconde bouteille de vin et l'eau-de-vie. Couvrez et laissez macérer 2 mois, puis filtrez l'apéritif, versez-le dans des bouteilles ébouillantées et bouchez.

Vin de noix

Lavez et essuyez les noix, sans les sortir de leur écorce, puis écrasez le tout au casse-noix au-dessus d'un bocal de 2 litres.

Ajoutez le sucre, le vin, le quart d'orange et l'eau-de-vie. Fermez le bocal et faites macérer 40 jours, en remuant le bocal tous les jours si possible. Filtrez le vin de noix, versez-le dans deux bouteilles ébouillantées et bouchez.

Ingrédients

Apéritif de feuilles de pêcher

120 feuilles de pêcher cueillies entre le 15 août et le 8 septembre
25 morceaux de sucre n° 4
75 cl de vin rosé d'Anjou
10 cl de kirsch
Préparation : 20 minutes
Séchage des feuilles : 24 heures
Macération : 5 jours
Repos : 1 mois
Pour environ 1 litre d'apéritif

Apéritif aux feuilles de cassis

1 kg de cassis
1 grosse poignée de feuilles de cassis
1 kg de sucre en poudre
1 litre de bourgogne rouge
10 cl d'eau-de-vie par litre de jus obtenu
Préparation : 30 minutes
Macération : 2 jours
Cuisson : 5 minutes
Repos : 1 mois au moins
Pour 2 bouteilles d'apéritif

Vin à l'orange

8 oranges non traitées
1 citron non traité
2 bouteilles de 75 cl de vin blanc sec
1 gousse de vanille
400 g de sucre en poudre
50 cl d'eau-de-vie à 40°
Préparation : 20 minutes
Macération : 8 jours, puis 2 mois
Pour 3 bouteilles d'apéritif

Vin de noix

4 noix vertes
250 g de sucre en poudre
1,2 litre de vin rouge à 13°
1/4 d'orange non traitée avec son écorce
20 cl d'eau-de-vie à 40°
Préparation : 10 minutes
Macération : 40 jours
Pour 2 bouteilles d'apéritif

Liqueurs

Présentez les liqueurs dans de jolies carafes, mais prenez garde de bien abriter celles-ci de la lumière.

Ingrédients

Liqueur des quatre fruits
250 g de cassis
250 g de cerises
250 g de groseilles
250 g de framboises
10 graines de coriandre
6 clous de girofle
2 litres d'eau-de-vie à 40°
1 kg de sucre

Préparation : 20 minutes
Macération : 15 jours
Cuisson : 10 minutes
Repos en bouteille : 15 jours

Liqueur de noyaux
100 g de noyaux d'abricot
1 litre d'eau-de-vie à 40°
600 g de sucre en morceaux
10 cl de cognac

Préparation : 20 minutes
Macération : de 3 à 4 mois
Repos en bouteille : 2 mois

Liqueur de cassis
500 g de cassis
3 ou 4 feuilles de cassis
50 g de framboises
5 cm de bâton de cannelle
1 litre d'eau-de-vie à 40°
500 g de sucre par litre de jus

Préparation : 30 minutes
Cuisson : 10 minutes environ
Macération : 1 mois au moins

Liqueur de framboise
5 grands bols de framboises
80 cl d'eau-de-vie de pays
500 g de sucre

Préparation : 20 minutes
Cuisson : 10 minutes
Macération : 2 mois
Repos en bouteille : 6 mois

Liqueur des quatre fruits

Lavez les cassis, les cerises et les groseilles, puis séchez-les dans un linge. Égrappez cassis et groseilles. Essuyez les framboises si elles sont poussiéreuses. Versez tous les fruits dans une terrine, écrasez-les grossièrement avec le dos d'une écumoire et versez-les dans un grand bocal. Écrasez grossièrement les graines de coriandre. Ajoutez-les dans le bocal, avec les clous de girofle et l'eau-de-vie. Mélangez, fermez hermétiquement et laissez macérer 15 jours.

Versez le sucre dans une casserole et ajoutez 25 cl d'eau, puis laissez fondre le sucre à feu doux et portez à ébullition. Faites cuire jusqu'à ce qu'il ne se dégage plus de vapeur d'eau, retirez du feu et laissez refroidir.

Filtrez la liqueur dans un tamis garni de mousseline, en pressant légèrement les fruits, et ajoutez le sirop froid.

Versez dans des bouteilles, bouchez et laissez reposer 15 jours.

Liqueur de noyaux

Versez dans un grand bocal la moitié des noyaux juste retirés des fruits, sans les nettoyer. Cassez le reste, placé entre deux épaisseurs de papier journal, avec un marteau. Ajoutez-les dans le bocal, ainsi que l'eau-de-vie et le sucre.

Fermez hermétiquement le bocal et laissez macérer de 3 à 4 mois.

Ensuite, filtrez la liqueur dans un tamis tapissé de mousseline et ajoutez le cognac. Versez-la dans des bouteilles, bouchez et laissez reposer 2 mois avant de consommer.

Liqueur de cassis

Lavez rapidement les baies, séchez-les sur un torchon et égrappez-les à la fourchette. Rincez et épongez les feuilles de cassis. Versez baies et feuilles dans un bocal à grande ouverture, puis ajoutez les framboises et la cannelle.

Arrosez avec l'eau-de-vie, fermez hermétiquement le bocal, placez-le dans un endroit lumineux et laissez macérer un mois.

Filtrez le contenu du bocal dans un tamis tapissé de mousseline, en écrasant bien les fruits. Mesurez le volume de liquide obtenu et pesez 500 g de sucre par litre.

Versez le sucre dans une casserole avec 50 cl d'eau pour 500 g de sucre. Faites fondre le sucre à feu doux, portez à ébullition et laissez bouillir jusqu'à ce qu'il ne se dégage plus de vapeur, puis laissez refroidir.

Ajoutez le sirop au jus de cassis, mélangez, versez dans des bouteilles ébouillantées et bouchez hermétiquement.

Variante : crème de cassis

Lavez et égrappez les cassis, pesez-les et écrasez-les dans une terrine. Arrosez avec du vin rouge (2 litres pour 1,5 kg de fruits), couvrez et laissez macérer 48 heures.

Lorsque les fruits ont bien macéré, pesez une terrine vide, posez dessus une passoire tapissée d'un linge, versez le contenu de la terrine dans la passoire et tordez le linge pour exprimer tout le jus. Pesez de nouveau la terrine et soustrayez le poids de la terrine vide pour avoir le poids du jus. Pesez alors la même quantité de sucre, versez le jus et le sucre dans une grande casserole et faites chauffer doucement en remuant pour dissoudre le sucre. Portez à ébullition et laissez bouillir 5 min, puis retirez du feu, laissez tiédir et mettez en bouteilles.

Liqueur de framboise

Mettez les framboises dans un bocal avec l'eau-de-vie, fermez et laissez macérer 2 mois.

Versez le contenu du bocal dans une passoire tapissée d'un linge et posée au-dessus d'une jatte. Écrasez les fruits au pilon et tordez le linge pour extraire tout le jus.

Faites fondre le sucre dans une casserole avec 25 cl d'eau, portez à ébullition et donnez juste un bouillon. Versez ce sirop sur le jus de framboise, filtrez dans un linge propre, laissez tiédir et mettez en bouteilles. Laissez reposer 6 mois dans un endroit sombre avant de consommer.

Ces liqueurs, que l'on peut servir telles quelles ou sur de la glace pilée, possèdent une saveur et une robe superbes.

Liqueur de prunelle

Pour obtenir une liqueur parfumée, employez de préférence des prunelles cueillies juste après les gelées.

Ingrédients

- 400 g de prunelles mûres
- 25 g d'amandes mondées
- 300 g de sucre roux
- 1 gousse de vanille
- 1 litre d'eau-de-vie à 40°

Préparation : 15 minutes
Macération : 2 mois au moins
Pour 2 bouteilles de liqueur

Mettez les prunelles dans une passoire et lavez-les soigneusement à l'eau courante, puis épongez-les sur un torchon ou sur du papier absorbant.

Versez les prunelles dans un bocal de 2 litres environ de contenance muni d'un couvercle. Ajoutez les amandes et le sucre. Fendez la gousse de vanille en deux, ajoutez-la dans le bocal et arrosez avec l'eau-de-vie. Fermez le bocal et laissez macérer 2 mois au moins dans un endroit sombre.

Filtrez le contenu du bocal et versez-le dans deux bouteilles ébouillantées, puis bouchez-les.

Liqueurs bienfaisantes
En France, la fabrication des liqueurs remonte au XVe siècle. Les plus célèbres furent inventées à des fins médicales, la Bénédictine au XVIe siècle, à Fécamp, et la Chartreuse au XIXe siècle, au couvent de la Grande-Chartreuse, par des moines qui conservaient jalousement le secret de sa fabrication.

Les prunelles sauvages et l'eau-de-vie composent un véritable cordial.

Une orange piquée de grains de café parfume cette liqueur placée sous les auspices du nombre 44.

Apéritifs, vins et liqueurs doivent macérer dans un endroit sec mais frais et bien sombre. Il faut ensuite les conserver dans un placard, à l'abri de la lumière.

Liqueur 44

44 grains de café, 44 morceaux de sucre et 44 jours de macération expliquent l'appellation de cette liqueur.

Ébouillantez un bocal assez large pour contenir l'orange entière, retournez-le sur un linge et laissez-le sécher ainsi.

Brossez l'orange sous l'eau, essuyez-la avec du papier absorbant et incisez-la de 44 entailles avec la pointe d'un petit couteau pointu. Enfoncez un grain de café dans chaque entaille.

Mettez l'orange piquée des grains de café dans le bocal, ajoutez le sucre et l'eau-de-vie, puis fermez hermétiquement et laissez macérer 44 jours dans un endroit sombre et bien frais.

Filtrez la liqueur dans une passoire tapissée de mousseline et mettez-la aussitôt en bouteilles.

Ingrédients

- 1 orange non traitée
- 44 grains de café
- 44 morceaux de sucre
- 1 litre d'eau-de-vie à 40°

Préparation : 10 minutes
Macération : 44 jours

Liqueur d'estragon

Ingrédients

50 g de feuilles d'estragon
1 gousse de vanille
5 g de graines de carvi
3 g de macis
1 litre d'eau-de-vie à 40°
200 g de sucre

Préparation : 10 minutes
Cuisson : 10 minutes
Macération (en deux fois) : 2 mois

Cette recette permet de confectionner une liqueur rappelant la vodka par sa saveur, sinon par son degré d'alcool.

Rincez et épongez bien les feuilles d'estragon. Fendez la gousse de vanille en deux.

Mettez les feuilles d'estragon, la vanille, le carvi et le macis dans un grand bocal. Arrosez avec l'eau-de-vie, fermez hermétiquement et laissez macérer un mois, en secouant de temps en temps le bocal.

Ensuite, versez le sucre et 15 cl d'eau dans une casserole. Faites fondre le sucre à feu doux, portez à ébullition et laissez cuire jusqu'à ce qu'il ne se dégage plus de vapeur d'eau. Retirez alors du feu et laissez refroidir.

Ajoutez le sirop froid au contenu du bocal, mélangez, fermez de nouveau et laissez macérer pendant encore un mois dans un endroit sombre.

Après cette dernière macération, filtrez la liqueur dans un tamis garni de mousseline et versez-la dans de jolies bouteilles ou dans des carafes munies de leur bouchon.

Plus douce que la vodka, la liqueur d'estragon peut aussi servir à préparer des cocktails parfumés.

Douce et parfumée, cette liqueur sera très appréciée les soirs d'hiver, au coin du feu.

BOISSONS AU MIEL
La douceur du miel l'a de tout temps désigné comme ingrédient indispensable de certaines boissons fort appréciées, dont l'hydromel, la plus connue et certainement la plus ancienne. Taillevent, célébrité culinaire du XIVe siècle, créa l'hypocras — vin d'épices macérées dans du miel —, qui fut remis à la mode en 1912 par Anthelme Thibaud, à Pérouges.

Liqueur de miel

Moins longue à préparer que l'hydromel, cette liqueur ne peut que séduire les amateurs de miel.

BROSSEZ le citron et l'orange sous l'eau tiède courante, puis essuyez-les. Râpez finement leur zeste et pressez la pulpe, en réservant les pépins. Versez le zeste, le jus et les pépins dans un pot de 1,5 litre de contenance muni d'un couvercle. Écrasez légèrement les clous de girofle, ajoutez-les dans le pot et arrosez avec l'eau-de-vie.

Couvrez et laissez macérer 48 heures. Versez ensuite le miel et l'eau dans une bassine à confiture ou dans un faitout. Portez à ébullition en remuant à feu doux pour diluer le miel, puis faites bouillir à feu vif jusqu'à ce que le liquide ait réduit de moitié. Mettez hors du feu et laissez tiédir.

Ajoutez le sirop tiède à l'eau-de-vie parfumée. Mélangez, couvrez et laissez macérer 8 jours en remuant une fois par jour, puis filtrez soigneusement et mettez la liqueur en bouteilles.

INGRÉDIENTS

- 1 GROS CITRON NON TRAITÉ
- 1 GROSSE ORANGE NON TRAITÉE
- 4 CLOUS DE GIROFLE
- 50 CL D'EAU-DE-VIE À 60°
- 500 G DE MIEL TOUTES FLEURS
- 50 CL D'EAU MINÉRALE NON GAZEUSE

PRÉPARATION : 15 MINUTES
CUISSON : 30 MINUTES ENVIRON
MACÉRATION : 48 HEURES + 8 JOURS
POUR 75 CL DE LIQUEUR

Ratafias de fruits rouges

Parmi les innombrables recettes de ratafia, en voici deux tout à fait classiques.

Ingrédients

Ratafia de cerises, de framboises et de cassis

500 g de cerises aigres
500 g de framboises
250 g de cassis
1 litre d'eau-de-vie à 40°
750 g de sucre en poudre

Préparation : 30 minutes
Macération : 1 mois au moins
Cuisson : 5 minutes
Repos : 6 mois
Pour 2,5 litres

Ratafia de groseilles

environ 2 kg de groseilles rouges
par litre de jus obtenu :
2 litres d'eau-de-vie à 40°
3 bâtons de cannelle d'environ 10 cm
1 clou de girofle
500 g de sucre

Préparation : 30 minutes
Macération : 1 mois, puis 8 jours

Ratafia de cerises, de framboises et de cassis

Équeutez les cerises et concassez-les sans écraser les noyaux. Essuyez les framboises si elles sont poussiéreuses. Lavez, épongez et égrenez le cassis.

Versez tous les fruits dans un bocal d'environ 2,5 litres de contenance muni d'un couvercle. Arrosez avec l'eau-de-vie et laissez macérer un mois au moins dans un endroit sombre.

À l'issue de cette macération, mettez le sucre dans une grande casserole avec 25 cl d'eau. Portez à ébullition à feu doux, puis retirez du feu, filtrez les fruits macérés au-dessus de la casserole, puis laissez refroidir complètement.

Versez dans des bouteilles propres, bouchez-les et attendez 6 mois avant de consommer.

Ratafia de groseilles

Pressez suffisamment de groseilles rouges pour obtenir un litre de jus. Versez-le dans un bocal, ajoutez 2 litres d'eau-de-vie à 40°, 3 bâtons de cannelle d'environ 10 cm de long et un clou de girofle. Fermez le bocal et laissez macérer un mois dans un endroit sec.

Après cette macération, ajoutez 500 g de sucre dans le bocal, refermez et laissez reposer 8 jours.

Filtrez le contenu du bocal dans une passoire tapissée de mousseline, puis mettez le ratafia en bouteilles.

La cerise aigre ajoute une touche particulière à cette liqueur.

Des épices viennent corser ce ratafia de mûres, particulièrement aromatique.

Utiliser des aromates et des épices en bâton ou en graines de préférence à ceux en poudre, qui risqueraient de rendre trouble la préparation terminée.

Ratafia de mûres

Vous pouvez, selon la quantité de sirop de sucre ajoutée, doser à volonté la douceur de cette liqueur.

Retirez, s'il y a lieu, les pédoncules des mûres. Étalez celles-ci sur un grand linge humide et tirez en tous sens de façon qu'en roulant les mûres se débarrassent des poussières et autres impuretés.

Déposez dans un bocal de 2 litres au moins de contenance des couches alternées de mûres et de sucre, en terminant par une couche de sucre.

Lavez et essuyez le citron. Prélevez un long ruban de son zeste au couteau économe, sans entamer la peau blanche. Fendez la vanille en deux.

Ajoutez dans le bocal le zeste de citron, la vanille, la cannelle et les clous de girofle. Versez doucement l'eau-de-vie, fermez hermétiquement le bocal et laissez reposer 48 heures, sans toucher le récipient.

Ensuite, tous les jours et pendant 2 mois, retournez le bocal et agitez-le. Le premier mois, ouvrez le bocal deux fois par semaine et écrasez les mûres au pilon. Le second mois, ne procédez à cette opération qu'une seule fois par semaine.

Après ces 2 mois, ébouillantez deux ou trois bouteilles et retournez-les pour bien les égoutter.

Filtrez le ratafia dans un tamis garni d'une mousseline et goûtez-le. Si vous le trouvez trop fort, faites fondre à feu doux 250 g de sucre avec 25 cl d'eau, portez à ébullition, laissez refroidir et ajoutez au ratafia juste assez de ce sirop pour le rendre agréable, sans pour autant le transformer en liqueur. Mélangez bien.

Posez un entonnoir sur les bouteilles stérilisées, versez-y le ratafia, bouchez, étiquetez et rangez les bouteilles dans un endroit frais et sec. Laissez reposer un mois au moins avant de consommer.

Ingrédients

700 g de mûres
500 g de sucre
1 litre d'eau-de-vie à 40°
1 citron non traité
1/2 gousse de vanille
1 morceau d'écorce de cannelle
2 clous de girofle

Pour le sirop (facultatif)
250 g de sucre environ

Préparation : 10 minutes
Macération : 2 jours, puis 2 mois
Repos : 1 mois au moins
Pour 2 ou 3 bouteilles

Le sirop de groseille sert aussi bien à imbiber un gâteau qu'à aromatiser toutes sortes de boissons.

En trois tours de manivelle
Mortier, pilon et tamis servirent à écraser fruits et légumes pour les coulis, les sauces et les purées, jusqu'à l'apparition, en 1932, des premiers presse-purée mécaniques, Moulin-légume, Bob ou Pilo, dont la prolifération inspira abondamment les humoristes de l'époque.

Sirop de groseille

Ce sirop préparé en plein été peut se conserver six mois.

Ingrédients

2 kg de groseilles bien mûres
1,8 kg de sucre par litre de jus

Préparation : 20 minutes
Repos : 48 heures
Cuisson : 10 minutes
Pour 2 bouteilles environ

Lavez rapidement les groseilles, séchez-les sur un torchon et égrappez-les. Passez-les au moulin à légumes au-dessus d'une terrine, puis couvrez et laissez la pulpe reposer 48 heures dans un endroit frais ou au réfrigérateur.

Versez la pulpe dans une passoire tapissée d'un linge fin et pressez-la, puis tordez le linge pour extraire le maximum de jus. Mesurez le jus obtenu et comptez 1,8 kg de sucre par litre de jus.

Versez jus et sucre dans une casserole à fond épais. Mélangez et faites chauffer en remuant jusqu'à ce que le sucre soit dissous, puis retirez du feu et laissez refroidir.

Versez le sirop dans des bouteilles, bouchez hermétiquement et conservez, à la verticale, dans un endroit frais et sec.

Sirop d'églantier

Riches en vitamine C, les baies du rosier sauvage, ou cynorhodon, permettent de faire un sirop délicieux.

Ingrédients

900 g de baies d'églantier, mûres à point
450 g de sucre

Préparation : 45 minutes
Cuisson : 1 heure
Stérilisation : 30 minutes
Pour 85 cl de sirop

Ébouillantez des petites bouteilles munies d'un bouchon à vis et retournez-les sur un linge propre pour les sécher. Rincez les baies, égouttez-les et équeutez-les, puis hachez-les grossièrement, au robot ménager ou à la main.

Versez 1,75 litre d'eau dans une bassine à confiture ou dans une grande casserole émaillée. Portez à ébullition, ajoutez les baies d'églantier et faites frémir 5 min, puis retirez du feu et laissez tiédir 15 min.

Versez la préparation dans un grand tamis posé sur une terrine. Mettez le jus de côté. Reversez la pulpe dans le récipient de cuisson, ajoutez 85 cl d'eau et portez à ébullition, puis laissez frémir 15 min.

Ajoutez ensuite le jus mis de côté, mélangez et filtrez le tout dans un tamis tapissé d'un linge fin ou de plusieurs couches de mousseline et posé au-dessus d'une casserole en inox ou en émail.

Portez à ébullition et laissez évaporer jusqu'à ce qu'il ne reste plus que 85 cl de liquide. Ajoutez alors le sucre, mélangez jusqu'à ce qu'il soit totalement dissous et faites frémir 10 min.

Versez aussitôt le sirop dans les bouteilles ébouillantées à l'aide d'une louche et d'un entonnoir également ébouillantés, jusqu'à 4 cm environ de l'ouverture. Fermez avec les bouchons, sans serrer.

Posez les bouteilles à la verticale dans une grande marmite à bord haut, sur un trépied ou sur un morceau de bois. Ajoutez suffisamment d'eau pour qu'elle soit légèrement au-dessus du niveau du sirop. Faites chauffer l'eau à la température de stérilisation, c'est-à-dire 77 °C, et maintenez-la à cette température pendant 30 min, en veillant à ce qu'elle ne descende pas en dessous.

Retirez les bouteilles de la marmite avec des pincettes, vissez les bouchons à fond et laissez refroidir complètement avant d'essuyer et d'étiqueter les bouteilles. Rangez-les dans un endroit frais, sombre et aéré. Conservez le sirop 2 mois au maximum.

Une fois les bouteilles de sirop stérilisées, elles se conserveront 2 mois dans un endroit sombre et aéré.

Fruits en conserve

Les fruits stérilisés, au naturel ou au sirop, servent tout l'hiver à préparer des garnitures et des desserts.

Ingrédients

Cerises au naturel
Cerises mûres mais fermes, parfaitement saines
1 cuil. à soupe de sucre par bocal de 1 litre
Stérilisation : 20 minutes

Cerises au sirop
Cerises mûres mais fermes, parfaitement saines
500 g de sucre par litre d'eau
1 gousse de vanille
Stérilisation (en deux fois) : 25 minutes

Abricots au naturel
Abricots mûrs mais fermes, sans taches
1 cuil. à soupe de sucre par bocal de 1 litre
Stérilisation (en deux fois) : 40 minutes

Abricots au sirop
Abricots mûrs mais fermes, sans taches
750 g de sucre par litre d'eau
Stérilisation (en deux fois) : 40 minutes

Quetsches au naturel
Quetsches mûres, mais sans craquelures ni crevasses
Le jus de 1 citron par bocal de 1 litre
1 cuil. à soupe de sucre en poudre par bocal de 1 litre

Au préalable, plongez des bocaux dans l'eau bouillante et retournez-les sur un linge propre. Avant de procéder à la stérilisation, trempez les joints de caoutchouc 2 min dans de l'eau bouillante. Mettez les fruits dans les bocaux parfaitement secs, posez les joints de caoutchouc et fermez les bocaux.

Pour les fruits au sirop, délayez le sucre avec un litre d'eau, portez à ébullition et laissez cuire 10 min, puis versez le sirop bouillant sur les fruits avec une louche ; les fruits doivent être couverts de liquide.

Pour la stérilisation, placez les bocaux dans une grande marmite, couvrez-les largement d'eau et laissez bouillir le temps indiqué ci-après. Laissez refroidir, puis renouvelez éventuellement l'opération.

Cerises au naturel

Lavez les cerises, égouttez-les, épongez-les et équeutez-les. Mettez-les dans les bocaux, ajoutez une cuillerée à soupe de sucre par bocal et fermez, puis stérilisez 20 min.

Cerises au sirop

Préparez les cerises comme précédemment. Ajoutez la vanille. Tassez, couvrez de sirop, fermez et stérilisez 15 min, puis laissez refroidir. Le lendemain, stérilisez 10 min.

Abricots au naturel

Essuyez les abricots. Ouvrez-les, dénoyautez-les et disposez-les dans les bocaux, cavité vers le bas. Ajoutez le sucre, fermez et stérilisez 25 min, puis 10 min le surlendemain.

Abricots au sirop

Préparez les abricots comme ci-dessus. Tassez, couvrez de sirop, fermez et stérilisez 25 min, puis 10 min le surlendemain.

Quetsches au naturel

Rincez les quetsches. Laissez-les sécher sur un linge propre, puis piquez-les jusqu'au noyau avec une aiguille à brider. Disposez-les dans les bocaux, tassez légèrement et ajoutez le citron et le sucre. Fermez, stérilisez 25 min, puis 10 min le surlendemain.

Conservez les bocaux de fruits dans un endroit sombre, frais et sec.

Elle n'a de confiture que le nom, cette liqueur aux fruits, également baptisée confiture d'officier.

LE LUXE DE LA CANNE À SUCRE
Le seul sucre disponible en France du Moyen Âge à l'Empire fut le sucre de canne, importé d'Orient par le port d'Alexandrie. Le sucre ne cessa d'être un produit de luxe qu'à partir du début du XIXe siècle, lorsque Napoléon Ier encouragea la culture de la betterave à sucre dans le nord de la France.

Confiture de vieux garçon

Sur une base d'eau-de-vie, préparez, au fil des mois, une liqueur parfumée avec tous les fruits de l'année.

INGRÉDIENTS

- 4 À 5 LITRES D'EAU-DE-VIE
- 250 G DE FRAISES PARFUMÉES
- 250 G DE BIGARREAUX
- 250 G DE FRAMBOISES
- 250 G D'ABRICOTS
- 250 G DE REINES-CLAUDES
- 250 G DE CHAIR DE POIRE
- 250 G DE CHAIR DE PÊCHE DE VIGNE
- 250 G DE RAISIN MUSCAT
- 8 X 250 G DE SUCRE

PRÉPARATION : 8 FOIS 10 MINUTES
CUISSON : 8 FOIS 10 MINUTES
MACÉRATION ENTRE LES ÉTAPES : 10 JOURS AU MINIMUM
MACÉRATION AVANT DE CONSOMMER : DE 1 À 2 MOIS

AU MOIS de juin, versez de l'eau-de-vie au tiers de la hauteur d'un très grand bocal.

Préparez un sirop : versez 250 g de sucre et 4 cuillerées à soupe d'eau dans une casserole à fond épais. Laissez fondre le sucre à feu doux, portez à ébullition et faites cuire jusqu'à ce qu'il ne se dégage plus de vapeur d'eau. Retirez du feu et laissez refroidir.

Ajoutez le sirop froid à l'eau-de-vie. Lavez les fraises, épongez-les, équeutez-les et ajoutez-les dans le bocal. Fermez hermétiquement et laissez macérer 10 jours au moins.

Procédez de la même façon avec les autres fruits, en suivant leur ordre d'apparition sur le marché et en ajoutant chaque fois au préalable un sirop préparé comme précédemment avec 250 g de sucre et 4 cuillerées à soupe d'eau. Refermez chaque fois le bocal et laissez toujours macérer 10 jours avant d'ajouter de nouveaux fruits. Ajoutez un peu d'eau-de-vie lorsque les fruits ne sont pas totalement couverts.

Quand vous avez ajouté pour la dernière fois du sirop et des fruits, versez assez d'eau-de-vie pour qu'elle recouvre le niveau des fruits de 5 cm environ. Refermez hermétiquement le bocal et laissez macérer de un à 2 mois dans un endroit sec et sombre avant de consommer.

Fruits à l'eau-de-vie

Ces fruits, certes délicatement alcoolisés, sont cependant à réserver aux adultes.

Ingrédients

Cerises à l'eau-de-vie
1 kg de petites cerises acidulées : cerises de Montmorency ou griottes
1 bâton de cannelle
12 graines de coriandre
250 g de sucre
1 litre d'eau-de-vie blanche

Préparation : 20 minutes
Macération : 2 jours, puis 2 mois

Pêches à l'eau-de-vie
1 kg de petites pêches, des pêches de vigne, par exemple
550 g de sucre
1 litre d'eau-de-vie à 45°

Préparation : 15 minutes
Cuisson : 25 minutes environ
Macération : 2 mois

Pruneaux à l'eau-de-vie
500 g de pruneaux d'Agen moelleux
50 cl d'armagnac ou de cognac, ou à la rigueur d'eau-de-vie

Préparation : 10 minutes
Macération : 3 mois

Mirabelles à l'eau-de-vie
1 kg de mirabelles
1 litre d'eau-de-vie à 45°
250 g de sucre

Préparation et cuisson : 20 minutes
Macération : 2 fois 1 mois

Raisin à l'eau-de-vie
1,2 kg environ de raisin muscat
150 g de sucre
75 cl environ d'eau-de-vie

Préparation et cuisson : 1 heure
Macération : 2 mois

Cerises à l'eau-de-vie

Ébouillantez un grand bocal, puis retournez-le sur un torchon propre. Lavez les cerises, égouttez-les sur un linge et coupez leur queue à 1 cm du fruit. Cassez la cannelle en 3 ou 4 morceaux.

Versez une couche de cerises dans le bocal parfaitement sec, ajoutez un morceau de cannelle et quelques graines de coriandre, puis poudrez de sucre. Ajoutez une nouvelle couche de cerises, de la cannelle, de la coriandre et du sucre, et ainsi de suite jusqu'à épuisement des ingrédients, en terminant par une couche de sucre. Fermez et laissez macérer 2 jours.

Arrosez le contenu du bocal avec l'eau-de-vie, rebouchez et laissez macérer 2 mois, en retournant le bocal tous les 10 jours pour bien mélanger.

Pêches à l'eau-de-vie

Rincez les pêches à l'eau courante, puis essuyez-les délicatement. Flambez une aiguille à brider et piquez-en les pêches jusqu'au noyau en trois ou quatre endroits.

Versez le sucre dans une casserole et ajoutez 25 cl d'eau. Faites fondre le sucre, portez à ébullition et laissez cuire jusqu'à ce qu'il ne se dégage plus de vapeur d'eau. Plongez les pêches dans le sirop, portez de nouveau à ébullition et laissez frémir 15 min.

Pendant ce temps, ébouillantez un grand bocal et retournez-le sur un torchon pour le faire sécher. Égouttez les pêches à l'écumoire et rangez-les dans le bocal bien sec.

Portez de nouveau le sirop à ébullition. Faites-le cuire au « petit lissé » : 103 °C au thermomètre de cuisson ou 1,2964 au pèse-sirop. Vous pouvez aussi vérifier la cuisson ainsi : trempez vos doigts dans de l'eau froide, prélevez un peu de sucre entre le pouce et l'index sur l'écumoire plongée dans le sirop et écartez-les d'environ 1 cm : il doit se former un fil visqueux. Retirez du feu et laissez refroidir.

Versez le sirop froid sur les pêches, arrosez avec l'eau-de-vie, fermez le bocal et laissez macérer 2 mois.

Pruneaux à l'eau-de-vie

Ébouillantez un bocal, puis retournez-le sur un torchon pour le faire sécher.

Mettez les pruneaux et l'alcool dans le bocal, couvrez et laissez macérer 3 mois dans un endroit frais et sombre.

Si, une fois le bocal ouvert, les pruneaux ne sont plus recouverts d'alcool, ajoutez suffisamment d'alcool et de sirop cuit à la nappe (101 °C au thermomètre de cuisson ou 1,2407 au pèse-sirop), à parts égales, pour les recouvrir complètement de liquide.

Mirabelles à l'eau-de-vie

Ébouillantez un grand bocal, puis retournez-le sur un torchon propre pour le faire sécher.

Lavez les mirabelles, essuyez-les délicatement et rangez-les dans le bocal sec. Arrosez avec l'eau-de-vie, fermez le bocal et laissez macérer un mois.

Faites fondre le sucre avec 25 cl d'eau. Portez à ébullition et laissez cuire jusqu'à ce qu'il ne se dégage plus de vapeur d'eau (101 °C au thermomètre de cuisson ou 1,2407 au pèse-sirop), puis laissez refroidir.

Versez le sirop froid dans le bocal, fermez et laissez macérer un mois.

Raisin à l'eau-de-vie

Ébouillantez un grand bocal, puis retournez-le sur un torchon pour le faire sécher. Lavez le raisin, épongez-le dans un torchon et égrenez-le. Pesez les grains : vous devez en avoir 1 kg.

Disposez dans le bocal bien sec la moitié des grains et écrasez le reste dans un tamis, en pressant bien.

Versez le sucre et 25 cl d'eau dans une casserole. Ajoutez le jus de raisin et faites fondre le sucre, puis portez à ébullition et laissez cuire jusqu'à ce qu'il ne se dégage plus de vapeur d'eau (101 °C au thermomètre de cuisson). Laissez refroidir.

Versez le sirop froid sur les grains de raisin, ajoutez suffisamment d'alcool pour recouvrir les fruits de 3 à 4 cm, fermez le bocal et laissez macérer 2 mois.

Dégustez l'hiver cerises et autres fruits à l'eau-de-vie préparés à la belle saison.

Herbes et graines à sécher

Procédez à la cueillette l'été, par temps chaud, avant que le soleil ait eu le temps de faire évaporer les arômes. Ne prélevez, à l'aide de ciseaux, que des branches ou des feuilles en parfait état, bien fraîches, en en laissant toujours assez pour permettre à la plante de continuer à pousser.

Ingrédients

Au choix
- Thym
- Laurier
- Sauge
- Coriandre
- Origan
- Marjolaine
- Menthe
- Aneth
- Fenouil, etc.

Séchage : selon le mode utilisé, de 1 heure à plusieurs semaines

Séchage des herbes

Triez les herbes en retirant toutes celles qui ne sont pas parfaitement saines.

Lavez-les rapidement à l'eau courante et égouttez-les, puis étalez-les sur un linge ou sur du papier absorbant pour les éponger complètement.

Une fois les herbes bien sèches, procédez au séchage : liez-les en bouquets et suspendez-les, tiges en haut, dans une pièce aérée, à l'abri de la lumière ; ou encore étalez-les sur une grille et faites-les sécher une heure environ dans le four chauffé à sa température minimale, en les surveillant.

Dès que les herbes sont légèrement craquantes, rangez-les dans des boîtes en métal et fermez hermétiquement. Évitez les bocaux en verre qui laissent passer la lumière : cela décolorerait vos herbes.

Séchage des graines

Il est intéressant de faire sécher certaines graines, comme celles du fenouil, de l'aneth ou de la coriandre. Triez-les, versez-les en une seule couche dans un grand tamis et secouez celui-ci en tous sens, horizontalement, de façon à faire rouler les graines et à les débarrasser de tout débris.

Faites-les sécher sur le tamis, dans une pièce bien aérée, en veillant à ce que l'air circule tout autour pour les empêcher de moisir. Ou encore versez-les dans des petits sachets de tissu ou de papier et accrochez ceux-ci dans les mêmes conditions que les herbes. Ou, enfin, étalez-les sur une tôle à pâtisserie et faites-les sécher comme vous l'avez fait pour les herbes, à four très doux.

Versez les graines séchées dans des boîtes à épices ou dans des bocaux en verre.

Cueillez les herbes aromatiques à sécher juste avant leur floraison, et les graines dès qu'elles sont formées.

L'avènement du pastis
L'anisette, liqueur de consommation familiale fabriquée avec des graines d'anis vert dans les années 1850, fut détrônée par le pastis. Créé dans la région de Marseille vers 1938, ce spiritueux à l'anis et à la réglisse fut interdit par le régime de Vichy, puis de nouveau autorisé en 1944 et devint rapidement l'apéritif le plus populaire du Midi.

Parfumés et décoratifs, ces vinaigres sont relevés d'épices, de fruits, de fines herbes ou de raifort.

Vinaigres aromatisés

Tous ces vinaigres peuvent se préparer à la maison, facilement et à peu de frais.

Vinaigre aux épices

Il existe, pour le faire, 2 méthodes : la première donne les meilleurs résultats car elle permet au vinaigre de s'imprégner des saveurs des épices, mais la seconde a le mérite d'être beaucoup plus rapide.

Première méthode : mettez dans un saladier le sucre, les graines de céleri, les graines de moutarde et celles de cardamome, les clous de girofle, les graines de coriandre, le piment de la Jamaïque et les piments rouges. Écrasez grossièrement le poivre noir. Pelez et émincez finement le gingembre. Pelez l'ail. Ajoutez ces ingrédients dans le saladier et mélangez.

Ébouillantez une ou deux bouteilles, retournez-les sur un torchon propre et laissez-les sécher. Répartissez les aromates dans les bouteilles, remplissez jusqu'en haut de vinaigre, scellez et laissez reposer de un à 2 mois, en remuant de temps en temps. Filtrez le vinaigre avant emploi.

Seconde méthode : versez tous les ingrédients dans un saladier, couvrez avec une assiette et posez le tout sur une casserole d'eau. Portez l'eau à ébullition, retirez la casserole du feu et laissez les épices infuser 2 heures environ dans le vinaigre tiède. Filtrez et utilisez rapidement.

Vinaigre aux fruits

Versez tous les ingrédients dans un saladier ou dans un bidon en plastique, couvrez ou fermez et laissez reposer de 5 à 7 jours, puis filtrez et versez dans des bouteilles propres et sèches. Ajoutez, si vous le souhaitez, quelques baies entières et scellez.

Vinaigre aux fines herbes ou au raifort

Procédez comme pour le vinaigre aux fruits, mais, pour le vinaigre aux fines herbes, laissez reposer 2 semaines avant de filtrer et, pour le vinaigre au raifort, laisez reposer une semaine.

Décorez les bouteilles de vinaigre aux fines herbes d'herbes fraîches et de gousses d'ail avant de les fermer.

Ingrédients

Vinaigre aux épices

- 60 g de sucre
- 1 cuil. à soupe de graines de céleri
- 1 cuil. à soupe de graines de moutarde
- 1 cuil. à soupe de graines de cardamome
- 2 cuil. à café de clous de girofle
- 2 cuil. à café de graines de coriandre
- 2 cuil. à café de baies de piment de la Jamaïque
- 2 piments rouges séchés
- 1 cuil. à soupe de grains de poivre noir
- 30 g de racine de gingembre fraîche
- 4 gousses d'ail
- 1,25 litre de vinaigre de cidre

Vinaigre aux fruits

- 500 g de framboises ou de mûres, fraîches ou surgelées
- 75 cl de vinaigre de vin rouge

Vinaigre aux fines herbes

- 1,25 litre de vinaigre de vin blanc
- 4 feuilles de laurier
- 6 gousses d'ail pelées
- 50 g de fines herbes en branches

Vinaigre au raifort

- 80 g de raifort frais râpé
- 1 échalote (ou 1 petit oignon), pelée et hachée
- 1 cuil. à soupe de grains de poivre noir et de grains de poivre blanc mélangés
- 1/4 de cuil. à café de piment de Cayenne
- 1,25 litre de vinaigre de cidre

Préparation : 10 minutes
Infusion : de 1 semaine à 2 mois
Cuisson et infusion (pour le vinaigre aux épices, seconde méthode) : 2 h 10

Mélange aigre-doux parfumé de cannelle, les cerises au vinaigre rehaussent terrines et viandes froides.

Cerises au vinaigre

Très différentes des condiments ordinaires, les cerises au vinaigre sont délicieuses avec les viandes blanches et les volailles froides.

Ingrédients

- 1 kg de bigarreaux mûrs, mais fermes, avec leur queue
- 3 branches d'estragon frais
- 1/2 cuil. à café de poivre noir en grains
- 6 clous de girofle
- 1 bâton de cannelle
- 75 cl de vinaigre
- 15 g de sel

Préparation : 20 minutes
Cuisson : 10 minutes
Macération : 1 mois

Lavez rapidement les cerises, égouttez-les et coupez les queues à 1 cm environ de la base, puis épongez les cerises à l'aide d'un torchon propre. Rincez et épongez l'estragon avec soin.

Versez les cerises dans le bocal et ajoutez les branches d'estragon, le poivre, les clous de girofle et la cannelle.

Faites bouillir le vinaigre pendant 5 min avec le sel, puis laissez-le refroidir et versez-le sur les cerises.

Filtrez le contenu du bocal dans un tamis posé au-dessus d'une casserole et reversez dans le bocal les éléments récupérés dans le tamis. Portez le liquide filtré à ébullition, faites de nouveau bouillir 5 min et laissez refroidir avant de verser dans le bocal. Au besoin, complétez avec du vinaigre frais pour que les cerises soient complètement recouvertes de liquide.

Bouchez et laissez macérer un mois dans un endroit sombre avant de consommer.

Cornichons au vinaigre

Choisissez pour préparer ces cornichons des variétés à petits fruits, comme le 'Vert petit de Paris', le 'Fin de Meaux' ou l'Amélioré de Bourbonne'.

Coupez le pédoncule des cornichons. Frottez ces derniers un par un avec une petite brosse, en veillant à ne pas les écorcher. Mettez-les sur un torchon, ajoutez la poignée de gros sel, repliez le torchon pour les enfermer et secouez en tous sens. Essuyez ensuite les cornichons un à un.

Pesez les cornichons et mesurez 200 g de gros sel par kilo de cornichons. Mettez les cornichons et le gros sel dans une terrine, mélangez et laissez macérer 24 heures.

Égouttez les cornichons, reversez-les dans la terrine, couvrez-les avec les 75 cl de vinaigre et laissez de nouveau macérer pendant 24 heures.

Retirez les cornichons du vinaigre en conservant ce dernier et disposez-les dans des bocaux ébouillantés. Rincez et épongez les branches d'estragon. Pelez les petits oignons. Ajoutez ces ingrédients aux cornichons, de même que le poivre en grains et les graines de coriandre.

Portez à ébullition le vinaigre de macération des cornichons. Faites-le bouillir 5 min, puis retirez-le du feu et laissez-le refroidir. Ajoutez 50 cl de vinaigre frais par kilo de cornichons, versez dans les bocaux et bouchez.

Laissez reposer les cornichons au moins un mois avant de les consommer.

Ingrédients

- 1 kg environ de cornichons
- 1 poignée + 200 g de gros sel
- 75 cl environ de vinaigre de vin blanc + 50 cl de vinaigre par kilo de cornichons
- 3 ou 4 branches d'estragon frais
- 10 petits oignons
- 1 cuil. à café de poivre en grains
- 1 cuil. à soupe de graines de coriandre

Préparation : 1 heure environ
Macération (en 2 fois) : 48 heures
Cuisson : 5 minutes
Repos : 1 mois

Les petits cornichons s'imprègnent mieux que les gros des aromates ajoutés à leur vinaigre de macération.

L'inéluctable gabelle
La boîte à sel en bois, patinée et noircie par les ans, doit sa forme particulière au fait qu'elle était toujours accrochée dans l'âtre ou à proximité de la cuisinière, gardant ainsi au sec mais à portée de main cette denrée jadis très coûteuse. Monnaie d'échange, le sel fut ensuite longtemps soumis à la gabelle, un impôt fort impopulaire.

INGRÉDIENTS

TOMATES BIEN MÛRES
SEL
PRÉPARATION : 10 MINUTES ENVIRON
CUISSON : 40 MINUTES
STÉRILISATION : 45 MINUTES

Purée de tomates

Préparez-en à la pleine saison autant que vous pourrez : la purée de tomates vous servira, en hiver, à élaborer sauces et soupes parfumées.

ÉBOUILLANTEZ des bocaux ou des bouteilles, de tailles diverses mais de petite contenance, puis retournez-les sur un torchon pour les faire sécher.

Lavez et essuyez les tomates, ôtez leur pédoncule et coupez-les en deux ou en quatre, suivant leur taille. Mettez-les dans une casserole à fond épais, salez et faites cuire pendant 40 min environ en remuant régulièrement.

Passez les tomates au tamis, ou au moulin à légumes si vous préférez conserver davantage de pulpe.

Versez la purée de tomates dans les bocaux ou les bouteilles ébouillantés, bouchez hermétiquement et stérilisez 45 min.

Préparée à la fin de l'été, la purée de tomates permettra d'attendre le retour des tomates fraîches.

On peut aussi parfumer la purée, au moment de la cuisson, avec de l'ail, de l'oignon fondu dans un peu d'huile d'olive, du thym, du laurier et du persil.

Confites dans un caramel au miel relevé de vinaigre et d'aromates, les échalotes forment un excellent condiment.

Échalotes confites

Servez ce condiment fondant, à la fois sucré et relevé, avec des viandes rôties, des confits ou du gibier.

Pelez les échalotes en les laissant entières. Mettez à chauffer l'huile d'olive dans une petite cocotte ou dans une casserole à fond épais et faites-y revenir les échalotes pendant 10 min à feu doux.

Pendant ce temps, versez le sucre et 2 cuillerées à soupe d'eau dans une casserole. Portez à ébullition, faites cuire jusqu'à ce que vous obteniez un caramel blond et délayez avec le vinaigre et le vin blanc, puis laissez frémir 10 min.

Lavez et essuyez le citron. Prélevez son zeste sans entamer la peau blanche et taillez-le en lanières fines. Éventuellement, pelez et râpez le gingembre.

Quand les échalotes ont blondi 10 min, ajoutez le caramel au vinaigre et au vin blanc, le zeste de citron, le miel, le thym, le laurier et, éventuellement, le gingembre. Salez, poivrez et portez à ébullition, puis baissez le feu et laissez frémir de 1 h 30 à 2 heures, en remuant de temps en temps, pour obtenir une préparation sirupeuse.

Ébouillantez quelques pots et retournez-les sur un linge pour les égoutter.

Retirez le thym et le laurier des échalotes confites. Versez celles-ci dans les pots ébouillantés, fermez les pots, retournez-les et laissez refroidir 12 heures. Mettez au réfrigérateur et consommez dans les 2 mois.

Ingrédients

- 1 kg de petites échalotes
- 2 cuil. à soupe d'huile d'olive
- 150 g de sucre
- 20 cl de vinaigre de vin blanc ou de vinaigre de cidre
- 10 cl de vin blanc
- 1 citron non traité
- 1 cm de racine de gingembre (facultatif)
- 2 cuil. à soupe de miel
- 1 branche de thym
- 1 feuille de laurier
- Sel et poivre

Préparation : 30 minutes
Cuisson : de 1 h 30 à 2 heures
Refroidissement : 12 heures

Menus spéciaux

Organiser fêtes et réceptions, c'est faire plaisir à ses proches tout autant qu'à soi-même. Si l'on a toujours à cœur de préparer le mieux possible les fêtes carillonnées traditionnelles comme Noël, il est également bien agréable d'en instaurer de nouvelles : anniversaires, Saint-Valentin, communions et autres célébrations particulières.
En prélude à un menu d'exception, un verre de champagne, de punch ou de jus de fruits, assorti de canapés variés, donnera le signal des réjouissances.

Dîner romantique

Que vous célébriez votre anniversaire de mariage ou la Saint-Valentin, ou que vous teniez simplement à rappeler à l'élu(e) de votre cœur que vous avez toujours envie de lui faire plaisir, préparez-lui des mets sortant de l'ordinaire, que vous servirez à la lumière des chandelles. Gageons qu'il(elle) en gardera un souvenir ému.

Menu

Pour 2 personnes

Salade folle

Grenadins de veau aux morilles, pommes amandine (page 138)

Fromage doux : Saint-Félicien ou Cœur d'Arras

Cœur à l'orange

Cette salade folle, mais gourmande, augure bien de la suite du repas.

Ingrédients

- 1 grosse poignée de mesclun
- 1 queue de homard cuite
- 70 g de foie gras truffé
- 1/2 cuil. à café de moutarde
- 1/2 cuil. à soupe de vinaigre de xérès
- 1 cuil. à soupe d'huile d'olive
- 1 cuil. à soupe d'huile d'arachide
- 2 cuil. à café de fines herbes hachées
- Sel et poivre

Préparation : 15 minutes

— Salade folle —

Triez le mesclun, lavez-le, égouttez-le soigneusement et mettez-le dans une jatte.

Décortiquez la queue de homard et coupez-la en 8 lamelles. Coupez le foie gras en 4 ou 6 tranches.

Préparez une vinaigrette : mélangez la moutarde avec le vinaigre de xérès, salez et poivrez, puis ajoutez les huiles d'olive et d'arachide et émulsionnez la sauce à la fourchette. Ajoutez enfin les fines herbes et mélangez bien.

Au moment de servir, versez la vinaigrette sur le mesclun et mélangez. Disposez le mesclun dans une jolie coupe basse ou dans deux assiettes, et déposez les tranches de homard et de foie gras dessus.

– CŒUR À L'ORANGE –

Faites chauffer le four à 200 °C, th. 7. Beurrez un moule à manqué de 20 cm de diamètre.

Lavez les oranges et essuyez-les, puis râpez finement le zeste d'une orange et pressez sa pulpe. Travaillez longuement le beurre avec le sucre. Cassez les œufs en séparant les blancs des jaunes. Ajoutez les jaunes au beurre sucré, puis incorporez le zeste et le jus d'orange et, enfin, la farine et la levure.

Ajoutez une pincée de sel aux blancs d'œufs et battez-les en neige ferme. Incorporez-les délicatement à la pâte, versez dans le moule et faites cuire au four de 20 à 25 min.

Pendant ce temps, prélevez le zeste de la seconde orange en longs filaments, mettez ceux-ci dans une petite casserole avec une cuillerée à soupe de sucre et une cuillerée à soupe d'eau et portez à ébullition. Laissez cuire 7 à 8 min à petite ébullition puis, quand le zeste est à peine caramélisé, retirez du feu et laissez refroidir dans un tamis. Pressez l'orange et filtrez son jus. Délayez peu à peu 125 g de sucre glace avec le Cointreau et juste assez de jus d'orange pour obtenir une pâte coulante.

Dès que le gâteau est cuit, sortez-le du four et démoulez-le sur une grille. Arrosez-le des trois quarts du mélange au Cointreau et laissez-le refroidir. Découpez alors dans du papier une forme de cœur s'inscrivant dans un cercle d'un diamètre à peine inférieur à celui du gâteau. Posez ce patron sur le gâteau et découpez ce dernier en forme de cœur.

Ajoutez le reliquat de sucre glace au reste du mélange au Cointreau pour former une pâte épaisse, que vous verserez sur le gâteau. Lissez le dessus et le tour avec une spatule métallique, puis réservez au réfrigérateur pendant au moins 2 heures. Décorez avec les filaments de zeste d'orange juste avant de servir.

INGRÉDIENTS

2 ORANGES NON TRAITÉES
100 G DE BEURRE MOU
100 G DE SUCRE EN POUDRE
2 PETITS ŒUFS
100 G DE FARINE
1 CUIL. À CAFÉ DE LEVURE CHIMIQUE
BEURRE POUR LE MOULE
SEL

POUR GARNIR

1 CUIL. À SOUPE DE SUCRE EN POUDRE
1 CUIL. À SOUPE DE COINTREAU
180 G DE SUCRE GLACE

PRÉPARATION : 40 MINUTES
CUISSON : DE 30 À 35 MINUTES
RÉFRIGÉRATION : 2 HEURES AU MOINS

Plus léger qu'un gâteau au chocolat, ce cœur peut être accompagné d'une boule du sorbet préféré de l'élu(e) de votre cœur.

DES NOCES FRAGILES
La sagesse populaire a souligné depuis longtemps la fragilité du mariage. Si vingt-cinq ans d'union sont placés sous le symbole de l'argent, cinquante ans sous celui de l'or et quatre-vingts ans sous celui du chêne, la première année est assimilée au coton, la deuxième au papier, la septième à la laine et la vingtième au cristal.

FÊTE DE NOËL

À NOËL, LA TRADITION REPREND SES DROITS. PRENEZ LE TEMPS DE PLANTER LE DÉCOR, SORTEZ LA PRÉCIEUSE NAPPE BRODÉE À LA MAIN DE VOTRE GRAND-MÈRE, CHOISISSEZ VOTRE PLUS JOLIE VAISSELLE, FROTTEZ L'ARGENTERIE DE FAMILLE. ET, COMME UN REPAS RÉUSSI NE S'IMPROVISE PAS, N'OUBLIEZ PAS DE COMMANDER LES MEILLEURS PRODUITS, CEUX QUI VOUS PERMETTRONT DE RÉALISER UN REPAS DE NOËL VRAIMENT MÉMORABLE.

MENU

POUR 8 PERSONNES

TERRINE DE FOIE GRAS
(PAGE 41)
ET
SALADE DE MÂCHE AUX RAISINS SECS
OU
PLATEAU D'HUÎTRES ET DE FRUITS DE MER

DINDE DE NOËL AUX MARRONS ET AUX GIROLLES
OU
CHAPON POCHÉ ET RÔTI ET SA GARNITURE DE LÉGUMES
(PAGE 174)

BÛCHE DE NOËL

FRUITS FOURRÉS ET TRUFFES
(PAGE 308)

ORANGETTES
(PAGE 310)

La dinde de Noël s'accompagne des traditionnels marrons et de girolles sautées.

À chaque menu sa poêle
Certaines poêles n'étaient destinées qu'à un seul usage : c'est le cas de la poêle à marrons, trouée et munie d'un long manche, de la poêle à poisson, ovale, ou de la poêle à crêpes, ou tuile, épaisse, large et presque sans rebord.

– DINDE DE NOËL –

Faites chauffer le four à 180 °C, th. 6.

Coupez les carottes, les oignons et le céleri en dés. Disposez ces légumes et les abattis de la dinde dans la lèchefrite du four avec 20 cl d'eau.

Préparez la farce : faites fondre les échalotes hachées dans le beurre, ajoutez le foie de la dinde coupé en dés, le veau et le porc hachés. Faites revenir 3 min à feu vif et retirez du feu, puis ajoutez l'œuf, les marrons, le quatre-épices, le cognac, du sel, du poivre et, éventuellement, le jus de truffe.

Salez et poivrez la dinde, remplissez-la avec la farce et cousez l'ouverture. Tartinez-la avec 50 g de beurre et posez-la sur une grille, puis enduisez une feuille de papier sulfurisé avec 20 g de beurre et recouvrez-en la dinde. Faites juste fondre 75 g de beurre sur feu doux.

Posez la grille sur la lèchefrite, mettez au four et laissez cuire une heure, puis ôtez le papier et remettez à cuire une heure. Arrosez souvent la volaille avec le beurre fondu et versez de temps en temps quelques cuillerées à soupe d'eau bouillante dans la lèchefrite.

Incisez les marrons avec un couteau tranchant, en entamant les deux peaux. Plongez-les 5 min dans de l'eau bouillante, puis égouttez-les par petites quantités et épluchez-les au fur et à mesure. Faites fondre 50 g de beurre dans une sauteuse. Versez-y les marrons, mélangez, arrosez avec le bouillon chaud, couvrez et laissez frémir 20 min. Nettoyez les girolles et faites-les revenir 5 min à feu vif avec 30 g de beurre.

Quand la dinde est cuite, laissez-la reposer sur un plat. Versez de l'eau chaude dans la lèchefrite, portez à ébullition en grattant le fond 2 min et filtrez le jus dans une saucière.

INGRÉDIENTS

- 2 carottes
- 2 oignons
- 1 côte de céleri
- 1 dinde fermière de 3 kg, dénervée, avec les abattis à part
- 145 g de beurre
- Sel et poivre

Pour la farce

- 2 échalotes
- 30 g de beurre
- Le foie de la dinde
- 300 g de veau haché
- 300 de porc haché
- 1 œuf
- 200 g de marrons en conserve
- 1/2 cuil. à café de quatre-épices
- 2 cuil. à soupe de cognac
- 1 petite boîte de jus de truffe (facultatif)
- Sel et poivre

Pour la garniture

- 1 kg de marrons
- 80 g de beurre
- 30 cl de bouillon de volaille
- 500 g de girolles
- Sel et poivre

Préparation : 1 h 30 environ
Cuisson : 2 h 40
Pour 8 personnes

Ingrédients

Pour le biscuit
4 œufs
125 g de farine
70 g de beurre
125 g de sucre
1 pincée de sel

Pour le sirop
100 g de sucre
10 cl de Cointreau

Pour la crème au beurre
200 g de sucre
300 g de beurre
6 jaunes d'œufs
100 g de chocolat

Préparation : 2 heures
Cuisson : 30 minutes
Réfrigération : 1 h 30 au moins
Pour 8 personnes

Avec les morceaux retirés aux extrémités de la bûche, imiter les nœuds du bois : couper les chutes en deux ou en trois et les coller sur la bûche avec un peu de crème au beurre. On peut préparer la bûche 3 ou 4 jours à l'avance et la conserver au réfrigérateur puisque la crème au beurre est cuite.

— BÛCHE DE NOËL —

Faites chauffer le four à la température maximale.

Préparez le biscuit : mettez les œufs dans une jatte supportant la chaleur, ajoutez le sel et battez-les en omelette.

Tamisez la farine sur du papier sulfurisé. Faites juste fondre le beurre dans une petite casserole, puis retirez-le aussitôt du feu. Recouvrez un moule à biscuit de 30 cm environ de côté avec du papier sulfurisé et badigeonnez ce dernier de beurre fondu avec un pinceau à pâtisserie.

Portez une grande casserole d'eau à ébullition, puis baissez le feu pour qu'elle frémisse juste. Posez la jatte contenant les œufs dans la casserole d'eau frémissante, ajoutez le sucre et fouettez vivement jusqu'à ce que le mélange atteigne une température de 50 à 60 °C : vous devez sentir un peu de chaleur lorsque vous plongez le bout du doigt dedans. Retirez aussitôt la jatte de la casserole d'eau et versez-y la farine, en pluie, en coupant le mélange à la spatule sans le battre, puis incorporez le reste du beurre fondu. Étalez la pâte dans le moule, sur le papier sulfurisé beurré, et faites cuire au four 5 à 6 min.

Sortez la plaque du four. Saisissez le papier à deux mains et retournez-le vivement sur le plan de travail, préalablement recouvert d'une autre feuille de papier sulfurisé. Décollez délicatement le papier de cuisson, recouvrez le biscuit avec un torchon et laissez-le refroidir. Pendant ce temps, préparez le sirop : faites fondre le sucre dans 10 cl d'eau et portez le mélange à ébullition, puis laissez refroidir et ajoutez le Cointreau.

Préparez la crème au beurre : versez le sucre et 4 cuillerées à soupe d'eau dans une petite casserole. Portez à ébullition.

Dans une terrine, réduisez le beurre en pommade avec la cuillère en bois. Versez les jaunes d'œufs dans une terrine. Quand le sirop mousse au point de déborder, versez-le sur les jaunes d'œufs en fouettant, puis continuez de battre jusqu'à ce que le mélange soit juste tiède. Incorporez alors le beurre par petites quantités, en battant toujours au fouet.

Retirez le torchon qui couvre le biscuit et imbibez de sirop toute la surface de ce dernier à l'aide d'un pinceau. Étalez dessus une bonne couche de crème au beurre, puis roulez le biscuit dans le sens de la largeur en le serrant le plus possible : peu importe s'il se fend par endroits. Enveloppez le biscuit roulé de papier sulfurisé et laissez-le reposer une heure au réfrigérateur.

Terminez la bûche : cassez le chocolat en morceaux, mettez-le dans une petite casserole et posez celle-ci dans une casserole plus grande pleine d'eau frémissante. Faites fondre le chocolat ainsi, au bain-marie, sans le laisser cuire, puis retirez-le du feu dès qu'il est fondu.

Défaites le papier qui entoure le biscuit et égalisez les deux extrémités de celui-ci, en biais, avec un couteau-scie. Mélangez le reste de crème au beurre au chocolat fondu et couvrez entièrement la bûche de ce mélange, puis passez sur toute sa longueur le dos d'une fourchette plongée dans de l'eau bouillante pour faire des sillons. Réservez la bûche 30 min au moins au réfrigérateur.

Bûche aux marrons : ajoutez 125 g de sucre glace, 1/2 cuillerée à café de vanille liquide, 2 cuillerées à soupe de cognac, 150 g de chocolat noir fondu au bain-marie et 100 g de beurre mou à 500 g de purée de marrons nature. Tassez la préparation dans un moule allongé en forme de bûche, tapissé de papier sulfurisé et parsemé de vermicelles en chocolat, puis laissez 12 heures au réfrigérateur. Pour servir, tracez des sillons avec une fourchette, poudrez de cacao et décorez avec des feuilles coupées dans de la pâte d'amandes verte.

Poudrez légèrement la bûche de sucre et décorez-la d'étoiles taillées dans de l'écorce d'orange confite.

Repas de famille

Une fête de famille, c'est avant tout le plaisir de se retrouver tous ensemble autour d'un bon repas. Organisez-vous de façon à passer le moins de temps possible à la cuisine lorsque tout le monde est réuni : composez votre menu de façon à pouvoir préparer l'avant-veille et la veille l'entrée et le dessert.

Menu

Pour 20 personnes

Terrine de poisson en gelée

Jambon glacé à l'ananas

Salade verte

Plateau de fromages

Fraisier
ou
Pièce montée
(commandée chez le pâtissier)

Une mayonnaise mousseline aux fines herbes et au citron accompagne cette terrine fraîche.

Ne pas essayer de faire une seule grande terrine : préparer trois fois la terrine de poisson en gelée, qui peut se garder facilement 3 jours au frais.

– TERRINE DE POISSON EN GELÉE –

Plongez le poisson dans le court-bouillon froid, portez à petits frémissements et laissez cuire 7 min, puis égouttez et laissez refroidir.

Équeutez et lavez les épinards. Plongez-les 2 min dans de l'eau bouillante, puis égouttez-les, passez-les à l'eau froide et étalez-les sur un linge.

Pelez les tomates, coupez-les en deux, épépinez-les et taillez la pulpe en tout petits dés. Versez ces derniers dans une passoire, poudrez-les avec le sucre et du sel, et laissez dégorger pendant la suite des opérations.

Délayez la gelée avec 50 cl d'eau froide. Portez doucement à ébullition, en remuant, puis ajoutez le jus de citron, le vermouth et le Tabasco. Mettez hors du feu et laissez refroidir. Versez alors 5 mm de gelée dans une terrine en Pyrex ou dans un grand moule à cake, mettez au réfrigérateur et laissez durcir 30 min.

Rincez l'estragon, le cerfeuil et l'aneth. Quand le poisson est froid, effeuillez-le à la fourchette, en veillant bien à retirer toutes les arêtes.

Placez sur la gelée prise des feuilles d'estragon et de cerfeuil ainsi que des brins d'aneth. Ajoutez une couche de poisson, puis une couche fine d'épinards, une nouvelle couche de poisson, des dés de tomate, à nouveau du poisson, des épinards, des tomates et, enfin, le reste du poisson. Versez doucement le reste de la gelée, couvrez et laissez au moins 12 heures au réfrigérateur.

Le jour du repas, préparez la mayonnaise : cassez l'œuf en séparant le blanc du jaune. Mettez le blanc de côté au réfrigérateur. Mélangez le jaune avec la moutarde, puis délayez peu à peu avec l'huile, en tournant sans cesse. Quand la mayonnaise est ferme, ajoutez-lui le jus de citron et les fines herbes hachées, salez et poivrez. Juste avant de servir, battez le blanc d'œuf en neige et incorporez-le à la mayonnaise. Démoulez alors la terrine et décorez-la de brins d'herbes et de quartiers de tomate.

INGRÉDIENTS

700 G DE FILETS DE POISSON BLANC : SOLE, LIMANDE-SOLE OU MERLAN
1 LITRE DE COURT-BOUILLON INSTANTANÉ
200 G D'ÉPINARDS FRAIS
300 G DE TOMATES
1 PINCÉE DE SUCRE EN POUDRE
1 SACHET DE GELÉE INSTANTANÉE
2 CUIL. À SOUPE DE JUS DE CITRON
3 CUIL. À SOUPE DE VERMOUTH BLANC
QUELQUES GOUTTES DE SAUCE TABASCO
1 OU 2 BRANCHES D'ESTRAGON
2 OU 3 BRANCHES DE CERFEUIL
1 BRANCHE D'ANETH
SEL

POUR LA MAYONNAISE
1 ŒUF
1 CUIL. À CAFÉ DE MOUTARDE
25 CL D'HUILE
1 OU 2 CUIL. À SOUPE DE JUS DE CITRON
ESTRAGON ET CERFEUIL HACHÉS
SEL ET POIVRE

POUR LA DÉCORATION
QUELQUES BRINS D'HERBES
QUELQUES QUARTIERS DE TOMATE

PRÉPARATION : 30 MINUTES
CUISSON : 15 MINUTES
REFROIDISSEMENT : 1 HEURE
RÉFRIGÉRATION : 30 MINUTES, PUIS 12 HEURES
POUR 7 OU 8 PERSONNES

Ingrédients

1 carotte
1 oignon
1 blanc de poireau
1 jambon frais de 6 kg non désossé
1 bouquet garni
75 cl de vin blanc
4 échalotes
30 g de beurre
1 cuil. à soupe de farine
50 cl de bouillon
1 cuil. à café de concentré de tomates
2 cuil. à café de clous de girofle
100 g de cassonade
1/2 pot de moutarde forte de Dijon
2 ananas
20 cl de crème fraîche épaisse
10 cl de porto
Sel et poivre

Préparation : 30 minutes
Cuisson : 5 h 30
Pour 20 personnes

Le morceau noble du porc
Le jambon subit une préparation traditionnelle qui varie selon son origine : il est cru et séché en Auvergne, cru et frotté de piment à Bayonne ou poché sur l'os à Paris. Seul le jambon des Ardennes, salé et séché, a droit au Label rouge. Créé en 1965, ce label n'est jamais attribué à titre définitif.

– Jambon glacé à l'ananas –

Faites chauffer le four à 130 °C, th. 3-4. Grattez la carotte, pelez l'oignon et nettoyez le poireau, puis coupez ces légumes en petits dés.

Disposez le jambon dans la lèchefrite, ajoutez la carotte, l'oignon, le poireau et le bouquet garni, puis versez le vin et faites cuire 5 heures au four, en ajoutant un peu d'eau chaude s'il le faut.

Pelez les échalotes et hachez-les finement. Faites fondre le beurre dans une casserole, poudrez de farine et mélangez une min en laissant blondir, puis délayez avec le bouillon et portez à ébullition, en remuant. Incorporez alors le concentré de tomates, laissez frémir 30 min et retirez du feu.

Égouttez le jambon et posez-le sur le plan de travail. Augmentez la température du four à 220 °C, th. 8.

Retirez la couenne du jambon et une partie du gras : il ne doit en rester qu'une épaisseur de 1 cm environ. Incisez ce gras tout autour du jambon d'entailles parallèles espacées de 3 cm, sans entamer la chair, puis entaillez dans l'autre sens pour former des croisillons et piquez les clous de girofle dans la chair aux intersections. Posez le jambon sur une grille, dans la lèchefrite.

Mélangez la cassonade avec la moutarde, badigeonnez le dessus et le tour du jambon avec la moitié de ce mélange, puis enfournez et laissez dorer 15 min. Retournez le jambon, badigeonnez-le avec le reste du mélange à la cassonade et remettez-le 15 min au four.

Pelez les ananas et coupez-les en tranches. Disposez ces dernières autour du jambon 3 à 4 min avant la fin de sa cuisson, pour les faire juste chauffer.

Terminez la sauce : remettez la casserole sur le feu, ajoutez la crème et le porto et laissez frémir. Vérifiez l'assaisonnement et rectifiez-le au besoin.

Dès que le jambon est bien doré, découpez-le en tranches, posez-le dans un plat chaud, entourez-le avec les tranches d'ananas et tenez le tout au chaud.

Filtrez le jus de cuisson, dégraissez-le et ajoutez-le à la sauce.

Clouté de girofle, le jambon est glacé avec un mélange de moutarde et de cassonade.

Selon l'occasion, garnissez le fraisier d'un sujet de circonstance : communiant, bougie-chiffre ou inscription adaptée.

Poser le fraisier sur une grille à pâtisserie ronde un peu plus petite que le gâteau. Tremper la lame d'un couteau-scie dans l'eau bouillante et recouper le gâteau de façon à laisser apparaître les fraises. Pour contenter tous les invités préparer au moins deux fraisiers.

– FRAISIER –

Faites chauffer le four à 140 °C, th. 4. Beurrez un moule à manqué de 24 cm de diamètre et poudrez-le de farine.

Préparez la génoise : mélangez les œufs avec le sucre dans une terrine, posez celle-ci dans un bain-marie frémissant et fouettez jusqu'à ce que le mélange soit tiède. Retirez la terrine et fouettez jusqu'à complet refroidissement, puis incorporez délicatement la farine et le beurre. Versez alors la pâte dans le moule et faites cuire 30 min au four. Démoulez et laissez refroidir.

Préparez la garniture : faites fondre 150 g de sucre avec 15 cl d'eau, laissez bouillir 5 min, puis retirez du feu et ajoutez 12 cl de kirsch. Portez le lait à ébullition. Fouettez les œufs et le reste de sucre dans une casserole. Incorporez-y la farine, arrosez avec le lait bouillant et portez à ébullition en remuant. Retirez aussitôt du feu, ajoutez 125 g de beurre, mélangez et laissez refroidir.

Travaillez le reste du beurre au fouet et incorporez-le à la crème complètement refroidie. Ajoutez alors le reste du kirsch et fouettez énergiquement.

Lavez les fraises, équeutez-les et mettez-en une belle de côté. Coupez la génoise en deux disques. Imbibez un disque avec le sirop au kirsch et recouvrez-le de la moitié de la crème. Enfoncez les fraises dans la crème, côte à côte, recouvrez-les de crème, puis posez le second disque de génoise et étalez dessus le reste de la crème.

Travaillez la pâte d'amandes avec le colorant, étalez-la en un disque de 24 cm et posez celui-ci sur le gâteau. Laissez reposer une heure au réfrigérateur.

Posez un disque de carton de 22 cm de diamètre sur le fraisier, coupez tout autour pour rendre les fraises apparentes et remettez au réfrigérateur.

Au moment de servir, placez éventuellement un pochoir sur le gâteau et poudrez de sucre glace, puis garnissez le centre avec la fraise mise de côté.

INGRÉDIENTS

POUR LA GÉNOISE
5 ŒUFS
150 G DE SUCRE
150 G DE FARINE
75 G DE BEURRE FONDU
1 PINCÉE DE SEL
BEURRE ET FARINE POUR LE MOULE

POUR LA GARNITURE
350 G DE SUCRE
18 CL DE KIRSCH
50 CL DE LAIT
2 ŒUFS
75 G DE FARINE
250 G DE BEURRE
800 G DE PETITES FRAISES
200 G DE PÂTE D'AMANDES
1 GOUTTE DE COLORANT ALIMENTAIRE ROUGE
25 G DE SUCRE GLACE

PRÉPARATION : 1 HEURE
CUISSON : 45 MINUTES
RÉFRIGÉRATION : 1 HEURE
POUR 10 PERSONNES

Déjeuner au jardin

Recevoir au jardin est tout un art : pensez d'abord au confort de vos invités, qui doivent être parfaitement installés, à l'abri du soleil de préférence. Dressez une table simple, mais attrayante. Déposez les mets sur une table d'appoint, à l'ombre, et protégez-les des insectes. Sortez les bouteilles à la dernière minute et gardez-les à proximité, éventuellement dans un seau à glace.

Menu

Pour 6 personnes

Salade estivale

Tarte au fromage de chèvre

Bœuf en daube (page 127)

Melons farcis aux fruits

Préparer cette salade avec des œufs très frais. On peut aussi faire des œufs pochés : les casser un par un dans une tasse et les plonger 3 min dans de l'eau frémissante additionnée d'une cuillerée à soupe de vinaigre.

Les jeunes poireaux d'été, les œufs mollets, les olives et la tapenade composent une belle salade du terroir.

— SALADE ESTIVALE —

Ingrédients

750 g de jeunes poireaux d'été
6 œufs
3 grandes tranches de pain de campagne légèrement rassis
75 g de parmesan en un seul morceau
18 olives noires dénoyautées
Sel

Pour la tapenade
250 g d'olives noires
2 gousses d'ail
7 filets d'anchois à l'huile
2 cuil. à soupe de jus de citron
2 cuil. à soupe de câpres
20 cl d'huile d'olive

Pour la vinaigrette
1 cuil. à café de moutarde
1 cuil. à soupe de vinaigre de vin blanc ou de cidre
3 cuil. à soupe d'huile d'olive
Sel et poivre

Préparation : 30 minutes
Cuisson : 10 minutes

Préparez la tapenade : dénoyautez les olives, épluchez l'ail et hachez-le grossièrement, hachez les filets d'anchois au couteau.

Mettez la moitié des olives dans le bol d'un robot ménager avec l'ail, le jus de citron et les câpres, réduisez en purée, ajoutez le reste des olives et les anchois, puis faites de nouveau fonctionner l'appareil pour obtenir une pâte aussi lisse que possible.

Versez l'huile en mince filet dans le robot, tout en le faisant tourner, jusqu'à ce qu'elle soit complètement incorporée et que vous obteniez une préparation aussi homogène qu'une mayonnaise. Gardez-la au réfrigérateur.

Portez une grande casserole d'eau à ébullition et salez-la. Épluchez les poireaux, fendez-les en deux, lavez-les et égouttez-les. Plongez-les dans l'eau bouillante et faites-les cuire 10 min environ, sans couvrir la casserole, de façon qu'ils restent à peine fermes.

Plongez les œufs dans une casserole d'eau bouillante. Laissez-les bouillir 6 min, puis versez-les dans une passoire et rafraîchissez-les aussitôt sous l'eau froide courante.

Dès que les poireaux sont cuits, égouttez-les à l'écumoire et allongez-les sur un linge pour les éponger sans les briser. Laissez-les refroidir ainsi.

Faites griller les tranches de pain, puis tartinez-les de tapenade et coupez-les en quatre. Écalez délicatement les œufs mollets. Taillez le parmesan en lamelles. Préparez la vinaigrette en émulsionnant tous les ingrédients.

Coupez les demi-poireaux froids en longues lanières, disposez-les dans un grand plat et arrosez-les de vinaigrette. Parsemez avec les olives et les lamelles de parmesan, disposez les œufs mollets dessus et piquez les canapés de tapenade tout autour du plat.

Ingrédients

Pour la pâte
200 g de farine
1 œuf
100 g de beurre mou
1 bonne pincée de sel

Pour la garniture
500 g d'épinards frais
3 picodons
4 feuilles de menthe
5 œufs
20 cl de crème fraîche
2 pincées de sucre
1 grosse pincée de noix muscade râpée
2 branches de thym frais
Beurre pour le moule
Sel et poivre

Préparation : 30 minutes
Repos : 1 heure au moins
Cuisson : 55 minutes

AOC pour les fromages
C'est en 1921 qu'une appellation d'origine contrôlée a été attribuée à un fromage : il s'agissait du roquefort. Trente-sept autres appellations ont été reconnues depuis. Le picodon de l'Ardèche et le picodon de la Drôme, parmi les fromages de chèvre les plus utilisés en cuisine, bénéficient d'une appellation d'origine contrôlée depuis 1983.

– Tarte au fromage de chèvre –

Préparez une pâte brisée : tamisez la farine au-dessus d'une terrine, creusez un puits au centre et versez-y le jaune d'œuf, le sel et une ou 2 cuillerées à soupe d'eau froide. Mélangez rapidement, du bout des doigts. Coupez le beurre en petits dés, ajoutez ces derniers au mélange et travaillez juste le temps d'obtenir une pâte homogène. Roulez-la en boule et laissez-la reposer une heure au moins au réfrigérateur.

Pendant ce temps, équeutez les épinards et lavez-les à grande eau. Portez une grande casserole d'eau à ébullition, salez-la et plongez-y les épinards. Faites-les bouillir 5 min, puis versez-les dans une passoire, pressez-les entre vos mains et épongez-les sur un linge.

Faites chauffer le four à 180 °C, th. 6. Beurrez un moule à tarte de 26 cm de diamètre. Aplatissez la pâte au rouleau et garnissez-en le moule. Piquez toute sa surface à la fourchette, couvrez de papier sulfurisé et de haricots secs, mettez au four et laissez cuire 10 min. Sortez ensuite le moule du four, sans éteindre ce dernier, ôtez les haricots et le papier et laissez refroidir.

Râpez 2 picodons et coupez le troisième en lamelles. Rincez et hachez la menthe. Cassez 4 œufs dans une grande jatte, puis ajoutez la crème fraîche, les picodons râpés et la menthe. Hachez grossièrement les épinards, ajoutez le sucre et la noix muscade. Jetez-les dans la jatte, salez légèrement, poivrez et mélangez soigneusement.

Cassez le dernier œuf dans un bol, battez-le en omelette et badigeonnez-en le fond de pâte. Émiettez le thym. Versez le contenu de la jatte dans le fond de pâte, parsemez avec les lamelles de picodon et le thym émietté, mettez au four et laissez cuire 40 min. Servez chaud, tiède ou froid.

Les épinards sont agréablement adoucis par la saveur du fromage de chèvre.

Pour que les melons soient stables, découpez un petit disque d'écorce à la base.

— MELONS FARCIS AUX FRUITS —

Retirez une calotte au sommet de chaque melon et ôtez les pépins à l'aide d'une petite cuillère, puis retirez la chair avec une cuillère parisienne. Mettez les petites boules obtenues dans une terrine, égalisez l'intérieur des écorces et gardez celles-ci au réfrigérateur.

Lavez les groseilles et les myrtilles, puis séchez-les sur du papier absorbant. Égrappez les groseilles avec une fourchette. Ajoutez ces dernières ainsi que les myrtilles aux boules de melon. Pelez les pêches, dénoyautez-les, coupez la pulpe en petits cubes et ajoutez ceux-ci aux autres fruits. Mélangez délicatement.

Poudrez les fruits de sucre, arrosez avec le porto blanc, le pineau des Charentes ou le vin blanc liquoreux. Couvrez le récipient, mettez au réfrigérateur et laissez macérer 2 heures au moins.

Juste avant de servir, mélangez de nouveau les fruits et ajoutez les framboises. Emplissez largement les écorces des melons avec les fruits.

Ingrédients

6 petits melons cantaloup
1 barquette de groseilles
1 barquette de myrtilles
3 grosses pêches jaunes
1 barquette de framboises

Pour la macération
2 cuil. à soupe de sucre
1 verre à liqueur de porto blanc
ou
1 verre à liqueur de pineau des Charentes
ou
1 verre à liqueur de vin blanc liquoreux (Monbazillac, par exemple)

Préparation : 20 minutes
Macération : 2 heures au moins

INDEX

Crédits photographiques

Couverture : J. C. MAYER-G. LE SCANFF
P. 1 : BOYER-VIOLLET ; 2 : ROGER-VIOLLET, LAPI-VIOLLET, Jean-Loup CHARMET/1927 Coll. particulière ; 3 : SELVA/Menu 1903 Grand Hôtel de la Plage à Lion-sur-Mer/Bibl. des Arts Décoratifs, Paris, ROGER-VIOLLET ; 4 : ROGER-VIOLLET ; 1 à 4 : S.R.D./J.-P. Delagarde ; 10/11 : DIAF/J.-D. Sudres/ Coll. Mme Coste antiquaire à Joyeuse ; 12g : SELVA/ L. de Selva/Plaque émaillée publicitaire pour le consommé « La Poule au Pot » – Coll. privée ; 12d : THE READER'S DIGEST/M. Brigdale ; 13 : DIAF/J.-D. Sudres ; 14 : PHOTOTHÈQUE CULINAIRE/A. Muriot ; 15g : THE READER'S DIGEST/L. Evans ; 15d : Jean-Loup CHARMET/« Cendrillon » G. Doré. Éd. Hetzel, 1862/ Bibl. des Arts Décoratifs, Paris ; 16 : THE READER'S DIGEST/L. Evans ; 17 : CÔTÉ VUES/C. Valentin ; 18g : Richard NOURRY/ J.-P. PAIREAULT/CONCEPT-IMAGE ; 18d : MADAME FIGARO/Ryman-Cabannes ; 19 : PHOTOTHÈQUE CULINAIRE/ J.-J. Magis ; 21 : TOP/F. Subiros ; 22g : SELVA/L. de Selva/1904 C. Clérice/ Bibl. des Arts Décoratifs, Paris ; 22d : THE READER'S DIGEST/ M. Brigdale ; 23 : CÔTÉ VUES/F. Vasseur ; 24 : THE READER'S DIGEST/ P. Tryde ; 25g : READER'S DIGEST Assn.IDB#740 ; 25d : BOYER-VIOLLET ; 26 : PHOTOTHÈQUE CULINAIRE/J.-J. Magis ; 27 : DIAF/J.-D. Sudres ; 28g : SELVA/L. de Selva, Anonyme – Coll. privée ; 28d : THE READER'S DIGEST/ M. Brigdale ; 29, 30 : THE READER'S DIGEST/ P. Williams ; 31g : THE READER'S DIGEST/P. Tryde ; 31d : SELVA/L. de Selva, in « Exercices de botanique à l'usage des commerçants » par J.-C. Philibert, Paris 1801 – Coll. privée ; 32 : CÔTÉ VUES/P. Ginet-Drin ; 33 : THE READER'S DIGEST/ L. Evans ; 34/35 : TOP/D. Czap ; 36 : CÔTÉ VUES/ C. Valentin ; 37g : TOP/J.-F. Rivière ; 37d : SELVA/L. de Selva, Anonyme – Coll. privée ; 38 : PHOTOTHÈQUE CULINAIRE/J.-P. Dieterlen ; 39 : THE READER'S DIGEST/P. Williams ; 40g : Richard NOURRY/ J.-P. PAIREAULT/CONCEPT-IMAGE ; 40d : PHOTOTHÈQUE CULINAIRE/A. Lechat ; 41 : PHOTOTHÈQUE CULINAIRE/J.-J. Magis ; 42 : TOP/ H. Amiard ; 43g : J.-C. MAYER-G. LE SCANFF ; 43d : SELVA/L. de Selva in « Œuvres de Buffon », Éd. Travies, del Paquiem s.c Garnier Frères Éditeurs ; 44 : CÔTÉ VUES/P. Bourdet ; 45 : PHOTOTHÈQUE CULINAIRE/A. Muriot ; 46 : MADAME FIGARO/ Ryman-Cabannes ; 47g : MADAME FIGARO/ J. Caillaux ; 47d : SELVA/L. de Selva in « Histoire naturelle » de Lacépède, E. Travies, del Forget et Beyer s.c Éd. Furne et Cie Paris 1855 ; 49 : THE READER'S DIGEST/P. Tryde ; 50 : PHOTOTHÈQUE CULINAIRE/J.-J. Magis ; 51g : MADAME FIGARO/ B. Winkelmann ; 51d : Richard NOURRY/ J.-P. PAIREAULT/CONCEPT-IMAGE ; 52 : CÔTÉ VUES/C. Valentin ; 53 : TOP/M. Barberousse ; 54g : SELVA/L. de Selva in « Exercices de botanique à l'usage des commerçants » par J.-C. Philibert, Paris 1801 – Coll. privée ; 54d : PHOTOTHÈQUE CULINAIRE/ E. Heimermann ; 55 : DIAF/J.-D. Sudres ; 56 : THE READER'S DIGEST/P. Tryde ; 57g : THE READER'S DIGEST/P. Tryde ; 57d : BOYER-VIOLLET ; 58 : CÔTÉ VUES/A. Muriot ; 59 : THE READER'S DIGEST/ L. Evans ; 60g : Richard NOURRY/J.-P. PAIREAULT/ CONCEPT-IMAGE ; 60d : PHOTOTHÈQUE CULINAIRE/DM Studio ; 61 : PHOTOTHÈQUE CULINAIRE/J.-F. Hamon ; 62/63 : TOP/P. Hussenot ; 64g : SELVA/L. de Selva – Anonyme/ Bibl. des Arts Décoratifs, Paris ; 64d : TOP/ M. Barberousse ; 65 : THE READER'S DIGEST/ M. Brigdale ; 66 : PHOTOTHÈQUE CULINAIRE/ J.-J. Magis ; 67g : THE READER'S DIGEST/L. Evans ; 67d : SELVA/L. de Selva – Fromagerie Seigneur, Paris 1933 ; 68 : PHOTOTHÈQUE CULINAIRE/ G. Kremmer ; 69 : CÔTÉ VUES/A. Muriot ; 70g : SELVA/L. de Selva « Cuisinons » 1933 L. Dupin – Coll. privée ; 70d : MADAME FIGARO/Ryman-Cabannes ; 71 : THE READER'S DIGEST/P. Williams ; 72 : CÔTÉ VUES/ C. Valentin ; 73g : PHOTOTHÈQUE CULINAIRE/ J.-J. Magis ; 73d : Jean-Loup CHARMET/1904, Affiche Japy/Bibl. des Arts Décoratifs, Paris ; 75 : PHOTOTHÈQUE CULINAIRE/J.-J. Magis ; 76g : Coll. VIOLLET. « Les Noud'les de Mademoiselle Mina », C. A. Pabst (1821-1898) ; 76d : MADAME FIGARO/ Ryman-Cabannes ; 77, 78 : THE READER'S DIGEST/ M. Brigdale ; 79g : THE READER'S DIGEST/P. Tryde ; 79d : SELVA/L. de Selva – Anonyme/Bibl. des Arts Décoratifs, Paris ; 80 : CÔTÉ VUES/A. Muriot ; 81 : PHOTOTHÈQUE CULINAIRE/Dm Studio ; 82g : BOYER-VIOLLET ; 82d : DIAF/J.-D. Sudres ; 83 : THE READER'S DIGEST/M. Brigdale ; 84 : THE READER'S DIGEST/P. Williams ; 85g : CÔTÉ VUES/ F. Vasseur ; 85d : SELVA/L. de Selva, Anonyme – Coll. privée ; 86, 87 : DIAF/J.-D. Sudres ; 88/89 : SCOPE/ Ph. Blondel ; 90 : THE READER'S DIGEST/ M. Brigdale ; 91 : THE READER'S DIGEST/P. Tryde ; 92g : Coll. VIOLLET ; 92d : DIAF/J.-D. Sudres ; 93 : THE READER'S DIGEST/P. Tryde ; 94 : CÔTÉ VUES/ P. Libert ; 95g : THE READER'S DIGEST/L. Evans ; 95d : Jean-Loup CHARMET/Bibl. des Arts Décoratifs, Paris ; 97 : THE READER'S DIGEST/ P. Tryde ; 98g : HARLINGUE-VIOLLET ; 98d : PHOTOTHÈQUE CULINAIRE/ A. Muriot ; 99 : THE READER'S DIGEST/L. Evans ; 100, 101g : THE READER'S DIGEST/P. Williams ; 101d : Richard NOURRY/ J.-P. PAIREAULT/ CONCEPT-IMAGE ; 102 : THE READER'S DIGEST/P. Williams ; 103 : THE READER'S DIGEST/P. Tryde ; 104g : HARLINGUE-VIOLLET ; 104d : PHOTOTHÈQUE CULINAIRE/ J.-J. Magis ; 105 : THE READER'S DIGEST/ M. Brigdale ; 106 : CÔTÉ VUES/A. Muriot ; 107g : CÔTÉ VUES/ C. Valentin ; 107d : SELVA/ L. de Selva, « Le Petit Journal », Anonyme 1892/Coll. Selva ; 108 : CÔTÉ VUES/P. Libert ; 109 : MADAME FIGARO/ B. Winkelmann ; 110g : Richard NOURRY/ J.-P. PAIREAULT/CONCEPT-IMAGE ; 110d : MADAME FIGARO/Ryman-Cabannes ; 111 : CÔTÉ VUES/C. Valentin ; 112 : THE READER'S DIGEST/ L. Evans ; 113g : THE READER'S DIGEST/P. Williams ; 113d : Jean-Loup CHARMET/ Menu aux maîtres d'Hôtel, Anonyme XIXe siècle ; 114 : MADAME FIGARO/ J.-P. Dierterlin ; 115 : PHOTOTHÈQUE CULINAIRE/ A. Muriot ; 116g : SELVA/L. de Selva, 1900/P. C. Chocarne-Moreau (1855-1931)/Bibl. des Arts Décoratifs, Paris ; 116d, 117, 118 : DIAF/J.-D. Sudres ; 119g : CÔTÉ VUES/C. Valentin ; 119d : SELVA/L. de Selva, « Figaro Illustré », 1891 A. Deyrolle ; 120/121 : SCOPE/J. Guillard ; 122g : SELVA/ L. de Selva, « Le Bœuf à la mode », 1820 – Anonyme/ Carnavalet, Paris ; 122d : CÔTÉ VUES/ C. Barea ; 123 : PHOTOTHÈQUE CULINAIRE/ J.-J. Magis ; 124 : THE READER'S DIGEST/L. Evans ; 125g : PHOTOTHÈQUE CULINAIRE/J.-J. Magis ; 125d : SELVA/L. de Selva – Liebig, Angleterre 1909/Bibl. des Arts Décoratifs, Paris ; 126, 127 : PHOTOTHÈQUE CULINAIRE/J.-J. Magis ; 128g : SELVA/L. de Selva, in « Le Petit Journal », 1903 Anonyme/Coll. Selva ; 128d : CÔTÉ VUES/C. Barea ; 129 : DIAF/J.-D. Sudres ; 130, 131g : THE READER'S DIGEST/P. Williams ; 131d : ROGER-VIOLLET/Cap-Viollet ; 132, 133 : PHOTOTHÈQUE CULINAIRE/J.-J. Magis ; 134g : Jean-Loup CHARMET/Publicité Astra, 1957/Bibl. des Arts Décoratifs, Paris ; 134d : PHOTOTHÈQUE CULINAIRE/J.-J. Magis ; 135 : CÔTÉ VUES ; 136 : PHOTOTHÈQUE CULINAIRE/J.-P. Durel ; 137g : MADAME FIGARO/B. Winkelmann ; 137d : SELVA/ L. de Selva, Anonyme/Bibl. des Arts Décoratifs, Paris ; 138 : THE READER'S DIGEST/L. Evans ; 139 : PHOTOTHÈQUE CULINAIRE/B. Marielle ; 140g : Jean-Loup CHARMET/Bibl. des Arts Décoratifs, Paris ; 140d : MADAME FIGARO/B. Winkelmann ; 141 : THE READER'S DIGEST/V. Morgan ; 142 : CÔTÉ VUES/C. Valentin ; 143g : CÔTÉ VUES/C. Barea ; 143d : HARLINGUE-VIOLLET ; 144 : PHOTOTHÈQUE CULINAIRE/J.-J. Magis ; 145 : THE READER'S DIGEST/L. Evans ; 146g : SELVA/ L. de Selva – Coll. Selva ; 146d : CÔTÉ VUES/M. Gatz ; 147 : THE READER'S DIGEST/P. Williams ; 148 : CÔTÉ VUES/ F. Vasseur ; 149g : CÔTÉ VUES/B. Semeteys ; 149d : SELVA/L. de Selva, « Nouveau Duhamel » P. J. Redouté et P. Bessa, 1815 – Coll. privée ; 151 : PHOTOTHÈQUE CULINAIRE/A. Lechat ; 152g : SELVA/L. de Selva – Coll. privée ; 152d : CÔTÉ VUES/A. Muriot ; 153 : PHOTOTHÈQUE CULINAIRE/J.-J. Magis ; 154 : CÔTÉ VUES/ J. Vainstain ; 155g : PHOTOTHÈQUE CULINAIRE/J.-J. Magis ; 155d : Coll. VIOLLET ; 156 : THE READER'S DIGEST/P. Williams ; 157 : THE READER'S DIGEST/L. Evans ; 158g : SELVA/ L. de Selva, XIXe siècle – Anonyme/Bibl. des Arts Décoratifs, Paris ; 158d : CÔTÉ VUES/C. Barea ; 159 : PHOTOTHÈQUE CULINAIRE/J.-J. Magis ; 160g : SELVA/L. de Selva, in « Nos contemporains » O. Uzanne, 1894 – P. Vidal del F. Massé s.c Coll. privée ; 160d : PHOTOTHÈQUE CULINAIRE/J.-J. Magis ; 161 : PHOTOTHÈQUE CULINAIRE/J. F. Hamon ; 162 : THE READER'S DIGEST/M. Brigdale ; 163g : CÔTÉ VUES/J. Kervaire ; 163d : SELVA/L. de Selva, Amora – Coll. privée ; 164/165 : TOP/Ch. Fleurent ; 166g : SELVA/ L. de Selva, « Cuisinons » E. Silvestre 1933 – Coll. privée ; 166d : CÔTÉ VUES/A. Muriot ; 167 : CÔTÉ VUES/ P. Libert ; 168 : THE READER'S DIGEST/P. Tryde ; 169g : PHOTOTHÈQUE CULINAIRE/J.-J. Magis ; 169d : Richard NOURRY/J.-P. PAIREAULT/ CONCEPT-IMAGE ; 170 : DIAF/ J.-D. Sudres ; 172g : SELVA/L. de Selva, « Cuisinons » E. Silvestre, 1933 – Coll. privée ; 172d : PHOTOTHÈQUE CULINAIRE/ J.-J. Magis ; 173 : MADAME FIGARO/Ryman-Cabannes ; 174 : CÔTÉ VUES/C. Valentin ; 175g : PHOTOTHÈQUE CULINAIRE/J.-J. Magis ; 175d : SELVA/L. de Selva, « Journal des Demoiselles » Habert-Mys, Coll. privée ; 176 : THE READER'S DIGEST/ P. Tryde ; 177 : PHOTOTHÈQUE CULINAIRE/ Dm Studio ; 178g : SELVA/L. de Selva, Chromo Liebig/ Coll. Selva ; 178d : J.-C. MAYER-G. LE SCANFF ; 179 : PHOTOTHÈQUE CULINAIRE/A. Muriot ; 180 : PHOTOTHÈQUE CULINAIRE/J.-J. Magis ; 181g : CÔTÉ VUES/A. Muriot ; 181d : ROGER-VIOLLET ; 182 : PHOTOTHÈQUE CULINAIRE/B. Marielle ; 183g : PHOTOTHÈQUE CULINAIRE/J.F. Hamon ; 183d : Richard NOURRY/J.-P. PAIREAULT/ CONCEPT-IMAGE ; 184 : PHOTOTHÈQUE CULINAIRE/B.Marielle ; 185 : PHOTOTHÈQUE CULINAIRE/J.F. Hamon ; 186g : Jean-Loup CHARMET/Coll. part. ; 186d : J.-C. MAYER-G.LE SCANFF ; 187 : PHOTOTHÈQUE CULINAIRE/ J.-J. Magis ; 188 : THE READER'S DIGEST/V. Morgan ; 189g : THE READER'S DIGEST/L. Evans ; 189d : Jean-Loup CHARMET/Chromo par E. Samson, 1900/ B.N, Paris ; 190, 191 : THE READER'S DIGEST/ P. Williams ; 192g : SELVA/L. de Selva, Garnier/Bibl. des Arts Décoratifs, Paris ; 192d : THE READER'S DIGEST/ M. Brigdale ; 193 : THE READER'S DIGEST/L. Evans ; 194/195 : J.-C. MAYER-G. LE SCANFF ; 196 : THE READER'S DIGEST/V. Morgan ; 197 : THE READER'S DIGEST/M. Brigdale ; 198g : SELVA/ L. de Selva, in « Exercices de botanique à l'usage des commerçants » par J.-C. Philibert Paris, 1801 – Coll. privée ; 198d : CÔTÉ VUES/F. Vasseur ; 199 : THE READER'S DIGEST/P. Williams ; 200 : MADAME FIGARO/ B. Winkelmann ; 201g : THE READER'S DIGEST/ L. Evans ; 201d : SELVA/L. de Selva, Anonyme/Bibl. des Arts Décoratifs, Paris ; 203 : MADAME FIGARO/ F. Nicol ; 204g : BOYER-VIOLLET ; 204d : PHOTOTHÈQUE CULINAIRE/ Dm Studio ; 205 : PHOTOTHÈQUE CULINAIRE/A. Lechat ; 206 : CÔTÉ VUES/C. Barea ; 207g : MADAME FIGARO/ Ryman-Cabannes ; 207d : SELVA/L. de Selva, Coll. privée/ Bibl. des Arts Décoratifs, Paris ; 208 : DIAF/ J.-D.Sudres ; 209 : THE READER'S DIGEST/ P. Williams ; 210g : SELVA/« Traité des Champignons », J. J. Paulet XVIIIe siècle ; 210d : THE READER'S DIGEST/ P. Tryde ; 211 : CÔTÉ VUES/ C. Barea ; 212, 213g : THE READER'S DIGEST/ P. Tryde ; 213d : SELVA/ L. de Selva/Bibl. des Arts Décoratifs, Paris ; 214 : MADAME FIGARO/ B. Winkelmann ; 215 : CÔTÉ VUES/ C. Valentin ; 216 : CÔTÉ VUES/A. Muriot ; 217g : THE READER'S DIGEST/L. Evans ; 217d : Jean-Loup CHARMET/1896, Bibl. des Arts Décoratifs, Paris ; 218 : THE READER'S DIGEST/P. Williams ; 219 : PHOTOTHÈQUE CULINAIRE/J.-J. Magis ; 220 : CÔTÉ VUES/A. Muriot ; 221g : THE READER'S DIGEST/ P. Williams ; 221d : Richard NOURRY/J.-P. PAIREAULT/ CONCEPT-IMAGE ; 222 : THE READER'S DIGEST/ M. Brigdale ; 223 : PHOTOTHÈQUE CULINAIRE/ A.Muriot ; 224g : Jean-Loup CHARMET/« Le Petit Journal », 1913 – Coll. Bouvet, Paris ; 224d : PHOTOTHÈQUE CULINAIRE/ A. Muriot ; 225 : CÔTÉ VUES/P. Libert ; 226 : TOP/ H. Amiard ; 227g : CÔTÉ VUES/ C. Valentin ; 227d : © avec l'aimable collaboration de LUSTUCRU ; 228 : PHOTOTHÈQUE CULINAIRE/ J.-J. Magis ; 229 : PHOTOTHÈQUE CULINAIRE/ M. Rosenfeld ; 230/231 : HOA QUI/ E. Valentin/TL ; 232 : THE READER'S DIGEST/ P. Tryde ; 233g : PHOTOTHÈQUE CULINAIRE/ J.-J. Magis ; 233d : Richard NOURRY/J.-P. PAIREAULT/ CONCEPT-IMAGE ; 234 : PHOTOTHÈQUE CULINAIRE/ J.-J. Magis ; 235 : PHOTOTHÈQUE CULINAIRE/ B. Marielle ; 236g : SELVA/L. de Selva, in « Exercices de botanique à l'usage des commerçants » par J.-C. Philibert, Paris 1801 – Coll. privée ; 236d : THE READER'S DIGEST/L. Evans ; 237 : THE READER'S DIGEST/ P. Williams ; 238 : PHOTOTHÈQUE CULINAIRE/ J.-J. Magis ; 239g : THE READER'S DIGEST/ P. Williams ; 239d : Jean-Loup CHARMET/ Revue Arts Ménagers, 1928 ; 240 : MADAME FIGARO/ C. Fleurent ; 241 : THE READER'S DIGEST/ P. Williams ; 242g : Jean-Loup CHARMET/Bibl. des Arts Décoratifs, Paris ; 242d : CÔTÉ VUES/CB-DR ; 243 : THE READER'S DIGEST/P. Tryde ; 244 : MADAME FIGARO/Ryman-Cabannes ; 245g : TOP/D. Czap ; 245d : BRANGER-VIOLLET ; 247 : PHOTOTHÈQUE CULINAIRE/ J.-J. Magis ; 248 : THE READER'S DIGEST/ P. Williams ; 249g : PHOTOTHÈQUE CULINAIRE/A. Lechat ; 249d : BOYER-VIOLLET ; 250 : CÔTÉ VUES/A. Muriot ; 251 : PHOTOTHÈQUE CULINAIRE/J.-J. Magis ; 252g : G. DAGLI ORTI/ « Nature morte à la soupière » P. Cézanne (1839-1906)/ Musée d'Orsay, Paris ; 252d : PHOTOTHÈQUE CULINAIRE/J.-J. Magis ; 253 : PHOTOTHÈQUE CULINAIRE/A. Muriot ; 254 : DIAF/J.-D. Sudres ; 255g : MADAME FIGARO/ B. Winkelmann ; 255d : ROGER-VIOLLET/E. Levy (1826-1890) Rhum St-James ; 256 : CÔTÉ VUES/ P. Bourdet ; 257 : THE READER'S DIGEST/L. Evans ; 258g : SELVA/Portrait A. Escoiffier, 1927 J. Kaplan, avec l'aimable autorisation de la société Mutuelle des Cuisiniers de France et de la Fondation Escoiffier, Villeneuve-Loubet ; 258d : CÔTÉ VUES/A. Muriot ; 259 : THE READER'S DIGEST/ L. Evans ; 260 : PHOTOTHÈQUE CULINAIRE/ J.-J. Magis ; 261g : CANDI PRESSE/Fod ; 261d : Coll. VIOLLET ; 262 : PHOTOTHÈQUE CULINAIRE/ J-J. Magis ; 263 : THE READER'S DIGEST/P. Tryde ; 264g : Jean-Loup CHARMET/« Arts Ménagers », 1967 ; 264d : PHOTOTHÈQUE CULINAIRE/A. Muriot ; 265 : PHOTOTHÈQUE CULINAIRE/J.-J. Magis ; 266 : THE READER'S DIGEST/L. Evans ; 267g : CÔTÉ VUES/C. Barea ; 267d : Jean-Loup CHARMET/« Le Petit Journal », 1911 – Coll. privée ; 268/269 : HOA QUI/ C. Valentin ; 270g : Jean-Loup CHARMET/« La belle pâtissière » J. Bail (1862-1921) – Coll. part. ; 270d : MADAME FIGARO/ B. Winkelmann ; 271, 272 : THE READER'S DIGEST/ M. Brigdale ; 273g : CÔTÉ VUES/J. Vainstain ; 273d : Richard NOURRY/ J.-P. PAIREAULT/CONCEPT-IMAGE ; 274 : THE READER'S DIGEST/P. Williams ; 275 : MADAME FIGARO/C. Fleurent ; 276g : Jean-Loup CHARMET/ L. Colmet-Darge, 1907/Bibl. des Arts Décoratifs, Paris ; 276d : THE READER'S DIGEST/ P. Williams ; 277 : THE READER'S DIGEST/L. Evans ; 278 : THE READER'S DIGEST/P. Tryde ; 279g : CÔTÉ VUES/ A. Muriot ; 279d : Richard NOURRY/ J.-P. PAIREAULT/ CONCEPT-IMAGE ; 280 : PHOTOTHÈQUE CULINAIRE/A. Lechat ; 281 : CÔTÉ VUES/ C. Valentin ; 282g : PREMIÈRE PAGE/Publicité reproduite avec l'autorisation de Société des Produits Nestlé, 1800 – Vevey Suisse, titulaire de la marque MENIER ; 282d : PHOTOTHÈQUE CULINAIRE/ J.-J. Magis ; 283 : CÔTÉ VUES/C. Valentin ; 284 : THE READER'S DIGEST/L. Evans ; 285g : PHOTOTHÈQUE CULINAIRE/J.-J. Magis ; 285d : SELVA/L. de Selva, « Lu » F. Bouisset – Coll. privée ; 287 : DIAF/J. D. Sudres ; 288g : SELVA/L. de Selva, « Figaro Illustré », 1897/ Bibliothèque Historique de la Ville de Paris ; 288d : J.-C. MAYER-G. LE SCANFF ; 289 : PHOTOTHÈQUE CULINAIRE/J.-P. Dierterlen ; 290 : THE READER'S DIGEST/P. Williams ; 291g : PHOTOTHÈQUE CULINAIRE/J. F. Hamon ; 291d : Richard NOURRY/J.-P. PAIREAULT/CONCEPT-IMAGE ; 292 : CÔTÉ VUES/P. Ginet-Drin ; 293 : PHOTOTHÈQUE CULINAIRE/A. Muriot ; 294g : SELVA/L. de Selva, « L'Alsacienne », Coll. privée – ALSA est une marque déposée ; 294d : THE READER'S DIGEST/P. Williams ; 295 : PHOTOTHÈQUE CULINAIRE/J.-J. Magis ; 296 : THE READER'S DIGEST/L. Evans ; 297g : J. C. MAYER-G. LE SCANFF ; 297d : SELVA/L. de Selva, Anonyme 1919 – Coll. privée ; 298 : THE READER'S DIGEST/L.Evans ; 299 : THE READER'S DIGEST/P. Tryde ; 300g : SELVA/L. de Selva, Anonyme – Coll. privée ; 300d : THE READER'S DIGEST/P Williams ; 301 : THE READER'S DIGEST/P. Tryde ; 302 : THE READER'S DIGEST/L .Evans ; 303g : THE READER'S DIGEST/ P. Tryde ; 303d : Jean-Loup CHARMET/Coll. part., 1908 ; 304 : PHOTOTHÈQUE CULINAIRE/J.-J. Magis ; 305 : CANDI PRESSE/H. Yeru ; 306g : © Madeleines de Commercy – Saint-Michel ; 306d : PHOTOTHÈQUE CULINAIRE/J.-J. Magis ; 307 : CÔTÉ VUES/ C. Valentin ; 308 : THE READER'S DIGEST/ M. Brigdale ; 309g : CÔTÉ VUES/C. Valentin ; 309d : SELVA/L. de Selva, Ill. F. Boisset, 1901/Bibl. des Arts Décoratifs, Paris ; 310 : CÔTÉ VUES/A. Muriot ; 311 : PHOTOTHÈQUE CULINAIRE/J.-J. Magis ; 312g : SELVA/L. de Selva, Coll. privée ; 312d : CÔTÉ VUES/ A. Muriot ; 313 : CANDI PRESSE/H. Yeru ; 314 : THE READER'S DIGEST/P. Tryde ; 315g : THE READER'S DIGEST/L. Evans ; 315d : SELVA/L. de Selva, Anonyme XVIIIe siècle/Bibl. des Arts Décoratifs, Paris ; 316/317 : CÔTÉ VUES/C. Valentin ; 318 : THE READER'S DIGEST/ P. Tryde ; 319 : THE READER'S DIGEST/M. Brigdale ; 320g : Richard NOURRY/J.-P. PAIREAULT/ CONCEPT-IMAGE ; 320d : PHOTOTHÈQUE CULINAIRE/J.-J. Magis ; 321 : THE READER'S DIGEST/P. Williams ; 322 : PHOTOTHÈQUE CULINAIRE/J.-J. Magis ; 323g : THE READER'S DIGEST/L. Evans ; 323d : ROGER-VIOLLET/ ND-Viollet ; 324 : PHOTOTHÈQUE CULINAIRE/ J.-J. Magis ; 325 : J.-C. MAYER-G. LE SCANFF ; 326g : SELVA/L. de Selva, « Le Petit Journal », 1920 – Coll. privée ; 326d : CANDI PRESSE/ M. Sanner ; 327 : THE READER'S DIGEST/L. Evans ; 329 : PHOTOTHÈQUE CULINAIRE/J.-J. Magis ; 330g : Jean-Loup CHARMET/Bibl. des Arts Décoratifs ; 330d : THE READER'S DIGEST/M. Brigdale ; 331 : MADAME FIGARO/G. de Chabaneix ; 332 : J.-C. MAYER-G. LE SCANFF ; 333g : THE READER'S DIGEST/P. Williams ; 333d : Richard NOURRY/ J.-P. PAIREAULT/CONCEPT-IMAGE ; 334 : THE READER'S DIGEST/P. Tryde ; 335 : CANDI PRESSE/ G. de Peslouan ; 336g : Richard NOURRY/ J.-P. PAIREAULT/CONCEPT-IMAGE ; 336d : CÔTÉ VUES/P. Ginet-Drin ; 337 : THE READER'S DIGEST/ L. Evans ; 338, 339g : PHOTOTHÈQUE CULINAIRE/ J.-J. Magis ; 339d : SELVA/L. de Selva, in « Exercices de botanique à l'usage des commerçants » par J. C. Philibert Paris, 1801 – Coll. privée ; 341 : THE READER'S DIGEST/P. Tryde ; 342g : Jean-Loup CHARMET/Bibl. des Arts Décoratifs, Paris ; 342d, 343 : THE READER'S DIGEST/P. Tryde ; 344 : MADAME FIGARO/ C. Fleurent ; 345g : J.-C. MAYER-G. LE SCANFF ; 345d : Richard NOURRY/J.-P. PAIREAULT/ CONCEPT-IMAGE ; 346 : PHOTOTHÈQUE CULINAIRE/ M. Paquet ; 347 : PHOTOTHÈQUE CULINAIRE/ A. Muriot ; 348/349 : DIAF/J.-D. Sudres ; 350 : PHOTOTHÈQUE CULINAIRE/J.-J. Magis ; 351g : PHOTOTHÈQUE CULINAIRE/M. Paquet ; 351d : ROGER-VIOLLET ; 352 : THE READER'S DIGEST/M. Brigdale ; 353g : TOP/J.-F. Rivière ; 353d : Richard NOURRY/J.-P. PAIREAULT/CONCEPT-IMAGE ; 355 : CANDI PRESSE/Fod ; 356 : THE READER'S DIGEST/P. Tryde ; 357 : PHOTOTHÈQUE CULINAIRE/Avril ; 358g : SELVA/L. de Selva, Anonyme XIXe siècle – Coll. privée ; 358d, 359 : PHOTOTHÈQUE CULINAIRE/J.-J. Magis ; 360 : MARIE-CLAIRE COPYRIGHT/A. Martin, Styliste : Bayle/Saulnier ; 361 : DIAF/J.-D. Sudres ; 362g : Jean-Loup CHARMET/ « Le Grand Monde à l'envers », 1919 Sem (1863-1934)/Bibl. des Arts Décoratifs, Paris © Adagp, Paris 2000 ; 362d, 363 : CÔTÉ VUES/ C. Valentin.

Remerciements à Monsieur et Madame Ferrandon
et au magasin *La Porcelaine Blanche*, Paris.